니미츠

Admiral Nimitz: The Commander of the Pacific Ocean Theater

Copyright ⓒ 2012 by Brayton Harris
All rights reserved.

Korean Translation Copyright ⓒ 2012 by Planet Media Publishing Co.
Korean edition is published by arrangement with St. Martin's Press, LLC
through Imprima Korea Agency.

이 책의 한국어판 저작권은 Imprima Korea Agency를 통해
St. Martin's Press, LLC와의 독점계약으로 도서출판 플래닛미디어에 있습니다.
저작권법에 의해 한국 내에서 보호를 받는 저작물이므로
무단전재와 무단복제를 금합니다.

별들을 이끈 최고의 리더

니미츠

★ADMIRAL NIMITZ★

브레이턴 해리스 지음
김홍래 옮김

1902년 니미츠의 첫 번째 하계 순항훈련. 왼쪽부터 니미츠, G. V. 스튜어트 G.V. Stewart, 로열 잉거솔. 사진 뒷면에 니미츠는 이렇게 기록했다. "유일하게 일하는 생도. 그가 누군지 확실히 알겠지!" (니미츠 가문 소장품)

1905년 소위자격시험을 통과하고 필리핀으로 부임하기 전 가족과 찍은 사진. 왼쪽부터 의붓아버지(그의 삼촌이기도 하다) 윌리 니미츠, 의붓동생 오토와 도라, 어머니 안나. (니미츠 가문 소장품)

니미츠 소위가 노획한 스페인 포함의 지휘권을 인수하기 직전의 모습. (미 해군 역사유산관리사령부 U.S. Naval History and Heritage Command 사진자료)

1908년 니미츠 소위가 함장으로서 두 번째로 지휘한 구축함 디케이터. 당시 디케이터가 좌초하는 바람에 니미츠 소위는 '직무태만'으로 군법회의에 회부되기도 했다. (미 해군 역사유산관리사령부 사진자료)

1909년 니미츠는 미 해군의 두 번째 잠수함인 플런저의 함장이 되었다. 해군이 그 무엇보다도 전함을 가장 중요하게 여겼던 시기에 잠수함 근무는 마치 징계처럼 느껴졌을지도 모른다. (미 해군 역사유산관리사령부 사진자료)

1920년, 니미츠 중령은 하와이 진주만의 잠수함분대 사령관이 되었다. 하지만 그는 제일 먼저 제1차 세계대전의 잉여 물자와 장비를 이용해 잠수함기지를 건설해야만 했다. 그의 숙소는 사진 왼쪽의 노후한 순양함 시카고 함상이었다. (니미츠 가문이 기증한 미 해군 사진자료)

1933년 10월 16일, 니미츠는 그의 군 경력에 실질적으로 도움이 되는 중순양함 오거스타 함장에 임명되었다. 니미츠의 지휘 아래 오거스타는 남들이 인정해주는 해군의 모든 경쟁에서 승리를 거둠으로써 찬란한 명성을 얻었다. (현재 미국국립문서보관소 소장 중인 미 해군 공식 사진자료)

예복 차림의 니미츠. 1930년대 해군의 모습으로 이후 다시는 이런 모습을 볼 수 없었다.
(니미츠 가문이 기증한 미 해군 역사유산관리사령부 사진자료)

1941년 12월 31일 잠수함 그레일링 갑판 위에서 태평양함대 사령관에 취임했다. 그는 짧은 연설을 하면서 하와이 사람들의 표현을 빌려 근시안적 전망에 대해 이렇게 충고했다. "호오마나와누이(인내하라)."
(니미츠 가문이 기증한 미 해군 역사유산관리사령부 사진자료)

니미츠가 전략계획회의에 참석하기 위해 주기적으로 본토를 방문하던 중 아내 캐서린과 애견 프렉클스Freckles 와 함께 캘리포니아에서 한때를 보내고 있다.
(니미츠 가문 소장품)

1944년 더글러스 맥아더 장군(왼쪽)과 프랭클린 D. 루스벨트 대통령(가운데), 니미츠(오른쪽)의 모습. 맥아더가 대통령을 무시하고 규정에 위반되는 복장으로 나타난 반면, 니미츠와 함대의 모든 승조원은 대통령에 대한 예의를 지키기 위해 흰색 정복을 입었다. (니미츠 가문이 기증한 미 해군 공식 사진자료)

니미츠(왼쪽)와 윌리엄 F. "황소" 핼시(오른쪽). (현재 미국 국립문서보관소가 소장 중인 미 해군 공식 사진자료)

1945년, 미주리 함상에서 미국 정부를 대표해 니미츠가 일본의 항복을 수락하고 있다. (현재 미국국립문서보관소가 소장 중인 미 해군 공식 사진자료)

해군참모총장 임명이 발표되던 날, 니미츠는 업무관계가 그다지 좋지 않았던 두 인물, 해군 원수 어니스트 J. 킹, 해군장관 제임스 V. 포레스털과 함께 사진을 찍었다. (현재 미국국립문서보관소가 소장 중인 미국해군 공식 사진자료)

해군참모총장 니미츠의 공식 사진. 어렵게 해군참모총장에 오른 그는 어떠한 외압에 굴하지 않고 해군을 위해 소신껏 행동했다. (현재 미국국립문서보관소가 소장 중인 미 해군 공식 사진자료)

니미츠 제독이 장손인 제임스 토머스 "지미" 레이 주니어James Thomas "Jimmy" Lay, Jr.를 안고 활짝 웃고 있다. (니미츠 가문 소장품)

서문

"바다는 — 삶 자체가 그렇듯이 — 엄격한 선생님이란다. 바다에서든 삶에서든 잘 지낼 수 있는 가장 좋은 방법은 네가 할 수 있는 모든 것을 배운 다음 최선을 다하고 걱정 따위는 하지 않는 거란다. 네가 어떻게 할 수 없는 것에 대해서는 특히 더."

— 찰스 헨리 니미츠 Charles Henry Nimitz *

---

* 체스터 니미츠의 아버지는 그가 태어나기 전에 죽었다. 그래서 그는 친할아버지로부터 많은 영향을 받았다. 이 말은 친할아버지인 찰스 헨리 니미츠가 손자인 체스터 니미츠에게 해준 말이다.

오랜 세월 체스터 니미츠Chester Nimitz는 제2차 세계대전의 동시대 인물들인 "황소Bull"(윌리엄 햄시William Halsey의 별명)나 "울부짖는 미치광이Howlin' Mad"(홀랜드 스미스Holland Smith의 별명) 같은 별명의 소유자들에게 가려져 있었다. 그들은 대중매체를 이용하고 회고록을 집필해 자신의 공적을 주장하거나 묵은 원한을 갚는 방법을 잘 알고 있었다. 그러나 니미츠는 별명도 없었고, 회고록도 남기지 않았으며, 그의 이야기를 알리는 데 '도움'이 되고 싶다는 작가들의 요청을 모두 거절했다. 200만 명의 병력과 1,000척의 함정을 지휘해 태평양전쟁을 승리로 이끈 그는 이것만으로 충분한 유산을 남겼다고 생각했다.

이 책은 육군사관학교를 가길 원했던 순진한 텍사스 시골 출신 16세 소년이 사정이 여의치 않아 결국은 해군사관학교에 입학해 하나씩 새로운 임무를 수행하면서 해군의 전문성을 습득해가는 이야기를 담고 있다. 따라서 여러분이 읽고 있는 이 책은 단순한 전쟁 이야기가 아니다. 니미츠의 삶을 소개한 이 책에는 니미츠가 임관한 이후 첫 6년 동안 6개 보직을 거치면서 해상 근무를 어떻게 수행했고, 어떻게 배를 좌초시켜 군법회의에 회부되었으며, 디젤엔진과 해상유류수급 절차, 함대진형의 개발에 얼마나 중대한 영향을 미쳤고, '빌린' 제1차 세계대전 잉여물자를 사용해 진주만 잠수함 기지를 어떻게 건설했으며, 미국 최초의 해군학군단Naval Reserve Office Training Corps, NROTC 중 하나를 어떻게 설립했고, 항해국장으로서 미 해군이 다가올 전쟁을 준비하는 데 어떻게 기여했는지에 대한 내용이 담겨 있다.

더욱 중요한 것은 그 전쟁을 수행하면서 니미츠는 수적 열세인 상황에서도 자신의 함대가 전투에서 승리할 수 있도록 부대 운영 철학을 개발했다는 것이다. 불간섭주의 지휘관이었던 니미츠는 긴급지시를 내려 부하들을 초조하게 만들지 않았다. 그는 계획을 세우고 그것을 수행할 적임자들을 선택하고 자신이 그 적임자들에게 기대하는 바를 확실하게 알려준 다음, 그들이 자기 일을 수행하도록 뒤로 물러났다. 하지만 전장에서는 따로 떨어져 멀리 있지 않았다. 자주 전장을 방문해 ─가끔은 전투가 끝나기도 전에─ 예하 지휘관들의 생각을 직접 듣고 전투병들을 격려했다.

이와 동시에 그는 훨씬 더 미묘한 전쟁을 치러야 했다. 그는 해군 지휘부가 아니라 대통령 프랭클린 D. 루스벨트 Franklin D. Roosevelt 에 의해 태평양함대 사령관에 임명되었다. 그의 직속상관들은 그를 잘 알지도 못했을 뿐더러 전쟁 첫해에는 그에게 능력과 경험이 아니라 단지 연줄 덕분에 지위를 얻은 또 한 명의 '정치'장교라는 의혹의 눈초리를 보냈다. 이러한 미묘한 전쟁에서 승리를 거둔 뒤에 비로소 그는 모든 권한을 발휘할 수 있게 되었으며 ─ 이어서 일본과의 전쟁이 끝나자 ─ 해군 경력의 최고 정점인 해군참모총장 Chief of Naval Operations, CNO 이 되기 위해 해군장관 제임스 V. 포레스털 James V. Forrestal 과 대통령 해리 S. 트루먼 Harry S. Truman 을 동시에 상대해야만 했다. '그런 다음' 군대의 규모와 형태를 놓고 또 한 차례 전쟁에 휘말리게 되었다. 하지만 그는 해병대를 없애고 해군항공대를 공군에 편입시키려는 시도를 저지하는 데 성공했다.

어떤 면에서 나는 니미츠 제독을 잘 안다고 할 수 있다. 정확하게 50년 전 그가 지금의 나와 거의 같은 나이였을 때, 나는 그와 몇 차례 점심을 먹은 적이 있다. 당시 나는 위관장교로서 샌프란시스코 만 San Francisco Bay 의 트레저 아일랜드 해군기지 Naval Station Treasure Island 에서 처음으로 육상 근무를 하고 있었다. 버클리^{Berkeley}가 내려다보이는 언덕에 살고 있었던 니미츠는 종종 우리 기지의 장교 클럽에 오곤 했다. 그곳의 지배인이 그의 오랜 친구였던 것이다. 솔직히 말하면, 그가 한 말은 하나도 기억나지 않는다. 당시 나는 그에게 '내' 이야기를 하느라 정신이 없었던 것이다. 겸손하게 그의 이야기를 담은 이 책이 젊은 시절 나의 오만함에 대한 속죄가 되기를 바란다.

감사의 글

니미츠 제독의 딸인 캐서린 "케이트" 레이Catherine "Kate" Lay 와 손자인 체스터 니미츠 레이Chester Nimitz Lay 는 아주 친절하게도 가족 소장 문서를 보여주며 여러 가지 일화들을 들려주었고, 터무니없는 오류가 없는지 나의 원고를 검토해주었다.

나의 몇몇 친구들이 이 책에 대한 이야기를 듣고 지인들에게 알린 덕분에 많은 분들이 논평이나 제안, 격려를 통해 직접적인 도움을 주었다. 우선 해군대학Naval War College 직원인 에블린 셰어팍Evelyn Cherpak 과 도널드 치스홀름Donald Chisholm, 칼라 매카시Carla McCarthy, 더글러스 스미스Douglas Smith 에게 감사드린다. 이어서 동료 작가들과 이전 해군 동료들도 도움을 주었다. 그들의 명단은 다음과 같다. 브렌트 베이커Brent Baker 와 에릭 베리먼Eric Berryman, 랠프 블랜처드Ralph Blanchard, 케니스 J. 브라이스웨이트 2세Kenneth J. Braithwaite II, 엘리엇 칼슨Elliot Carlson, 브루스 콜Bruce Cole, 로버트 듀랜드Robert Durand, 댄 포드Dan Ford, 조지 질레트George Gillette, 조지 콜벤슈랙George Kolbenshlag, 밥 루이스Bob Lewis, 존 룬드스트롬John Lundstrom, 잭 메이요Jack Mayo, 제리 밀러Jerry Miller, 필립 러셀Philip Russell, 존 섀클턴John Shackelton, 마이클 셔먼Michael Sherman, 폴 스틸웰Paul Stillwell, 빌 톰슨Bill Thompson.

끝으로 나의 에이전트인 조 밸러리Joe Vallely 와 팰그레이브 맥밀란Palgrave Macmillan 의 편집부 직원인 로라 랭커스터Laura Lancaster, 루바 오스타셰브스키Luba Ostashevsky, 빅토리아 월리스Victoria Wallis 에게 감사의 뜻을 전한다. 그들이 없었다면 이 책이 탄생할 수 없었을 것이다.

차례

서문 12
감사의 글 16

Chapter 01 텍사스 23

유복자로 태어나다 · 25 | 어머니의 재혼과 커빌로 이주한 이후의 삶 · 28 | 새로운 모험의 시작: "최선을 다하고 걱정 따위는 하지 말라" · 30

Chapter 02 해군사관학교 35

해군은 오로지 강자만이 살아남을 수 있다 · 37 | 해군사관학교에서 배운 값진 교훈 · 43

Chapter 03 모험적인 필리핀 근무 49

전함 오하이오와 함께 마닐라를 향해서 · 51 | 소위로 임관하다 · 56 | 22살에 구축함 디케이터의 함장이 되다 · 58 | 군법회의에 회부되다 · 64

Chapter 04 변침 67

잠수함을 지휘하다 · 69 | 캐서린과 결혼하다 · 74

Chapter 05 제1차 세계대전 77

저는 해군을 떠날 생각이 없습니다 · 79 | 독일의 무제한 잠수함전과 미국의 참전 · 81 | 혁신적인 기동 중 해상유류공수급 방식을 개발하다 · 84 | 전형적인 니미츠 지휘 방식: 신뢰와 관용의 리더십 · 86

Chapter 06 변화와 도전 91

전함 폭격 실험: 해군의 전함은 정말 무용지물인가? · 93 | 항공모함의 등장: 사라토가와 렉싱턴의 탄생 · 97 | 항공모함을 진형의 중심에 두는 원형진을 시도하다 · 101

Chapter 07 교수 생활 107

캘리포니아 대학 버클리 캠퍼스 해군학 교수가 되다 · 109 | 니미츠의 교육철학: 해군사관학교와 민간교육기관의 장점을 결합하다 · 114 | 퇴역 구축함 전대의 전대장이 되다 · 118

Chapter 08 오거스타 123

중순양함 오거스타 함장에 임명되다 · 125 | 전비태세 최우수 순양함 트로피를 수상하다 · 132 | 니미츠만의 조직 관리 기본 철학: 휘하 장교들을 믿고 그들에게 업무와 책임을 맡겨라 · 135

Chapter 09 훈련 143

항해국 부국장에 임명되다 · 145 | 짙어지는 제2차 세계대전의 전운 · 150 | 항해국장에 임명되다 · 153 | 제2차 세계대전 발발 · 155

Chapter 10 전쟁 준비 159

극동에서 일본의 팽창을 억제하라 · 161 | 특정 학교 출신이 아니라 자신의 노력에 따라 평가받게 될 것이다 · 164 | 외압에 흔들리지 않는 원칙주의자 · 169

Chapter 11 개전 175

1941년 12월 7일, 진주만 공습이 안겨준 치욕의 날 · 177 | 태평양함대 사령관에 임명되다 · 184 | 인내와 포용의 리더십: "인내하라", "자기 편이 아닌 사람도 끌어안아라" · 192

Chapter 12 첫 번째 도박 199

"태평양함대가 아직 건재하다는 것을 보여줘라" · 201 | 마셜 제도와 길 버트 제도를 타격하라 · 205 | 항공모함에서 발진한 B-25, 일본 본토를 폭격하다 · 218 | 산호해 해전: 최초의 항공모함 대 항공모함 해전 · 221

Chapter 13 암호전쟁 225

암호를 해독하라 · 227 | 미드웨이 해전 · 236 | "나는 여러분과 함께했 다는 것이 자랑스럽다" · 239

Chapter 14 음모 243

"니미츠에게 한계는 없다" · 245 | 미드웨이 전투 승리의 주역은 누구인 가 · 248 | Op-20-G 대 하이포 지국: 암호해독의 대가 로슈포르를 제거 하라 · 250

Chapter 15 니미츠 방식 255

니미츠의 세 가지 질문 · 257 | "그 모든 사람들 중 가장 거대한 텍사스 인" · 260

Chapter 16 공세 279

해군과 육군의 보이지 않는 신경전 · 281 | 터프가이 빌 헬시가 돌아왔 다 · 288 | 니미츠 대 맥아더 · 296 | 야마모토 요격 작전: 맥아더, 모든 공적을 자신의 것이라고 주장하다 · 299

Chapter 17 중간 침로 수정 303

타라와 전투, 피비린내 나는 지옥의 현장 · 305 | 지휘계통의 문제: 누가 총지휘를 맡아야 하는가 · 309 | 맥아더의 초대: 니미츠, 맥아더를 만나 다 · 317

Chapter 18 마리아나 제도 321

헬시와 스프루언스: 투 플래툰 체제 · 323 | 마리아나의 대규모 칠면조 사냥 · 326 | 육군 장교를 해임한 해병대 장교를 둘러싼 갑론을박 · 329 | 전략계획회의: 루스벨트와 맥아더의 불편한 관계 · 332 | 별들의 향연 · 336

Chapter 19 공보전쟁 339

새로운 공보정책이 절실히 필요하다 · 341 | 소금과 같은 존재 · 346 | 기자들을 향해 열린 문 · 349

Chapter 20 "나는 돌아왔다" 351

레이테 만 해전: 맥아더의 귀환 · 353 | "34기동부대는 어디 있는가?" · 359 | 니미츠, 해군 원수가 되다 · 361 | 맥아더, 루손을 침공하다 · 362

Chapter 21 이오지마 367

해군 역사상 가장 대담한 작전: 니미츠의 작은 일탈 · 369 | 오키나와 전투를 앞두고 개편된 지휘구조체계 · 376

Chapter 22 오키나와 381

오키나와 전투와 계속되는 가미카제 공격 · 383 | 해군과 육군의 불화: 오키나와, "진주만보다 더 심한 군사적 무능력의 사례" · 386 | 원자폭탄 투하: 전쟁의 끝 · 389

Chapter 23 일본의 항복 397

인간의 존엄성을 중시한 인도주의적인 제독 · 399 | 이 세상에 평화가 다시 회복되고 그 평화를 신께서 항상 지켜주시길 · 405

Chapter 24 귀환 413

통합군을 둘러싼 해군과 육군의 전투 · 415 | 모든 해군을 대표해 연단에 서다 · 417 | 1945년 10월 5일, '니미츠의 날'로 지정되다 · 420 | 나는 해군부와 육군부를 하나로 통합하는 데 반대한다 · 423 | 위대한 텍사스 해군 제독의 귀환 · 427

Chapter 25 해군참모총장으로 향하는 가시밭길 429

떠오르는 항공의 시대, 도전받는 해군의 위상 · 431 | 니미츠, 해군참모총장이 되다 · 436 | 트루먼 대통령과의 관계: 애매한 관계에서 친밀한 관계로 · 441

Chapter 26 전초전 447

해병대를 없애려는 시도를 좌절시키다 · 449 | 두 차례 원자폭탄 실험: 에이블과 베이커 · 452 | 육군, 해군, 공군, 동등한 3개 병종으로 분리되다 · 457 | 세계 최초의 원자력잠수함 노틸러스 개발에 기여하다 · 458

Chapter 27 마지막 전투 463

처벌을 받더라도 소신껏 말하다 · 465 | 해군참모총장 임기를 마치고: 생애 처음으로 책임감에서 벗어나다 · 471 | 존슨 국방장관 임명과 함께 해군 최악의 악몽이 현실로 바뀌다 · 473

Chapter 28 황혼 479

자신의 군 경력을 돈벌이 수단으로 이용하지 않은 참군인 · 481 | 겸손한 신사 · 483 | 자신의 장례식까지도 미리 준비한 철두철미한 계획자 · 485

에필로그 492
주(註) 495
참고문헌 518
옮긴이 후기 525

Chapter 01
텍사스

체스터 W. 니미츠는 독일계 미국인 정착촌인 텍사스 주 프레더릭스버그에서 유복자로 태어나 공격적인 아이로 성장했다. 성마른 성격 탓에 자신을 놀리거나 위협하는 아이들과 자주 싸웠지만, 나중에 문제를 해결하는 최선의 방법은 싸움이 아니라는 결론을 내리면서 스스로 성질을 자제하는 방법을 배웠다. 그는 웨스트포인트 육군사관학교에 진학해 육군 장교가 되기를 희망했지만, 지원자가 다 차는 바람에 아나폴리스 해군사관학교에 지원하게 된다. 집에서 멀리 벗어나본 적도, 기차를 타본 적도 없는 텍사스 주 시골 출신인 그에게 아나폴리스 해군사관학교로 떠나는 여행은 상당한 모험이었다.

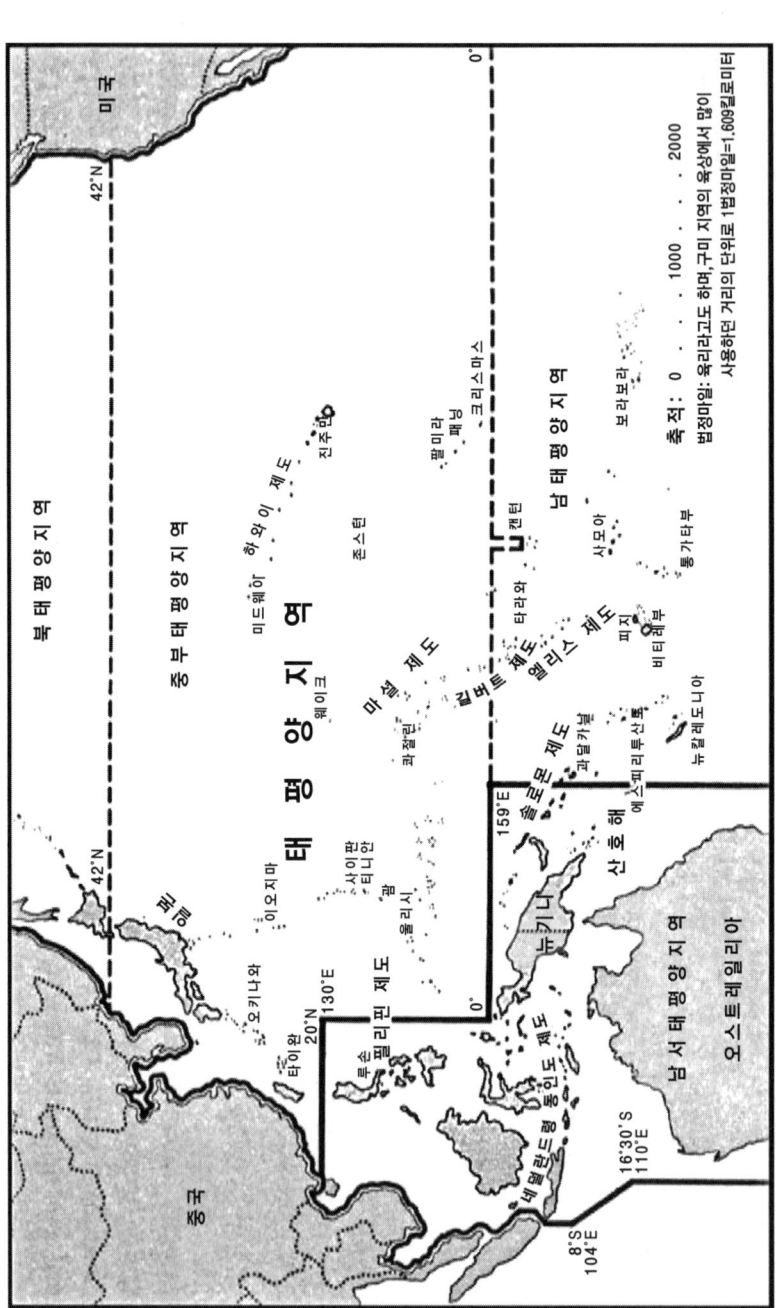

태평양 지휘계통도. '남서태평양지역'은 더글러스 맥아더 장군의 지휘 아래 있었고, 그 외의 모든 '태평양지역'은 니미츠의 지휘 아래에 있었다.
자료 제공: "제2차 세계대전의 미 육군(United States Army in World War II)", 미 육군 군사연구실(Office of the Chief of Military History), 1957년.

❖ 유복자로 태어나다

체스터 윌리엄 니미츠 Chester William Nimitz 는 1885년 2월 24일, 독일계 미국인 정착촌인 텍사스 Texas 주의 프레더릭스버그 Fredericksburg 에서 태어났다. 증조부와 조부 모두 선원이었기 때문에 그는 가문의 해양 전통을 계승했다고 할 수 있다. 증조부의 경우는 선원으로서 바다에서 거의 살다시피 했고, 조부인 찰스 헨리 니미츠 Charles Henry Nimitz 는 10대 시절 한 차례 항해에 나선 것이 선원 경험의 전부였지만, 성인이 된 이후 거의 대부분의 기간 동안 캡틴 니미츠 Captain Nimitz 로 불렸다. 이것은 선원으로서의 지위가 아니라 군대 계급에서 유래한 호칭으로, 남북전쟁 당시 텍사스 자원민병대 조직자였던 그의 역할에서 비롯된 것이었다(영어의 'captain'은 배의 선장을 의미하는 동시에 육군 대위라는 뜻도 있다-옮긴이).

친할아버지 찰스 헨리는 어린 체스터의 삶에 가장 큰 영향을 미친 인물이었다. 1846년에 소규모 정착민들과 함께 맨땅에 프레더릭스버그를 일군 건립자 중 한 명이었던 찰스 헨리는 전형적인 사업가였다. 그는 방 8개짜리 흙벽돌 건물에 호텔을 차렸고, 어느 정도 시간이 흐르자 번창하여 45개의 객실과 연회실, 카지노, 바, 양조장, 목욕탕, 무도장 겸 무대를 갖추게 되었다. 시간이 흐를수록 호텔은 계속 확장되어 마치 모래사장에 좌초한 증기선 모습으로 바뀌어갔다. 깃대로 사용하기 위한 마스트와 언덕 너머를 보기 위한 망루까지 설치하여 완벽하게 증기선의 형태를 갖추었다. 홍보 마케팅 덕분에 그것은 니미츠 선장의 증기선 호텔 Captain Nimitz's Steamboat Hotel 로 널리 알려졌다. 전성기에는 니미츠 선장의 증기선 호텔이 멕시코 만 지역 Gulf Coast of the United States 으로부터 샌디에이고 San Diego 사이에 있는 마지막 상업용 호텔이었기 때문에 로버트 E. 리 Robert E. Lee 대령(1807년~1870년. 미국 남북전쟁 당시 남부 연합군 총사령관을 맡아 북군을 괴롭혔다. 결국 패배했으나, 미국 역사상 굴지의 명장으로 명성을 드높였다-옮긴이)이나 필립 셰리든 Philip Sheridan 장군(남북전쟁 때 북군 기병대를 이끌었던 장군. 전쟁 마지막 해에 과감한 군사 지휘력을 발휘하여 남군을 격퇴하는 데 중요한 역할을 했다-옮긴이), 작가인 오 헨리 O. Henry 같은 고객이 이용했다. 오 헨리는 그의 한 단편소설에서 이 호텔을 배경으로 삼기도 했다.

찰스 헨리는 12명의 자식을 두었다. 아들 중 체스터 버나드 Chester Bernard 는 선천적으로 폐가 약한 데다가 류마티스성 열까지 겹쳐 건강이 그다지 좋지 못했다. 체스터 버나드는 카우보이가 되어 광활한 자연에서 활동하면서 텍사스 주에서 네브래스카 Nebraska 주까지 소떼를 몰고 다니는 것이 건강에 도움이 될 것이라고 생각했다. 하지만 생각처럼 그렇지 못해 소목장 주인의 딸인 안나 헨케$^{Anna\ Henke}$와 결혼하고 다섯 달 뒤에 사망했다. 당시 임신한 상태였던 안나는 아이에게 아버지의 이름을 그대로 물려주었다.

안나는 갓난아기 체스터를 데리고 시아버지의 호텔로 들어와 그곳에서 식당 일을 했다. 체스터는 공격적인 아이로 성장했다. 친구들은 모두 아버지가 있었지만, 그에게는 없었다. 친구들이 한창 놀이를 즐길 때, 그는 꼼짝도 못하고 부엌에서 어머니의 일을 돕는 경우가 잦았다. 그의 머리카락이 연한 금발이다 보니 "코튼탑^{Cottontop}"(머리카락 색깔이 아주 옅은 사람을 말함-옮긴이)이라는 별명으로 불렸는데, 그 별명을 얼마나 싫어했던지 애들에게 본때를 보여주겠다는 심산으로 그는 초록색 페인트 한 통을 머리 위에 끼얹은 적도 있었다. 그 바람에 그의 어머니는 니미츠의 머리카락을 완전히 밀어야 했다. 성마른 성격 탓에 그는 학교에서 자신을 놀리거나 위협하는 아이들과 자주 싸움을 벌였다. 그는 상당한 싸움꾼이었던 것으로 보이는데, 적어도 그의 친척들이 전하는 이야기에 따르면 그는 한 번에 두 사람을 상대해도 이겼다고 한다. 그러던 중 어느 순간 그는 문제를 해결하는 최선의 방법은 싸움이 아니라는 결론을 내리면서 성질을 자제하는 방법을 배웠다. 그리고 대부분의 경우 이것을 실천하려고 노력했다.

❖ 어머니의 재혼과 커빌로 이주한 이후의 삶

체스터가 거의 여섯 살이 될 무렵, 어머니 안나가 남편의 동생인 윌리Willie 와 재혼했다. 그의 가족은 24마일(약 38킬로미터) 떨어진 커빌Kerrville 로 이주해 그의 숙모가 미망인이 되면서 소유하게 된 호텔에 머물며 그곳을 관리하게 된다. 세인트 찰스St. Charles 호텔은 증기선 호텔보다 객실도 반밖에 되지 않고 그만한 매력은 없었지만, 그나마도 규모가 큰 하숙집이었다. 그래도 그곳은 체스터의 가족에게 살 곳과 일터가 되어주었다. 윌리와 안나 사이에는 도라Dora 와 오토Otto, 두 아이가 태어났다.[1] 찰스 헨리는 '자신의' 호텔 운영을 아들인 찰스 헨리 주니어에게 맡기고 정치에 입문해 텍사스 주 의원에 당선되었다.

윌리는 우스터 폴리테크닉 대학교Worcester Polytechnic Institute 에서 공학을 전공한 공학도였지만, 텍사스로 돌아온 뒤에는 하는 일 없이 남의 일에 참견하면서 시간을 보냈다. 그는 쾌활해서 때로는 호텔 주인 역할도 잘 수행했지만, 비싼 학비를 대준 그의 아버지에게는 죄송하게도 공학도로서 유급으로 고용된 적이 한 번도 없었다. 그가 실제로 가졌던 직업으로 모두가 기억하는 것은 말년에 계시원計時員으로 잠깐 일한 것이 전부였다. 그나마 칭찬할 말한 사실은 윌리 본인도 자신에 대해 아무런 환상을 품지 않았다는 것이다. 한때 그는 솔직하게 신세를 한탄하며 자신의 딸에게 이런 말을 한 적이 있었다.

"있잖니, 나는 1달러 금화를 50센트에도 팔지 못할 사람이란다."[2]

여덟 살 때 체스터는 외갓집이 소유한 정육점의 배달원이 되어 주급 1달러를 받게 됨으로써 '생애 첫' 유급 직장을 얻게 되었다. 좀 더 나이가

들자 호텔 식당에서 테이블 시중을 들거나 정원 일을 하거나, 장작을 패서 호텔에 설치된 10여 곳의 난로와 벽난로에 운반했다. 열다섯 살이 되자, 그의 숙모는 그에게 월급으로 15달러를 지불하기 시작했다. 고정적인 허드렛일 외에도 야간 접수계원으로 밤 10시까지 데스크를 지켰다.

친부가 허약해 일찍 죽었다는 것을 잘 알고 있었을 뿐만 아니라 어머니도 등을 떠밀다시피 했기 때문에 체스터는 운동광이 되었다. 그는 수영과 달리기, 걷기—때로는 삼촌의 농장까지 14마일(약 22킬로미터)이나 하이킹을 하기도 했다—를 실천했다. 오랜 세월이 흐른 뒤 그의 한 사촌은 이렇게 회상했다. "무엇보다도 육체적 건강을 유지하겠다는 그의 굳은 결의가 눈에 띌 정도로 강했습니다." 그리고 그 사촌은 이렇게 덧붙였다. 몇 년 뒤 체스터가 자신의 집을 방문했을 때, "그는 한쪽 다리에 시계를 찬 채 매일 정해놓은 거리만큼 걸어 다녔습니다."**3**

그가 즐긴 여가활동은 텍사스 시골의 여느 소년들과 다를 바가 없었다. 편자던지기나 낚시, 토끼나 비둘기 사냥, 방울소리를 내는 뱀 꼬리를 수집하기 위해 방울뱀 잡기, 친할아버지와 함께 1주일 여정의 캠핑, 외할아버지 헨리 헨케Henry Henke가 소를 키우는 목장에서 카우보이 흉내 내기 등을 하며 시간을 보냈다. 외할머니는 영어를 할 줄 몰랐기 때문에 그는 독일어도 능숙하게 구사할 수 있게 되었다. 그는 말썽꾸러기였다. 이웃의 보트를 "빌려서"(그는 빌렸다고 하지만 그런 경우가 여러 차례 되다 보니 자기가 원하는 때 보트를 쓰지 못한 주인이 짜증을 내기도 했다) 강에서 뱃놀이를 즐기거나, 개의 꼬리에 깡통을 묶어놓곤 했다. 다행스럽게도 안정적인 독일계 중산층에 속해 있었기 때문에 그는 고전음악이나 카드놀이—크리비지와 포커, 브리지에 능숙했던 것으로 유명하다— 등 사교에 도움이 되는 몇 가지 오락을 즐길 수 있었다. 그의 카드 실력은 나중에 아주 유용했다.

❖ 새로운 모험의 시작: "최선을 다하고 걱정 따위는 하지 말라"

교육은 어땠을까? 그는 무엇을 습득하는 데 상당히 민첩했다. 티비 고등학교Tivy High School 교장은 교사들이 "그를 한 가지 일을 계속하게 만들 방법이 없었어요. 그만큼 배우는 게 빨랐죠"라고 회상했다. 교사들이 그에게 어떤 과제를 부여하든, 그는 순식간에 그것을 해치우고 "주위를 두리번거렸습니다. …… 뭐 장난칠 건더기가 없나 하고 말이죠."[4]

자신감은 어땠을까? 낚시꾼들이 강으로 낚시여행을 가면서 호텔 요리사를 고용했는데 그가 나타나지 않았다. 그러자 아직 10대에 불과한 체스터가 말했다.

"제가 가서 요리를 해드릴게요."

낚시꾼들이 물었다.

"네가 할 줄 아는 요리가 뭔데?"

체스터는 이렇게 대답했다.

"아저씨들이 잡아오는 고기는 모두 요리할 수 있어요."

그러더니 진짜로 요리를 해냈다.[5]

미래는 어땠을까? 선택 범위는 무척 제한적이었다. 어린 체스터는 가문의 사업에 별다른 관심이 없었지만, 그 지역에서 주어지는 기회는 많지 않았다. 세인트 찰스 호텔에 묵는 외판원들은 넓은 세상의 자유에 대해 이야기했다. 토지측량 팀은 자신들이 하는 일을 설명하면서 체스터에게 도제가 되면 이 일을 배울 수 있다고 제안했는데, 그것은 어느 정도 매력적으로 보였다. 그러다가 1900년 여름 어느 날, 육군 야전포병대 1개 포대가 근처에서 야영을 했다. 열다섯 살의 체스터는 이제 막 웨스트포인트 West Point 미 육군사관학교를 졸업한 두 장교의 위풍당당한 모습과 "기가 막히게 멋진 새 군복"에 매료되었다. 그들은 자랑스런 군대 생활이나 웨스트포인트 육군사관학교의 영광에 대해 줄줄이 이야기를 늘어놓았다. 그 순간 체스터는 육군 장교가 되기로 결심했다.[6]

하지만 웨스트포인트에 입학하기란 쉬운 일이 아니었다. 모든 하원의원들은 할당된 추천권을 가지고 있었지만, 추천권은 엄격하게 통제받았다. 체스터는 텍사스 주 하원의원 제임스 슬레이던 James Slayden 에게 추천을 요청했다가 그의 대답을 듣고 낙담했다. 그에게 할당된 추천권을 이미 다 쓴 상태였던 것이다.

하지만 슬레이던은 아나폴리스 Annapolis 에 있는 해군사관학교의 추천권은 남아 있다고 체스터에게 말했다. 과연 체스터가 관심을 보였을까? 그는 아나폴리스에 대해 한 번도 들어본 적이 없었지만, 그것이 웨스트포인트 육군사관학교에 해당하는 해군의 교육기관이며 대학교육을 무료로 받을 수 있고 졸업 후 해군 장교가 된다는 사실을 알고 이렇게 말했다.

"안 될 것은 또 뭐야?"

하지만 그것이 전부가 아니었다. 슬레이던의 추천을 받은 또 다른 지원자들이 있었기 때문에 4월에 지역선발시험을 통과해야만 했다. 여기서 선발된 지원자들은 해군사관학교 예비학교에 들어가 훨씬 더 엄격한 입학시험을 치러야 했는데, 시험과목에는 대수학과 평면기하학, 미국사와 세계사, 지리, 독해, 작문, 철자법, 문법이 포함되어 있었다. 이 과목들은 당시 고등학교 2학년 과정에 있던 체스터로서는 아직 배우지 않은 과목들이었고 어쩌면 들어본 적조차 없었을 수도 있다.

하지만 그는 기꺼이 시도할 용의가 있었다. 그의 친할아버지 찰스 헨리도 그를 격려하며 이렇게 말했다.

"바다는 — 삶 자체가 그렇듯이 — 엄격한 선생님이란다. 바다에서든 삶에서든 잘 지낼 수 있는 가장 좋은 방법은 네가 할 수 있는 모든 것을 배운 다음 최선을 다하고 걱정 따위는 하지 않는 거란다. 네가 어떻게 할 수 없는 것에 대해서는 특히 더."7

"최선을 다하고 걱정 따위는 하지 말라"는 그의 생활신조가 되었다. 그에게는 3개월의 준비 기간이 남아 있었다. 윌리와 몇 명의 교사, 그리고 고등학교 교장 선생님이 자원하여 그의 개인교사가 되어주었다. 그의 하루 일과는 새벽 3시에 시작되었다. 그는 난로에 불을 지펴야 하는 5시 30분까지 공부했다. 오전 9시부터 오후 4시까지 학교에서 수업을 받은 뒤 호텔 접수계원으로 일하고 밤 10시까지 숙제를 한 다음 잠자리에 들었다.

7명의 다른 지원자들과 경쟁한 결과, 체스터가 1등을 차지했다. 곧이어 그는 생애 처음으로 다음과 같은 공식 명령을 받았다.

"아나폴리스 해군사관학교에 보고하고 입학시험을 준비할 것."

만약 그가 합격한다면, 즉시 해군복무선서를 하고 해군사관학교에 입교하게 될 것이다.8

슬레이던은 국회의사당에 있는 자신의 의원사무실로 가면서 매우 흥분한 젊은이를 여행에 대동했다. 체스터는 집에서 수십 마일 이상을 벗

미 해군사관학교

미 해군사관학교USNA, United States Naval Academy 는 미합중국 해군 장교 양성 기관이며, 메릴랜드 주 아나폴리스에 위치해 있다. 주로 아나폴리스Annapolis 라고 불린다.

아나폴리스는 메릴랜드 주의 주도州都이나 1845년에 창립된 미 해군사관학교의 대명사로 더욱 유명하다. 입학 자격은 16~23세의 미국 시민으로 부통령 또는 연방 상원 또는 하원의원의 추천자 중에서 필기시험과 신체검사, 체력시험, 인터뷰 등을 통해 선발한다. 4년의 수업 기간을 마치면 이학사理學士의 학위를 받고 해군 소위에 임관된다. 그러나 평시에는 졸업자의 반수 정도가 시민생활로 돌아가며 졸업 자격도 일반 대학졸업자와 동등하게 취급된다. 지미 카터Jimmy Carter 전 미국 대통령, 존 S. 매케인John S. McCain 제독, E. J. 킹King 제독, 체스터 W. 니미츠 제독 등을 배출했다.

어나본 적이 없었고 친할아버지의 증기선 호텔보다 더 큰 건물을 본 적도 없었으며 기차를 타보기는커녕 구경조차 해본 적도 없었다. 따라서 이 여행은 그에게 상당한 모험이었다.

Chapter 02
해군사관학교

해군사관학교 시절 샘슨-슬라이 논쟁으로 해군이 수치를 당하자, 니미츠는 파당적이거나 개인적인 비난, 또는 사소한 비난에 결코 가담하지 않겠다고 다짐한다. 심지어 40년이 흐른 뒤에도 고위 장교를 폄하하는 내용의 전투보고서에 서명하길 거부했다. 그는 보고서 작성자에게 보내는 메모에 이렇게 적었다. "지금 귀관은 또 하나의 샘슨-슬라이 논쟁을 재연하려는 것인가? 어조를 순화하라."
한 생도는 해군사관학교 졸업앨범에 니미츠에 대한 평을 이렇게 썼다. "그에게는 사물의 깊은 곳까지 꿰뚫어볼 줄 아는 침착하고 견실한 독일인의 기풍이 배어 있다."

❖ 해군은 오로지 강자만이 살아남을 수 있다

대규모 해군력 건설에 대한 의회의 열광은 1898년 미국-스페인전쟁 Spanish- American War 의 발발과 함께 시작되었고, 이때 8척의 신형 전함과 6척의 장갑순양함, 30여 척의 소형 함정들의 건조가 승인되었다. 시어도어 루스벨트 Theodore Roosevelt 대통령의 독려 속에서 함대의 팽창은 계속되었다. 그는 이런 말을 하기도 했다.

"이런 속담이 있다. '큰 곤봉을 들고 부드럽게 말하면 엄청난 성공을 거두게 될 것이다.' 미국이 부드럽게 말하면서 아주 효율적인 해군을 건설해 최고 수준의 훈련 상태를 유지할 경우 먼로주의 Monroe Doctrine 는 큰 성공을 거두게 될 것이다."[1]

그 결과, 해군에는 더 많은 장교가 필요하게 되었다. 1901년 9월 7일 니미츠가 해군사관생도로서 선서를 했을 때, 그의 기수는 해군사관학교

미국 26대 대통령(재임 기간 1901년~1909년) 시어도어 루스벨트는 1823년에 5대 대통령 제임스 먼로가 미국의 유럽에 대한 불간섭의 원칙, 유럽의 미국 대륙에 대한 불간섭의 원칙, 유럽 제국에 의한 식민지 건설 배격 원칙을 주장한 고립주의 정책으로 유명한 먼로주의의 개념을 확대 해석해 아메리카에서 모든 유럽 세력을 몰아낸다는 노선을 천명했다. 그는 이른바 '곤봉 외교 Big Stick Diplomacy'라 하여 미국의 국익을 위협하는 세력에 대해서는 미국 국력을 앞세워 응징한다는 공세적인 외교정책을 폈다. 1896년 해군차관보였을 때 해군 강화에 공헌했으며, 미국-스페인전쟁이 발발했을 때 관직을 사임하고 의용군을 조직해 쿠바에 출정해 일약 국민적 영웅이 되기도 했다.

미국-스페인전쟁

1898년 4월부터 8월까지 쿠바 섬의 이해관계를 둘러싸고 미국과 스페인 사이에 벌어졌던 전쟁이다. 이 전쟁은 쿠바의 독립운동이 스페인에 의해 거부되자 이를 해결할 것을 미국이 요구하면서 시작되었다. 미국 내의 강력한 팽창주의 정서가 미국 정부로 하여금 필리핀, 푸에르토리코, 그리고 괌을 포함한 스페인의 잔존 해외 영토를 병합하도록 부추겼다. 아바나^{Habana}에서 일어난 혁명은 미국이 전함 메인^{Maine} 호를 보내 그들의 높은 국가적 관심을 보이도록 자극했다. 메인 호의 폭발로 미국인들 사이의 긴장감이 고조되었고, 스페인이 자신들의 식민지를 억압하고 있다는 황색언론은 미국의 여론을 움직였다. 전쟁은 필리핀과 쿠바에서 미국의 승리로 끝을 맺었다. 1898년 12월 10일, 파리 조약은 쿠바와 필리핀, 푸에르토리코, 괌의 지배권을 미국에게 넘겨주었다. 노예 문제로 촉발된 내분으로 남북전쟁을 겪은 후 내부 정비와 북미 대륙 개척에 몰두하던 미국이 그 힘을 바탕으로 본격적으로 제국주의 정책을 추진하기 시작한 상징적인 사건이다.

56년 역사상 가장 규모가 컸다. 그를 비롯해 130명의 생도들은 6년간의 교육과정에 들어갔다. 그들은 앞으로 4년간 학과수업을 받는 동안 순항훈련을 세 번 실시하고 이후 '장교후보생' 자격으로 2년간 함대에서 복무할 예정이었다. 그런 다음 자기 지휘관에게 긍정적인 추천서를 받고 또 한 차례 일련의 자격시험을 통과하면 졸업생들은 소위로 진급하게 될 것이다.

교수진은 직업 해군 장교들이지 전문 교육자들은 아니었으며, 그들의 교수법은 자유방임주의적이었다. 그들은 가르치는 사람이라기보다는 실력을 평가하는 사람에 더 가까웠다. 예를 들어, 매번 수업이 끝날 때 교관은 생도들에게 예습할 부분을 할당해주었다. 생도들은 자습시간에 할당된 부분의 지식을 습득하고 다음 수업시간에 각자 한 장씩 종이를 뽑아 거기에 적힌 질문의 답을 그 지식을 활용해 칠판에 적어야 했다. 약 20분 정도의 시간을 준 뒤, 교관은 생도들이 적은 답을 하나하나 언급하며 비평한 다음 자신의 경험에 근거한 견해를 밝혔다.

이런 교육철학은 해군의 작전 현실이 반영된 결과물이었다. 미 육군 장교들과 달리, 전투함의 지휘관들은 독립적이며 종종 몇 개월간 상급 지휘부와 접촉 없이도 작전할 수 있는 능력을 갖춰야 했다. 그들은 자기가 갖고 있는 독자적 판단력과 통찰력, 능력에만 전적으로 의지할 수밖에 없었다. 그들은 멀리 있는 곳에서 전달되는 전문적 조언이나 지침, 개입을 전혀 기대할 수 없었다. 이처럼 개인적인 노력이 강조되다 보니 해군은 오로지 강자만이 살아남을 수 있다고 생각했다.

학업 외에도 일상생활에 적용되는 규율이 있었는데, 일부 젊은 생도들에게 그것은 몹시 받아들이기 힘든 것이었다. 생도들은 교실까지 줄지어 행진했는데, 수업에 지각하거나 행진 도중 잡담을 하거나 교내 어디서든 흡연을 하면 처벌을 받게 되어 있었다. 신고식으로 널리 알려진 또 다른 형태의 시험도 있었는데, 그것은 상급생이 모욕적이고 무시하는 질문을 던져 신입생들에게 언어적 폭력을 가하는 것이었다. "너 같은 놈이 해군 장교가 될 자격이 있다고 생각하게 된 이유가 도대체 뭐냐?" 이 정도는 시작에 불과했다. 생도의 출생이 적법했는지를 따지게 되면 갈 데까지 갔다고 볼 수 있었지만 — 여기에도 규칙은 존재했다 — 그런 질문이 전혀 없었던 것은 아니었다. 그런 질문에는 대답의 적절성이 아니라 생도가 자제력을 발휘하느냐의 여부가 더 중요했다. 생도는 분노를 잘 참아냈는가? 그는 끝까지 상급생에게 예의 바르게 경의를 표했는가? 결국 이것의 목적은 압박감을 잘 통제할 수 없는 생도들을 아예 처음부터 제거하는 데 있었다.

니미츠와 함께 입학한 생도들 중에서 114명이 졸업할 수 있었다. 졸업생 114명 중 니미츠는 7등을 차지했다. 고등학교도 마치지 못한 순진한 시골 소년이 거둔 성적 치고는 놀라운 성적이었다. 처음부터 그는 일찍 일어나는 습관을 들였고 룸메이트를 설득해 자신의 습관에 동참하게 했다. 그들은 새벽 4시 30분에 기상해 공부를 한 뒤 일찍 일과를 시작했기 때문에 좋은 학업 성적을 유지했다. 학기 중간까지 그 상태를 유지하던 니미츠는 폐렴에 걸려 한 달 동안 병원에 입원했다(유독 폐와 관련된 질병에 약한 것은 그의 아버지가 물려준 달갑지 않은 유산이었다. 이후 그는 세 번이나 더 폐렴에 걸렸고, 주된 사망 원인도 바로 그것이었다). 이로 인해 학업에 뒤처지게 되었지만, 타고난 지능과 근면성, 굳은 결의로 부족한 부분을 곧 따라잡았다. 룸메이트의 도움으로 학년 말이 되었을 때는 다시 상위권에 들 수 있었다. 그와 룸메이트는 서로 떨어져 아직 공부 비결을 깨닫지 못한 다른 동급생과 룸메이트가 되라는 요청을 받았다. 그들은 요청을 수락하고 새로운 룸메이트에게 강제로 조기기상의 습관을 따르게 했다. 그것은 즉각적인 효과를 보였다. 모두가 성적이 오른 것이다.

토요일은 강철 선체의 가로돛 범선을 타고 선박운용술을 훈련하는 날이었다. 우연히도, 항해학부 부장이자 훈련함의 함장이 니미츠의 1년 선배인 윌리엄 F. 핼시 주니어 William F. Halsey Jr. (훗날 "황소 Bull"로 널리 알려지게 된다) 생도의 아버지인 윌리엄 F. 핼시 William F. Halsey 중령이었다. 체스터가 4학년이 되었을 때, 미 해군의 첫 번째 잠수함인 홀랜드 Holland

윌리엄 F. 핼시 주니어는 니미츠의 해군사관학교 1년 선배이고, 그의 아버지 윌리엄 F. 핼시 중령은 니미츠가 생도 시절 항해학부 부장이자 훈련함의 함장이었다.

가 아나폴리스에 기지를 두고 있었기 때문에 상급생들은 돌아가며 부두로 나가 이 흥미로운 신종 전투함을 견학했다. 그것은 마치 욕조용 장난감처럼 생겨서 대부분의 생도들은 그다지 큰 인상을 받지 못했다.

    새로운 기술을 연마하고 새로운 장소를 방문하는 하계 순항훈련은 일상에서 잠시 벗어날 수 있는 기회를 제공했기 때문에 생도들이 좋아했다. 니미츠는 2척의 전함과 1척의 구축함에서 순항훈련을 받았다. 구축함에서 순항훈련을 받던 중 귓병을 앓게 되었는데, 그로 인해 평생 한쪽 귀가 잘 안 들리게 되었다. 인원이 많지 않은 구축함에는 의무병과 승조원이 배치되지 않았기 때문에 구축함 함장이 직접 깨끗이 세척한 기름 흡입기를 사용해 붕산 소독액을 귓속에 주입하여 그의 귓병을 치료했다. 흡입기에 의해 생긴 물리적 상처 때문인지, 귓병 자체 때문인지는 정확히 알 수 없지만 이후 니미츠는 귓병에 걸린 귀가 잘 안 들리게 되었다. 그는 이 핸디캡을 극복하기 위해 독순법(입술이 움직이는 모양을 보고 상대편이 하는 말을 알아내는 방법-옮긴이)을 배웠다.

❖ 해군사관학교에서 배운 값진 교훈

1904년 9월 하계 순항훈련을 마치고 돌아왔을 때, 4학년 생도들은 함대의 인력 수요를 맞추기 위해 그들의 졸업이 1905년 6월에서 1월로 당겨졌다는 사실을 알게 되었다. 일부 과목은 취소되었고, 남은 과목은 진도가 더욱 빨라졌다. 그리고 그들은 이제까지 머물던 남북전쟁 시절에 임시로 만든 기숙사를 떠나 새로 지은 밴크로프트 홀 Bancroft Hall (당시는 물론 지금도 세계에서 가장 큰 기숙사 건물)로 옮기게 되었다는 사실에 기뻐했다. 이제 중대장 생도가 되어 3개의 금줄 수장을 부착하게 된 니미츠는 개인침실과 두 사람이 공동으로 사용하는 서재를 할당받았다. 얼마 후 몇몇 동기생들은 지붕에서 움푹 들어간 곳을 발견했다. 그곳은 은밀해서 아래쪽 길가는 물론 건물 안팎의 어떤 위치에서도 눈에 띄지

1905년 니미츠의 모습. 금발 머리 사관생도였던 그는 맥주를 몰래 반입해 규율을 위반한 것을 알면서도 눈감아준 교관에게서 규율을 처음 위반한 사람은 관대하게 봐줄 줄 알아야 한다는 것을 배웠다.

않았기 때문에 여러 생도들이 모여서 맥주를 마실 수 있었다.

어느 여름날, 그의 일당은 맥주 파티를 열기로 했다. 니미츠는 맥주를 반입하는 핵심 역할을 맡았다. 그것은 해군 장교가 되겠다는 그의 희망을 하룻밤에 끝장낼 수도 있는 대단한 모험이었다. 당시 4학년 생도들은 제복을 맞추기 위해 시내로 외출할 수 있었는데, 니미츠는 재단사에게 술을 살 수 있다는 사실을 알고 있었다. 그는 트렁크를 들고 ― 마치 제복을 가지러 간 사람처럼 ― 곧바로 양복점의 밀실로 들어간 다음 신속하게 트렁크에 맥주를 담았다. 그는 밀실 안에서 전에 본 적 없는 낯선 사람을 발견했지만 그 사람도 무언가 일이 있어서 찾아온 또 다른 고객일지도 모른다고 생각했다.

니미츠는 힘겹게 트렁크를 끌며 정문을 지나치면서 근무 중인 해병대 위병의 검문을 고위 생도를 의미하는 수장을 방패삼아 무사히 통과했다. 결국 그의 일당은 거나한 맥주 파티를 즐겼다.

월요일 아침, 니미츠는 자신의 분대를 인솔하여 항해술 교실을 향해 행진했다. 교실 앞에 도착했을 때 새로운 교관인 어떤 해군 소령이 제복을 입고 기다리고 있는 모습을 보았다. 그는 양복점에서 본 바로 그 낯선 사람이었다. 그가 소매에 3개의 금줄이 있는 제복 차림의 곱슬곱슬한 금발 머리 사관생도를 알아보지 못했을 리 만무했다. 하지만 그는 아무 말도 하지 않았다. 그 당시에도, 그리고 그 이후에도 말이다. 훗날 니미츠는 이렇게 기록했다.

"그 무모한 장난을 통해 …… 나는 규율을 처음 위반한 사람은 관대하게 봐줄 줄 알아야 한다는 것을 배웠다."[2]

아나폴리스에서 니미츠가 배운 또 하나의 교훈은 그의 경력에 아주 중요한 영향을 미쳤다. 니미츠가 막 해군사관학교에 입교했을 무렵, 샘슨-슬라이 논쟁 Sampson-Schley controversy 이 해군을 뒤흔들고 있었다. 이로 인해 해군의 명예는 땅에 떨어졌다. 이 논쟁은 미국-스페인전쟁 당시 쿠바 산티아고 해전 Battle of Santiago 에서 스페인 함대를 물리친 공로가 누구에게 있는가를 두고 벌어진 단순한 논란에서 시작되었다. 논란의 한편에는 대서양함대 사령관인 윌리엄 T. 샘슨 William T. Sampson 해군 소장이 있었는데, 그는 전투가 벌어졌을 때 다른 일이 있어서 현장에 있지 않았다. 논란의 다른 한편에는 당시 현장 지휘관이었던 윈필드 스콧 슬라이 Winfield Scott Schley 해군 준장이 있었다. 샘슨이 슬라이의 공로를 인정하길 거부하자, 슬라이의 지인들이 난리를 쳤고 샘슨의 지인들은 슬라이가 승리의 영광을 차지할 자격이 없다고 말했다. 해군사관학교의 새 교과서에서 저자가 슬라이를 비겁자라고 비난하자, 슬라이는 명예를 회복하기 위해 특별조사위원회 소집을 요청했다. 이때부터 막장 드라마가 연출되기 시작했다. 니미츠가 막 사관생도로 첫발을 내디뎠을 무렵인 1901년 9월, 해군은 최고선임장교인 조지 듀이 George Dewey 해군 대장을 필두로 3인특별조사위원회를 소집했다. 특별조사위원회는 45일 동안 2,300쪽 분량의 증언을 수집했다. 매일 위원회에서 발생한 일들은 거의 토씨 하나 바뀌지 않고 그대로 언론에 보도되었다. 특히《워싱턴 포스트 Washington Post 》는 슬라이를 지지하며 다른 모든 관계자들을 조롱했다.

결국 3인특별조사위원회는 듀이 해군 대장이 반대표를 던지면서 2대 1로 슬라이에게 불리한 판결을 내렸다. 슬라이는 판결 수용을 거부하고 시어도어 루스벨트 대통령에게 청원했다. 하지만 돌아온 대답은 이랬다.

"이 불행한 논쟁으로 인해 더 이상 동요가 발생한다면 …… 거기에는

미국-스페인전쟁 당시 대서양함대 사령관이었던 윌리엄 T. 샘슨 해군 소장(왼쪽)과 당시 현장 지휘관이었던 윈필드 스콧 슬라이 해군 준장(오른쪽). 미국-스페인전쟁 당시 쿠바 산티아고 해전에서 스페인 함대를 물리친 공로가 누구에게 있는가를 놓고 샘슨-슬라이 논쟁이 벌어졌다. 논쟁이 가열되면서 이 두 사람 사이에는 막장 드라마가 연출되었고, 이 일로 해군의 명예는 땅에 떨어졌다.

어떠한 변명도 있을 수 없다. 논쟁을 계속하는 것은 해군과 국가에 손해가 될 뿐이다."3

이 일로 해군이 수치를 당하자, 니미츠는 한 가지 다짐을 하게 되었다. 파당적이거나 개인적인 비난, 또는 사소한 비난에 결코 가담하지 않겠다고 말이다. 심지어 40년이 흐른 뒤에도 고위 장교를 폄하하는 내용의 전투보고서에 서명하길 거부했다. 그는 보고서 작성자에게 보내는 메모에 이렇게 적었다.

"지금 귀관은 또 하나의 샘슨-슬라이 논쟁을 재연하려는 것인가? 어조를 순화하라."4

졸업식이 가까워졌을 때, 해군사관학교 졸업앨범인 《럭키 백Lucky Bag》에 니미츠에 대한 평을 쓴 한 생도는 "즐거운 과거와 자신감 넘치는 미래를 가진 인물"이라는 윌리엄 워즈워스William Wordsworth 의 시구를 인용했다. 그리고 독일어 구어 표현을 사용해 이렇게 덧붙였다.

"그에게는 사물의 깊은 곳까지 꿰뚫어볼 줄 아는 침착하고 견실한 독일인의 기풍이 배어 있다."⁵

Chapter 03
모험적인 필리핀 근무

니미츠는 더욱 강도 높은 해군 방식으로 시험을 치르고 있었다. 22살에 구축함 디케이터의 함장이 되었던 것이다. 22살에 구축함 함장이 된다는 것은 누구나 누릴 수 있는 흔한 영예가 아니었다. 그는 운 좋게도 적절한 시기에 좋은 기회를 맞았던 것이다.

❖ 전함 오하이오와 함께 마닐라를 향해서

니미츠는 장교후보생으로서 2년 동안 전함 오하이오^{Ohio}에서 근무했는데, 1904년 취역한 오하이오는 아시아함대 기함의 임무를 띠고 파견되었다. 니미츠와 동기생 브루스 캐너가^{Bruce Canaga}는 1905년 4월 1일 오하이오가 샌프란시스코를 출항할 때 부임했다. 오하이오의 목적지는 필리핀 마닐라^{Manila}였다.

오하이오가 러일전쟁에 관여하게 될 리 없었지만, 그들은 러시아와 일본의 전쟁 지역으로 항해하고 있었다. 러시아는 극동에서 자국의 영향력을 팽창시켜왔으며, 중국으로부터 부동항(뤼순^{旅順})을 획득해 그곳에 대규모 해군기지를 건설했고, 이어서 만주와 한국으로 병력을 이동시켰다. 한편 일본은 수세기에 걸친 고립에서 벗어나 근대산업국가로 탈바꿈하는 중이었다.[1] 일본도 러시아와 거의 비슷한 영토적 야심을 갖

니미츠는 해군사관학교를 졸업하고 장교후보생으로 2년 동안 전함 오하이오에서 근무했다.

고 있었기 때문에 두 나라는 곧 충돌할 수밖에 없었다. 협상은 실패로 돌아갔고 1904년 2월 일본은 전쟁을 선언했다. 하지만 선전포고문이 러시아 정부에 전달되기 3시간 전에 일본은 러시아 해군기지를 공격했다.

러시아는 발트함대를 전쟁에 투입해 잃은 영토를 회복하거나 적어도 국가의 체면을 살리려고 했다. 1만8,000해리를 항해한 러시아 함정들은 재보급이 절실한 상황이었지만, 유일하게 이용 가능한 항구인 블라디보스토크Vladivostok 는 아직도 북으로 한참 더 가야만 했다. 블라디보스토크에 도달하기 위해 러시아 함대는 한국과 일본 사이를 통과해야 했는데, 일본의 해군 제독 도고 헤이하치로東鄕平八郎가 바로 그곳에 매복하고 있었다. 수적으로는 약간 열세였지만 상당히 우월한 전비태세를 갖춘 병력과 무선전신이라는 신기술의 지원을 받는 정보체계를 활용해 도고는 1905년 5월 27일부터 28일에 걸친 쓰시마 해전에서 러시아 함대를 거의 궤멸시켰다. 러시아는 8척의 전함과 5,000명 이상의 병력을 잃은 반면, 일본은 겨우 3척의 어뢰정과 116명의 병력을 잃었을 뿐이었다.

시어도어 루스벨트 대통령은 중재자 역할을 자원해 메인^{Maine} 주 키터리^{Kittery}의 포츠머스 해군조선소$^{Portsmouth\ Naval\ Shipyard}$에서 1905년 8월과 9월에 평화회담을 주선했다. 이런 노력 덕분에 루스벨트는 1906년 노벨평화상을 수상했다. 반면에 일본 정부는 그에게 적개심을 품었다. 그들이 평화협정에 동의하기는 했지만, 세부 항목에 대해서는 크게 실망했던 것이다. 그들은 무엇보다도 러시아의 배상을 기대했었다. 전쟁 중 그들은 막대한 전비를 소비했지만, 전쟁을 시작할 당시만 해도 비용은 문제가 되지 않았다. 하지만 국제적 외교체계는 보통 거미줄처럼 매

포츠머스 조약$^{Treaty\ of\ Portsmouth}$은 1905년 9월 5일 미국 뉴햄프셔 주에 있는 군항도시 포츠머스에서 일본 제국의 전권외상 고무라 주타로^{小村壽太郞}와 러시아 제국의 재무장관 세르게이 비테$^{Sergei\ Witte}$ 간에 맺은 러일전쟁의 강화조약이다. 미국 대통령 시어도어 루스벨트는 이 조약의 주선으로 노벨평화상을 수상했다.

Chapter 03 모험적인 필리핀 근무 53

우 복잡하게 얽혀 있기 마련이다. 일본의 분노는 이후에도 계속되었다.

일본 정부는 도쿄東京의 황궁 정원에서 대연회를 열어 도고를 치하했다. 연회는 성대하게 치러졌다. 수백 개의 테이블에 뤼순 항에서 노획한 러시아산 샴페인을 놓고 각계의 인사들을 초청했다. 당시 정박 중이던 전함 오하이오 대표단도 초대를 받았다. 선임장교들이 아무도 관심을 보이지 않았기 때문에 니미츠와 다른 장교후보생 5명이 대표단으로 참석하게 되었다. 그들은 뒷줄에 있는 테이블에 앉아 있었다. 약간 이른 시간에 도고가 연회장을 빠져나가는 모습을 보고 니미츠는 대담하게 자리에서 일어나 그를 잠시 자기 테이블로 초대했다. 도고는 니미츠의 초대를 받아들였고, 짧지만 화기애애한 대화와 샴페인 축배를 나누었다. 도고의 이런 행동은 니미츠가 결코 잊지 못할 정도로 그에게 강한 인상을 남겼다. 존경하는 일본 해군 제독이 장교후보생들을 예우해주었으니 말이다 (니미츠는 도고 제독을 좋아했다고 한다-옮긴이).

'동양의 넬슨'이라는 별명으로 불린 도고 헤이하치로는 1905년 5월 27일부터 28일에 걸친 쓰시마 해전에서 러시아 발트함대를 대파했다. 승리를 기념하고 도고 제독을 치하하기 위해 도쿄 황궁 정원에서 열린 대연회에 참석한 니미츠는 도고를 만나 짧지만 화기애애한 대화를 나눌 수 있는 기회를 가졌다.

새로 도착한 장교후보생들의 업무는 심부름을 하거나 당직을 서면서 가능한 한 많은 것을 배우고 가급적 선임장교들로부터 멀리 떨어져 있는 것이었다. 니미츠의 일사분기 근무평정은 "만족스러운" 수준으로 평가되었다. 다음 이사분기 근무평정은 주정관과 갑판보좌관 근무를 포함해 몇 가지 실제 보직을 수행한 뒤에 이루어졌는데, 당시 함장은 이렇게 기록했다.

"우수한 장교. 나는 교무위원회가 매우 호의적으로 고려하도록 기꺼이 그를 추천한다."[2]

도고가 러시아 함대를 전멸시키고 있을 무렵, 샌프란시스코에서는 반일감정이 거세게 일기 시작했다. 선량한 미국 시민들은 일본 이민자들이 저임금에도 기꺼이 일을 하는 바람에 노동시장이 동요하는 것을 참지 못했다. 어리석게도 샌프란시스코 교육위원회는 "황인종 학생들과 함께 지냄으로써 어린 아이들의 성장에 좋지 않은 영향을 미칠 수 있는 모든 상황"으로부터 "우리 아이들"을 보호하기 위해 새로운 정책을 발표했다. 일본인 학생들은 그동안 다니던 '백인 학교'를 떠나 당시 중국인만 다니던 '동양인 학교 Oriental school'로 전학을 가야 했다.[3] 1906년 연두교서에서 시어도어 루스벨트 대통령은 "일본인 이민 노동자들의 노동 효율성"을 탓하며 그들에게 불평하는 미국인의 행동을 비난하면서 "그들을 공립학교에 다니지 못하게 하는 것은 사악하고 어리석은 짓"이라고 강조했다.[4] 1주일 뒤, 교육위원회가 기존 명령을 반복하자, 일본에서는 격렬한 반발이 있었다. 상당한 노력을 기울인 끝에 시어도어 루스벨트 대통령은 일본과 '신사협정'에 도달했다. 여기서 일본은 미국 여행을 제한하기로 약속했다. 교육위원회가 인종 분리 명령을 철회함으로써 상황은 해결된 듯 보였다.

❖ 소위로 임관하다

전함 오하이오는 기함으로서의 임무를 마치고 미국으로 복귀했다. 그러나 니미츠와 캐너가는 마닐라에 남았다. 1907년 2월, 소위로 임관한 두 사람은 1898년 스페인으로부터 노획한 2척의 포함에 정장으로 임명되었다. 니미츠는 파나이Panay 를, 캐너가는 파라구아Paragua 를 맡았다. 그들의 임무는 미국의 지배를 달가워하지 않고 소란을 일으키는 토착민들이 있으면 그들에게 무력시위를 하는 것이었다.[5]

이와 같은 인사는 젊은 장교를 시험하는 미 해군의 방법을 보여주는 좋은 예이다. 해군사관학교의 교육 방법과 마찬가지로, 이것은 사람을 수영장에 던져넣고 그가 수영을 할 수 있는지 보는 것과 같다. 물론 니미츠와 캐너가는 전혀 교육을 받지 못한 상태는 아니었다. 그들은 하계 순항훈련을 비롯해 약 2년간 함대 근무도 경험한 상태였다. 그렇다고 해도 이것은 매우 특이한 보직이었다. 파나이와 파라구아는 니미츠와 캐너가가 원하기만 하면 필리핀 남부의 어떤 섬이든 주변을 순항할 수 있을 정도로 자유로웠다. 그래서 두 함정은 함께 작전하는 경우가 잦았다. 파나이의 승조원은 30명의 부사관 및 수병, 그리고 니미츠 소위와 장교후보생 존 S. 매케인John S. McCain (해군사관학교 1906년 졸업생으로 2008년 공화당 대통령 후보였던 매케인의 할아버지), 장교 2명으로 구성되어 있었다. 이와 더불어 니미츠는 민다나오Mindanao 섬의 작은 기지에 주둔하고 있는 22명의 해병 분견대도 지휘했다.

파나이는 외부 세계로부터 어느 정도 단절되어 있었으며(우편업무도 간헐적으로 이루어졌다) 식량도 대체로 지역 경제에 의존했다. 처음에는 승조원들이 — 직접 사냥해 잡은 — 신선한 오리를 좋아했지만, 점차 싫증을 내기 시작했다. 한 수병이 니미츠에게 말했다.

"더 이상 부리 달린 오리는 꼴도 보기 싫습니다."

니미츠는 장어를 잡아보는 것이 어떻겠냐고 제안했다. 그가 알고 있기로 장어는 방울뱀과 맛이 비슷했다. 그는 말했다.

"방울뱀을 먹어본 적이 있는데, 그것도 꽤 먹을 만하다네."

이러니저러니 해도 오리가 그나마 나을 것 같았다.[6]

이 보직은 젊은 장교에게는 훌륭한 출발선이었다. 그 점은 니미츠가 친할아버지에게 보낸 편지에서도 엿볼 수 있다.

"나는 조함술이나 항해술 같은 것들을 연습할 수 있습니다. …… 그리고 그 외에도 어느 정도 독립심과 자신감을 얻게 됩니다."[7]

한편, 캘리포니아에서 신사협정이 무시되는 가운데 샌프란시스코의 거리에서는 반일 폭동까지 벌어졌다. 일본인 이민 노동자들이 폭도들에게 구타를 당하는 일도 발생했다. 그러자 일본에서는 일부 정치가들이 전쟁을 요구했다.

캘리포니아 주민들은 대담해진 일본 해군이 연안에 모습을 드러낼지 모른다는 두려움에 떨면서 공황상태에 빠졌다. 그들은 전함을 파견해 해안을 지켜달라고 시어도어 루스벨트 대통령에게 청원했다. 시어도어 루스벨트 대통령은 해군의 목적이 전함을 분산시켜 항구와 해변도시들을 방어하는 것이 아니라 공세적 세력을 유지하는 것이라고 응답했다.

"전함들은 반드시 집결된 상태로 적의 함대를 목표로 삼아야 한다."[8]

그럼에도 불구하고 불안에 떠는 캘리포니아 주민들을 안심시키기 위해 루스벨트는 전투함대 전체—전함 16척과 부속 보조함들—를 버지니아Virginia 주 햄프턴 로즈Hampton Roads에서 샌프란시스코로 파견해 "훈련을 실시하겠다"고 발표했다. 하지만 함대가 집결해 남아메리카의 남쪽 끝을 돌아 목적지에 도착하기까지 어느 정도 시간이 걸렸다. 그것도 몇 주가 아니라 몇 달이나 걸렸다.

그것은 또 다른 공황사태를 불러일으켰다. 하지만 이번에는 캘리포니아가 아니라 필리핀 마닐라에서 공황사태가 발생했다. 미 해군이 일본의 최우선 표적으로 필리핀 마닐라를 지목했던 것이다. 미국의 전투함대는 전력 면에서 일본 해군을 1.5배나 압도하고 있었기 때문에, 일단 태평양에 진출하게 되면 일본의 무모한 시도를 억제하는 수단이 될 터였다. 《뉴욕 타임스New York Times》의 견해처럼, "미국 함대가 태평양 해안에 배치되는 순간, 일본은 자국 함대를 본토 밖으로 파견할 수 없게 된다. 따라서 필리핀에 대한 침공은 없을 것이다."[9]

하지만 미국 함대가 태평양에 도착하기 전에 어떤 일이 벌어질지 누가 알겠는가? 일본은 이미 발트함대가 전장에 도착하기 전에 뤼순 항의 러시아 해군을 거의 궤멸시킴으로써 분할정복전략divide-and-conquer strategy을 사용하는 데 일가견이 있음을 이미 입증한 상태였다. 만약 주력 전투함대가 태평양에 도착하기 전에 일본이 미국의 아시아함대를 압도하고 필리핀을 점령한다면, 미국은 전쟁에 돌입하게 될 것인가?

❖ 22살에 구축함 디케이터의 함장이 되다

답을 알고 있는 사람은 아무도 없었지만, 약 10개월에 걸친 항해와 오리

사냥 끝에 파나이는 마닐라로 소환되었다. 전열을 재정비해야 할 시기였던 것이다. 전쟁에 대한 이야기가 난무하는 상황에서 파나이는 외부와 단절된 순간이 너무 많았기 때문에, 니미츠는 카비테 Cavite 의 해군기지에 접근하면서 도착했을 때 어떤 일이 벌어질지 전혀 알 수가 없었다. 그는 기지가 아직 미국의 수중에 있는 것을 알고는 안도하면서 현장 선임장교인 유라이어 R. 해리스 Uriah R. Harris 해군 소장에 대한 의무적인 공식 방문을 준비했다. 해리스 제독은 규정을 철저하게 준수하는 지휘관으로 알려져 있어서 니미츠는 흰색 정복에 칼까지 차고 그에게 신고했다.

해리스 제독은 형식적 절차를 생략하고 곧바로 본론으로 들어갔다. 니미츠 소위는 당시 내항의 부이 buoy (물 위의 일정한 위치에 설치된 부표浮標)에 계류된 채 파도에 흔들거리고 있는 구축함 디케이터 Decatur 의 지휘를 맡게 되었다. 그에게 닥친 첫 번째 난관은 디케이터를 올랑가포 Olangapo 에 있는 수빅 만 Subic Bay 해군기지의 건선거乾船渠로 옮기는 것이었다. 주어진 시간은 48시간, 이동해야 할 거리는 약 60해리였다.[10] 해리스 제독은 니미츠를 — 칼을 찬 채로 — 디케이터로 태우고 갈 단정을 대기시켜둔 상태였다.

1902년에 취역한 디케이터는 최신 구축함으로 전장은 250피트(약 76.2미터), 3인치 주포 2문과 18인치 어뢰발사관 2문을 장비하고 최고속력 28노트를 낼 수 있었다. 하지만 첫 인상은 그다지 좋지 않았다. 디케이터는 거의 1년 동안 방치되어 있었던 것이다. 사방에서 퀴퀴한 악취가 풍겼다. 연료는 물론 보일러를 가동할 물을 비롯해 승조원을 위한 보급품도 전혀 없었다. 승조원이라고 할 만한 사람조차 보이지 않았다. 니미츠를 맞은 것은 필리핀인 경비원 2명뿐이었다. 그가 주변을 둘러보며 약간 풀이

1902년에 취역한 디케이터는 최신 구축함으로, 전장은 76.2미터, 3인치 주포 2문과 18인치 어뢰발사관 2문을 장비하고 최고속력 28노트를 낼 수 있었다.

죽어 있는 동안, 새로운 승조원을 구성할 첫 번째 무리가 도착했다. 또 다른 단정이 도착하면서 곧 그 수는 장교 3명과 부사관 및 수병 73명으로 증가했다.

니미츠는 더욱 강도 높은 해군 방식으로 시험을 치르고 있었던 것이다. 이번에는 아예 물이 빠진 수영장에 소위를 던져넣고 그가 자력으로 기어 나올 수 있는지를 보는 것이다. 비록 그것이 일본인들로 인해 받게 된 선물일지는 몰라도, 22살에 구축함 함장이 된다는 것은 누구나 누릴 수 있는 흔한 영예가 아니었다. 그는 운 좋게도 적절한 시기에 좋은 기회를 맞았던 것이다.

첫 번째 단계는 약간의 도움을 구하는 것이었다. 다시 2월로 거슬러 올라가서 파나이가 항해에 나설 수 있도록 준비하는 동안 니미츠는 몇몇 준사관들과 카비테에서 포커를 즐기며 시간을 보냈었다. 해군을 너무나 잘 알고 있던 그들은 요식행위를 생략하고 일을 성사시키는 방법을 알고 있었기 때문에, 니미츠는 그들에게 도움을 요청하자마자 교체 장비와 많은 석탄, 그리고 물을 바지선 가득히 지원받을 수 있었다. 니미츠와 승조원들은 열성적으로 일에 착수해 필요한 물자를 배에 옮겨 저장하고 설치하여 하루 반나절 만에 보일러 1개를 가동해 증기를 생성할 수 있게 되었다. 그 정도면 올랑가포까지 가기에는 충분했다.

시간이 촉박해 니미츠는 일반적인 확인 사항들을 전부 확인하지 못한 채 출항했다. 그가 부이의 계류선을 풀고 기관전령기(함교에서 기관실로 연결된 기계적 통신 장치)로 양현 뒤로 하나를 명령하자, 디케이터는 앞으로 전진했다. 그가 양현전속후진을 명령하자, 배는 전속력으로 전진했다. 기관전령기가 거꾸로 연결되어 있었던 것이다.

당황스럽기는 했지만, 아무런 피해는 없었다. 다행스럽게도 기관전령기의 문제는 쉽게 고칠 수 있었고, 비록 부정확한 해도^{海圖}만 갖고 낯선 수역을 스콜^{squall}이 내리는 가운데 항해하기는 했지만, 니미츠는 제시간에 올랑가포의 조선소에 배를 도착시켰다. 도전은 성공했다.

2주 뒤, 니미츠는 또 한 번의 도전을 맞았다. 육군 장관 윌리엄 하워드 태프트^{William Howard Taft}가 세계친선방문 여행의 일환으로 필리핀을 방문할 때 디케이터는 그의 일행을 올랑가포에서 마닐라로 이송하는 임무를 맡았다. 날씨가 화창해서 내빈은 갑판의자에 앉아 경치를 즐길 예정이었다. 하지만 태프트는 체중이 136킬로그램 정도 되는 거구였기 때문에 해군의 표준보급품 의자에는 결코 편하게 앉을 수 없었다. 니미츠는 해결책을 생각했다. 그는 배의 목수를 육상으로 보내 고리버들 안락의자를 2개 확보한 다음 안쪽 팔걸이를 제거하고 안락의자 2개를 좌우로 연결해 더블사이즈 의자 1개를 만들었다.

이제 디케이터는 일본과 전쟁을 할 준비가 되었지만, 일본은 미국과 전쟁을 할 준비가 되어 있지 않았다. 시어도어 루스벨트 대통령이 함대를 샌프란시스코로 보냈다고 발표한 순

미국의 제27대(재임 기간 1909년~1913년) 대통령인 윌리엄 하워드 태프트는 미국 역사상, 행정부와 사법부의 수장을 모두 지낸 유일한 인물이다. 1887년~1890년에는 오하이오 주 최고재판소의 판사로 일했으며, 1901년~1904년에는 필리핀 초대 총독이었다. 이어 1904년~1908년 육군 장관을 지냈으며, 1909년 대통령에 당선되었다. 전임자 시어도어 루스벨트와 여러 면에서 비교가 되는데, 루스벨트가 진보적이었다면, 태프트는 보수적이었다.

간, 과격한 일본의 수사법은 이성적인 외교적 담화로 바뀌었다. 곤봉 외교가 효과를 거둔 것이다. 이윽고 12월이 되어 실제로 함대가 햄프턴 로즈를 출발했을 때, 시어도어 루스벨트는 이제까지 그가 품고 있던 의도를 세상에 알렸다. 함대는 세계일주 항해에 나서게 되어 있었던 것이다. 이것은 세계 전역의 해군에게 미국이 국제무대의 중심 국가가 되었음을 알리는 신호라고 할 수 있었다. 당연한 이야기지만 동시에 그것은 대규모 군사훈련이기도 했다. 이와 같은 일은 이제까지 한 번도 시도된 적이 없었다. 모든 함정이 흰색—미 해군의 일상적인 평시 정복 색깔—으로

만 도장되었기 때문에, 이 임무는 대백색함대의 순항으로 알려졌다.

시어도어 루스벨트 대통령의 발표는 많은 나라들, 무엇보다 일본의 함대 방문 초청으로 이어졌다. 루스벨트는 기뻐했다. 그가 원한 것이 바로 그것이었기 때문이다. 아마도 막후에서 상대에게 슬쩍 언질을 줌으로써 이런 결과를 유도했을 것이다. 다음해 10월 중순 미 함대가 도쿄 만에 도착했을 때, 일본은 그보다 더 친절할 수 없었다. 하지만 보이지 않는 곳에서 일본인들은 미 해군을 잠재적 적으로 정하고 그들을 물리칠 수 있을 만큼 전력을 증강시키려고 했다.

그러는 사이에 니미츠와 그의 구축함 디케이터는 얼마 전에 떠났던 순항 구역으로 복귀했다. 다만 이번에는 오리사냥이나 무력시위 이상의 임무를 띠고 있었다. 한동안 디케이터는 필리핀 제도 남서쪽 끝에 위치한 술루 제도Sulu Archipelago 총독의 기함이 되었다. 총독의 업무 중 하나는 현지인들의 분쟁에 판결을 내리는 것이었다. 총독이 승함한 상태에서 디케이터는 술루 제도의 마을에 닻을 내리고 몇 발의 함포를 발사해 현지인들에게 깊은 인상을 심어준 다음 배로 대표단을 초대해 회합을 열었다.

5월이 되자, 디케이터는 남중국해를 지나 프랑스령 인도차이나의 수도 사이공Saigon 을 방문했다. 니미츠는 친할아버지에게 보낸 편지에 이렇게 썼다.

"프랑스인들이 우리를 열렬히 환영해주었기 때문에 매우 즐거운 시간을 보냈습니다. 그들은 디케이터에 깊은 관심을 보이며 그 크기에 감탄했지요. 그들이 보유한 가장 큰 어뢰정 구축함이라고 해봐야 크기가 디케이터의 절반에 불과했으니까요."

Chapter 03 모험적인 필리핀 근무 63

같은 편지에서 그는 여행 도중에 겪은 안 좋은 일에 대해서도 언급했다.

"사이공에서 돌아오는 길에, 저는 생애 최초이자 마지막이길 바란 진짜 태풍을 만났습니다. 비록 제 배가 크기에 비해 덜 요동치기는 했지만, 우리는 3일 동안 아주 힘든 시간을 보내야 했지요."[11]

❖ 군법회의에 회부되다

얼마 후, 니미츠는 더욱 중대한 도전에 직면하게 되었다. 1908년 7월 7일 저녁, 마닐라에서 남쪽으로 60마일(약 96킬로미터) 떨어진 바탕가스 만Batangas Bay 으로 진입하면서 그는 방위각을 측정하지 않고 추측을 통해 위치를 짐작했다. 함수에서 측연수測鉛手(수심측정원)가 평소와 마찬가지로 수심을 부르다가 어느 순간 이렇게 외쳤다.

"함장님, 배가 움직이지 않습니다!"

배는 진흙벌에 빠진 데다가 조수가 빠져나가고 있어 한동안 꼼짝도 못하게 되었다. 한때 친할아버지가 그에게 "네가 어떻게 할 수 없는 일에 대해서는 걱정하지 말라"고 한 말처럼 니미츠는 갑판에 간이침대를 펼쳐놓고 잠이 들어버렸다.[12] 이른 아침, 디케이터는 인근을 지나가던 증기선을 부르는 데 성공했다. 증기선은 디케이터를 줄로 묶어 연결한 뒤 진흙벌에서 끌어냈다.

비록 아무런 피해를 입지는 않았지만, 니미츠는 이 좌초 사건을 보고해야만 했다. 좌초는 중대한 지휘 실수 범주에 해당했다. 그는 즉시 디케이터를 떠나 "직무 수행과 관련해 과실이 인정될 정도로 무능했다"는 이유로 군법회의에 회부되었다. 군법회의는 그에게 호의적이었다. 피고인 니미츠는 경력에 다른 오점이 없었고 바탕가스 만 주변의 해도가 부정확하며 불완전한 것은 이미 잘 알려진 사실이었다. 니미츠는 유죄를 선고받았지만, 죄목은 '직무태만'으로 경감되었다. 그는 '공개적 견책 처분' 판결을 받았다. 군법회의를 소집한 해군 당국은 군법회의의 판결을 승인하면서 이렇게 기록했다.

"이와 같은 사실과 판결을 공표하는 것 자체를 군법회의의 판결대로 공개적 견책 처분이 이루어진 것으로 간주한다."[13]

전쟁에 대한 공포는 이미 사라졌고 이제는 보직도 없는 상태에서 니미츠는 고국으로 돌아가게 되었다. 그는 대백색함대가 마닐라에 도착했

군법회의가 끝나고 2주 뒤에 니미츠는 당직사관으로서 선령 35세의 기범선 레인저를 필리핀에서 미국으로 회항시키게 되었다. 레인저는 증기기관만 사용할 경우 간신히 9노트의 속력을 낼 수 있었고, 순풍이 불 때 돛까지 펼 경우 10노트까지도 가능했다.

Chapter 03 모험적인 필리핀 근무 65

을 때 거기에 합류할 수 있을지도 모른다고 생각했지만, 함대는 두 달 뒤에나 필리핀에 도착하게 되어 있었다. 대신 군법회의가 끝나고 2주 뒤에 니미츠는 당직사관으로서 선령 35세의 기범선 레인저 Ranger 를 필리핀에서 미국으로 회항시키게 되었다. 레인저는 증기기관만 사용할 경우 간신히 9노트의 속력을 낼 수 있었고, 순풍이 불 때 기관과 돛을 동시에 사용할 경우 10노트까지도 가능했다. 여정은 싱가포르 Singapore 와 수에즈 운하 Suez Cana , 지중해를 거치면서 3개월 조금 넘게 걸렸다. 그럼에도 불구하고 그는 대백색함대보다 대략 10주 정도 빨리 고국에 도착했다. 니미츠는 고향인 텍사스를 방문해 — 거의 4년 만에 첫 귀향이었다 — 즐거운 시간을 보내면서 다음 보직을 맡을 준비를 했다.

   그는 전함 근무를 신청했다.

Chapter 04
변침

구축함 디케이터 좌초 사건에 대한 일종의 징계였는지 아닌지 알 수 없지만, 니미츠는 모두가 탐내는 전함 근무 대신 당시 해군 내에서는 쓰레기 취급을 받던 잠수함으로 발령이 났다. 디젤 엔진 옹호론자인 그는 잠수함에 장착할 디젤 엔진에 대한 정보수집과 교육의 임무를 띠고 독일로 파견되었다. 4척의 잠수함을 지휘하면서 잠수함에 큰 관심을 갖고 연구한 그는 이후 잠수함 분야에서 미국 최고 권위자가 된다.

❖ 잠수함을 지휘하다

그것이 일종의 징계였는지 아닌지는 알 수 없지만, 니미츠는 모두가 탐내는 전함 근무 대신 당시 해군 내에서는 쓰레기 취급을 받던 잠수함으로 발령이 났다. 실제로 영국의 어떤 제독은 잠수함이 "음흉하고 부정하며 대단히 비영국적"이라고 선언한 적도 있었다. 심지어 그는 이렇게 썼다. 정부는 "전시에 모든 잠수함을 해적으로 간주해 …… 모든 승조원을 교수형에 처해야 한다."[1]

1909년 당시 미 해군에서는 수중 함대의 규모가 계속 증가해 취역 중이거나 발주된 잠수함이 27척에 달했지만, 이것은 잠수함의 저렴한 가격에 매혹된 의회의 호의 덕분이었다. 해군은 잠수함에 그다지 호의적이지 않았다. 의회청문회에서 한 제독은 잠수함이 그저 흥미로운 신제품일 뿐이라고 말했다. 또 다른 제독은 "그런 배가 물속에서 돌아다니면

니미츠가 지휘한 첫 번째 잠수함 플런저는 미국의 두 번째 잠수함으로 1903년에 취역했다. 전장이 64피트(약 19.5미터)이고, 어뢰발사관 1기와 어뢰 3발을 장착했으며, 함장 외에 선원 6명이 탑승했다. 니미츠는 뛰어난 유머감각을 발휘해 자신이 새로 맡은 이 잠수함을 "쥘 베른의 환상과 흑등고래 사이의 잡종"이라고 표현했다. 사진은 1909년경의 플런저의 모습으로 니미츠가 사진에 직접 서명했다.

사람들은 신경과민에 걸릴 겁니다"라고 견해를 밝혔다.[2] 그다지 강력한 지지의견은 아니었다. 하지만 엄밀히 말해 잠수함은 신제품이 아니었다. 이미 100년 전부터 어느 정도 성공을 거둔 무기체계였다.[3] 소설가 쥘 베른Jules Verne 은 1870년에 출판된 『해저 2만리Vingt mille lieues sous les mers』에서 잠수함을 찬양했다.

니미츠가 지휘한 첫 번째 잠수함 플런저Plunger 는 미국의 두 번째 잠수함으로 1903년에 취역했다. 플런저는 전장 64피트(약 19.5미터)에 어뢰발사관 1기와 어뢰 3발을 장착하고 있었으며 함장 외에 승조원 6명이 탑승했다. 니미츠는 뛰어난 유머감각을 발휘해 자신이 새로 맡은 잠수함을 "쥘 베른의 환상과 혹등고래 사이의 잡종"이라고 설명했다.4

일정 기간의 교육을 마친 뒤, 그는 새로운 도전에 적응했다. 그것은 정말로 도전이었다. 한번은 이틀간의 외양항해를 마친 뒤, 플런저는 의무장교에게 검열을 받았다. 그다지 기분이 좋지는 않았다. 의무관의 보고서에는 무엇보다 잠수함이 고작 45시간 동안 출항해 있었음에도 불구하고 위생 상태가 전혀 만족스럽지 않다고 기록되어 있었다. 사실 초기의 모든 잠수함들은 주거성이 열악했다. 선체 안쪽에는 분리된 격실을 만들 수 있는 격벽이 전혀 없이 오로지 하나의 개방된 공간만 있을 뿐이었다. 변기가 있기는 했지만 아무 가림막 없이 개방된 장소에 설치되어 있었다. 부상항해 시 가솔린 엔진을 운용하는 데 사용되는(동시에 잠항시 사용할 축전기를 충전하는 데 사용되는) 신선한 공기는 함교탑을 통해 내부로 빨아들여 승조원 거주구역을 통과하게 되어 있었다. 공기를 엔진으로 바로 전달하는 배관이 없었던 것이다. 그 결과, 겨울에는 승조원들이 추위에 떨어야 했다. 침상의 매트리스는 매우 얇았고 보통은 축축하게 젖어 있었기 때문에 항상 불편했다. 공기보다 무거운 가솔린 증기가 바닥에 고여 있어서 언제나 폭발 위험이 있었다. 가솔린 증기를 장시간 호흡하는 것도 건강에 좋지 않았지만, 당시에는 그런 위험이 잘 알려지지 않은 상태였다. 니미츠는 가솔린 엔진을 좀 더 안정적인 디젤 엔진으로 바꿔야 한다는 주장의 옹호자가 되었다. 디젤 엔진을 사용하면 적어도 폭발 위험은 제거할 수 있기 때문이었다.

1910년 1월 니미츠는 대위로 진급했고, 한 달 뒤에는 그의 두 번째 잠수함인 스내퍼Snapper 함장으로 부임했다. 스내퍼는 잠수함의 새로운 통신장비인 무전기와 여러 유형의 축전지를 포함해 새로운 기술들을 시험하기 위한 일종의 해상 테스트베드 test bed 였다.

11월에는 잠수함 나윌 Narwhal 의 함장으로 부임하면서 잠시—1년 재임 기간의 막바지에— 대서양 어뢰함대 3잠수함분대 사령관을 맡았다. 여기서 그는 협상의 기술을 배웠다.

1911년 4월 친할아버지가 향년 84세로 세상을 떠나자, 니미츠는 커다란 상실감을 느꼈다. 그는 친할아버지가 물려준 유산을 어머니에게 전부 주었으며, 그것 외에도 임관한 이래 어머니에게 매달 25달러—급료의 약 25퍼센트—를 보내고 있었다. 그에게 돈은 그다지 중요한 것이 아니었다.

해군은 새로운 잠수함 스킵잭 Skipjack 을 통해 디젤 엔진을 시험해보기

1910년 1월 대위로 진급한 니미츠는 한 달 뒤에 그의 두 번째 잠수함인 스내퍼 함장으로 부임했다. 스내퍼는 잠수함의 새로운 통신장비인 무전기와 여러 유형의 축전지를 포함해 새로운 기술들을 시험하기 위한 일종의 해상 테스트베드였다.

로 하고 그것에 적합한 디젤 엔진 옹호론자인 니미츠를 첫 번째 함장으로 임명했다. 하지만 1912년 2월에 그가 함장으로 취임할 무렵 해군은 모든 잠수함을 재지정해 전통적인 함명을 설계 등급을 의미하는 문자기호로 대체했다. 따라서 스킵잭은 E-1(E등급 잠수함의 첫 번째 취역함)이 되었다.[5] 이로써 니미츠는 6년 동안 여섯 번의 해상지휘관 근무를 경험하게 되었다. 해상지휘관에게 1년 혹은 그 이하의 짧은 보직 기간을 주는 것은 거의 관행이나 다름없었다. 그 목적은 가능한 한 많은 장교에게 다양한 보직을 경험케 하여 근무 경력을 쌓는 동시에 지식과 능력을 함양한다는 데 있었다. 하지만 6년에 걸쳐 연속으로 여섯 번이나 해상지휘관으로 근무한 니미츠의 경력은 독특하다고 할 수 있었다.

니미츠가 4척의 잠수함(플런저, 스내퍼, 나월, 스킵잭)을 갈아탈 때마다 이전보다 상당한 진보가 있었다. 크기는 전장 64피트(약 19.5미터)에서 134피트(약 40.8미터)로 커졌고, 승조원도 6명에서 19명으로 늘었으며, 무장도 어뢰발사관 1기에서 4기(그리고 탄약실에 어뢰 8발 보유)로 강화되었고, 수상항속거리도 8노트 속력에서 600해리에 미치지 못하던 것이 11노트 속도에서 2,090해리를 항해할 수 있는 수준으로 증가했다. 하지만 독일의 최신형 '수중 보트'인 유보트$^{U-boat}$는 ─E-1과 대략 비슷한 크기였지만─ 항속거리가 8노트 속력에서 7,800해리에 달했다(유럽과 뉴욕을 왕복하고도 1,000해리를 더 이동할 수 있었다). 미국은 잠수함의 위력을 제대로 이해하게 되기를 바라며 여전히 시험단계에만 머물러 있었던 데 반해, 독일은 정확하게 자신의 갈 길을 알고 있는 것처럼 보였다.

이 시기에 잠수함 작전에 대해 상당히 많은 경험을 쌓은 니미츠는 해

U-14. 독일의 유보트는 제1·2차 세계대전 때 대서양, 태평양에서 활동한 독일의 중형 잠수함으로, 무음無音·급속 잠항능력이 뛰어났다. 제1차 세계대전 초기 영국 장갑순양함 3척을 격침하면서 널리 알려졌고, 군함, 상선을 구별하지 않고 무차별 공격하여 한때 영국을 궁지에 몰아넣었다.

군대학 강연에 초빙되었다. 그는 강연 주제를 "잠수함 공격과 방어 전술"로 정했다. (대부분의 전문가들도 동의하는) 그의 기본 전제는 기동성과 무장에 제약이 있기 때문에 잠수함은 해안 방어와 항만 보호에 가장 적합하다는 것이었다. 그는 적의 함정을 안전 구역에서 잠수함 초계 구역으로 몰아가는 혁신적 방법을 제안했다.

"막대기를 잠수함의 잠망경처럼 보이도록 칠을 한 뒤 적절한 무게의 추를 달아서 물 위에 수직으로 떠 있게 한다."[6]

❖ 캐서린과 결혼하다

니미츠 대위에게 1912년은 중요한 해였다. 3월에 E-1이 매사추세츠 Massachusetts 주 포어 리버 조선소 Fore River Shipyard 에 정박해 있을 때, 그는 갑판에서 떨어져 물에 빠진 자신의 승조원을 구조해냈다. 차가운 물에 뛰어든 니미츠는 수영에 익숙지 않아서 공황상태에 빠진 승조원과 강한 조류를 동시에 상대해야만 했다. 그는 물에 빠진 승조원을 물위에 떠 있게 하는 데는 성공했지만, 강한 조류만은 어쩔 수 없었다. 두 사람은 계속 바다로 떠밀려가다가 전함 노스캐롤라이나North Carolina 의 한 승조원에게 발견되었고, 전함 노스캐롤라이나가 신속하게 보낸 구조정에 올라탔다. 이 공로로 니미츠는 재무부/해안경비대 은제인명구조훈장을 받았다. 그가 직접 목숨을 걸고 인명을 구조했기 때문에 아마도 이 훈장은 그에게 가장 소중한 훈장이었을 것이다.

5월, 니미츠는 대서양잠수함전단장이 되었다.

8월에는 좀 더 의미 있는 일이 생겼다. 그는 21살의 캐서린 프리먼 Catherine Freeman 과 약혼하게 되는데, 그녀는 조선소에서 몇 킬로미터 떨어진 울러스턴Wollaston 에 살고 있었다. 몇 달 전 해군사관학교 시절부터 알고 지내던 친구가 그녀의 이웃에 살고 있어서 니미츠와 함께 그녀의 집에서 열린 브리지 게임에 초대를 받으면서 두 사람은 처음 만나게 되었다. 그때 니미츠는 캐서린과 '짝'이 되어 브리지 게임을 했다. 그 후 출항하거나 다른 이유로 만나지 못할 때마다 니미츠는 거의 매일 캐서린에게 편지를 썼다. 설사 편지가 며칠 간격으로 발송되더라도 그는 아랑곳하지 않았다. 그리고 그것은 죽을 때까지 습관이 되었다. 두 사람은 1913년 4월에 결혼식을 올렸다.

이와 거의 동시에 잠수함에 장착된 소형 디젤 엔진의 성능에 만족한 해군은 그것을 대형 수상함에도 시험해보기로 했다. 하지만 루돌프 디젤Rudolf Diesel 이 상업적으로 성공이 가능한 엔진을 완성한 이래로 16년

밖에 지나지 않은 시점에 미국 해군 관계자들 중 대형 디젤 엔진을 제작하고 설치하는 것에 대해 알고 있는 사람은 단 한 명도 없었다. 니미츠와 뉴욕 해군조선소 New York Navy Yard (브루클린 Brooklyn 소재)에 근무하는 민간인 2명이 정보수집과 교육의 임무를 띠고 디젤 엔진 세계의 중심지인 독일로 파견되었다. 니미츠는 디젤 엔진을 운영해본 경험이 있고 독일어를 할 줄 알았기 때문에 선발되었다.

니미츠와 그의 신부 캐서린은 5월에 민간 여객선을 타고 항해에 나섰다. 독일의 5개 도시를 방문하고 잠시 여정에서 벗어나 덴마크와 스웨덴도 둘러보았다. 이른바 '일하는 신혼여행'인 셈이었다. 또한 이것은 장시간의 힘든 업무 기간이기도 했다. 단기간에 배워야 할 것이 너무 많았던 것이다. 니미츠가 간혹 만나 의논하는 독일 해군 장교들은 처음에는 쌀쌀맞고 오만하며 완고했으나, 그 역시 해군 장교라는 것을 알고는 약간 협조적인 태도를 보였다.

체스터와 캐서린은 늦여름에 귀국했으며 그의 가족은 2명에서 곧 3명으로 늘어났다. 1914년 2월 22일에 케이트 Kate 라는 애칭의 첫 딸 캐서린이 태어났던 것이다. 1년 뒤에는 아들 체스터 주니어가, 그 뒤를 이어 1919년에는 낸시 Nancy 라는 애칭의 안나 Anna 가, 1931년에는 메리 Mary 가 태어났다.

Chapter 05
제1차 세계대전

1915년 어느 날, 한 디젤 엔진 회사의 인사담당자가 찾아와 5년 계약 연봉 2만 5,000달러 일자리를 제안하자, 니미츠는 이렇게 말했다.
"아니요, 저는 해군을 떠날 생각이 없습니다."
그의 삶에서 돈은 결코 중요하지 않았다.

❖ 저는 해군을 떠날 생각이 없습니다

1913년 늦여름에 뉴욕 해군조선소로 복귀한 니미츠는 기계부에 배치되었다. 그의 임무는 2,600마력 디젤 엔진 2대의 제작을 감독하는 것이었다. 두 엔진은 당시 건조 중이던 (상업용 유조선의 해군 버전인) 1만 4,500톤급 급유함 모미^{Maumee}에 장착할 예정이었다. 장착 또한 그가 감독하기로 되어 있었다. 모미의 취역은 1916년 말로 예정되어 있었다.

니미츠는 신형 디젤 엔진을 보여주는 일을 즐겼다. 한번은 일단의 주요 인사들이 모미를 시찰하기 위해 방문하자, 흰색 정복과 흰색 장갑까지 착용했다. 그의 장갑은 실제 손가락보다 1인치(약 2.5센티미터)정도 더 길었다. 방문자 중 한 명이 기술적인 질문을 하자, 니미츠는 자신의 답변 내용을 실제로 보여주기 위해 방문자들에게 시선을 고정한 채 장갑 낀 손가락으로 회전 중인 기어를 가리켰다. 순간 그의 장갑이 기어에 끼

1913년 늦여름에 뉴욕 해군조선소로 복귀한 니미츠는 당시 건조 중이던 1만4,500톤급 급유함 모미에 장착될 2,600마력 디젤 엔진 2대의 제작을 감독하게 되었다. 일단의 주요 인사들이 모미를 시찰하기 위해 방문했을 때, 손가락 일부를 잃는 사고를 당했다.

면서 그의 손가락이 회전하는 기어 속으로 빨려 들어갔다. 그를 재앙에서 구한 것은 해군사관학교 졸업반지였다. 반지가 기계에 끼면서 그가 손을 빼낼 수 있는 시간을 벌었지만, 손가락 끝의 일부분은 이미 사라진 상태였다. 니미츠는 진료소로 뛰어가 상처를 치료했다. 쇼크를 일으키고 손가락 감각을 완전히 잃은 상태에서도 그는 다시 돌아가 설명을 끝마칠 일만 걱정했다. 의사는 조금만 더 기다려보라고 권했다. 아니나 다를까, 곧 그는 격렬한 고통을 느끼며 침대에 쓰러졌다.

군용 디젤 엔진 시장이 성장하자, 엔진 제작사들은 군 경험과 인맥을 갖춘 디젤 엔진 전문 간부를 채용할 필요성을 느꼈다. 그런 조건을 두루 갖춘 인물은 아주 드물었다. 세인트루이스 St. Louis 의 부슈-슐처 브라더스 디젤 엔진 컴퍼니 Busch-Sulzer Brothers Diesel Engine Company 는 모미함 건조에 관여하지는 않았지만, 그 프로젝트에서 니미츠가 맡고 있는 역할을 잘 알고 있었다.

1915년 어느 날, 이 회사의 인사담당자가 찾아와 5년 계약 연봉 2만 5,000달러 일자리를 제안했다. 니미츠는 이렇게 말했다.

"고맙지만, 해군을 떠날 생각은 없습니다."

그러자 그 인사담당자가 다시 제안했다.

"우리에게 돈은 문제가 되지 않습니다. 이번 기회에 장래를 생각해보시죠."

잠시 침묵이 흐른 뒤, 니미츠는 같은 말을 반복했다.

"아니요, 저는 해군을 떠날 생각이 없습니다."

당시 그의 연봉은 3,456달러였으며, 그 무렵 2만5,000달러는 현재 가치로 따지면 50만 달러가 훨씬 넘는 엄청난 금액이었다. 그의 삶에서 돈은 결코 중요하지 않았다.[1]

❖ 독일의 무제한 잠수함전과 미국의 참전

모미가 건조되는 3년 동안 서구세계의 대부분—미국은 아직 거기에 포함되지 않은 상태였다—은 전쟁에 돌입했고, 하찮은 것으로 괄시를 당하던 잠수함이 각광을 받기 시작했다. 적대행위가 시작되기 직전인 1914년 6월, 선견지명이 있던 영국의 한 제독은 이렇게 선언했다.

"자동차가 도로에서 말을 몰아내고 있는 것처럼 잠수함이 전함을 바다에서 몰아내고 있다."

그는 사방에서 공격을 받았고 그의 예언은 '허황된 꿈'으로 낙인이 찍혔다.[2]

'꿈'이 악몽으로 변하는 데는 그리 오래 걸리지 않았다. 1914년 9월 22일 독일 U-보트가 불과 90분 사이에 영국 순양함 3척을 침몰시키자, 잠수함은 이제 제때를 만났다. 작전 가능한 U-보트 26척으로 전쟁을 시작한 독일은 잠수함 대량 건조에 돌입했다.

1914년 11월 2일, 대영제국은 독일—심지어 식량까지도 수입에 크게 의존하고 있었다—에 대한 해상봉쇄를 시작했다. 하지만 독일만큼이나 영국도 수입에 전적으로 의존하고 있었기 때문에 독일은 자국의 U-보트 함대를 파견해 역봉쇄에 나섰다.

상선을 상대로 잠수함을 사용해 봉쇄작전을 수행하는 것은 문제가 있었다. 국제법상 전투함은 상선을 정선 및 임검할 수 있었다. 만약 적국을 지원하기 위해 밀수화물을 운반하는 상선을 적발하면, 상선을 나포한 다음 '포획선 회항원'이 승선하여 배를 적절한 항구로 보내게 되어 있었다. 특정 상황에서는 상선의 선원들을 먼서 구명보트에 탈 수 있게 조치한다는 조건하에 배를 침몰시키는 것도 가능했다. 하지만 잠수함은 포획선 회항원을 구성할 수 있을 정도로 승조원의 수가 많지 않기 때문에 상선을 침몰시키는 것이 유일한 방법이었다. 하지만 상선의 선원들이 대피하도록 공정한 경고를 위해 잠수함이 부상할 경우, 잠수함이 상선으로부터 충돌공격을 받거나 은폐된 대포 혹은 상선을 구조하기 위해 전속력으로 달려오는 전투함으로부터 공격받을 가능성이 있었다. 따라서 독일의 정책은 '경고'와 '무경고' 사이에서 몇 차례 오락가락했다. 그들이 국제법을 준수하려고 노력하지 않았던 것은 아니다. 하지만 U-보트 함대가 영국의 상선을 침몰시키는 속도가 새로운 선박이 건조되는 속도보다 더 빠르다고 해도 잠수함의 손실 또한 커지는 것은 어쩔 수 없

1915년 5월 7일, 독일 U-보트의 어뢰에 맞아 침몰하는 영국의 호화여객선 루시타니아Lusitania 호의 모습. 당시 미국은 중립국이었고, 루시타니아 호에는 미국인 128명이 타고 있었다. 이후 독일의 잠수함전이 더욱 격렬해지자, 미국은 1917년에 참전을 선언했다.

는 일이었다.

1917년 2월, 독일 정부는 전면적인 '무제한' 잠수함전을 선언했다. 미 국무장관에게 전달한 각서에서 미국 주재 독일대사는 그에 대한 타당한 이유를 이렇게 설명했다.

"영국은 독일을 굶겨서 굴복시키려는 범죄에 자신의 해군력을 사용하고 있다."

'공정한 경고'에 대한 법적 요건은 이론적으로 영국 제도 주위에 특별히 지정된 전쟁 구역을 선포하는 방법으로 충족시켰다. 이 구역 안에 있는 모든 선박은 '추가 경고 없이 가용한 모든 무기'를 사용해 공격할 수 있게 되었다.[3] 1917년 4월 6일 전쟁 구역 안에서 활동하던 미국 상선 몇 척이 U-보트의 공격으로 침몰하자, 미국은 독일에 대해 전쟁을 선포했다.

❖ 혁신적인 기동 중 해상유류공수급 방식을 개발하다

한편 헨리 C. 딩거Henry C. Dinger 중령이 함장이고 소령으로 진급한 니미츠가 부장과 기관장을 겸임하던 모미는 6개월 동안 해상에 있었다. 그들은 쿠바의 남쪽 해상에서 작전하면서 대서양함대를 지원하고 이어 동계 기동훈련에 참가했다. 처음에는 함정들이 석탄을 연료로 사용하던 때와 비슷한 방법으로 재급유를 받았다. 공급함과 수급함이 파도로부터 보호받을 수 있는 만이나 항구에서 현측으로 나란히 계류한 상태에서 호스를 통해 공급함이 수급함에 연료를 전달했다. 하지만 이 시기에 니미츠와 딩거는 공급함이 수급함의 뒤를 따르며 두 함정이 동시에 기동하는 가운데 펌프로 급유하는 혁신적인 방법을 개발해냈다.

전쟁이 선포되었을 때, 모미는 그린란드Greenland 로부터 300해리 남쪽에 머물며 아일랜드Ireland 행 미국 구축함에 연료를 공급하라는 명령을 받았다. 이것은 기동 중 해상유류공수급 방식을 시험해보는 최초의 운용 사례가 되었다. 악천후와 매서운 겨울바람, 부유하는 빙산에도 불구하고 구축함 34척이 재급유를 받는 데 성공함으로써 이 방식은 인정을 받게 되었다.

1918년 2월에 니미츠는 중령으로 진급하면서 대서양함대 잠수함부대 사령관인 새뮤얼 S. 로빈슨Samuel S. Robison 소장의 참모장에 임명되었다. 두 사람은 유럽으로 건너가 영국과 프랑스의 잠수함 운용 정보를 수집했다. 하지만 미국 잠수함이 어느 정도 영향력을 행사해보기도 전에 전쟁이 끝났다. 1918년 여름 막바지가 되자, 독일에서는 전쟁에 대한 저항이 거세지기 시작했다. 연합국의 봉쇄로 거의 모든 물품의 수입이

1917년 8월 1일 프랑스 파스샹달 참호전 중에 프랑스군 병사들이 무릎까지 차는 진창을 헤치며 부상병을 실은 들것을 운반하고 있다.

중단되자, 독일 국민들이 굶주리기 시작했고 수병들이 전투를 거부하면서 정부도 정전을 모색하게 되었다. 프랑스의 참호 속에서 오랜 기간 동안 벌어진 대학살이 대서특필되고 역사책에 실렸지만, 연합국의 봉쇄 효과는 그 모든 것을 초월했다. 진창 속의 혈전과 상관없이 전쟁의 승패는 이미 결정되었다고 해도 과언이 아니었다.[4]

독일은 작전 가능한 잠수함 26척으로 전쟁을 시작해 긴급 건함 프로그램을 통해 390척을 추가했으며, 연합군의 공격이나 사고로 인해 그중 173척을 잃었다. 이것은 놀랄 만한 손실률이었지만, 그들의 성공 역시 놀랍기는 마찬가지였다. U-보트는 톤수로는 1,100만 톤 이상, 척수로는 4,000척

이상의 선박—세계 전체 선박공급량의 4분의 1—을 침몰시켰다.

❖ 전형적인 니미츠 지휘 방식: 신뢰와 관용의 리더십

니미츠는 이어서 해군참모총장실의 잠수함설계위원회에서 6개월간 근무했는데, 당시 그곳은 태평양에서 작전할 잠수함—유래 없는 장거리 항속능력과 고도의 신뢰성, 적절한 수준의 주거성을 보유하고 악천후 속에서도 조함이 가능한 잠수함—의 개발을 중점적으로 추진하고 있었다.

그 다음에는 마침내 전함에 근무하게 되어 전함 사우스캐롤라이나 South Carolina 의 부장으로 1년간 복무하며 유럽에 남아 있던 수천 명의 병사들을 귀국시키는 데 일조했다. 사우스캐롤라이나는 한 차례 항해에 나설 때마다 1,000명의 병사를 수송했다. 그것은 중요한 임무였지만 지루했다. 니미츠는 해군대학 통신교육과정을 이수하는 데 대부분의 시간을 할애했다.

1920년 그는 진주만에 기지를 둔 최신형 R급 잠수함 16척으로 구성된 14잠수함분대 사령관에 임명되었다. 당시만 해도 진주만이라는 이름은 여행객을 매료시킬 만큼 낭만적인 요소를 갖고 있지 않았다. 하와이 주민들이 펄 강 Pearl River 을 상업항으로 바꾸기 전까지 그 지역은 진주조개로 덮여 있었다. 미 해군은 1887년 항구 이용 권리를 획득하고 약 10년 후부터 그곳을 개발하기 시작했다. 개발 당시 잠수함기지가 포함되어 있지 않았기 때문에 니미츠는 휘하 잠수함을 위해 기지를 건설해야 했다. 이것은 매우 흥미로운 도전이었다. 잠수함기지 건설을 위해 별도

1880년대 진주만의 모습. 하와이 주민들이 펄 강을 상업항으로 바꾸기 전까지 이 지역은 진주조개로 덮여 있었다. 미 해군은 1887년 항구 이용 권리를 획득하고 약 10년 후부터 이곳을 개발하기 시작했다. 개발 당시 잠수함기지가 포함되어 있지 않았기 때문에 니미츠는 휘하 잠수함을 위해 기지를 건설해야 했다. 이것은 그에게 매우 흥미로운 도전이었다.

예산이 책정되지 않았지만, 그에게는 전쟁잉여물자 중 적절한 품목들의 소재를 파악해 획득한 뒤 본토의 동부 해안에서 선적해 진주만으로 보낼 수 있는 권한이 부여되었다.

시작 단계에서 니미츠는 1층 방갈로 '주거 키트' 몇 개를 찾아냈는데, 이것은 간편하게 결합할 수 있도록 모든 자재를 미리 절단해 숫자로 구분해둔 주택조립용 자재였다. 진주만에서는 꼬리에 꼬리를 물고 길게 열을 지어 주거 키트들을 조립한 다음, 주방과 침실을 제거하고 내부 파티션을 개조해 수십 동의 창고와 작업장 건물을 만들었다.

　여기까지는 그나마 쉬웠다. 동부 해안의 조선소에서 주물공장과 기계실을 완비하는 데 필요한 물자들을 끌어모으는 것은 정말로 어려운 일이었다. 당연히 조선소의 지휘관들은 언젠가 그들에게 필요할지도 모르는 물자를 내주기 싫어했다. 니미츠는 몇 가지 물자를 허락받았지만, 그 정도로는 필요한 수요를 맞출 수 없었다. 군수업무를 잘 아는 부사관 4명—기발한 임기응변 능력과 때로는 부정한 방법도 불사하는 것으로 알려진 인물들—으로 구성된 팀이 속임수를 써서 부족한 부분을 채웠다. 그들은 때때로 어둠을 틈타 트럭 1대를 후진해 창고나 야적장에 들어간 다음 대부분 회계상의 어떤 재고목록에도 등재되지 않은 품목들—전쟁이 끝나서 그대로 방치된 것들—을 '해방'시켰다. 그렇다고 그들이 물건을 훔쳤다고는 할 수 없었다. 모든 품목들이 장소만 바뀌었을 뿐 여전히 미국 정부의 재산으로 남아 있었기 때문이다. 니미츠는 무엇이 어디에서 왔는지 일일이 따져 묻지 않았기 때문에 어떤 해군기지의 사령관에게 배정되어 있던(전쟁잉여물자가 아닌) 관용차가 자신의 전용 장비 속에 포함되어 있다는 사실을 진주만에 도착해서야 비로소 알았다. 그 차의 분실이 보고되었는지 여부는 확실치 않지만, 그 보고가 진주만에 전달되지 않은 것은 분명했다.

　잠수함 승조원들은 지반을 다지고 커다란 선인장을 뽑아내고 작은 언덕을 평지로 만들고 도랑을 메우는 작업에 동원되었다. 니미츠가 도착할 무렵에는 작업에 상당한 진척이 있었다. 이와 더불어 순양함 시카고Chicago가 그를 기다리고 있었다. 순양함 시카고는 미 본토 동부 해안에서 대부분의 자재를 수송해온 뒤 계류 연습함 겸 잠수함기지의 수상 병영으로 지정되었다(이 위풍당당하고 고색창연한 함정이 1928년에 얼턴 Alton 으로 개명되자, 미국에서 두 번째로 큰 대도시의 이름인 시카고는 1931년에 취역한 새로운 순양함이 사용할 수 있게 되었다). 자격을 갖춘 하청업자들이 대부분의 건설 작업을 관리하게 되면서, 니미츠는 휘하 분대의 요구사항에 관심을 돌릴 수 있게 되었다.

니미츠는 예하 R급 잠수함 일부의 디젤 엔진에 문제가 있다는 소식을 듣고 분대 기관장을 불러 대화를 나누었다. 그 장교는 엔진이 제대로 작동하지 않고 설계가 전부 잘못되었다며 불평을 늘어놓기 시작했다. 니미츠는 그의 장황한 이야기를 전부 들은 다음, 문제 해결을 위해 그가 납득할 만한 몇 가지 사항을 말했다.

"자네도 알다시피, 나는 그 엔진 설계에 참여했네. 제작도 감독했지. 그리고 시험과 평가도 감독했어. 그런데 자네가 설명한 것과 같은 문제는 전혀 기억나지 않는군."

그러자 그러한 문제들은 기적이 일어난 것처럼 사라졌다.[5]

또 다른 사건은 스튜어트 S. 머리 Stuart S. Murray 함장과 관계가 있었다. 그는 자신의 R급 잠수함을 다른 잠수함 옆에 나란히 계류하면서 어려움을 겪고 있었다. 당시까지만 해도 가장 긴 잠수함이었던 R급 잠수함은 그 길이가 미식축구 경기장 길이의 3분의 2에 해당하는 186피트(약 57미터)인 반면, 출력은 상당히 부족했기 때문에 이것은 전혀 놀라운 일이 아니었다. 따라서 함수가 다른 잠수함을 들이받지 않으면 함미가 부딪치곤 했다. 함미가 부딪칠 경우, 보통 프로펠러의 날개가 휘어졌다. 그것이 머리의 운명이었고, 그는 "코모도어 Commodore "[6] 니미츠에게 사고를 보고해야만 했다. 니미츠는 그의 보고 내용을 관대하게 받아들여주면서 이렇게 말했다.

"나는 처음에는 휘하 잠수함 지휘관들 모두를 믿고 기회를 준다네. 함미 한 번과 함수 한 번, 혹은 함미 두 번이나 함수 두 번 정도는 괜찮아. 하지만 그 기회를 모두 쓰면 그때는 책임을 물을 걸세. 자네는 아직 기회를 절반밖에 쓰지 않았어. 함미 한 번의 기회를 쓴 셈이지. 그러니 이제 배로 돌아가서 나머지 기회마저 써버리지 않도록 노력하게."7

신뢰와 관용의 리더십, 이것이 전형적인 니미츠 지휘 방식이었다. 머리(1956년에 해군 대장으로 퇴역했다)는 니미츠의 조언을 받아들였고, 매우 세심한 주의를 기울여 사고를 내지 않고 다른 잠수함 옆에 나란히 계류하는 방법을 익혔다.

Chapter 06
변화와 도전

"나는 처음에는 휘하 잠수함 지휘관들 모두를 믿고 기회를 준다네. 함미 한 번과 함수 한 번, 혹은 함미 두 번이나 함수 두 번 정도는 괜찮아. 하지만 그 기회를 모두 쓰면 그때는 책임을 물을 걸세. 자네는 아직 기회를 절반밖에 쓰지 않았어. 함미 한 번의 기회를 쓴 셈이지. 그러니 이제 배로 돌아가서 나머지 기회마저 써버리지 않도록 노력하게."
신뢰와 관용의 리더십, 이것이 전형적인 니미츠 지휘 방식이었다.

❖ 전함 폭격 실험: 해군의 전함은 정말 무용지물인가?

니미츠가 선인장 밭을 잠수함전단을 위한 지원시설로 만드는 동안, 미 해군은 함대를 2개 주력 부대—(적대행위를 할 가능성이 가장 높은 일본에 대응하기 위해 태평양에 기지를 둔) 신형 전함과 구축함들로 구성된 전투함대와 대서양에 기지를 둔 구형 전함과 구축함들로 구성된 정찰함대—로 재조직하고 있었다. 세 번째 함대는 규모가 매우 제한적인 아시아함대로 마닐라에 기지를 두고 있었다. 각 함대는 각자 함대 사령관이 따로 있었다.

1921년 해군은 전함에 대한 공중폭격의 효과를 실험했다. 낡은 전함 인디애나Indiana 가 첫 번째 실험 함정들 중 하나였다. 함정의 표면 혹은 인근에 설치한 폭탄을 외부 조작을 통해 폭발시키자 예상한 대로 인디애나는 침몰했다. 비록 항공기가 참가하지는 않았지만 이 소식을 들은

미 공군의 아버지, 항공력의 선구자로 알려진 빌리 미첼은 1921년 공중폭격으로 전함을 격침시키는 일련을 실험을 통해 전함의 무용성과 항공기의 위력을 증명했다. 이러한 실험들은 미 해군이 항공모함을 개발하는 계기가 되었다.

육군항공대 부사령관인 윌리엄 L. "빌리" 미첼William L. "Billy" Mitchell 준장은 의회 해군위원회에서 이렇게 말했다.

"이제 우리는 여러분께 분명히 말씀드릴 수 있습니다. 우리는 현존하는 어떤 함정도 파괴하거나 침몰시킬 수 있습니다. …… 우리에게 공격할 함정을 주신다면 언제든 보여드리겠습니다."[1]

그럼에도 불구하고 해군은 —함포사격과 공중폭격을 모두 사용하는— 실험을 계속했다. 한 실험에서는 무선조종 함정을 모의폭탄으로 공격했다. 항공기 24대가 투하한 84발의 폭탄 중 2발이 명중했다. 영국이 실시한 비슷한 실험에서는 투하한 폭탄 114발 중 명중탄은 하나도 없었다. 미첼 장군이 무엇을 믿든, 현실에서는 당시의 표준형 폭격기들이 기동하는 함정에 효과적인 무기체계는 아니었던 것이다. 이런 결과에 실망한 해군은 두 종류의 대함공격용 항공기, 즉 급강하폭격기와 뇌격기를 개발하게 되었다. 급강하폭격기의 조종사는 곧바로 표적을 향해 돌입하면서 최종 순간까지 기다렸다가 폭탄을 투하했다. 뇌격기는 함정의 현측에 자체 추진 무기를 발사하는 방식을 취했다. 이 두 가지 유형의 항공기는 제2차 세계대전에서 중요한 역할을 수행하게 된다.

미첼은 언론을 통해 해군이 진짜 실험은 회피한다고 비난하면서 육군 항공대가 참가할 수 있는 기회를 요구했다. 상당한 압력을 받게 되자, 해군장관 에드윈 덴비 Edwin Denby 는 이에 동의했다. 순식간에 몇 척의 함정이 침몰했다. 대부분의 침몰 함정은 그다지 주목을 받지 못했지만, 한 척만은 극적인 침몰 장면을 담은 동영상이 영원히 보존되었다. 1921년 7월 21일 정박해 있던 독일 전함 오스트프리슬란트 Ostfriesland 는 불과 10분 만에 침몰했다. 항공기는 실제로 배를 침몰시킬 수 있었다. 바로 그 순간 미첼의 생각처럼 해군의 전함은 무용지물이 되었다.

하지만 실제로 오스트프리슬란트는 미 육군과 해군, 해병대 항공기들에게 이틀 동안이나 공격을 받았다. 첫 번째 공격에서는 폭탄 52발이 영점사격 고도인 1,200(약 365미터. 대략 엠파이어스테이트 빌딩 Empire State Building 의 높이에 해당)~2,000피트(약 610미터) 상공에서 투하되었다. 그 중 30발이 명중했지만 4발만이 폭발했다. 배는 움직이지 않는 상태였고, 공격자를 쫓아낼 항공엄호도 없었으며 손상을 수리할 승조원도

미국에 양도된 독일 전함 오스트프리슬란트 전함 격침 장면. 1921년 7월 21일 정박해 있던 독일 전함 오스트프리슬란트는 빌리 미첼이 지휘하는 폭격기전대가 투하한 2,000파운드 폭탄 6발에 의해 10분 만에 침몰했다. 항공기는 실제로 전함을 침몰시킬 수 있었다. 바로 그 순간 미첼의 생각처럼 해군의 전함은 무용지물이 되었다.

탑승하지 않은 상태였다. 선체는 실험 전부터 누수 부위가 있었으며 반복되는 공격으로 서서히 약화되었다. 배는 배수펌프를 가동하지도 않은 채 밤낮 없이 계속 침수되었다. 다음날 아침의 폭격으로 손상은 더욱 커졌고, 오스트프리슬란트는 그날 늦게 2,000파운드 폭탄 6발에 의해 최후를 맞았다. 그 중 명중탄은 하나도 없었지만 3발의 지근탄이 일을 마무리 지었다. 배는 전복되어 마지막 폭격 10분 뒤에 침몰했다. 첫 번째 폭격이 있은 지 24시간 만에 벌어진 일이었지만, 미첼과 그의 옹호자들은 자신들에게 불리한 사실을 받아들이려고 하지 않았다.[2]

❖ 항공모함의 등장: 사라토가와 렉싱턴의 탄생

전함 폭격 실험이 끝나자, 곧 해군은 새로운 유형의 전투함정인 항공모함을 시험하기 시작했다. 이것은 영국 해군이 개척하고 미국 해군이 1922년에 취역한 실험 항공모함 랭글리 Langley 에 적용한 개념이었다.

미 해군이 미래를 계획하고 있는 동안 세계 전역의 해군은 1922년 워싱턴해군군축조약 Washington Naval Treaty 으로 알려진 제한적 자멸행위의 길로 들어서고 있었다. 이 조약은 전함의 수와 크기, 그리고 해군의 병력을 제한해 무제한 해군군비경쟁을 막기 위한 것이었다. 2대 해양강국인 영국과 미국의 경우 각각 52만5,000톤의 전함과 중순양함, 13만5,000톤의 항공모함이 허용되었다. 이 조약으로 인해 미국은 오래된 함정 몇 척을 고철로 폐기하고 새로운 건함 프로그램을 제한하며 이미 진행 중인 프로그램도 중단할 수밖에 없었다. 그리고 계획되어 있던 순양함 2척의 선체를 용도에 맞게 개조해 최초의 미 해군 항공모함 사라토가 Saratoga 와 렉싱턴 Lexington 을 탄생시켰다. 이 두 항공모함은 1927년에 취역했다. 일본 해군은 31만5,000톤의 전함 및 중순양함과 8만1,000톤의 항공모함을, 프랑스와 이탈리아는 각각 17만5,000톤의 전함 및 중순양함과 6만 톤의 항공모함을 보유할 수 있게 되었다. 단일 함정은 절대 3만5,000톤을 넘어서는 안 되었다. 이류 해군국가로 격하되는 모욕을 당한 일본이 1934년에 제일 먼저 워싱턴해군군축조약에서 탈퇴하자, 곧 다른 국가들도 그 뒤를 이었다.

이런 대격변의 시기에 체스터 니미츠는 1922년~1923년 동안 해군대학에서 역사를 공부하고 모의전쟁게임을 수행했다. 나중에 니미츠는

사라토가(왼쪽)와 렉싱턴(오른쪽)은 원래는 순양함으로 건조되었지만, 워싱턴해군군축조약에 의한 전함 보유 제한으로 항공모함으로 개조되었다. 사라토가는 1927년 11월 16일에, 렉싱턴은 1927년 12월 14일에 취역했다.

이렇게 기록했다. 그곳에서 "우리의 가상 적은 언제나 일본이었다."³ 그 이유는 외국인 공포증이 아니라 지정학 때문이었다. 러일전쟁 이후 미일관계가 악화되었을 뿐만 아니라 과거 독일령이었던 마셜 제도 Marshall Islands 와 캐롤라인 제도 Caroline Islands, 마리아나 제도 Mariana Islands 가 제1차 세계대전 이후 일본의 위임통치령이 되면서 미국령 필리핀이 위협을 받고 있었다.

니미츠와 그의 해군대학 동기들은 그 문제를 심사숙고했다. 각각의 주요 섬에 항공기지가 있다면 예상되는 작전반경은 얼마나 될까? 그것으로 태평양 전체를 보호할 수 있는가, 아니면 틈이 존재하는가? 아직까지 검증되지는 않았지만, 항공모함으로 그 틈을 메울 수 있는가? 하지만 가장 중요한 문제는 이것이었다. 광대한 태평양에서 작전 중인 함대에 어떤 방법으로 군수물자를 지원할 것인가? 전쟁이 끝난 후 그는 한 동료

유틀란트 해전

영국 대함대와 독일 대양함대가 1916년 5월 31일부터 6월 1일 이틀 동안 덴마크의 유틀란트 부근의 북해에서 벌인 해전이다. 이 해전은 제1차 세계대전 중 가장 큰 해전이었고, 전함 간의 유일한 전면전이었다. 라인하르트 셰어 Reinhard Scheer 중장이 독일 해군의 대양함대를, 존 젤리코 John Jellicoe 대장이 영국의 대함대를 지휘했다.

유틀란트 해전 이후 양쪽 모두가 승리를 선언했으나, 영국 해군은 더 많은 사상자를 내어 언론의 비난을 받았고, 독일 해군은 이후 잠수함을 이용한 무제한 잠수함전에 관심을 기울였다.

유틀란트 해전에서 영국의 대함대를 지휘한 존 젤리코(상단 왼쪽 사진) 제독과 독일의 대양함대를 지휘한 라인하르트 셰어 제독(상단 오른쪽 사진). 1916년 5월 31일 영국의 순양전함 퀸 메리 Queen Mary 호가 독일 대양함대의 공격을 받아 폭발하고 있다.(아래 사진)

Chapter 06 변화와 도전

에게 이렇게 말했다.

"교육과정이 매우 철저했기 때문에 …… 태평양에서 벌어진 일들 중에서 낯설거나 예상치 못한 것은 하나도 없었지. 그리고 모든 학생장교들은 태평양을 건너서 진격하는 데 필요한 군수물자지원계획을 작성하라는 과제를 받았다네."4

그는 제1차 세계대전 당시의 유틀란트 해전 Battle of Jutland 을 주제로 논문을 썼는데, 유틀란트 해전에는 영국의 대함대와 독일의 대양함대에 소속된 약 250척의 함정이 참가했다. 이 해전 자체는 전쟁에 그다지 큰 영향을 미치지 못했지만, 미래의 작전에는 큰 영향을 미쳤다. 전함 24척으로 구성된 영국 함대의 항해 진형은 6개 종대를 이루고 구축함들이 사방으로 흩어져 잠수함으로부터 주력함대를 보호하는 가운데 그들 앞에는 20해리에 걸쳐 순양함과 구축함의 정찰부대가 위치했다. 변침은 악몽과도 같았다. 연기와 옅은 안개가 시야를 가려서 선두 기함의 신호가 대열 최후미의 함정에 전달될 때까지 10분이 걸릴 정도였다. 게다가 교전이 가까워지면서 지휘관들은 최소한의 정보에 근거해 결정을 내리기까지 고작 몇 분밖에 시간 여유가 없었다. 적은 어디에 있는가? 어떤 함정으로 구성되어 있는가? 그들은 어디로 향하는가? 진형은 어떻게 되는가?

유틀란트 해전은 영국 해군 내에서 항공모함의 개발을 촉발시켰는데, 처음에는 항공모함이 공격 수단이 아니라 함대의 눈이 되어 부대의 전방을 훨씬 더 멀리까지 볼 수 있는 정찰 수단이었다.

❖ 항공모함을 진형의 중심에 두는 원형진을 시도하다

미국 해군은 대규모 함대가 기동할 때 발생하는 문제를 고민하다가 아주 기발한 원형진을 개발하게 되었다. 어느 날, 해군대학 동기생 로스코 C. 맥펄 ^{Roscoe C. McFall} 중령은 모의전쟁 게임판을 앞에 두고 이리저리 궁리를 하다가 전함을 중심에 두고 순양함과 구축함이 동심원을 그리며 그들을 둘러싸는 진형을 고안해냈다. 중앙에 있는 기함이 변침 신호를 보내면 모든 함정들이 동시에 신호를 수신할 수 있기 때문에 변침 과정이 간단했다. 물론 당시에 그것은 해군대학의 연습 이상으로 발전하지 못했다.

1923년 6월에 니미츠의 해군대학 교육과정이 끝나자, 전투함대 사령관이 된 새뮤얼 S. 로빈슨 제독은 니미츠를 함대부관 및 부참모장, 전술참모로 임명했다. 니미츠가 해군대학에서 공부한 것들은 대체로 이론에 치우쳐 있었기 때문에, 해군의 주요 작전함대의 고위 참모장교로 근무하는 것은 최고의 전문교육이 될 수 있었다.

곧 니미츠는 원형진을 시험해볼 수 있는 기회를 살폈다. 로빈슨 제독을 비롯한 많은 지휘관들이 원형진의 개념을 실행이 불가능하다는 이유로 거부했다. 그들은 그 개념 자체에 거부감을 갖고 있었다. 전통적인 진형에서는 각 함정이 하나 혹은 그 이상의 다른 함정으로부터 직접적으로 전방이나 후방 혹은 측방에 위치했기 때문에 지정된 위치를 유지하는 것은 휴대용 거리측정장비인 측거기로 거리를 유지하며 줄을 맞추면 끝나는 간단한 문제였다. 하지만 원형진의 경우, 각 함정은 다른 함정과 줄을 맞추는 것이 아니라 중심을 차지하는 향도함으로부터 일정한 방위각을 이루는 직선상에 설정된 지점에 위치해야만 했다. 방위를 측정하고 유지하는 것은 주간에도 어느 정도 노력이 필요한데, 야간에는 그야말로 큰 문제가 아닐 수 없었다.

몇 차례 가벼운 줄다리기가 이어진 끝에 로빈슨 제독은 원형진을 한 차례 시험해보는 데 동의했다. 원형진은 놀라운 이점을 보여주었다. 향도함이 신호를 보내자, 모든 함정들이 동시에 오른쪽이나 왼쪽 혹은 반대방향으로 변침했다. 그리고 대잠세력이나 대공세력은 항상 주변에서 전함을 에워쌌다. 이후 함대는 몇 년에 걸쳐 간헐적으로 원형진을 사용했지만, 공식적으로 채택하지는 않았다. 오랜 습관은 쉽게 사라지지 않았다.

1924년, 전투함대는 파나마 운하 Panama Canal 의 방어를 시험하면서 정찰함대와 합류해 전술훈련을 실시하고 육군과 합동훈련을 벌였으며 해병대의 상륙작전훈련도 지원했다. 함대의 장거리 대양횡단작전능력을 시험하는 훈련도 실시했는데, 무엇보다도 해상보급이 중요한 요소였다. 이때 두 가지 방식을 사용했는데, 구축함은 함수미로 나란히 기동하는 방식을, 대형 함정은 현측으로 나란히 기동하는 방식(이 방법은 실제 함대 기동 중에 처음으로 사용했다)을 사용했다. 해병대는 시제품 상륙정과 상륙돌격 방법들을 시험하고 개선의 여지가 많다는 것을 알았다. 어느 해병대 역사가는 훗날 이렇게 썼다.

"1924년 함대 훈련은 …… 매우 가치가 있었다. 발생 가능한 거의 모든 실수가 발생했기 때문이다."

물론 바로 그것이 훈련을 하는 이유이다. 또 다른 역사가는 이렇게 썼.

"지휘권과 관련하여 특히 육군과 함께 작전할 때 심각한 문제가 발생했다."[5]

때때로 전투함대에 랭글리가 합류하기도 했지만, 항공모함은 흥미로운 부속물로 취급되었다. 항공기를 이륙시킬 수 있을 정도로 갑판에 충분한 공기의 흐름을 발생시키기 위해서 항공모함은 맞바람이 부는 쪽으로 변침해야만 했다. 하지만 함대는 거의 대부분 그 반대방향으로 기동했기 때문에 랭글리는 항공기가 이륙하거나 착륙하는 동안 진형에서 벗어나야 했고, 항공모함 방어용이 아니라 물에 빠진 비행사 구조용으로 구축함 2척이 동행해야 했다.

니미츠는 더 나은 방법이 있다고 로빈슨 제독을 설득했다. 그는 랭글리를 함대에 완전히 통합시켜 함께 훈련해야 한다고 주장했다. 로빈슨 제독은 그의 제안을 해군부에 제출했지만, 해군 항공국은 랭글리가 아직 시험단계에 있어서 준비가 될 때까지는 많은 개발과 실험이 필요하다고 생각했다. 하지만 로빈슨 제독이 계속 재촉해서 1924년 11월에 랭글리는 전투함대에 합류했다. 다음에 함대가 출항했을 때, 니미츠는 랭글리를 진형의 중심에 두는 원형진을 시도했다. 그것은 즉시 성공을 거두었다. 항공기를 이륙시킬 때, 대잠방어망과 대공방어망은 그대로 유지한 채 진형 전체가 맞바람이 부는 쪽으로 변침했다.

1925년 함대는 태평양에서 진행된 미국 해군 최초의 기동훈련에서 하와이 제도의 방어를 시험했다. 전함 11척과 경순양함 6척, 구축함 56척과 항공모함 랭글리로 구성된 로빈슨 제독의 전투함대는 '블랙Black'으로 지정된 적군의 역할을 수행했다. 그들은 들키지 않고 하와이 해역에 도달하는 데 성공했다. '블루Blue'라는 명칭의 우군은 정찰기를 보유하고 있었지만, 항속거리가 짧았고 날씨도 좋지 않았다.

훈련이 끝난 후 약 800명의 장교들이 커다란 해군 레크리에이션홀에 모여 5일간 강평시간을 가졌다. 여기에서 다음과 같은 합의가 이루어졌다. 하와이 방어태세는 미약하고 항공기와 함대를 위한 시설이 모두 제한적이기 때문에 하와이 제도는 "전쟁의 압박을 감당하기에는 부적절"하다.⁶

이번 훈련에는 또 다른 (그리고 예측 가능한) 측면이 있었다. 《워싱턴 포스트》의 헤드라인처럼 "일본은 미국 함대기동훈련을 위협"으로 간주했다.⁷ 《뉴욕 타임스》에 따르면, 일본 신문들은 미국 함대기동훈련이 일본에 대한 "위협"이며 "일본을 공격하기 위한 미국 해군의 비밀 훈련"이라고 했다.⁸

이어서 전투함대는 3개월에 걸쳐 사모아^{Samoa} 와 오스트레일리아^{Australia}, 뉴질랜드^{New Zealand}, 태즈메이니아^{Tasmania} 를 방문했다. 이것은 간단한 행사가 아니었다. 여기에는 11척의 전함과 4척의 경순양함, 30척이 넘는 구축함, 13척의 보급함을 비롯해 약 2만7,000명의 해군과 해병이 참가했다. 함대는 현지 부대와 전술훈련을 실시하여 미국의 역량을 과시했으며 이번 방문을 통해 친선을 도모하는 데 큰 기여를 했다. 한편 이와 동시에 일본의 관리들은 우려를 표명했는데, 일본의 관리들에게 우려하는 이유를 묻자, 그들은 자세한 이유는 밝히지 않고 그 방문의 의도가 "의심스럽다"고만 말했다.⁹

1925년 10월, 1년 임기로 전투함대와 정찰함대를 통합 지휘하는 직책인 미국함대 사령관^{Commander In Chief of the United States Fleet, CINCUS} 으로 복무하기 위해 로빈슨 제독은 (니미츠를 대동하고) 장기를 중순양함 시애틀^{Seattle} 로 옮겼다. 임기가 끝나자, 로빈슨 제독과 니미츠 모두 함대를 떠나 육상 근무지로 발령을 받았다. 그들의 강력한 지원이 사라지자

진주만 공습 당시 일본군의 폭탄에 맞은 미국 전함 애리조나 호의 모습. 전함지상주의 미 해군 수구파는 1941년 12월 7일 일본으로부터 진주만 공습을 당한 뒤에야 비로소 게임이 영원히 바뀌었다는 사실을 깨닫게 되었다.

항공모함과 원형진의 통합은 폐기되었다가 1930년에 포레스트 P. 셔먼 Forrest P. Sherman 중령의 노력으로 비로소 부활했다. '전함지상주의 해군'은 여전히 현실을 이해하지 못하고 있었다. 1941년 12월 7일 일본으로부터 진주만 공습—전함부대의 주력이 침몰 및 파손되고 항공모함은 아무런 손실을 입지 않았다—을 당한 뒤에야 비로소 해군 수구파는 게임이 영원히 바뀌었다는 사실을 깨닫게 되었다.

Chapter 06 변화와 도전

Chapter 07
교수 생활

니미츠는 학사학위는커녕 고등학교 졸업장도 없었지만, 그의 노력으로 캘리포니아 대학 버클리 캠퍼스의 첫 번째 해군학 정교수가 되었고, 해군학과 학장 자리에까지 오르게 되었다. 그는 교사 교육을 받은 적이 없었지만, 실제 체험을 통해 얻은 교과목에 대한 지식과 생도 시절의 충분한 경험을 통해 교과과정을 수립했고, 항상 자기 학생들의 관심에 주의를 기울였다.

❖ 캘리포니아 대학 버클리 캠퍼스 해군학 교수가 되다

제1차 세계대전을 겪으면서 미국 해군은 급격한 전력 팽창 시기에 장교에 대한 수요를 감당할 수 없음을 절감했다. '장교후보생학교Midshipman's School'로 불린 3개월 속성 과정을 통한 실험은 그다지 효과적이지 못했다. 해군은 해군사관학교 하나만으로는 육성하기 힘든 대규모 숙련된 장교단을 예비전력으로 준비해둘 필요가 있었다.

따라서 해군은 대학 수준의 성공적인 육군학생군사교육단Army Reserve Officers Training Corps Program, ROTC ―비록 웨스트포인트 육군사관학교만큼 강도가 세지는 않았지만 대체로 그에 맞먹는 학과수업과 야외군사훈련을 실시했다―을 모방하는 조치를 취했다. 해군은 노스웨스턴 대학Northwestern University 과 예일 대학yale university , 하버드 대학Harvard University , 조지아 공과대학Georgia Institute of Technology , 워싱턴 대학University of Washington, 캘리포니아 대학 버클리 캠퍼스 University of California at Berkeley 에 6개 해군학군단 NROTC 을 창설했다. 해군학군단 프로그램이 1926년 가을학기부터 시작되자, 니미츠는 캘리포니아 대학 버클리 캠퍼스의 첫 번째 해군학 교수가 되었다. 어니스트 건서 Ernest Gunther 소령과 부사관 4명이 그를 도와주었다.

그의 교수 임명에는 약간의 모순과 개인적으로 껄끄러운 점이 없지 않았다. 41살의 해군중령 니미츠는 학사학위는커녕(1933년 이전 아나폴리스 졸업생에게는 학사학위가 주어지지 않았다) 고등학교 졸업장조차 없었던 것이다. 게다가 고급 학위도 없는 그가 정교수이자 해군학과 학장 자리에까지 오르게 되었다.

물론 민감한 순간도 있었다. 직원회의에서 천문학과 학장은 니미츠가 모든 해군 장교의 교육훈련에서 중요한 요소인 항해천문학을 가르칠 계획임을 알게 되었다. 그는 이것이 자신의 전문영역을 침범한 것이라고 큰 소리로 불평했다. 니미츠는 차분하게 그 교수에게 ― 그가 더 적임자이니 ― 그 과정을 맡아달라고 요청했다. 그 교수는 그것을 받아들였다.[1] 이로써 해군학과는 약간의 책임을 다른 학과에 넘김으로써 다른 과목을 가르칠 수 있는 여유시간을 갖게 되었다. 시간이 흐름에 따라 니미츠에 대한 적대감은 사라졌고, 마침내 다른 교수들의 신뢰를 얻어 그는 대학의 교수승진위원회와 임용위원회 위원이 되어달라는 요청을 받게 되었다.

해군학군단 프로그램은 기본과정 2년, 고등과정 2년으로 되어 있었다. 기본과정에서는 항해술과 병기, 선박운용술을 1주일에 각각 1시간씩 가르쳤다. 고등과정에서는 여기에 공학수업 1시간이 추가되었다. 훈련 시에 학생들은 해군사관학교 생도들처럼 군복을 입었지만 '장교후보생'이 아닌 '해군예비생도'라고 불렸다. 기본과정 생도들은 장학금이나 기타 금전적 보상을 전혀 받을 수 없었지만, 고등과정 생도들은 생계수당으로 210달러를 지원받았다. 또한 하루 70센트를 받으며 15일에 걸쳐 진행되는 순항훈련에 세 차례 참가해야 했는데, 고등과정에서만 순항훈련이 필수로 지정되어 있었기 때문에 기본과정에서는 원하는 때에 참가할 수 있었다. 4년 과정을 모두 마친 졸업생들은 해군예비대의 소위로 임관할 수 있는 자격이 주어지고 현역 2개월 봉급에 해당하는 연간 보상금을 받고 훈련에 참가해야 하며 전시에는 대기상태에 들어갔다.

캘리포니아 대학 버클리 캠퍼스의 첫 번째 큰 문제는 이 새로운 프로그램에 등록한 학생이 한 명도 없다는 것이었다. 니미츠와 건서는 캠퍼스 주변에 안내문을 게시하고 학생들이 많이 다니는 곳에 테이블을 설치해 지나가는 학생들을 설득했다. 니미츠는 흰색 정복을 입고 근엄하게 캠퍼스를 거닐다가 유망해 보이는 후보자들에게 말을 걸었다. 한 청년은 아버지가 육군 대령이라도 상관없는지 물었다. 니미츠는 상관없다고 대답했다. 제임스 D. 아처 James D. Archer 라는 그 청년은 흔쾌히 해군학군단에 등록했다. 그는 아마도 이를 통해 "육군에 가라"는 가문의 미묘한 압박으로부터 자유로워질 수 있다고 안도했는지 모른다. 그리고 그는 자기 룸메이트인 트레이시 D. 커틀 Tracy D. Cuttle 도 설득해 해군학군단에 등록시켰다.

그 결과, 당황스럽게도 니미츠는 해군학군단 정원보다 더 많은 후보자들을 끌어모았다. 첫 번째 소집에서 80명이 모이자, 20명에게는 이렇게 말해야 했다.

"여러분, 매우 미안하지만 …… 지금부터 20명의 이름을 호명하겠다. 이 20명은 해군학군단에서 제외될 것이다."[2]

혼잡한 상황에서 니미츠는 아직 미국 시민이 아닌 핀란드 학생 한 명을 등록시켰다. 그 학생이 부정한 방법을 쓴 것이 아니라 아무도 그에게 그 사실을 묻지 않았던 것이다. 오니 P. 라투(Onnie P. Lattu)는 그와 같은 실수를 알고는 졸업하기 전에 미국 시민이 되었다.

니미츠는 교사 교육을 결코 받은 적이 없었지만 실제 체험을 통해 얻은 교과목에 대한 지식과 생도 시절의 충분한 경험을 통해 교과과정을 수립할 수 있었다. 그는 해군사관학교 관행 중 몇 가지를 적용했다. 수업이 끝날 때 교관이 공부할 부분을 지정해주고 다음 수업이 시작될 때 그것에 대한 퀴즈를 내는 방식을 사용했던 것이다. 하지만 생도가 칠판에 퀴즈의 답을 적게 하고 교관이 그것을 평가하는 해군사관학교 방식과 달리, 니미츠는 학생들이 종이에 답을 적게 함으로써 그것을 보관해두었다가 복습에 사용할 수도 있고 교수가 평가하기도 쉬운 방법을 선택했다. 교실에 들어갈 때 학생들은 종이를 한 장씩 뽑는데, 그 종이에는 그날 수업과 관련된 문제가 하나 이상 적혀 있었다. 20분 동안 학생들이 종이에 답을 적으면, 30분 동안 교수는 강의를 하고 토론 시간을 가졌다. 이것은 다른 대학 수업들보다 훨씬 더 엄격한 방식이었다. 일반적인 대학 수업의 경우, 학생들은 몇 주간을 허비하다가 중요한 시험일자가 닥쳤을 때야 비로소 책을 펼치기 마련이었다.

첫 번째 학기의 해군학군단 기말고사는 수업의 전반적인 내용을 제대로 이해했는지를 평가하기 위해 3시간에 걸쳐 오픈북 시험으로 치러졌다. 일반적으로 1시간 동안 치르는 다른 시험보다 시험시간이 세 배나 더 길었다. 학생들은 집단으로 저항하며 항의의 표시로 백지 답안을 제출했다. 다음 학기 등록을 하러 온 학생들은 각각 학장실로 오라는 메모를 받았다. 그들은 지난 수업의 요구조건을 충족시키지 못했기 때문에 다음 학기를 등록할 수 없다는 사실을 알게 되었다. 격앙된 감정이 가라앉을 무렵, 니미츠가 방 안으로 들어왔다. 그리고 이렇게 말했다.

"여러분, 나는 대학의 학칙을 준수할 것이며, 여러분도 그러기를 바란다. 나는 여러분이 기말고사를 1시간만 봤어야 한다는 사실을 알았다. 따라서 여러분은 1시간 동안 기말고사를 보게 될 것이다. 하지만 시험은 반드시 오늘 오후에 봐야만 한다."

물론 그는 이전의 3시간 오픈북 시험 문제를 그대로 출제했기 때문에 그 누구도 답을 제대로 쓸 수 없었다. 시험시간이 끝나고 그들이 답안지를 제출할 때, 그는 이렇게 말했다.

"이번 일을 계기로 여러분이 좀 더 훌륭한 선원이 되기를 바란다."[3]

그가 너무 가혹하고 편협한 원칙주의자였을까? 그가 고등학교에서 수학을 제대로 배우지 못한 한 신입생에게 중요한 항해술 시험을 끝낼 수 있도록 필요한 만큼 시간—몇 분이 아니라 몇 시간이나—을 준 적도 있다는 사실을 고려한다면, 전혀 그렇지 않다는 것을 알 수 있을 것이다. 간신히 항해술 과목을 이수한 그 학생은 오히려 투지가 좋다고 그에게 칭찬을 받았다.

니미츠는 항상 자기 학생들의 관심에 주의를 기울였다. 조지프 체이스 Joseph Chase 가 항공에 관심을 보이자, 니미츠는 그를 위해 오클랜드 Oakland 에 있는 해군예비 항공부대에서 몇 가지 기초교육을 받는 것을 비롯해 몇몇 비행 오리엔테이션을 주선해주었다. 체이스는 해군 비행훈련과정을 통과해 결국 팬아메리칸항공 Pan American Airways 의 조종사가 되었으며, 전쟁 기간에는 니미츠를 보좌해 태평양을 통과하는 항공보급 및 탈출 경로를 작성했다.

　니미츠 중령과 그의 부인은 학생들과 어울리는 것도 일의 매우 중요한 부분이라고 생각해서 토요일마다 몇 명씩 집으로 초대해서 함께 점심을 먹었다. 학생들은 쿼터덱 클럽 Quarterdeck Club 을 결성해서 종종 니미츠 부부를 자신들의 행사—대부분 댄스 파티—에 초대했다. 니미츠는 한두 명의 여학생과 박력 있게 왈츠를 추었고, 니미츠 부인은 학생들 중 한 명과 가벼운 춤을 추곤 했다.

　한번은 오니 라투가 니미츠와 건서를 자신의 친목회관으로 초대해 점심을 먹기로 했다. 그들이 흰색 정복을 입고 도착했을 때 몇 명의 친목회원들이 장난을 치고 있었다. 차에서 내리는 순간 니미츠는 위층 창문에서 던진 물주머니에 정통으로 맞았다. 원래 표적은 그가 아니었는데, 그 혼자만 물주머니에 맞았다. 흠뻑 젖어 물이 뚝뚝 흐르는 가운데 그는 친목회관 안으로 들어가 초대해준 사람과 쾌활하게 이야기를 나누고 식탁에 앉아서 점심을 먹으면서도 그 일에 대해서는 한마디도 하지 않았다.

❖ 니미츠의 교육철학: 해군사관학교와 민간교육기관의 장점을 결합하다

캘리포니아 대학에서 1년간 근무한 뒤, 니미츠는 대령으로 진급했다. 해군학군단 생도가 늘어나자, 직원 수도 증가했다. 1929년 6월 니미츠가 3

년간의 근무를 마쳤을 때, 해군학군단은 약 150명의 생도와 6명의 장교와 6명의 부사관을 포함한 많은 직원들이 근무하고 있었다. 그에게 해군학군단 단장직을 인수받은 사람은 1907년 필리핀을 순찰할 당시 그의 파트너였던 브루스 캐너가 대령이었다.

니미츠는 해군사관학교 방식과 동시대 민간교육기관의 관행을 혼합한 그의 교육철학이 양쪽의 장점을 결합한 것이라고 생각했다. 해군사관학교에서 그랬던 것처럼, 그것은 학생이 스스로 내용을 파고들어야 하는 집중교육 방식이었다. 거기에다가 니미츠는 매시간 쪽지시험과 좀 더 광범위한 민간교육 방식의 강의와 토론 시간을 추가했다. 1928년 그의 멘토인 로빈슨 제독—니미츠는 자신의 교육철학을 그와 공유했다—이 해군사관학교의 교장이 되면서 니미츠의 교육 방식을 도입했다. 그것은 그다지 인기를 얻지 못했다. 해군사관학교 교수진 중에는 아마추어의 설익은 개념을 자기들에게 떠안겼다고 분개하는 사람들도 있었다. 하지만 로빈슨 제독과 그의 뒤를 이은 여러 교장들이 니미츠가 시도한 몇 가지 변화, 특히 일상적으로 시험을 치르고 평가하는 방식을 도입했다. 오랜 시간이 흐른 뒤 미국 해군사관학교는 생도나 교수 모두에게 부담을 덜 주는 민간대학체계로 서서히 바뀌었다.

1928년 해군협회 Naval Institute 의 《프로시딩스 Proceedings》 기사에서 니미츠는 회고하듯 이렇게 말했다.

"정부의 해군학군단 창설이 과연 현명한 투자였을까? 우리는 세월이 흐른 뒤 그 질문에 대한 긍정적인 답이 나올 것이라고 생각한다."[4]

분명히 해군학군단은 번성했다. 제2차 세계대전 말까지 해군학군단 프로그램은 52개 단과대학 및 종합대학으로 확대되었다. 당시 생도들은

'장교후보생'으로 불리며 모든 수업료와 교재를 제공받고 매달 50달러의 급료를 받았다. 1950년대가 되자 일부 졸업생들은 미국 해군의 정규군(예비군이 아니라) 장교로 임관해 같은 해 임관한 해군사관학교 출신들과 나란히 근무했다.

캘리포니아 대학 버클리 캠퍼스 해군학군단 1기생들이 졸업 이후 어떤 삶을 살았는지는 일부만 알려져 있다. 60명의 생도들 중 졸업자는 21명뿐이었다. 나머지는 해군학군단에서 탈락한 것이 아니라 대부분 1929년의 주식시장 대붕괴에 따른 재정적 어려움으로 학교를 중퇴했다. 1930년 졸업생 중 일부를 살펴보면, 오니 라투는 보급병과에서 군 경력을 계속 쌓아 소장으로 퇴역했다. 그는 모든 대학의 해군학군단 출신들 중에서 최초로 제독의 지위에 오른 사람들 중 한 명이었다. 아처는 변호사가 되었는데, 전쟁 전까지는 사실상 해군예비대에서 중도하차했다가, 전쟁이 발발하자 자신이 참전할 기회를 걷어찼다는 사실에 부끄러운 나머지 니미츠 제독의 도움으로 장교 지위를 복권시켰다. 그는 태평양의 한 순양함에서 근무했다. 전쟁이 끝난 뒤, 아처는 캘리포니아 대학 동창회 회장, 대학 평의원을 역임하고, 샌디에이고 San Diego 에 분교를 설립하는 데 핵심적 역할을 했다. 아처는 현지의 추종자들이 기부한 돈으로 마련한 샌디에이고의 집을 선물로 받아달라고 니미츠를 설득했지만, 니미츠는 거절했다. 그는 샌프란시스코 만 지역 San Francisco Bay Area 에 있는 집을 구했다. 아처의 룸메이트인 트레이시 커틀은 의대에 진학해 해군 군의관이 되었다. 니미츠 말년에 오크 놀 해군병원 Oak Knoll Naval Hospital 에서 그를 담당한 주치의 중 한 명이 바로 커틀 대령이었다.

니미츠가 지휘할 다음 부대인 20잠수함분대는 샌디에이고에 기지를

1934년 12월 샌디에이고에서 찍은 7척의 V-보트(왼쪽)와 홀랜드(맨 오른쪽)의 모습. 니미츠가 20잠수함분대를 지휘할 당시 V-보트는 지원 없이 45일간 초계임무를 수행할 수 있도록 설계되었지만, 단거리 정찰에만 사용되었다. 니미츠는 1912년 해군대학 강연 이후 생각이 바뀌어 잠수함은 언제 어디서든 적을 자유롭게 공격할 수 있는 독립적인 작전에 파견되어야 한다고 생각했다.

두고 지원함인 잠수함모함 홀랜드를 중심으로 모여 있었다. 20잠수함분대는 규모가 작아서 잠수함이 4척에 불과했지만, 그것들은 모두 미국 해군의 최신형 최대 V-보트로 니미츠가 잠수함설계위원회 위원으로 있던 당시에 잠수함설계위원회에서 숙고했던 내용들을 발전시킨 모델이었다. V-보트는 R급 잠수함에 비해 길이가 최소한 두 배가 넘었고, 항속거리는 11노트 속력으로 1만 해리에 달했다(E-1의 항속거리의 다섯 배이다).

20잠수함분대 소속 잠수함들은 함대와 함께 작전을 연습하고 시험하며 개선하는 등 전투 과제에 여념이 없었다. 전투 과제를 운영하는 함대의 장교들은 잠수함과 함께 작전하는 데 별로 관심이 없었다. 전쟁에서 독일이 잠수함으로 큰 성공을 거뒀는데도 해군 장교 대다수—전함지상주의 해군—는 상황을 이해하지 못하고 있었다. V-보트는 지원 없이 45일간 초계임무를 수행할 수 있도록 설계되었지만, 단거리 정찰에만 사용되었다. 니미츠는 1912년 해군대학 강연 이후 생각이 바뀌어 잠수함은 언제 어디서든 적을 자유롭게 공격할 수 있는 독립적인 작전에 파견되어야 한다고 생각했다.

❖ 퇴역 구축함 전대의 전대장이 되다

1931년 6월, 체스터 니미츠는 군 경력에서 가장 특이한 보직에 배치되었다. 샌디에이고 구축함 기지에 계류 중인 약 35척의 퇴역 구축함 '전대'의 전대장으로 2년 임기를 보내게 된 것이다. 전대장과 그의 휘하에 있는 목수와 용접사, 전기사 집단이 맡은 주요 임무는 배가 가라앉지 않게 하는 것이었다.

제1차 세계대전 건함 프로그램의 유물인 이 구축함들은 예비로 보존 중이었고, 이 부대의 기함은 구축함모함 리겔^{Rigel}이었다. 리겔은 니미츠 가족의 숙소이기도 했다. 그곳의 내부는 우리가 흔히 예상하는 것과 다르게—실내장식가를 고용해 내부를 수리한 이전 전대장 부인 덕분

1945년 늦가을 마닐라 만에 정박해 있는 리겔의 모습. 1931년 6월, 니미츠가 퇴역 구축함 전대의 전대장으로 있을 당시 구축함모함 리겔은 니미츠 가족의 숙소이기도 했다. 예상과 달리 리겔의 내부는 상당히 우아했다.

에― 상당히 우아했다. 니미츠 가족은 요리사와 집사, 식당 급사 2명의 시중을 받았다.

리겔은 리츠칼튼 Ritz-Carlton 호텔과 같은 분위기였으나, 쥐가 있다는 것이 큰 흠이었다. 모든 계류줄에 쥐막이를 설치했는데도 불구하고 쥐는 용케도 배 안에 잠입했다. 니미츠 가족은 고양이를 한 마리 길렀지만 한 마리만으로는 무수한 쥐떼를 상대할 수 없어서 정기적으로 배를 훈증소독해야만 했다. 이로 인해 보통 접근이 불가능한 공간에 죽은 쥐의 사체가 널려 있었다. 니미츠 가족이 키우는 고양이가 가장 잘한 일은 한

Chapter 07 교수 생활 119

창 디너파티가 진행되고 있는 식탁 바로 밑에서 한꺼번에 새끼 7마리를 낳은 것이었다.

니미츠 가족의 리겔함 이사는 다소 복잡해졌다. 가족의 새 일원인 메리가 바로 이사 전날 태어났던 것이다. 기저귀를 찬 아이를 둔 엄마에게 함정의 생활은 상당한 모험이었지만—그리고 딸이 걸음마를 시작하면 더욱 힘들어질 테지만— 10대인 체트와 낸시에게는 그 자체가 재미있는 놀이였다. 옹기종기 몰려 있는 구축함들은 친구들이 즐겁게 놀 수 있는 새로운 놀이 환경을 제공했다. 1931년 말, 체트는 수학을 공부하기 위해 아나폴리스 해군사관학교 예비학교로 떠났다. 다음해 여름, 그는 시험에 합격하여 해군사관학교에 입학했다.

케이트는 캘리포니아 대학 버클리 캠퍼스에 등록하여 방학 때나 집에 오곤 했다. 한번은 방학 때 특별히 기억에 남는 일을 경험했다. 그때 그녀는 자신의 아버지도 실수를 저지를 수 있는 인간이라는 것을 알게 되었다. 니미츠는 해군구 연례무도회를 준비하면서 창고에서 해군사관학교 생도 시절에 입었던 예복을 꺼낸 다음 현재의 계급에 맞게 금색 장식술을 교체했다. 무도회 복장을 차려입은 자신의 날렵한 몸매와 건장한 체구를 뽐내며 그는 케이트에게 자랑했다.

"너도 알았으면 한다. 대령들 중에서 생도 시절에 입었던 예복을 지금도 입을 수 있는 사람은 별로 없다는 걸 말이야."[5]

해군구 연례무도회의 여왕은 꾸밈없는 위엄과 여제와 같은 기품을 지닌 해군구 사령관의 부인 토머스 존스 센[Thomas Jones Senn] 여사였다. 캐서린 니미츠는 그녀를 '제독 부인의 화신'으로 묘사했다.[6] 그날 저녁, 센 여사가 손잡이 안경을 떨어뜨리자, 니미츠가 그것을 집기 위해 우아하게 허리를 굽혔다. 순간, 그의 바지가 엉덩이 부근까지 찢어졌다. 그는 무도회 내내 벽을 등지고 서 있어야 했다.

이 무렵 그에게는 사교활동—샌디에이고에 기지를 둔 현역 구축함 부대 사령관의 참모장이자 그의 오랜 친구인 레이먼드 스프루언스 Raymond Spruance 대령과 하이킹을 즐기는 것도 포함된다—을 제외하고는 별로 할 일이 없었다. 니미츠 대령이 이 지루한 업무에 신물이 났다는 표현을 하는 것은 너무 심한 것인지는 모르지만, 본인 스스로 가능한 한 "깊이 몰입해 흥미를 느끼기"가 매우 어려웠다고 말했다.[7]

Chapter 08
오거스타

니미츠는 조직 관리에 대한 자신만의 기본 철학을 정립했다. 그는 가능한 한 하급자들을 믿고 그들에게 업무와 책임을 맡기고, 상급자, 특히 최고위자는 정말 중요한 결정을 할 수 있도록 여유를 가져야 한다고 생각했다.

❖ 중순양함 오거스타 함장에 임명되다

리겔 함상에서 2년의 지루한 시간을 보낸 뒤, 니미츠는 군 경력에 도움이 되는 선령 2년의 중순양함 오거스타^{Augusta} 함장에 임명되었다. 오거스타는 휴스턴^{Houston}과 교대해 아시아함대의 기함이 될 예정이었다. 오거스타가 워싱턴 주 브레머턴^{Bremerton}에서 배치 전 조선소 오버홀 ^{overhaul}을 끝낸 직후인 1933년 10월 16일에 그는 부임했다.

배에는 약간의 문제가 있었다. 오거스타가 조선소에 머무는 동안 승조원이 거의 대부분 교체되어 숙련된 승조원이 부족했던 것이다. 그나마 오거스타가 거의 모든 업무를 계속 유지할 수 있었던 것은 적어도 1년 이상 오거스타에서 근무한 5명의 소위 덕분이었다. 한편 최고 수준의 부대 응집력을 확보하기 위해 약 760명에 이르는 새로운 승조원들은 잔여 복무 기간이 적어도 2년 이상 되는 자들로 선발했고, 대부분의 장교

1933년 10월 16일, 니미츠는 군 경력에 도움이 되는 선령 2년의 중순양함 오거스타 함장에 임명되었다.

들은 최소 3년간의 함상 근무에 동의한 자들로 구성했다. 기혼 간부들의 가족은 극동에서 그들과 합류할 수 있었고, 고참 수병의 가족도 그것이 가능하기는 했지만 그 외의 승조원들 중 기혼자는 드물었기 때문에 가족과 떨어져야 하는 문제는 최소에 그쳤다.

또한 오거스타는 일정이 촉박해서 한 달이나 일찍 조선소에서 나올 수밖에 없었기 때문에 주요 작업은 모두 끝냈지만 청결상태는 엉망이었다. 설상가상으로 브레머턴에서 상하이上海로 가는 21일간의 항해 도중

겨울폭풍에 시달렸기 때문에, 교대할 휴스턴의 때 빼고 광을 내 번쩍거리는 모습과 대조되는 비참하고 안쓰러운 모습으로 임지에 도착했다.

실제로 휴스턴은 마치 꿈이나 환영처럼 보였다. 심지어 엔진실 아래 강갑판의 구리배관조차 반짝반짝 광이 났다. 그 비결은 곧 밝혀졌다. 전통적인 관행에 따라 중국인 노동자들이 배에서 나오는 모든 쓰레기와 폐기물—그들에게는 엄청난 보물이다—을 받는 조건으로 배가 입항할 때마다 깨끗이 청소를 했던 것이다. 그들은 더 이상 닦을 것이 없으면 이미 닦은 곳을 다시 닦았다. 그들은 곧 오거스타에서도 청소를 시작해 조선소의 찌꺼기들을 모두 제거하고 격벽을 페인트로 칠하고 구리배관에 광을 냈다. 배는 이제 자랑스럽게 항해에 나설 수 있게 되었다.

오거스타는 여름에는 칭다오靑島를, 겨울에는 마닐라를 기지로 삼았으며, 그 사이사이 상하이에서 많은 시간을 보냈다. 니미츠는 부하 장교들이 자신의 집에 의례적으로 방문하기를 바랐지만, 그의 딸들은 부하 장교들이 아부가 심하고 진급하는 데만 관심이 있다고 비난하면서 그들을 괴롭혔다. 니미츠는 중국 경험이 있는 장교들이 거의 없다는 사실을 알고 세미나를 몇 차례 계획했다. 한 세미나에서 미국 총영사(그는 중국에서 30년 동안 살고 있었다)가 나서서 그가 생각하는 중국의 미래에 대해 이야기했다. 다른 세미나에서는 상하이 해병파견대의 정보장교가 자신이 파악한 현재 중국에서 벌어지는 일들에 대해 이야기했다. 다른 강연자들 중에는 수출입 현황에 대해 설명한 상무관, 상하이의 화폐가 칭다오에서는 가치가 없는 이유나 아모이廈門의 화폐가 도시 밖으로 나가기만 하면 가치가 없는 이유를 애써 설명해준 중국 정부 교육부 장관이나 재무부 장관도 포함되어 있었다.[1]

오거스타는 아주 이국적인 지역을 방문하지 않는 한 바다에서 밤을 보내는 경우가 거의 없었다. 날씨만 허락된다면, 매일 밤 노천갑판에서는 영화를 보여주었다. 일부만이라도 승조원들을 배 안에 머물게 하여 제대로 식사도 하고 돈도 아끼게 하려는 유인책이었다. 그들이 방문하는 몇몇 항구들은 세 번째 재상영되는 글로리아 스완슨 Gloria Swanson 주연 영화보다 더 흥미로운 고유의 유인책을 갖고 있었다. 그 중에서도 최고는 '특별한 친구'와 화끈한 밤문화를 제공하는 상하이로, 그곳에서는 외박이 허용되었다. 뱃사람들의 도시 상하이는 야간에도 영업을 했다. 처음에 오거스타의 상륙허용시간은 오후 4시부터 그 다음날 오전 8시까지였지만, 오후 4시에는 수병들이 술을 마시는 것 외에는 할 일이 없었고 오전 8시는 술에서 깨어나 배로 복귀하기에 너무 이른 시간이었다. 2명 이상의 수병이 귀대시간에 늦어 허겁지겁 배에 오르자, 개방적 사고방식을 가진 함장은 상륙허용시간을 조금 변경하는 것을 승인해주었다. 그 후로 상하이에서 상륙시간은 오후 5시에 시작되었지만 거의 저녁식사시간에 가까워 대부분의 승조원들이 1, 2달러라도 아끼기 위해 배에서 식사를 한 뒤 6시 이후에나 상륙했다. 상륙시간은 오전 9시에 끝났다. 이로써 모두가 행복해졌다.

   10여 척의 함정을 보유한 아시아함대는 겉으로 보기에 거의 의전행사용 부대였다. 함대 기함조차 종종 혼자서 극동지역을 돌아다니면서 오스트레일리아에서 일본에 걸쳐 있는 항구들을 방문하고 국기를 흔들며 역내의 다른 나라 해군 대표단과 교류했다. 사실 함대 사령관 프랭크 B. 엄햄 Frank B. Upham 제독이 달고 있는 대장(사성 장군) 계급은 외국인 상대를 만날 때 입장이 불리하지 않도록 임시로 부여한 것이었다.[2]

1919년 푸에블로^{Pueblo} 호에서 찍은 프랭크 B. 업햄 함장 사진. 그는 1933년 아시아함대 사령관이 되었다. 당시 니미츠는 아시아함대의 기함인 오거스타를 지휘했다.

의전용 부대라고 해서 칼에 날이 서지 않은 것은 아니었다. 중국은 오래전부터 공산주의자와 국민당 정부 사이의 투쟁으로 혼란스러웠고, 마적과 해적이 창궐하고 있었다. 오거스타가 깃발을 흔드는 외교행사를 수행하는 동안, 아시아함대 소속 포함 1개 전대(양쯔강 초계전대^{Yangtze River patrol})와 여러 척의 구축함, 그리고 영구 주둔 해병대(상하이에는 거의 2,000명이, 베이징北京에는 600명이 주둔했다)는 좀 더 직접적으로 미국의 이해를 보호하고 있었다.

 항구를 방문하면 당연히 상호 접대가 이루어지기 마련인데, 오거스타의 경우는 배 안의 거의 모든 부분을 일본인을 포함한 모든 방문객에게 개방한 반면, 모든 일본의 전함들은 오거스타의 방문객들에게 거의 공개한 적이 없었다. 일본 함정에 초대된 손님들은 제한된 구역에만 머물러 있어야 했고, 노천갑판의 무장과 장비는 모두 덮개를 씌워두었다. 수병들이 요코하마横濱나 고베神戶에 상륙할 때, 영어를 할 줄 아는 택시 기사들이 항상 그들을 태우기 위해 기다리고 있었는데, 이것이 친절한 행동으로 보일 수도 있었지만, 다른 한편으로 생각하면 무방비상태의 승객들이 하는 말을 엿듣기 위한 것이었을지 모른다.³ 마찬가지로 도쿄의 미일 클럽은 장교들을 위해 골프나 테니스 경기를 주최했는데, 그 자리는 일본의 부유한 가문 인사들과 그들의 딸로 소개된 매력적인 젊은 아가씨들이 참석한 저녁만찬으로 이어졌다. 그곳에 참석한 많은 아가씨들이 미국에서 학교를 다닌 적이 있는 것처럼 보였으니 아마 그 젊은 아가씨들은 진짜 부유한 가문의 딸들이었을 것이다. 어쨌든 그들은 모두 영어를 잘 구사했다.

염탐의 대상은 배에 탄 사람들로만 한정되어 있지 않았다. 니미츠 부인과 딸들은 한동안 일본의 휴양도시 운젠雲仙에서 살았는데, 어느 날 누군가 자신의 편지를 뜯어서 읽었다는 것을 눈치챘다. 이탈리아에서 온 편지는 독일에서 온 봉투에 들어 있고 독일에서 온 편지는 이탈리아에서 온 봉투에 들어 있는 것을 보고 확신을 갖게 되었다.

1934년 6월 5일, 업햄 제독과 오거스타는 도쿄에서 거행된 도고 제독의 장례식에 미국 대표로 참석했다. 아시아 해역에 함정을 배치한 모든 국가가 대표단을 파견했다. 모든 함정이 표준 해군 예규를 준수했다. 외국 항구에 진입할 때 함정은 예포를 발사한 뒤 현지 국가의 국기를 '게양한다'. 이것은 국기를 묶은 상태로 깃대에 올린 뒤 대기하고 있다가 신호가 울리면 묶어놓은 줄을 당겨서 펼쳐진 깃발이 바람에 펄럭이게 하는 유서 깊은 절차였다. 오거스타는 재빨리 항구에 진입해 예포를 발사했다. 그리고 중국 국기를 게양했다.

이것은 그 자체로도 망신거리였지만, 특히 중국과 일본의 긴장관계를 고려하면 엄청난 실수가 아닐 수 없었다. 오거스타는 서둘러 예식 절차를 다시 시작했다. 이번에는 정확하게 일본 국기를 게양했다. 당황한 업햄 제독과 니미츠 대령은 급히 예복을 차려입고 사과하러 나섰다.

나중에 밝혀진 바에 따르면, 국기제작소에서 실수를 저질러 최근 디자인이 바뀐 중국 국기에 "일본" 표찰을 붙였던 것이다. 이것이 해명거리가 될 수 있었는지 모르지만, (파란색 바탕에 중앙에는 12개의 뾰족한 끝을 가진 커다란 흰색 태양이 자리 잡은) 새로운 중국 국기를 붉은색과 흰색으로 떠오르는 태양을 상징하는 일본 국기와 혼동하기란 거의 불가능하기 때문에 깃발을 올리기 전에 아무도 확인하지 않았다는 것은 분명한 사실이었다. 땅에 엎드리다시피 사과하고 돌아온 니미츠는 갑판사관과 실수를 저지른 통신병을 소환한 뒤 이를 악물고 화를 참으며 말했다.

"내가 미치지만 않았다면, 너희 둘을 당장 죽여버렸을 거다."

그러고는 다시는 함교에 발을 들여놓지 말라고 명령했다.[4]

장례식에 참석한 각국 해군은 의장병으로 수병 1개 소대를 파견했다. 니미츠는 배에서 키가 큰 수병들을 선발해 1개 소대를 구성해서 그 중 키가 가장 큰 젊은 장교에게 인솔을 맡겼다. 아마 "우리가 깃발을 잘못 게양하기는 했지만 너희 일본인들보다 더 크다"는 우월감을 과시하기 위해서였을 것이다. 니미츠는 공식적 장례식과 이후 도고의 집에서 열린 소규모 의식에 모두 참석했다.

이번 일본 방문은 니미츠의 딸 케이트에게 특별한 의미가 있었다. 장례식이 끝나고 며칠 뒤 오거스타가 고베 항을 방문했을 때, 그녀는 그곳에서 미래의 남편 제임스 T. "주니어" 레이James T. "Junior" Lay 소위를 만났다. 두 사람은 1945년에 결혼했다.

일본을 떠난 뒤, 오거스타는 1934년 10월 오스트레일리아 멜버른Melbourne의 백주년 기념식에 참가했다. 멜버른은 세계적 불황으로 다른 도시들만큼이나 큰 타격을 입었음에도 불구하고 성대한 파티를 열었다.

Chapter 08 오거스타

오거스타가 2주 동안 항구에 머무는 동안 모든 승조원들은 전설적인 오스트레일리아인들의 환대를 직접 경험했다.

❖ 전비태세 최우수 순양함 트로피를 수상하다

1만 2,000해리의 항해 끝에 12월 23일 오거스타는 마닐라에 도착해 제독의 연례 검열을 받아야 했다. 이것은 미국 해군의 모든 함정이 받아야 하는 연속 검열에서 첫 번째 검열로, 각각의 함정은 함형별(순양함과 전함, 구축함), 부대별(아시아함대, 정찰함대, 전투함대 등)로 경쟁을 벌였다. 제독의 검열에서는 함정을 운용하고 유지하는 것과 관련된 모든 사항들을 세밀하게 조사했다. 함대의 다른 함정에서 차출된 매우 엄격한 섬열관들이 팀을 이루어 승함한 뒤 승조원들을 검열하고(용모와 복장, 전반적인 단정함), 인사기록과 급여기록, 의무기록, 정비일정, 훈련일정을 점검하며, 청결상태와 비상대비태세("마지막으로 익수자구조훈련을 실시한 것이 언제인가?" 등)를 평가했다. 모든 검열은 해당 연도가 끝나기 전에 완료해야 했기 때문에 크리스마스 직후에 바로 시작하도록 일정이 잡혀 있었다. 수개월에 걸친 항해로 배를 단장하는 데 이틀밖에 시간이 없었지만, 그럼에도 불구하고 오거스타는 거의 받기 힘든 '최우수' 등급을 받았다.

경쟁은 검열에만 적용되는 것이 아니었다. 마닐라의 동계 정박지에 머무는 동안 오거스타는 올랑가포의 수빅 만 지원기지에서 대부분의 시간을 보냈는데, 그곳은 오래전 니미츠가 소위 시절에 디케이터를 건선거로 몰고 갔던 바로 그 장소였다. 수빅 만 기지는 마닐라에서 여러 시간이 걸렸지만 외해에서는 고작 10분 거리에 불과했으며, 대함사격과 대공사격을 위한 예인표적을 제공했다. 일정 문제로 오거스타는 대함사격과 대공사격을 거의 연습하지 못한 상태였다.

규칙은 매우 단순했다. 주포사격훈련용 표준 표적은 길이 140피트(약 42미터), 높이 40피트(약 12미터)의 나무 널빤지로 만든 스크린을 두꺼운 목재 뗏목에 장착하고 함대 예인선으로 끌어당겼다. 훈련함은 표적을 지나치면서 함수사격통제소의 유도에 따라 8인치 함포를 사격하고 이어 반대방향으로 다시 표적을 지나치면서 함미사격통제소의 유도에 따라 함포를 사격했다. 이어 5인치 함포가 같은 방법으로 사격을 실시했다. 점수는 스크린에 뚫린 구멍의 개수로 계산했다. 훈련탄은 각기 다른 페인트를 칠해서 스크린을 관통할 때 그 흔적이 남기 때문에 어떤 포가 명중탄을 기록했는지 쉽게 구분할 수 있었다.

주간에는 이런 과정을 수행하는 데 별로 어려움이 없었지만, 레이더가 등장하기 전이었기 때문에 야간에는 표적을 향해 탐조등을 비춰야 했다. 훈련을 시작할 때, 무엇인가—아마 예인선의 불빛이었을 것이다—에 의해 잠깐 동안 표적의 모습이 드러난다. 그러면 훈련함은 다양한 수단을 사용해 표적을 육안으로 식별할 수 있게 만든다. 이때 사용 가능한 수단은 규정에 자세하게 명시되어 있었는데, 아마 첫 번째 통과 시에는 낙하산을 묶은 백린탄을 발사하고 그 다음에는 탐조등으로 표적을 비추었을 것이다.

니미츠는 앞으로 함정이 주간에는 교전하지 않을 것이라고 생각했다. 그러기에는 현대의 사격술이 너무 치명적이었다. 전력이 열세인 쪽은 야간공격의 이점을 노리고 야간공격을 집중적으로 훈련할 것이다. 그래서 그는 야간사격을 특히 더 강조했고, 그것은 실효를 거두었다. 오거스타의 야간사격 점수는 나머지 3척의 순양함 점수를 합한 것보다도 높았다. 니미츠의 지휘 아래 첫 번째 연례 검열을 완전히 마쳤을 때, 오거스타는 해군의 모든 함정들을 물리치고 전비태세 최우수 순양함 트로피를 수상했다.

    육체적으로 수동적일 수밖에 없는 임무와 기력을 떨어뜨리는 기후조건 때문에 아시아함대는 체계적이고 정력적인 체육활동 프로그램을 실시할 필요가 있었다. 체육활동 참가는 의무사항이었다. 함대가 야구대회를 개최하면, 예하 부대는 야구팀을 출전시켰다. 웨일보트whaleboat (양끝이 뾰족한 보트) 경주가 있으면 부대는 노 저을 팀을 조직했다. 오거스타 승조원들 중 럭비를 해본 사람이 한 명도 없었지만, 영국인들이 항상 시합할 상대를 찾고 있었기 때문에 오거스타도 럭비팀을 만들었다.

    스포츠의 중요성을 강조하기 위해 정규근무시간에 연습을 포함시켜 일과를 계획했고, 연습을 위해 여가시간을 줄이는 것은 금지했다. 분명 이것은 신체단련에 열성적인 니미츠의 성향과 잘 맞았다. 니미츠가 열성적으로 체육활동 프로그램을 실시하자, 승조원들은 이에 적극적으로 호응했다. 함미에는 배구장을 만들었는데, 함수와 함미를 잇는 중앙선을 따라 네트를 설치하고 백코트에는 그물망을 둘러서 실수로 공이 바다에 빠지지 않게 했으며, 공 자체도 공기압을 줄여서 반동을 줄였다. 그리고 상황이 허락하면 수영시간을 가졌다. 일부 장교들은 골프를 쳤고(하지만 니미츠는 골프가 너무 느리게 진행되기 때문에 좋아하지 않았다), 아주 활발한 테니스 프로그램도 있었다. 오거스타가 항구에 있을 때는 언제든 모든 위관장교들은 육지로 나갈 수 있는 자유시간이 주어질 때마다 어떤 식으로든 테니스를 치도록 강한 권고를 받았다. 일부 위관장교들은 장교들의 클럽 사교활동을 지연시키려는 그들의 '아버지 같은 보호자'의 계략이 아닐까 의심했다.

얼마 후, 오거스타는 아시아함대의 모든 체육 관련 트로피를 휩쓸었다. 그 중에는 럭비도 포함되어 있었다. 그리고 곧이어 순양함 부대의 '철인' 트로피까지 차지했다.

니미츠는 스포츠, 특히 테니스를 영국인과 일본인을 상대로 친선을 다지는 수단으로 활용했다. 오거스타 테니스 팀의 선수들은 일련의 시합을 거쳐 순위가 매겨졌다. 부장 R. E. M. 와이팅Whiting 중령이 랭킹 1위였고, 새뮤얼 P. 몬큐어Samuel P. Moncure 소위가 2위, 불운한 니미츠 대령이 3위였다. 니미츠는 무릎이 삔 상태에서 순위결정전을 치렀기 때문에 자신이 3위라는 것을 쉽게 받아들이지 못했다. 그래서 몬큐어에게 한 번 더 도전했다. 익살맞게도 니미츠는 몬큐어 소위가 상륙했다가 저녁 늦게 복귀한 바로 다음날 아침 일찍 그에게 도전장을 전달하고 그 즉시 시합을 가졌다. 물론 니미츠가 승리했다.

❖ 니미츠만의 조직 관리 기본 철학: 휘하 장교들을 믿고 그들에게 업무와 책임을 맡겨라

이 정도 경력에 이르자, 니미츠는 조직 관리에 대한 자신만의 기본 철학을 정립했다. 그는 가능한 한 하급자들에게 업무와 책임을 넘기고 상급자, 특히 최고위자는 정말 중요한 결정을 할 수 있도록 여유를 가져야 한다고 생각했다. 사소하지만 교훈적인 다음의 사례는 이런 그의 기본 철학을 잘 보여준다. 그는 조함操艦—일정한 침로로 순항하든 복잡한 기동을 수행하든 항해 중일 때나 투묘하거나(닻을 내리거나) 정박할 때—이 초급장교인 소위의 일이라고 굳게 믿었다. 적어도 어느 정도 교육을 받고 상식과 경험이 있는 소위라면 충분히 조

오스틴 M. 나이트(1854년~1927년)는 미군 해군 제독으로, 1917년~1918년에는 아시아함대 사령관이었다. 그의 저서 『현대 선박운용술』은 80년이 넘게 해군의 기본 교과서 역할을 했다.

함 능력이 있다고 생각했다. 교육은 주로 해군사관학교 혹은 해군학군단, 그리고 함교당직사관의 바이블인 오스틴 M. 나이트Austin M. Knight 의 『현대 선박운용술Modern Seamanship』을 기반으로 했다. 상식은 타고나는 것으로 상식이 있고 없음은 쉽게 눈치챌 수 있거나 금세 드러나기 마련이다. 그리고 자신의 위관장교들이 통제된 환경 속에서 필수적인 경험을 쌓도록 하는 것은 지휘관의 책임이었다. 오거스타의 함상에서는 언제라도 함내 방송으로 소위 중 한 명을 함교로 호출하곤 했는데, 호명된 소위는 곧바로 함교로 올라가서 자신이 직접 조함해 항해하거나 투묘해야 했다. 소위는 항해장과 항해사, 기관실, 호줄요원 혹은 투묘요원 등으로부터 필요한 모든 정보를 들은 뒤 심호흡을 한 다음 서서히 전진했다.

니미츠는 이 모든 과정을 지켜봤다.

어느 정도 세월이 흐른 뒤, 당시 소위였던 O. D. "머디" 워터스O. D. "Muddy" Waters (회고 당시 해군 소장이 되어 있었다)는 투묘 중에 겪었던 일을 다음과 같이 회고했다. 그는 해도를 확인하고 투묘요원의 배치가 완료되었는지를 점검한 뒤 적당한 시점에 "투묘"를 명령했다. 하지만 배는 속도가 너무 빨라서 계속 움직였다. 그가 "양현 뒤로 전속"을 명령하자, 닻줄이 90패덤(1패덤은 1.8미터)이나 풀려나가더니 남아 있는 닻줄이 거의 끊어져 배 밖으로 튕겨나갈 정도로 팽팽하게 늘어나서야 비로소 배는 전진을 멈추었다. 이때부터 그는 천천히 닻줄을 감아서 배가 원래 멈춰야 하는 위치로 돌아올 수 있었다.

그러는 내내 니미츠는 가만히 서서 아무 말도 하지 않았다. 일단 흥분이 가시자, 그는 질문을 던졌다.

"워터스, 자신이 무엇을 잘못했는지 알지, 그렇지?"

"네, 분명히 알고 있습니다. 제가 너무 빨리 진입했습니다."

니미츠가 말했다.

"그러면 됐어."

이것으로 훈계는 끝났다.[5]

휘하 장교들을 믿는 니미츠의 습관은 전염성이 있었다. 칠흑같이 어두운 어느 날 저녁, 마닐라에서 출항하던 중 니미츠는 함교에서 지켜보던 주니어 레이를 보며 말했다.

"배를 방파제 밖으로 내보내게."

레이는 교훈의 핵심을 결코 잊지 않았다. 나중에 그가 함장이 되었을 때, 그 교훈을 그대로 전수했다. 그의 구축함이 항구로 들어가고 있을 때,

당직사관인 소위가 불안한 나머지 안절부절못하다가 마침내 그에게 물었다.

"함장님, 조함권을 인수하시겠습니까?"

주니어 레이는 대답했다.

"아니."

소위가 다시 물었다.

"그렇다면, 제가 무엇을 해야 합니까?"

주니어 레이가 말했다.

"배를 저 부이에 계류하게."**6**

니미츠는 또 다른 조직 관리 철학을 갖고 있었다. 필리핀의 작은 항구에 있는 묘박지에 접근하면서 함정이 투묘할 위치에 도달하기 직전, 니미츠는 아무런 사전 통보 없이 1분대 분대장(투묘요원 책임자)에게 자신의 위치를 떠나 함교로 올라오라고 호출했다. 그는 부분대상인 소위가 상급자의 감독 없이도 투묘요원들을 잘 지휘할 수 있는지를 보고 싶었던 것이다. 물론 이것은 분대장이 소위를 잘 훈련시켰는지, 그리고 그 소위는 준비가 잘 되어 있는지 평가하는 이중시험이었다. 두 사람은 모두 통과했지만, "항상 준비하라"는 니미츠의 의도는 순식간에 배 전체에 알려졌다.

두 번 이상 시험에 통과하지 못하거나 아예 시도조차 하지 않는 장교—가르치는 자이든 배우는 자이든—는 다른 곳으로 전출되면서 다음과 같은 매우 평범한 근무평정을 받았다.

"자기 계급의 최소 기준을 무난히 충족시키는 대체로 만족스럽고 신뢰할 수 있는 장교이다."

문제의 장교는 그것을 높은 평가라고 생각할지 모르지만, 인사담당자는 그것이 정확하게 무슨 뜻인지 알고 있었다. 그것은 앞으로 이 사람은 진로 변경을 고려하게 될 것이라는 뜻이었다.

분대장은 합당한 범위 내에서 자기 분대원들의 행동에 책임을 져야 했다. 많은 위관장교들(대위나 중위)에게 분대장 보직은 제한적이지만 지휘자의 역할을 수행하는 자신의 모습을 상관에게 공식적으로 보여줄 수 있는 첫 번째 기회였다. 분대장이 반사회적 인격장애자나 좀도둑, 법망을 교묘히 피해 해군에 입대한 범죄자의 버릇을 고쳐놓기 위해 과도한 수단을 사용하든 혹은 그런 말썽꾼을 다룰 만한 장악력을 갖추지 못했든 그것은 상관이 없었다. 그러나 어떤 경우든 자신의 업무를 수행하지 못했을 때는 어떤 변명도 소용이 없었다. 기본적으로 분대장의 임무는 강한 자들 중에서 약한 자들을 모두 솎아내고 범법자와 불평분자는 다른 곳으로 내보내 전시든 평시든 항상 분대가 주어진 임무를 수행할 수 있도록 완벽하게 준비시키는 것이었다.

일반 규칙의 하나로서, 승조원이 명령을 어기거나 기강을 어지럽히는 사소한 잘못을 저질렀을 때(혹은 강한 의심이 들 때) 함장이 사정을 듣고 판결을 내리는 징계위원회 captain's mast 에 소환되는데, 이것은 보통 군법회의에 회부되기에는 경미한 위반사항을 처리하기 위한 절차였다. 함장이 기소 내용을 듣고 이어서 위반자가 자신의 변호를 하면, 그의 분대장(성격 증인 역할)이 정상참작에 도움이 될 만한 사실을 진술하게 된다. 일반적으로 분대장은 (무엇보다 50명 내외의 분대원들의 충성심과 단결이 지속되기를 바라는 마음에서) 이렇게 말하곤 했다.

"함장님, 이 사람은 항상 훌륭하게 처신해왔습니다. 가끔 상륙해서 문제를 일으키기도 했지만 우수한 대원이며 배에 기여한 바도 있고……등등."

징계위원회에서 니미츠는 공정했고 대체로 그의 판결은 정확했다. 하지만 그가 공정성을 넘어서 판결에 오류를 범한 사례가 아주 없었던 것은 아니다. 아마 그도 어쩔 수 없었을 것이다. 배가 칭다오 항에 머물 때 부사관 한 명이 해안순찰근무 중 어느 카바레 걸의 방에서 옷을 벗은 채 발각되어 근무태만과 제복미착용으로 기소되었다. 그가 어떻게 발각되었는지에 대해서는 입수한 기록에 나와 있지 않지만, 그가 자기 위치를 벗어나 젊은 여인과 함께 한 건물로 들어가는 모습을 해안순찰근무 당직장교가 보았을 것으로 짐작된다.

니미츠가 물었다.

"이보게, 자신을 위해 할 말이 있으면 해보게나?"

그러자 젊은 부사관이 대답했다.

"함장님, 사실은 이렇게 된 겁니다. 저는 해안순찰을 돌 때 군복을 제대로 착용해야 한다는 사실을 알고 있었습니다. 그런데 우리가 해안으로 타고 간 보트에서 내리면서 군복이 찢겼습니다. 저는 그 근처에 살고 있는 그녀를 알고 있었고, 그녀는 자기 집으로 가서 찢어진 곳을 꿰매주겠다고 했습니다. 그래서 저는 점퍼를 벗고 그녀의 방에 있었던 겁니다."

니미츠는 웃음이 터져 나오는 것을 도저히 참을 수 없었다. 그는 나중에 그것이 이제까지 그가 들어본 변명 중 최고였다고 말했다. 그 부사관은 실제로 분대장에게 높은 평가를 받고 있어서 혐의는 기각되었다.[7]

이와 대조적으로 또 다른 사건에서는 다른 판결을 내렸다. 해병 한 명이 당직 중 졸았다는 이유로 징계위원회에 회부되었다. 증거가 제시되고 젊은 해병이 뉘우치는 기색을 보이자, 니미츠는 해병경비대를 맡고 있는 장교 루이스 풀러 Lewis Puller 해병 중위에게 할 말이 있는지 물었다.

그는 참석자 모두가 놀랄 만한 대답을 했다.

"함장님, 물론입니다. 제 개자식을 내보내십시오. 당직 중 잠이 들었다면 저 자식은 해병도 아닙니다. 저 자식을 다시는 보고 싶지 않습니다."

문제의 해병은 군법회의에 회부되었다. (풀러는 세 번째로 부임한 해병 경비대 책임자였다. 니미츠는 무능력을 이유로 전임자 2명을 내보냈는데, 풀러는 끝까지 남았다.) 언제부터인가 "체스티 Chesty"라는 별명으로 불리게 된 풀러는 1955년 해병 중장으로 퇴역했고, 제2차 세계대전과 한국전쟁을 거치면서 여러 가지 훈장을 받았는데 그 중에서도 해군 십자훈장을 다섯 차례나 받은 독보적인 인물이었다.[8]

해군십자훈장은 미 해군, 미 해병대, 미 해안경비대를 대상으로 미 해군이 수여하는 최고의 훈장이다.

1935년 니미츠는 워싱턴 D. C.에 있는 항해국의 부국장에 임명되어 다음 임지로 떠나게 되었다. 함장교대식은 (오거스타가 상하이 황푸강 黃浦江에 닻을 내린 상태에서) 예복을 갖춰 입어야 하는 공식행사로 진행되었다. 아시아함대의 기함은 예복을 입는 경우가 많았는데, 심지어 일요일 예배에도 예복을 착용했다. 남북전쟁에서 비롯된 1930년대의 예복—프록코트 frock coat 와 옆에 금줄이 들어간 바지, 예식견장, 앞뒤로 챙이 있는 긴 모자—은 제2차 세계대전과 함께 사라졌다. 교대식이 끝나자마자 니미츠는 강의 상류로 수백 미터를 거슬러 올라가 가족들이 기다리고 있는 정기여객선 프레지던트 링컨 President Lincoln 호를 타고 고국으로 돌아가게 되어 있었다. 니미츠는 12명의 위관장교들이 노잡이로 자원한 가운데 웨일보트로 강을 거슬러 프레지던트 링컨 호까지 가게 되었다는 사실을 알고 깜짝 놀랐다. 그들은 존경의 표시로 니미츠 대령을 '명예 조타수'로 임명하고 그에게 키를 맡겼다. 프레지던트 링컨 호에 도착하자, 그는 장교들에게 보트를 계류해두고 여객선 위에서 건배를 들자고 했다.

노잡이들이 상류를 향해 노를 저을 때에는 밀물이었고 그들이 돌아갈 때에는 조수가 반대로 바뀌어 있었다는 사실은 분명 우연이었을 것이다. 하지만 니미츠가 훈련시킨 이 위관장교들 중 5명—40퍼센트—이 제독이 되었다는 사실은 결코 우연이 아니었다. 전시든 평시든 전체 위관장교들 중에서 제독이 된 사람의 비율은 평균 2퍼센트를 넘지 않았다.

Chapter 09
훈련

니미츠는 V-7 프로그램 1회 졸업생 264명에게 연설할 당시 이렇게 보장했다.
"여러분은 특정 학교 출신이라는 이유가 아니라 자신의 노력에 따라 평가받게 될 것입니다."
그는 그들과 해군사관학교 졸업생 간에 어떠한 차별도 없을 것이라고 말했다.

❖ 항해국 부국장에 임명되다

니미츠가 일하게 될 항해국Bureau of Navigation, BUNAV 은 워싱턴 D. C. 북서지역 콘스티투션 애비뉴Constitution Avenue 18번가 해군본관Main Navy 안에 있었다. 그 건물에는 해군장관실을 비롯해서 해군의 주요 행정사무실이 자리 잡고 있었다. 항해국장 아돌퍼스 앤드루스Adolphus Andrews 소장은 업무상 자주 자리를 비울 수밖에 없었기 때문에, 니미츠는 국장대행으로서 그의 자리를 대신하곤 했다. 현임 해군장관인 클로드 스완슨Claude Swanson 은 자주 아팠기 때문에 때때로 니미츠는 해군장관대행 역할까지 수행했다. 동시에 세 가지 직책을 수행하느라 업무시간이 늘어날 수밖에 없었지만, 자신의 정상 업무가 아닌 해군부의 여러 분야에 개입하면서 귀중한 경험을 쌓았다.

항해국은 해군부의 핵심으로, 명칭은 옛날부터 전해 내려온 것이라서 그것만으로는 실제 이곳이 하는 일을 전부 알 수는 없었다. 항해국은 다양한 등급의 함정과 육상기지에 필요한 인력을 모병·교육·훈련·배치하는 문제부터 개인의 진급과 경력을 관리하는 것에 이르기까지 각종 인사 문제를 담당했다.¹ 해군은 다른 거대 조직들과 달리, 고위간부를 외부에서 채용할 수 없었기 때문에, 시작 단계에서 지휘자감을 선별해 계속 육성해야 했다. 이 모든 일들이 제대로 이루어지게 하는 것이 바로 항해국의 업무였다.

니미츠가 부임 신고를 한 1935년 봄은 대공황 Great Depression 이 극에 달한 시기로, 미국 해군은 ─나라 전체가 그렇듯이─ 험난한 길 위에서 마구 흔들거리며 그저 버티기 위해 안간힘을 쓰고 있었다. 함대는 인원이 부족했고─1922년 워싱턴해군군축조약에서 제한한 인원조차 채우지 못했다─, 함대의 규모와 형태도 변하고 있었다. 허버트 후버 Herbert Hoover 대통령은 임기 말년이 가까운 1931년~1932년에 예산을 아끼기 위한 결사적인 노력의 일환으로 더 많은 함정을 예비로 돌리고 해군예비대 연례훈련 예산도 취소했다.² 또한 진행 중이던 함정 건조 프로그램도 연기시켰다. 새로 당선된 프랭클린 D. 루스벨트 Franklin D. Roosevelt 대통령은 사람들에게 일자리를 제공하기 위한 부양책으로 새로운 함정 건조 프로그램을 실시했다. 해군장관 스완슨은 125건 이상의 계약이 성사되고 다수의 공급자가 참여하기 때문에 "모든 주州가 혜택을 받게 될 것이다"³라고 발표했다. 워싱턴해군군축조약에 의해 새로운 전함과 중순양함의 건조는 금지되어 있었지만, 노후한 함정들을 교체하기 위해 몇 척의 경순양함과 항공모함, 대량의 구축함들은 건조할 수 있었다. 루스벨트의 전국산업부흥법 National Industrial Recovery Act, NIRA 은 30척의 함정을 건조하기

1933년에 당선된 프랭클린 D. 루스벨트 대통령은 사람들에게 일자리를 제공하기 위한 부양책으로 새로운 함정 건조 프로그램을 실시했다.

Chapter 09 훈련 147

전국산업부흥법

대공황으로 죽어가는 경제를 회생시키고자 루스벨트 대통령이 뉴딜 정책의 일환으로 1933년 6월 16일에 제정했다. 이 법은 경제 회복을 촉진하기 위해 산업을 규제하고 독과점을 허용할 수 있는 권한을 대통령에게 부여하고, 국가 주도의 공공사업을 확립했다. 이와 함께 최저임금 설정과 노동시간 제한, 아동노동 금지와 같은 노동조건 개선, 노동조합의 단체교섭권 보장 등의 내용도 포함되었다.

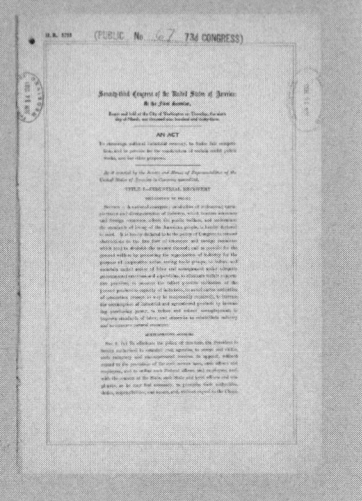

1933년 6월 16일 루스벨트 대통령이 제정한 전국산업부흥법의 첫 페이지.

위해 2억 3,700만 달러를 배정했다. 1934년 의회가 빈슨-트래멀법^{Vinson-Trammel Act}으로 분담금을 더 올려서 앞으로 3년 동안 100척의 함정을 건조하기 시작해 1942년에 모두 완료할 예정이었다. 항해국은 새로운 함정들에 필요한 승조원 수(병기직별·기관직별 승조원이나 소위들의 수요 등과 같은)를 작성하는 일부터 그것을 채울 인력을 모병해 훈련시키는 일까지 할 일이 태산 같았다. 게다가 여러 가지 장기적인 장교 진급 및 배치 관련 문제도 다루어야 했다.

우선, 장교의 진급과 관련해 몇 가지 문제가 있었다. 소령까지 장교들은 능력이 아니라 연공서열에 따라 진급했는데, 제1차 세계대전 당시 전력 증강에 따라 불어난 장교들 중 상당수가 아직도 현역에 남아 있었다. 1934년 소령 진급 대상자 명단에 오른 장교는 250명이었지만, 공석은

80개밖에 없었다. 항해국은 연공서열 체계를 포기하고 대위와 소령 진급자를 위한 선발위원회를 설치했지만, 그것은 능력자를 조기 진급시키려는 것이 아니라 무능력자를 도태시키기 위한 일종의 메스였다.

항공은 또 다른 문제였다. 해군항공은 함대 연습에서 그 가치를 증명했지만, 대다수 해군 장교들의 주목을 끌지는 못한 상태였다. 조종사들은 해군이라기보다는 별개의 종자로 취급받았으며, 진급의 기회도 제한되어 있었다. 항해국은 조종사들도 잠수함 장교들과 마찬가지로 전투병과 장교이며 자격을 갖추기만 하면 해상과 육상에서 전투병과 장교 자리를 차지할 수 있다고 생각했다. 하지만 1930년대 중반까지만 해도 비행기를 조종하는 것 이외에 다른 보직을 경험한 조종사는 소수에 불과했다. 게다가 의회가 항공모함과 수상기모함, 육상항공기지의 지휘관은 반드시 조종사여야 한다고 결정하자 주요 지휘관이 될 정도로 계급이 높으면서 조금이라도 다른 보직을 경험한 조종사를 찾아야 했기 때문에 어려움은 더욱 가중되었다. 일종의 해결책으로 고위 전투병과 장교들을 초청해 단축비행훈련과정에 참가시킨 다음 '해군항공관측사 Naval Aviation Observer, NAO'로 임명함으로써 '조종사' 요건을 충족시켰다. 얼마 후 자원자 36명이 이 프로그램을 이수했고, 그들 중 일부는 아예 정규비행훈련과정을 선택해 이수함으로써 '조종사'가 되기도 했다. 그들 중에는 52세의 장교가 2명 포함되어 있었는데, 1935년에 이수한 빌 핼시와 1936년에 이수한 (파나이에서 니미츠의 보좌관이었던) 존 S. 매케인이 바로 그들이다. 그들 자신도 인정한 것처럼 그들은 뛰어난 조종사는 아니었지만, 그래도 항공기를 조종할 수는 있었다.

❖ 짙어지는 제2차 세계대전의 전운

세계 대부분의 지역에서 문제가 발생하고 있었다. 일본은 1937년 여름 중국을 침공했고(중일전쟁), 여러 잔학행위를 자행하는 와중에 1927년 중국이 건조한 미국 포함 파나이—니미츠가 처음으로 지휘했던 배와 이름이 같다—를 침몰시켰다. 일본은 (미안하게도 미국 국기를 보지 못했다며) '사과'했지만, 미국의 압력에 굴복해 200만 달러가 조금 넘는 배상금을 지불했다. 일본이 중국을 공격할 수 있었던 것은 미국에서 지속적으로 수입하는 원유와 고철에 힘입은 바 컸다. 일본은 전시든 평시든 영국이나 독일보다도 더 많이 수입에 의존했기 때문에, 미국 기업들 사이에서 일본의 수요를 충족시켜주는 사업이 번창했다.

1937년 12월 12일, 중국 양쯔강 유역에서 당시 순찰 중이던 미국 아시아함대 소속 포함 파나이호가 일본 해군 소속 전투기의 폭격을 받아 침몰하는 사건이 벌어졌다.

1938년 3월에는 독일이 오스트리아를 합병했다. 의회는 수십억 달러 규모의 새로운 건함 프로그램을 승인했으며, 그 중에는 전함 2척이 포함되어 있었다(이 전함 2척의 예산은 각각 5,000만 달러로, 그 중 85퍼센트가 인건비였다. 이것은 또 하나의 고용창출 프로그램이었던 것이다).

니미츠와 앤드루스는 항해국에서 함께 일하다가 1938년에 함께 진급했다. 앤드루스 중장은 대서양 정찰함대 사령관으로 부임했다. 니미츠 소장은 샌디에이고에 있는 순양함분대 사령관에 임명되었지만, 심각한 탈장으로 수술을 받아야 해서 보직을 잃었다. 하지만 그것은 오히려 그에게 전화위복이 되었다. 그의 다음 보직이 훨씬 더 좋았기 때문이다. 그는 캘리포니아 주 롱비치 Long Beach 에 기지를 두고 전함 애리조나 Arizona 를 기함으로 하는 1전함분대 사령관이 되었다. 그는 9월에 사령관에 취임해서 —4명의 후보 중 그가 직접 고른— 프레스턴 V. 머서 Preston V. Mercer 대위를 비서실장으로 삼았다. 니미츠와 머서, 그리고 애리조나의 함장인 아이작 키드 Isaac Kidd 대령은 서로 몇 집 건너 아파트에 살고 있었기 때문에 매일 아침 부두까지 함께 산책했다.

몇 달 뒤, 전투함대의 대부분이 카리브 해 Caribbean Sea 로 이동해—1934년 전투함대가 태평양으로 이동한 이래 처음 있는 일이었다— 독일의 침공에 대비한 훈련을 실시했다. 니미츠는 서부 해안의 해군선임장교로서 뒤에 남아 —애리조나와 사라토가, 순양함 1척, 여러 척의 구축함, 보조정, 급유함 1척으로 구성된— 7기동부대를 지휘했다. 7기동부대는 두 가지 임무를 띠고 있었다. 하나는 미묘한 것이었고, 또 다른 하나는 구체적인 것이었다. 미묘한 임무는 미국 해군이 태평양을 완전히 방치하지 않았다는 신호를 보내는 것이었고, 구체적인 임무는 해상유류공수급 방법을 더욱 정교하게 발전시키고 해병대를 서던캘리포니아Southern California 근해의 산클레멘테 섬San Clemente Island 해변으로 상륙시키는 상륙작전 훈련을 실시하는 것이었다.

모미 함에 의해 개발되고 1924년 전투함대의 연습을 통해 개선된 해상유류공수급 방식은 이제 정교하게 다듬어졌다. 니미츠는 연습을 조금 하고 공급함과 수급함의 침로를 안정적으로 유지하면 두 함정을 육중한 계류선으로 묶어둘 필요 없이 50피트(약 15미터) 거리를 유지하면서 오로지 연료 호스와 통신선만 연결한 채 안전하게 항해할 수 있다는 사실을 알게 되었다. 이 해상유류공수급 방식을 사용해 처음으로 항공모함이 해상에서 재급유를 받았다.

상륙작전 훈련에서는 해군이 적대국 해안에 해병들을 상륙시킬 수 있는 장비를 갖추지 못했음이 드러났다. 전통적으로 선택되었던 이동수단이자 표준보급품인 함정의 보트들은 전혀 적합하지 않았다. 웨일보트는 앞뒤가 뾰족해서 파도치는 바다에서 조종하기는 쉬웠지만, 많은 병력이 탑승할 수는 없었다. 더 큰 모터 주정은 선미가 사각형이라 밀려오는 파도에 함수가 돌면서 해안과 평행한 상태가 되면 원래 침로로 되돌리기가 불가능했다. 어떤 보트에서든 거기서 내리기 위해 해병들은 현측을 타고 넘어야 했기 때문에 적의 사격에 몹시 취약했고, 해변의 경사나 형상에 좌우되기는 했지만 아무리 상륙정의 함수를 해변에 접안시킬 수 있을 정도로 수심이 낮은 곳에서도 완전무장한 해병은 머리부터 물속에 처박히기 일쑤였다.

때마침 상업용 보트 제작자인 앤드류 히긴스Andrew Higgins 가 에버글레이드 습지Everglades (미국 플로리다 주 남부의 대습지대)에서 사용되는 자기 회사 모델 중 하나를 기반으로 한 평저형 상륙정 설계를 제안했다. 히긴스와 해군은 특히 병력의 신속하고 안전한 이탈을 위해 올렸다가 내릴 수 있는 함수 램프를 설치하는 등 몇 가지 사항을 개선해 성공작을 만들어냈다. 그것은 (제작사의 이름을 따서 지은) '히긴스 보트 Higgins boat' 혹은 'LCVP Landing Craft, Vehicle, Personnel (차량 및 병력 상륙정)'(어떤 관료가 생각해낸 이름)라는 이름으로 알려졌다.

❖ 항해국장에 임명되다

1939년 6월—항해국을 떠난 지 불과 8개월 만에— 니미츠는 국장이 되어 다시 항해국으로 복귀하라는 명령을 받았다. 그는 제임스 O. 리처드슨 James O. Richardson 소장과 교대했고, 리처드슨은 전투함대—곧 태평양함대로 이름이 바뀐다— 사령관으로 부임했다.

니미츠는 딸 케이트와 낸시가 살고 있는 Q 스트리트 Q Street 빌딩의 한 아파트를 임대했다. 그곳은 날씨만 허락한다면 해군본관으로 걸어서 출퇴근하기에 딱 알맞은 거리에 있었다. 그는 오거스타 시절의 소위 중 한 명인 J. 윌슨 "빌" 레버턴 J. Wilson "Bill" Leverton 대위를 부관으로 데려왔다. 머서에게 부관으로 함께 가지 않겠냐고 묻자, 머서는 으쓱해했지만 진급에 필요한 점수를 채우기 위해서는 해상근무를 더 해야 한다고 말했다.

"지금 당장 육상근무로 돌아가면 안 된다고 생각합니다. …… 그보다는 바다로 나가 구축함을 지휘하는 게 나을 것 같습니다."[4]

니미츠도 동의하고 필요한 명령을 내렸다.

니미츠가 항해국장에 취임하던 그 시점에 선도적 조종사인 존 타워즈John Towers 소장(항공기장을 획득한 세 번째 해군 장교였다)이 항공국Bureau of Aeronautics, BUAER 의 국장으로 복귀했다. 타워즈—냉철한 사람이지만 문제를 해결하기보다는 논란을 일으키는 데 더 뛰어났다—는 조종사를 모병하고 훈련시키는 책임은 항공국장에게 있다고 주장했다. 하지만 법률과 규정에 따르면 인력의 '모병과 훈련'은 항해국의 업무였다. 이로 인해 약간의 마찰이 있었지만 니미츠는 적절한 타협안을 찾아냈다. 그 사이 니미츠와 타워즈는 함께 항공훈련소를 방문했다가 잭슨빌Jacksonville 에서 한 학생조종사가 타워즈의 비행기 바로 앞으로 끼어들어 둘 다 죽을 뻔했으나 간신히 충돌을 면했다.[5]

니미츠가 항해국장에 취임하던 그 시점에 선도적 미 해군 조종사인 존 타워즈가 항공국장으로 복귀했다. 타워즈는 조종사를 모병하고 훈련시키는 책임은 항공국장에게 있다고 주장했다. 하지만 법률과 규정에 따르면 인력의 '모병과 훈련'은 항해국의 업무였다. 이로 인해 약간의 마찰이 있었지만, 니미츠는 적절한 타협안을 찾아냈다.

❖ 제2차 세계대전 발발

1939년 9월—니미츠가 항해국장에 취임하고 약 석 달 뒤— 독일이 폴란드를 침공했다. 영국과 프랑스는 독일에 전쟁을 선포했고, 루스벨트 대통령은 제한적 국가비상사태를 선포했다. 군대는 예비역들에게 자원하여 현역으로 전환하도록 촉구했다. 11월 연례보고서에서 니미츠는 대통령에게 함대가 편제인원의 85퍼센트만 충족되어 있으며 해군은 1,000명 이상의 장교가 부족하다고 경고했다. 항해국은 몇 가지 개정을 실행했다. 예를 들어, 세탁소와 이발관, 양복점과 같은 육상의 지원시설에서 일하는 군인을 민간인 노동자로 대체했다. 루스벨트 대통령은 수병을 3만5,000명 정도 늘리는 방안을 승인했다. 그것도 충분하지는 않았다.

독일은 폴란드 점령에 이어 1940년 5월 벨기에와 네덜란드, 프랑스

1939년 9월 1일 독일은 폴란드를 침공해 점령하고, 이어 벨기에와 네덜란드, 프랑스를 침공해 7주 만에 이 세 나라에게 항복을 받아냈다. 왼쪽 사진은 1939년 10월 5일 폴란드 바르샤바에서 열린 승리 축하 퍼레이드에서 히틀러에게 사열하는 독일군의 모습이고, 오른쪽 사진은 1940년 5월 10일 프랑스 침공 이후 파리 개선문 앞을 지나고 있는 독일군의 모습이다.

Chapter 09 훈련 155

를 침공했으며, 7주일 만에 이 세 나라는 모두 항복했다. 루스벨트 대통령의 제한적 국가비상사태는 무제한 국가비상사태로 격상되었고, 예비역과 해군사관학교, 해군학군단, 장교후보생학교 졸업생 중 전역한 사람들을 대상으로 전면적인 소집이 이어졌다. 퇴역 장교들이 현역으로 소집되어 육상시설 운영을 지원하자, 그 자리에서 벗어난 많은 젊은 장교들이 해상근무를 할 수 있게 되었다.

6월에 니미츠는 V-7 프로그램을 발표했다. V-7 프로그램은 대학을 갓 졸업한 미혼자를 대상으로 한 속성 장교후보생학교 프로그램이었다. 참가자들은 4주간 해상훈련을 받고 자격인증시험을 거친 뒤 3주간 육상교육과정을 거쳐 해군자원예비대 소위로 임관했다. 루스벨트 대통령은 특히 이 프로그램에 애정을 가졌는데, 1917년에 자신이 발의한 제도의 변형이었기 때문이다(그는 1913년부터 1920년까지 해군차관보로 재직했다).

행정부가 대규모 함정 건조 프로그램을 제안하자, 그것은 1940년 7월 19일 빈슨-월시 법안 Vinson-Walsh Act 으로 알려진 '두 대양 해군법 Two-Ocean Navy Act '으로 의회를 신속하게 통과했다. 이 법안을 통해 해군의 규모는 함정 257척과 항공기 1만3,000대가 증가할 예정이었다. 이로써 모병과 훈련이 최우선 순위가 되었다.

또한 7월에 루스벨트 대통령은 신문발행인 프랭크 녹스 Frank Knox —1936년 공화당 부통령 후보였다—를 해군장관으로 임명했다. 1940년 대선이 코앞이어서 루스벨트 대통령은 공화당에 구애하며 지원을 바라고 있었다.

일본은 프랑스와 네덜란드가 몰락하자 자원이 풍부한 프랑스령 인도

'두 대양 해군법'

'두 대양 해군법'은 해군력을 강화하기 위해 미 해군의 규모를 70퍼센트 늘리는 내용을 골자로 한 법안으로, 1940년 7월 19일에 미 의회를 통과했다. 독일군이 프랑스를 침공해 점령한 며칠 뒤인 7월 17일에 해럴드 스타크 Harold Stark 해군참모총장이 미 전투함대의 규모를 70퍼센트 늘리기 위해 40억 달러 예산을 요청하자, 미 의회는 7월 19일에 이를 승인했다. 그 내용을 살펴보면 다음과 같다.

* 아이오와급 전함 2척 건조
* 몬태나급 전함 5척 건조
* 알래스카급 순양함 6척 건조
* 항공모함 18척 건조
* 순양함 27척 건조
* 구축함 115척 건조
* 잠수함 43척 건조
* 함재기 1만5,000대 제작
* 민간선박 10만 톤의 군용 보조함으로 전환
* 초계함과 호위함, 기타 함정을 위한 예산 5,000만 달러
* 핵심 장비와 시설을 위한 예산 1억5,000만 달러
* 병기와 탄약의 생산을 위한 예산 6,500만 달러
* 시설 확충을 위한 예산 3,500만 달러

차이나와 네덜란드령 동인도 제도를 약탈할 절호의 기회라고 생각했다. 9월 말 일본은 베트남으로 진격해 그곳을 중국 남부지역을 폭격하기 위한 기지로 활용했다. 그것에 대한 대응책으로 미국은 대일본 고철금수 조치를 취했다. 가벼우면서도 약간은 어리석은 대응책이라고 할 수밖에 없는 것이 당시 미국은 여전히 일본에 원유를 팔고 있었다. 당시 미 행정

부는 일본으로 하여금 원유가 풍부한 동인도 제도로 진출할 생각을 품지 않게 하려면 적어도 그런 조치가 필요하다고 생각했다. 이와 동시에 일본은 독일, 이탈리아와 3국군사동맹을 체결했다. 이에 따라 세 나라는 조약국 중 어느 나라가 다른 나라와 전쟁을 벌일 경우 조약국의 방어에 참여할 의무를 지게 되었다. 직접적인 표현은 안 했지만, 여기서 "다른 나라"는 바로 미국이었다.

10월이 되자 새롭게 재정된 선발징병제 Selective Service System 가 운용에 들어가 병력 수요가 있는 모든 군종에서 복무할 인력을 '선발'(징병)하기 시작했다. 징집병은 '신병'으로 불렸다. 해군은 선발징병제를 활용할 계획이 없었지만, 그렇다고 그것을 즉시 거부하지도 않았다. 실제로 니미츠는 형식적으로 2차 징병 추첨에 참가해 번호를 뽑았다.

11월에 루스벨트는 대통령에 당선되어 삼선 대통령이 되었다. 니미츠는 1940년도 연례보고서를 제출했다. 그는 1939년 이래 장교가 불과 200명 증가했으며 함대 편제는 평시 정원의 87.2퍼센트라는 의미 없는 증가세를 보였다고 보고했다. 이것은 평시에 함정을 간신히 운용할 수 있는 수준으로 전시 권장 수준인 115퍼센트에 한참 미달되었다. 전시에는 급격하게 빨라지는 작전의 속도를 유지하면서 전투손실을 대체할 수 있는 추가 인력이 필요했다.

Chapter 10
전쟁 준비

니미츠는 어떠한 외압에도 흔들리지 않고 원칙을 끝까지 고수한 철저한 원칙주의자였다. 신임 해군차관 제임스 V. 포레스털이 니미츠에게 잘 봐달라면서 자신의 친구가 해군 소령으로 임관할 수 있게 해달라고 요구했다. 하지만 그 친구는 유죄 판결을 받은 전과자였다. 이 문제에 있어서 미국 해군의 정책은 너무나 분명했다. 전과자는 절대 장교가 될 수 없었다. 니미츠는 단호하게 거절했다. 포레스털은 결정을 재고해보라고 요구했다. 니미츠는 꿈쩍도 하지 않았다.

❖ 극동에서 일본의 팽창을 억제하라

항해국은 징병광고를 강화하고 해군의 삶이 주는 기쁨에 대한 신문기사를 내보냈다.[1] 개정된 모병 목표치를 설정하고 커다란 막대그래프판에 진전 상황을 계속 수정해 표시했다. 대공황이 점점 진정되어가기는 했지만 그 여파가 여전히 남아 있었기 때문에 많은 우수 인력이 입대서류에 서명했다. J. 윌슨 레버턴이 나중에 회상한 것처럼 전쟁이 벌어질 것이 분명한 상황에서 육군과 해군 중 하나를 선택해야 한다면 해군이 유리한 것처럼 보였다. 매일 밤 질척한 참호가 아니라 깨끗한 침상에 잘 수 있을 뿐만 아니라 "전투가 벌어지면 적은 우리를 쏘는 것이 아니라 우리 배를 쏠 것이다. 그런데 육군에 가면 적은 우리를 쏠 것이다."[2] 사실 모병은 순조롭게 진행되었다. 해병대는 모든 수요를 채웠으며, 해군은 그에 조금 못 미쳤다.

물론 모든 지원자들을 다 받아들인 것은 아니었다. 어떤 젊은이가 해군의 신체검사에 불합격하자, 그의 어머니는 그 사실을 이해하지 못하고 화가 나서 해군장관에게 편지를 보냈다.

"저희는 신체 건강하고 경건한 미국인 가정인데, 니미츠라는 이름의 어떤 빌어먹을 외국인이 내 아들을 해군에 들여보내지 않았습니다."[3]

지원병이 모병 사무실에서 첫 번째 발령지로 부임할 때까지 걸리는 시간을 줄이기 위해, 니미츠는 신병훈련소를 확대하고 기초교육을 8주에서 6주로 단축했다. 그는 해군사관학교 입학정원을 늘리고 교육기간을 4년에서 3년으로 단축했다. 해군사관학교 시절 함대의 수요를 맞추기 위해 그의 동기생들이 조기 졸업했던 것처럼, 1941년도 졸업생의 졸업식은 2월로 당기고 1942년 졸업생은 그해 2월에 졸업시키며 1943년도 졸업생은 1942년 6월에 졸업시킬 예정이라고 니미츠는 상원세출위원회에 설명했다. 해군학군단 부대의 수는 27개로 늘렸으며, 해군학군단 졸업생이 예비역에서 현역으로 전역하는 것도 허용했다.

한편 루스벨트 대통령은 태평양함대가 진주만을 모항으로 삼기를 원했는데, 그때 당시만 해도 태평양함대는 서부 해안에 기지를 두고 있었다. 루스벨트 대통령은 이런 조치를 통해 극동에서 일본의 팽창을 억제할 수 있다고 생각했다. 태평양함대 사령관 제임스 O. 리처드슨James O. Richardson 제독은 진주만을 태평양함대의 모항으로 만들려는 시도는 근시안적이고 비실용적이라고 생각했다. 지원 시설이 충분하지 않았고, 항구로 진입하거나 나가는 수로도 하나밖에 없는 데다가 그것마저도 한 번에 대형 함정 1척만 지나갈 수 있을 정도로 좁았다. 리처드슨은 그 좁은 수로를 "빌어먹을 쥐덫"이라고 불렀다.[4] 그는 들을 수 있는 사람이라

제임스 O. 리처드슨 제독. 루스벨트 대통령은 극동에서 일본의 팽창을 억제하기 위해 당시 서부 해안에 기지를 둔 태평양함대가 진주만을 모항으로 삼기를 원했다. 태평양함대 사령관 제임스 O. 리처드슨 제독은 진주만을 태평양함대의 모항으로 만들려는 시도는 근시안적이고 비실용적이라고 생각했다.

면 누구에게나 큰 소리로 불평했다. 심지어 대통령에게도 직접 불평을 토로했고, 그런 일이 수차례나 반복되었다. 1941년 1월 또 한 차례 불만을 제기한 직후 그는 해임되었다.

루스벨트 대통령은 개인적으로 해군에 큰 관심을 갖고 있었다. 특히 제독의 진급이나 고위 장교의 인선에 대해 '개인적인 대화'를 원하면, 니미츠를 백악관으로 초대하곤 했다. 그는 자신이 총애하는 사람들 가운데 한 명인 니미츠에게 리처드슨을 대신해 태평양함대 사령관을 맡아달라는 제안을 했다. 하지만 니미츠는 거절했다. 자신의 서열이 너무 낮고 고위 제독들 중에도 자격을 갖춘 사람들이 많은 데다가 그 중 몇 명은 이미 진주만에 근무하고 있다는 점을 생각하지 않을 수 없었던 것이다. 또한 다른 사람들 눈에 대통령의 총애를 받는 사람으로 보이는 것이 그다지 큰 자산이 아니라는 사실도 잘 알고 있었다.

또한 루스벨트 대통령과 잘 알고 있는 사이였던 허스번드 E. 킴멜Husband E. Kimmel 소장―프랭클린 루스벨트가 해군차관이었던 시절 그의 부관이었다―이 1941년 2월 1일자로 태평양함대 사령관이 되면서 대장으로 신급했다. 그는 니미츠보다 불과 1년 선임이었다. 그는 곧 자신이 잘못된 시기에 잘못된 장소에 있음을 깨닫게 된다.

❖ 특정 학교 출신이 아니라
   자신의 노력에 따라 평가받게 될 것이다

다시 11월로 돌아가서 니미츠가 V-7 프로그램 1회 졸업생 264명에게 연설할 당시, 그는 이렇게 보장했다.

"여러분은 신속하고 적극적인 팀에 합류하게 될 것이고, 특정 학교 출신이라는 이유가 아니라 자신의 노력에 따라 평가받게 될 것입니다."

그는 그들과 해군사관학교 졸업생 간에 어떤 차별도 없을 것이라고 말했다.5 1941년 3월 무렵 V-7 프로그램은 상징적인 1,776명의 졸업생을 배출했고 약 1,200명이 훈련을 받고 있었다.

니미츠는 의회 해군위원회에서 이렇게 말했다.

"어쩌면 미래의 제독들 중 다수는 아나폴리스에 가본 적도 없을지도 모릅니다."

《타임Time》은 해군위원회 소속 의원들이 "이 터무니없는 예언을 그저 재미있다고 생각했다"고 보도하면서 1914년 이래 해군사관학교를 졸업하지 않은 제독은 단 한 명도 없었다는 사실을 언급했다.6 하지만 니미

니미츠는 V-7 프로그램 졸업생과 해군사관학교 졸업생 간에 어떤 차별도 없을 것이라고 말했다.5 1941년 3월 무렵 V-7 프로그램은 상징적인 1,776명의 졸업생을 배출했고 약 1,200명이 훈련을 받고 있었다.

츠는 다음과 같이 주장했다. 아나폴리스에서는 당시 1년에 약 700명의 소위가 배출되었는데(약 6년 전에 비해 세 배나 높은 비율이다), 그 정도로는 '두 대양 해군'의 요건을 절대 충족시킬 수 없었다. 5년 앞을 내다볼 때, 해군은 주력함정과 기지에 배치할 장교가 3만 6,000명이나 필요하고 추가로 함재기 조종에 1만 5,000명이 더 필요해질 전망이었다. 하지만 1년 전만 해도 전체 장교 수가 1만 817명에 불과했었다.[7]

니미츠는 해군이 제1차 세계대전 때 했던 방식대로 사무 업무를 수행할 별도의 직별인 여성 사병('여성 사무부사관 Yeoman F.'으로 불렸다)을 만드는 데 반대했다. 그는 문관들이 그런 사무 업무를 잘 처리하며 전체 비용도 훨씬 적게 든다고 생각했다. 2년 동안 항해국의 문관은 280명에서 950명으로 증가했다. 하지만 그가 그들과 옥신각신한 적도 있었다. 모든 문관들이 '투철한 국방정신으로 무장'되어 있던 것은 아니었기 때문이다. 아마 일부 문관들은 증가하는 업무량에 맞춰 '자발적으로 초과근무'를 하지 않았던 것 같다. 하지만 그는 흔들리지 않았다.[8] 니미츠가 항해국을 떠난 지 한참이 지나서야 의회는 해군의 여성병과인 여군비상지원대 Women Accepted for Voluntary Emergency Service, WAVES 창설을 승인했다.

레버턴의 임기가 끝나가자, 니미츠는 새로운 부관을 물색해야 했다. 그는 측근 중에서 적임자를 찾아냈다. 해군예비대 H. 아서 라마 H. Arthur Lamar 대위는 해군부의 의회담당국에 근무하면서 대부분의 시간을 니미츠가 서명할 편지를 작성하면서 보냈다. 그때까지 라마는 업무를 잘 처리해왔기 때문에 그의 상사가 그에게 니미츠 제독과 부인이 아파트로 초대해 저녁식사를 함께하고 싶어 한다고 했을 때, 그 초대가 일종의 포상일 것이라고 짐작했다. 니미츠가 검은 넥타이 차림이었기 때문에 라마는 파

1918년 워싱턴 D. C.에서 빅터 블루Victor Blue 해군 소장이 여성 사무부사관들을 검열하고 있다.

티이겠거니 생각했다. 하지만 곧 손님은 자기 혼자뿐이라는 사실을 알게 되었다. 그는 일종의 시험을 치르고 있었던 것이다. 제독이 유쾌하게 마티니 잔을 채웠지만, 곧 라마는 니미츠가 자신을 취하게 만들려고 한다는 사실을 깨닫고는 더 이상 마시지 않았다. 니미츠는 여러 가지 주제를 놓고 그에게 질문을 던졌다. 월요일 아침, 라마의 상사는 이렇게 말했다.

"자네는 시험을 통과했네. 방금 국장님의 부관에 임명되었어."⁹

니미츠는 모든 제독들에게 전보를 보내 그가 예비대 장교를 부관으로 삼았음을 알리고 가능한 한 빠른 시일 내에 그들 휘하의 해군사관학교 졸업생들이 해상근무를 할 수 있도록 자신과 같은 조치를 취해줄 것을 촉구했다.

Chapter 10 전쟁 준비 167

니미츠는 조지아 주 민주당 하원의원이자 하원 해군위원회 위원장인 칼 빈슨과 매우 친했다. 50년 이상을 하원의원으로 활동해온 빈슨은 가장 강력한 해군 옹호자였다.

　　니미츠는 워싱턴의 정치 게임에 참여해 상하원 의원들에게 아첨하거나 입법상의 호의를 베풀어주기를 바라지 않았지만, 그의 업무 성격상 일련의 의회 위원회에 참석해 제안된 다양한 법안에 대한 자신의 의견을 제시해야만 했다. 그는 조지아Georgia 주 민주당 하원의원이자 하원 해군위원회 위원장인 칼 빈슨Carl Vinson 과 매우 친해졌다. 50년 이상을 하원의원으로 활동해온 빈슨은 가장 강력한 해군 옹호자였다. 니미츠는 다른 몇몇 의원들, 특히 텍사스 주 의원과도 친밀한 관계를 유지했지만,

그것은 전적으로 친근감에서 비롯된 것이었지 정치활동은 아니었다. 그는 저녁만찬에 친구들, 특히 음악과 미술에 관심이 있는 사람들을 초대하곤 했다. 그의 가족 대부분이 악기를 다룰 줄 알았고, 두 딸이 복도를 사이에 두고 가까운 곳에 살았기 때문에 저녁시간은 종종 즉흥연주회로 바뀌곤 했다. 니미츠 제독은 악기를 연주하지 않았다. 그렇다고 오케스트라를 지휘한 것도 아니었다. 아마 그저 발을 구르며 박자를 맞추는 정도였을 것이다.

❖ 외압에 흔들리지 않는 원칙주의자

1941년이 되자 해군본관 건물이 급증하는 직원들을 전부 수용할 수 없을 정도로 너무 비좁았기 때문에 항해국은 새로운 건물로 이전해야 했다. 해군별관(공식적으로는 연방청사 2 Federal Office Building 2)으로 불린 그곳으로 해병대 본부도 이전할 예정이었다. 해군별관은 곧 완공될 예정인 펜타곤Pentagon 건설현장 바로 언덕 위에 있었으며 거의 준비를 다 마친 상태였다. 항해국의 부서 대부분이 이미 이곳으로 이전한 상태였지만, 항해국장실은 아직 구건물에 머물러 있었다. 니미츠는 대부분의 시간을 두 건물을 오가면서 보냈는데, 두 건물을 오가는 데 각각 20여 분이 걸렸다.

니미츠는 그의 개인 집무실에 화장실을 설치하라고 명령했으나, 아직까지도 설치가 완료되지 않은 상태였다. 이것은 차별주의적이고 계급주의적인 발상이 아니라 아주 실용적인 이유가 있는 요구였다. 헤아릴 수 없이 많은 방문객과 청원자, 혹은 보상을 요구하는 사람들을 만나야 하는 일정 속에서 항해국의 수장이 화장실에 가기 위해 대기실을 거쳐야 한다거나("안녕하세요! 요즘 어떻게 지내십니까? 잠깐 저에게 시간 좀 내주시죠!") 옆문으로 몰래 나가서 복도를 지나 화장실에 들어갔다가 그곳에서 청원자들 중 몇몇과 마주치게 되는 상황은 그다지 보기에 좋지 않았기 때문이다.

 니미츠는 항해국장으로서 끊임없이 이어지는 방문객들을 상대해야 했다. 성난 패자부터 진정한 영웅에 이르기까지 다양한 방문객이 찾아왔다. 그의 업무의 일부는 누가 영웅이고 누가 패자인지를 가려내는 것이었다. 예를 들어, 모든 해군사관학교 졸업생들이 임관할 수 있을 정도로 현역의 자리가 충분하지 않았던 시절인 1933년에는 졸업생 중 절반만이 임관할 수 있었다. 드레이퍼 코프먼Draper Kauffman이라는 해군사관학교 졸업생은 임관에서 탈락했는데, 그는 임관에서 탈락한 이유가 시력검사를 통과하지 못했기 때문이라고 들었다(그는 성적이 낮았기 때문에 임관하지 못했을 가능성도 있다). 그는 증기선 회사에 취직했고 프랑스가 항복한 뒤 영국 왕립해군지원예비대Royal Navy Volunteer Reserve, RNVR에 들어갔다. 시력검사를 통과하지 못한 그가 그곳에서 엄청난 위험을 무릅쓰고 독일군 불발탄을 해체하는 전문가가 되었다. 1941년 10월 코프먼 대위는 왕립해군지원예비대를 떠나 미국 해군 장교로 임관하기 위해 귀국했다. 그는 자신의 경험을 조국을 위해 쓸 수 있기를 바라면서도 한편으로는 미국 해군 장교가 되지 못하는 것은 아닌가 걱정했다. 해군 장교인 그의 아버지는 니미츠에게 편견을 갖지 말고 드레이퍼를 현역 해군에 넣어줄 것을 요청했다. 니미츠는 그의 요청을 받아들여 드레이퍼를 왕립해군지원예비대 계급 그대로 현역으로 전환시켰다. 코프먼 대위는 처음 배치된 진주만에서 일본군의 불발탄을 해체해 해군십자훈장을 받았다. 그는 계속해서 침공부대보다 먼저 적의 항구와 해안에 잠입해 장애물을 제거하는 잠수부부대인 해군수중폭파대 Underwater Demolition Teams, UDT 의 창설에 기여했다. 처음에 임관조차 거부당했던 그는 미국 해군 장교로서 복무한 지 불과 19년 만에 해군 소장으로 진급했다. 그가 제독이 되어 맡은 보직 중에는 극적인 요소도 있었다. 과거의 잘못된 일을 바로잡기라도 하려는 듯 해군사관학교 교장을 역임했던 것이다.[10]

또 다른 한 사례에서 우리는 자신의 경력에 해가 될 수도 있는데도 불구하고 외압에 흔들리지 않고 원칙을 끝까지 고수한 철저한 원칙주의자의 모습을 발견하게 된다. 신임 해군차관 제임스 V. 포레스털 James V. Forrestal 이 니미츠에게 잘 봐달라면서 자신의 친구가 해군 소령으로 임관할 수 있게 해달라고 요구했다. 하지만 그 친구는 유죄판결을 받은 전과자였다. 이 문제에 있어서 미국 해군의 정책은 너무나 분명했다. 전과자는 절대 장교가 될 수 없었다. 니미츠는 거절했다. 포레스털은 결정을 재고해보라고 요구했다. 니미츠는 꿈쩍도 하지 않았다. 그것은 1947년까지 지속될 업무관계에서 결코 좋은 출발이 아니었다.[11]

6월 말, 니미츠는 상원 해군위원회에 6년의 복무기간이 만료된 지원병도 "국가의 이해가 위협받고 있는 한" 계속 현역에 복무시킬 수 있는 권한을 요청했다. 그는 선발징병제 법안에 있는 것과 비슷한 권한을 달라는 취지의 발언을 했는데, 선발징병제 법안에서는 징집병의 1년 복무기간이 의회의 결정에 의해 연장될 수 있었다. 하이럼 존슨 Hiram Johnson 상원의원(캘리포니아 주 공화당)은 그것을 "인권침해"라고 했다. 해군은 자원할 당시 수락했던 기간을 초과해 복무하도록 장병들에게 강요할 권리가 없다고 그는 말했다. 니미츠는 이에 맞서 이렇게 말했다.

"개인과 정부의 이해가 충돌할 때는 정부의 이해를 우선시해야 합니다."

또한 니미츠는 잘못된 기록을 바로잡기 위해 노력하면서 상원 해군위원회에 전함 펜실베이니아Pennsylvania의 수병들이 불만을 품고 호놀룰루Honolulu에서 '거의 폭동'에 가까운 소동을 일으켰다는 언론보도는 "근거 없는 완전히 잘못된 보도"라고 말했다. 그리고 항공모함 요크타운Yorktown이 출항하지 못하는 이유가 노픽Norfolk에서 휴가를 떠난 승조원들이 '탈영'했기 때문이라는 또 다른 소문에 대해서도 맹렬히 비난했다. 그는 이런 소문들이 해군에 대한 대중의 믿음을 약화시키려는 '불순분자'들이 유포한 것이라고 하면서 덧붙여 이렇게 말했다.

"우리는 비록 어떤 이야기가 사실이라고 해도 공익을 해칠 경우 보도하기 전에 신중하게 저울질해볼 필요가 있는 시기에 와 있습니다."12

다음날 해군위원회는 계약의 신성함에 대한 그의 공격을 비난하며 현재 복무 중인 지원병들의 복무기간을 연장해달라는 그의 요청을 거부했다. 하지만 논리적 타당성이 부각되면서 해군위원회는 해군이 미래 자원입대자들을 대상으로 의회의 조치에 따라 병적 기간이 만료된 이후에도 군대에 계속 복무하게 될 수도 있다는 것을 사전에 공지할 수 있도록 허락했다.

1941년 10월 31일 구축함 루벤 제임스Reuben James가 독일 U-보트의 공격을 받고 침몰해 제2차 세계대전에서 적대행위로 침몰된 최초의 미국 해군 함정이 되었다. 이 일을 계기로 즉시 해군 지원자가 15퍼센트 감소했다. 니미츠는 기자회견에서 지원자의 감소는 거의 전적으로 부모

1941년 10월 31일 구축함 루벤 제임스는 독일 U-보트의 공격을 받고 침몰해 제2차 세계대전에서 적대행위로 침몰된 최초의 미국 해군 함정이 되었다. 이 일을 계기로 즉시 해군 지원자가 15퍼센트 감소했다.

의 동의를 받아야 지원할 수 있는 미성년자들이 부모의 동의를 받지 못했기 때문이라고 밝혔다. 또한 그는 전반적으로 한 달 모병인원이 1만 3,000명 목표치에 못 미치는 약 9,000명에 불과하다는 사실도 인정했다. 그럼에도 불구하고 해군은 지원자가 훨씬 더 강한 열의를 갖고 있기 때문에 징병제만은 피하고 있었다. 28개 주에서 홍보활동이 더욱 강화되었다. 예비대 장교에 대한 신체 기준, 특히 치아와 시력처럼 교정이 가능한 부분의 기준이 대폭 완화되었다.

이 시기에 미국은 국민 대다수가 자신의 뿌리를 두고 있는 유럽의 전면전에 초점을 맞추고 있었으며, 극동에서 전개되는 사태는 비록 골칫거리이기는 했지만 별로 주목을 받지 못하고 있었다. 하지만 일본과의 관계는 계속 악화일로에 있었고, 결국 미국은 일본과의 교역을 중단하기에 이르렀다. 일본은 협상을 시도했다. 그들은 간절하게 원유가 필요했다. 협상은 실패했다. 11월 26일에 미국은 일본에 공식적으로 중국에서 철수할 것을 요구했다. 일본은 그 요구를 거절했다.

11월 27일, 해군참모총장은 태평양함대 사령관 Commander in Chief Pacific, CINCPAC 에게 "전쟁경보" 전문을 발송했다. 일본인들이 모종의 공세적 행동을 취할 것으로 예상되었으며, 그 대상은 필리핀과 보르네오 Borneo, 말레이시아 Malaysia 가 될 가능성이 있었다. 일본 함대가 남쪽으로 항해 중이라는 보고도 이미 들어와 있는 상태였다.

Chapter 11
개전

12월 31일, 56세의 체스터 니미츠는 미국 태평양함대의 지휘권을 인수했다. 그는 짧은 연설을 했다.
"우리는 엄청난 타격을 입었습니다. …… 하지만 저는 최종 결과를 믿어 의심치 않습니다." 이어서 그는 하와이 사람들의 표현을 빌려 근시안적 전망에 대해 이렇게 충고했다.
"호오마나와누이(인내하라)."
무슨 뜻이냐는 질문을 받고 그는 즉흥적으로 대답했다.
"때를 기다리며 만일의 사태에 대비하라. 그리고 때가 되면 그 기회를 놓치지 마라."

❖ 1941년 12월 7일, 진주만 공습이 안겨준 치욕의 날

1941년 춥지만 화창한 12월 7일 아침, 워싱턴 D. C. Q스트리트의 아파트에서 니미츠 제독과 부인 캐서린, 그리고 두 딸이 편안하게 앉아 라디오에서 흘러나오는 뉴욕 필하모닉 오케스트라^{New York Philharmonic Orchestra}의 연주를 듣고 있을 때 갑자기 뉴스 속보를 알리는 아나운서의 목소리가 들렸다. 하와이 진주만에 있는 해군기지가 일본 해군과 공군으로부터 공격을 받고 있다는 것이었다.

　국민들은 그 소식에 충격을 받았지만, 정부로서는 전혀 예상치 못한 일은 아니었다. 지난 며칠 동안 일본과 힘겨운 논쟁을 해왔던 것이다(이 정보는 니미츠에게 알려지지 않았다. 그의 업무는 외교나 군사작전, 전쟁계획과 관계가 없었다). 일본이 점점 더 호전적으로 바뀌어가면서 그들이 행동에 나설지도 모른다는—아마 싱가포르를 공격할 것이라

1941년 12월 7일, 일본의 진주만 공습 당시 진주만에 정박해 있던 전함 애리조나 호가 일본군의 폭격을 받아 불타고 있다.

는—징조가 몇 차례 있었다. 일본 해군 부대가 베트남 남쪽 해안을 따라 남진하는 모습이 포착되었고, 영국도 그에 대비해 소규모 방어부대를 그 지역으로 이동시켜둔 상태였다.

하지만 훨씬 더 북쪽에서 몰래 작전하던 일본 해군의 공격을 받고 그들의 목표가 사실은 미국의 영토였다는 사실이 밝혀지자, 세계는 혼란에 빠졌다. 루스벨트 대통령은 이 상황을 가장 잘 표현했다. 1941년 12월 7일 일요일은 "치욕의 날로 남게 될 것"이었다.[1]

니미츠는 라마에게 전화를 걸어 군복을 입고 사무실로 나오라고 말했다. 그리고 오버코트를 입으며 캐서린에게 말했다.

"언제까지가 될지 모르지만 한동안 집에 오지 못할 거요."**2**

사무실에 도착하자마자 이미 나와 있던 일부 직원들로부터 즉시 상황을 보고받았지만, 아직도 공격이 진행 중이어서 개략적인 사실만을 알 수 있었다. 해군장관실에서 그는 좀 더 자세한 상황을 들었다. 프랭크 녹스는 하와이에 있는 고위 장교로부터 전화로 그의 사무실 창밖으로 보이는 상황들을 보고받고 있었고, 무선통신기로 최신 정보가 밀려들고 있었다. 최종 집계는 다음과 같았다. 21척의 함정이 침몰하거나 손상을 입었고, 약 200대에 달하는 항공기가 파괴되었으며, 1,000명의 병력이 부상을 당하고 2,000명 이상이 전사했다(그들 중 절반은 전함 애리조나에 투하된 폭탄 1발이 갑판을 관통해 함수 탄약고에서 폭발하면서 발생했다). 대통령의 재가를 받아 아직 공식적으로 전쟁을 선포하기도 전에 해군참모총장 해럴드 스타크^{Harold Stark} 대장은 태평양의 모든 해군 지휘관들에게 위급전문을 발송했다.

"일본에 대한 무제한 항공·잠수함 전쟁을 실행하라."

제1차 세계대전 당시 독일이 경고도 없이 공격했다고 비난을 받은 사실은 당면한 현실 앞에서 무시해버렸다. 하지만 1917년 2월 독일이 전쟁구역을 선포해 그 안의 모든 선박을 위협했던 것과 달리, 미국은 전쟁구역을 정의하지 않고 세계 어느 지역에서든 군사적 목적에 사용되는 일본의 모든 상선들을 공격 대상으로 간주했다.**3**

서부 해안을 따라 남북으로 일본 비행기를 목격했다는 잘못된 보고가 줄을 이었다. 뉴욕 시장 피오렐로 라구아디아^{Fiorello LaGuardia}는 터널과 교량에 경비병을 배치하라고 명령했고, 불안한 시민들은 식량과 술, 휘발유를 비축하기 위해 몰려들었다. 일본 음식점들은 일찍 문을 닫고 불을 껐고, 그 중 일부는 다시는 문을 열지 않았다.

니미츠는 자정 무렵에 귀가해 몇 시간 눈을 붙인 뒤 아침 일찍 다시 출근했다. 워싱턴 지역에 있는 장교들은 오랜 관습에 따라 민간인 복장으로 근무하고 정복은 가끔 있는 예식 때만 착용했다. 그런데 그것이 하루아침에 바뀌었다. 누군가 모든 장교는 월요일 아침까지 정복을 착용하고 출근해야 한다고 방송했다. ―주요 행사에 참석할 일이 없는― 일부 장교들은 정복을 구하는 데 큰 어려움을 겪었다. 한 제독은 동계정복 위에 평상복 트위드 오버코트를 걸치고 나타났다. 어떤 사람은 구두를 잘못 신고 나왔으며, 어떤 사람은 몇 년 동안 육상근무를 하면서 주로 책상에만 앉아 있다 보니 상의의 단추가 채워지지 않았다. 이와 같은 사소한 실수는 암울하고 힘든 시기에 유일하게 사람들을 미소 짓게 만들었다. 그날 대통령은 의회를 방문해 일본에 대한 전쟁을 선포했다. 그에 대한 대응으로, 독일은 일본에 대한 3국동맹조약의 의무를 이행하여 12월 12일에 미국에 선전포고를 했다. 곧 이탈리아가 그 뒤를 따랐다.

한편 남쪽으로 향하고 있는 것이 목격되었던 일본군이 말레이 반도를 침공하기 시작했다. 그들은 건조된 지 1년밖에 안 된 영국 전함 프린스 오브 웨일스 Prince of Wales 와 제1차 세계대전 연식의 중순양함 리펄스 Repulse 를 침몰시켜 쉽게 영국 방어부대를 제거했다. 그 과정에서 그들은 해전의 새로운 시대가 열렸음을 알렸다. 두 함정은 고지식한 제독이 항공엄호를 거부하는 바람에 벌떼 같은 일본 항공기에게 수장을 ―그 제독과 함께― 당했던 것이다.

일본으로부터 치욕적인 진주만 공습을 당한 뒤 해군참모총장 해럴드 스타크 대장은 대통령의 재가를 받아 아직 공식적으로 전쟁을 선포하기도 전에 태평양의 모든 해군 지휘관들에게 "일본에 대한 무제한 항공·잠수함 전쟁을 실행하라"는 위급전문을 발송했다.

1941년 12월 10일 일본군의 폭격을 받은 영국 전함 프린스 오브 웨일스(왼쪽 앞)과 중순양함 리펄스(왼쪽 뒤)의 모습. 구축함 1척(오른쪽 앞)이 그 앞을 지나고 있다.

또 일본군은 필리핀과 홍콩Honkong, 괌Guam, 미드웨이Midway, 웨이크 섬Wake Island 을 공격했다. 이 모든 작전에서 일본군은 구축함 크기 이상의 함정은 단 1척도 잃지 않았다.4

니미츠와 그의 부하들은 많은 인사문제를 처리했다. 전사자와 부상자의 가족들에게 그 사실을 알리고, 장례와 입원에 필요한 사항들을 준비하고, 손상된 함정의 인력 소요를 파악하고, 승조원들을 재배치해야 했다. 이러한 참사의 여파로 새로운 지원자들이 구름처럼 밀려들었지만, 월요일 뉴욕 시는 1,000명을 돌려보내야 했다. 그들의 신체검사를 수행할 의사가 부족했던 것이다. 오대호Great Lakes 훈련기지의 사령관은 32개 동의 새로운 막사를 조속히 건설하라고 지시했다. 오대호 훈련기지의 인구는 6개월 만에 8,500명에서 6만8,000명으로 치솟았으며, 훈련 과정은 3주로 단축되었다.

녹스 해군장관은 한 가지 인사문제를 처리해야만 했다. 킴멜 제독을 어떻게 처리해야 할까? 녹스는 긴급시찰을 위해 12월 11일 비행기로 날아갔지만, 하와이의 참상에 너무 큰 충격을 받아서 킴멜 제독과 그의 참모들이 브리핑하는 소리조차 제대로 들을 수 없었다. 그들은 자신들이 만전의 준비를 하고 있었다는 사실을 해군장관이 믿게 만들려고 애썼다. 그래서 오아후^{Oahu}에 대한 일본의 공습을 가정하고 11월에 함대 훈련을 실시했다고 말했다. 그들은 12월 7일에 모든 항공모함들이 해상에서 초계 중이었고, 항구의 모든 함정들은 포대에 탄약을 배치해 언제든 사격할 수 있는 태세를 갖추고 있었다고 말했다. 일본군도 사격을 당한 것은 분명했다.

그러나 그 모든 이야기는 소귀에 경 읽기였다. 프랭크 녹스는 원래 신문사 편집자 출신이고 《시카고 데일리 뉴스^{Chicago Daily News}》의 공동소유자이기도 했기 때문에 여론의 힘을 잘 알고 있었다. 그처럼 대규모 적국 전투부대가 발각되지 않고 접근할 수 있었다는 사실에 누군가는 책임을 져야 했다. 하지만 지금과 같은 상황에서는 직권남용이나 과실 혹은 단순히 운이 없었던 것인지의 여부를 가릴 만한 시간이 없었다. 이 문제를 처리할 사람은 오직 대통령밖에 없었다. 킴멜과 육군 사령관 월터 쇼트^{Walter Short} 중장, 육군항공대 사령관 프레더릭 L. 마틴^{Frederick L. Martin} 소장은 보직해임을 당했다. 루스벨트 대통령은 대법관 오언 J. 로버츠^{Owen J. Roberts}를 위원장으로 하는 조사위원회를 구성하라고 명령했다. 이 조사위원회는 정치적 의도가 농후한 청문회로 구원이 아니라 징

진주만 공습 이후 프랭크 녹스 해군장관(왼쪽)은 태평양함대 사령관인 허스번드 E. 킴멜 제독(오른쪽)의 처리 문제를 놓고 고심했다. 결국 킴멜 제독은 보직해임을 당했다. 그 다음으로 태평양함대 사령관에 임명된 사람이 바로 니미츠였다.

벌에 초점을 맞추고 있었다. 비록 그 누구도 그 점을 인정하려 하지 않았지만, 대중과 의회는 교수형도 불사할 기세였다.

❖ 태평양함대 사령관에 임명되다

이제는 존재하지 않는 하와이 주둔 전함들의 사령관인 W. S. 파이 W. S. Pye 중장이 임시로 킴멜을 대신했다. 정식 후임자로서 오로지 한 사람의 후보만이 남았다. 그가 바로 니미츠였다. 루스벨트 대통령은 녹스 해군장관에게 말했다.

"니미츠에게 즉시 진주만으로 가서 승리할 때까지 돌아오지 말라고 전하시오."[5]

녹스 해군장관이 진주만 긴급시찰에서 돌아온 다음날인 12월 16일,

그는 자신의 집무실로 니미츠를 호출해 밑도 끝도 없이 물었다.

"여행 준비를 하는 데 얼마나 걸리겠나?"

니미츠는 18시간 동안 일한 다음이라 기진맥진한 상태여서 수수께끼를 할 기분이 아니었다.

"그거야 제가 어디를 가야 하고 얼마나 머물러야 하느냐에 따라 다르겠죠."

"태평양함대 사령관에 임명되었으니 아마 오랫동안 가 있어야 할 거야."6

이번에도 니미츠는 뒤로 물러서며 선임인 파이가 이미 현지에 있을 뿐만 아니라 현지 사정이나 인물들에 대해서도 잘 알고 있으니 태평양함대 사령관으로서 그가 더 적임자가 아니겠냐고 제안했다. 녹스 해군 장관은 딱 잘라 말했다.

"아니네."

그러고는 니미츠에게 약간의 희소식을 전해주었다. 항공모함 1개 기동부대가 웨이크 섬에 포위된 해병대를 구조하기 위해 진주만을 출항했다. 어둡고 울적한 시기에 한 점의 밝은 희망 같은 소식이었다.

니미츠가 집무실로 돌아와 신변을 정리하기 시작한 지 얼마 되지 않아 전화벨이 울렸다. 어떤 남자가 '체스터'를 찾았다. 라마는 상대가 다음 말을 이을 때까지 낯익은 목소리의 주인공이 누구인지 몰라 당황했다. 그 남자는 이렇게 말했다.

"나는 대통령일세. 그를 바꿔주게."

전화를 받은 니미츠는 대통령의 이야기를 듣다가 몇 마디 하고는 전화를 끊었다. 그는 전용차를 대기시키라고 명령하고는 이렇게 말했다.

"백악관에 가야 하네."

루스벨트 대통령은 그의 새로운 보직에 대해 의논하고 싶어 했다.[7]

가족과 관련된 잡다한 일들을 처리하고, 그가 없는 동안 캐서린과 딸들이 재정적으로나 가정적으로 안정된 생활을 할 수 있도록 조치를 취하고(어려운 일은 아니었다. 그들은 스스로를 돌보는 데 익숙해 있었다), 여행을 위해 짐도 꾸려야 했다. 캐서린은 남편이 턱시도를 챙기는 것을 보고 완전히 무의식적으로 움직이고 있음을 알았다. 그는 언제나 턱시도를 챙겼기 때문이다. 캐서린은 남편에게 가만히 앉아 있으라고 말하고 대신 짐을 챙겼다. 또한 니미츠는 자신의 항해국 업무를 인계하는 문제도 해결해야 했다. 그는 해군장관 녹스에게 자신의 부국장인 랜들 제이콥스Randall Jacobs 대령이 유일한 대안이라고 말했다. 그러나 녹스는 반대했다.

"그를 임명할 수는 없네. 대통령이 그를 싫어해."

니미츠가 대꾸했다.

"맙소사, 그는 이 일을 할 수 있는 유일한 사람입니다!"[8]

녹스가 양보했다. 니미츠는 제이콥스에게 두 사람이 모두 보직이 변경되었다는 소식을 전하고 별도의 전보명령은 생략하라고 말했다. 대통령이 호의적이든 아니든, 새로 진급한 제이콥스 해군 소장은 전쟁 기간 내내 항해국(곧 인사국Bureau of Personnel, BUPERS으로 명칭이 변경된다)을 이끌었다.

니미츠는 자신의 새로운 보직에 대한 공식성명서가 있어야 한다는 사실을 알고 있었다. 그는 아무 준비 없이 발표하고 싶지 않아서 집에 돌아온 뒤 작은 메모지에 발표 내용을 적었다. 그런데 가족 중 한 명이 그것을 일종의 기념품으로 재빨리 찢어갔다. 그래서 그는 같은 내용을 한 번 더 메모지에 적었다. 그런데 또 가족 중 또 다른 한 명이 그것을 빼앗아갔다. 마침내 모든 가족이 다 한 장씩 갖고 나서야 그는 자신이 사용할 성명서를 적을 수 있었다.

"이 일에 막중한 책임감을 느끼며 책임을 완수하기 위해 최선을 다할 것입니다."9

그의 임명은 12월 18일에 언론에 발표되었으며, 니미츠는 (약간 수정한) 짧은 공식성명서를 대기 중인 기자들에게 전달했다.

"제가 말씀드릴 수 있는 것은 저에게 매우 커다란 책임이 주어졌다는 사실을 매우 잘 알고 있으며 제가 가진 역량을 최대한 발휘해 책임을 완수할 생각이라는 것입니다."10

언론의 반응은 호의적이었다.《타임》은 그를 적절한 전사의 이미지로 묘사했다.

"싸늘한 표정과 회청색 눈을 가진 침착한 텍사스인."11

녹스 해군장관이 니미츠를 서부 해안까지 태우고 갈 비행기를 대기시켜두었지만, 니미츠는 거절했다. 서부 해안까지 기차로 가면서 부족한 잠을 보충하고 생각을 정리하는 편이 낫겠다고 말했다. 따라서 그의 출발은 하루 연기되었는데, 그 덕분에 학교 행사에 참석해 메리가 공연하는 모습을 볼 수 있었다. 니미츠와 그의 여행 동반자인 라마 부관은 12월 19일 금요일 오후에 워싱턴의 유니온 역 Union Station 에서 기차를 타고 서부로 출발했다.

백악관의 명령에 따라 니미츠와 라마는 '미스터 프리먼(결혼 전 캐서린의 성)'과 '미스터 웨인라이트 Mr. Wainwright (미국-스페인전쟁의 영웅)'라는 이름으로 예약하고 민간인 차림으로 여행했다. 그들은 도중에 아는 사람을 만나더라도 절대 아는 척하지 말라는 지시를 받았다. 그런데 바로 여행 첫날 밤에 두 달 전 한 회의석상에서 만난 적이 있는 어느 대학교수가 계급과 이름을 부르며 니미츠에게 말을 걸었다. 니미츠는 어색하게 모르는 척 쌀쌀맞게 대했다. 잠시 뒤 라마는 그 교수가 다른 여행자에게 '니미츠 제독'을 가리키며 말하는 소리를 들었다. 시카고에서 열차를 갈아타는 동안 니미츠는 택시를 타고 네이비 피어 Navy Pier 에 있는 해군훈련소로 가서 이발을 했다. 익명의 여행은 그것으로 끝이었다.

여행에는 사소한 모험이 있기 마련이다. 기차가 정거장에 도착하기 직전에 니미츠는 화장실에 갔다. 기차가 정거장에 멈춰 있는 동안 승객들이 변기의 물을 내리지 못하게(변기의 물은 저장탱크로 들어가는 것이 아니라 바로 선로에 그대로 배출되었다) 하는 것을 담당하는 객차 승무원이 화장실 안에 누가 있다는 사실을 모르고 문을 잠가버렸다. 니미츠는 밖으로 나오려고 했지만, 어찌할 수 없어서 기차가 다시 출발해서 승무원이 잠긴 문을 열 때까지 화장실 안에 갇혀 있어야 했다. 화가 난 니미츠와 마주하게 된 승무원은 당황해하며 이렇게 대꾸했다.

"문은 안에서 열리게 되어 있습니다."

그러자 니미츠가 말했다.

"증명해봐요."

그러고는 승무원을 화장실 안에 들어가게 한 다음 문을 잠갔다. 승문원은 밖으로 나올 수 없었다. 교육자 니미츠에게 그것은 훌륭한 가르침의 순간이었다.[12]

그런 일이 있었지만, 여행은 니미츠에게 필요한 것을 할 수 있는 기회를 제공했다. 니미츠는 긴장을 풀고 며칠 동안 나름대로의 일정에 따라 행동하면서 라마가 몰래 캔버스백에 넣어 갖고 다니던 진주만 교전과 피해 상황에 대한 비밀보고서를 읽었다. 보고서의 내용은 매우 충격적이었다. 상황은 니미츠가 이미 알고 있던 것보다 훨씬 더 안 좋았다. 하지만 이와 동시에 운명의 장난으로 킴멜이 경력을 망치게 되었다는 사실도 알 수 있었다. 그가 라마에게 말한 것처럼 "그것은 누구에게나 일어날 수 있는 일이었다." 만약 1년 전에 태평양함대 사령관 직책을 맡았었더라면 자신에게도 그와 비슷한 일이 일어났을 것이라는 사실을 그는 잘 알고 있었다.

서부 해안에 도착하자, 라마는 워싱턴으로 돌아가고 니미츠는 하와이까지 타고 갈 해군 수상기를 수배했다. 수상기는 크리스마스이브에 출발했다. 자애로운 니미츠는 항공기 승무원들에게 크리스마스에 가족과 떨어져 있게 해서 미안하다고 말했다. 기상이 좋지 않아 몹시 흔들거리며 비행한 끝에 오아후 상공에 도착했을 때는 동이 튼 후였지만 폭풍우가 몰아치고 있었다. 수상기가 수면에 착륙하기 위해 방향을 선회하면서 기체가 측면으로 기울어지자, 기름으로 덮인 항구의 수면에 빗방울이 튕기는 장면이 사방에 깔린 파괴의 현장과 함께 순간적으로 니미츠의 눈앞을 스쳐갔다. 착수하자, 대기하고 있던 웨일보트가 소장 1명과 대령 2명으로 구성된 환영단을 태우고 옆으로 다가왔다. 니미츠는 웨이크 섬 구조작전 소식을 물었다.

잠시 어색한 침묵이 흘렀다. 나쁜 소식이 기다리고 있었다. 킴멜이 웨이크 섬을 지원할 원정대를 조직했지만, 그의 후임인 파이가 웨이크 섬을 향해 일본군이 그보다 더 강력한 부대를 이동시키고 있다는 사실을 알고는 구조작전을 취소하는 바람에 섬 주둔 병력이 일본군에 항복했다. 파이는 태평양함대를 방어태세로 전환시키기 시작했다.

웨일보트는 안팎이 모두 기름범벅이어서 탑승자들은 부두에 도착할 때까지 모두 서 있어야 했다. 웨이크 섬 함락 소식에 정신이 멍해진 니미츠는 이제 막 경험하게 된 현실에 혼란스러워하다가 항구에 작은 보트 몇 척이 돌아다니고 있는 것을 보았다. 그는 빗속에서 그들이 무엇을 하고 있는 거냐고 물었다. 시신을 건져 올리는 중이라는 대답을 들었다. 물속에 가라앉았던 시체들이 그때까지도 계속 수면 위로 떠오르고 있었다. 그는 부두에 도착할 때까지 아무 말도 하지 않았다.

오래전부터 진주만은 파인애플 나무에 둘러싸인 산업지대였다. 이곳을 처음 방문하는 사람들은 언제나 달콤하고 향긋한 과일 냄새가 난다고 말하곤 했다. 1941년 크리스마스의 진주만 냄새는 달콤하고 향긋한 것과는 전혀 거리가 멀었다. 불타는 기름, 불타는 나무, 불타는 페인트, 그리고 항구의 물 위에서 아직도 건져 올리는 불에 탄 채 퉁퉁 부은 시신들의 냄새가 진동했다.

해야 할 일은 많았지만, 시간이 부족했다. 하지만 니미츠가 정식으로 부임해 업무를 인수할 수 있겠다는 확신을 갖기 위해서는 이 상황을 감당할 수 있는 며칠간의 시간적 여유가 필요했다. 그 며칠 동안 니미츠는 병력 수준과 준비태세에 대한 브리핑을 받고 핵심 참모들을 만났다.

태평양함대에는 니미츠가 이제까지 경험했던 것과 완전히 다른 문제들—공보와 정보—을 다루는 2개의 참모부가 있었는데, 이후 니미츠는 상당한 시간과 관심을 여기에 쏟았다. 공보실은 예비역 장교—전직《로스앤젤레스 타임스 Los Angeles Times》기자—인 왈도 드레이크 Waldo Drake

소령이 실장을 맡고 있었는데, 그는 1941년 초부터 태평양함대 사령부에서 근무하기 시작했다. 그의 업무에서 최우선 순위는 어떤 식으로든 적이 이용할 수 있는 정보가 하나라도 새나가지 않도록 차단하는 것이었다. 그 외에는 그가 업무를 수행하면서 우선순위를 정해나갔다. 기자를 다루는 문제에 있어서 기존에 정해진 규정이나 지침은 존재하지 않았다.

정보참모는 에드윈 T. 레이턴Edwin T. Layton 소령이었는데, 일본어와 일본 문화 전문가인 그는 전쟁이 끝날 때까지 태평양함대 사령부에 남게 되는 두 사람 가운데 한 명이었다. 나머지 한 명은 바로 니미츠였다.

레이턴은 하이포 지국Station Hypo 과 긴밀하게 활동했다. 하이포 지국은 진주만에 기지를 둔 일본어 암호해독부대로 무전감청Radio Intercept, RI 기지 네트워크를 통해 수신되는 일본 해군의 통신문을 감청했다. 이와 유사한 2개 부대가 존재했는데, 하나는 멜버른에 있었고 다른 하나는 워싱턴 D. C.에 있는 해군 통신실 소속 Op-20-G였다. 하이포 지국은 조지프 로슈포르Joseph Rochefort 중령이 책임자였는데, 그는 경험 많은 암호분석가이자 일본어 전문가였다. 그와 레이턴은 3년간(1929년~1932년) 일본에서 함께 언어와 풍습을 공부한 사이였다. 니미츠가 태평양함대 사령관으로 취임할 무렵 하이포 지국의 근무자들은 새로 바뀐 일본 해군 암호인 JN-25를 해독하는 데 약간의 성과를 거두기 시작했다.

하이포 지국의 모든 활동은 태평양함대 사령부의 직접적 지원을 받았지만, 행정적으로는 14해군구14th Naval District (COM 14)에 배속되어 있었기 때문에 그곳에서 지원업무를 처리했다. 14해군구 사령관인 클로드 블록Claude Bloch 소장은 1940년에 미국함대 사령관Commander-in-Chief, United States Fleet, CINCUS 으로서 대장이 되었다가 리처드슨의 등장으로 그의 보직이 바뀌어 자신의 정식계급으로 복귀했다. 니미츠가 금세 깨달은 것처럼 블록은 아직도 자신이 ―뭐랄까 좋은 의미에서― 태평양함대의 책임자라고 생각하고 있었다.

니미츠는 진주만의 재앙이 겉으로 보이는 것만큼 심각하지는 않다는 사실을 깨닫게 되었다. 오히려 킴멜 제독이 제때에 사전경보를 받고 일본군에 대적하기 위해 함대를 파견했더라면 재앙은 이보다 훨씬 더 컸을지도 모른다. 일본군 함정들은 훨씬 더 속도가 빨랐고 임전태세를 완벽하게 갖추고 있었기 때문에 아마도 6척이나 되는 그들의 항공모함을 상대하는 것은 거의 불가능했을 것이다. 전후에 당시 해군참모총장이었던 데이비드 L. 맥도널드 David L. McDonald 에게 보낸 편지에 니미츠는 이렇게 썼다.

"킴멜이 함대를 출항시켜 일본의 항공모함 기동부대를 저지하지 않았던 것은 신성한 하느님의 뜻이었다."[13]

만약 그랬더라면 함대가 패배해 모든 함정들이 구조나 인양이 불가능한 심해에 가라앉고 2만 명의 장병이 목숨을 잃었을 것이라고 그는 평가했다.

❖ 인내와 포용의 리더십:
"인내하라", "자기 편이 아닌 사람도 끌어안아라"

대부분의 물리적 손상은 한시적인 것에 불과했다. 전함 8척 중 6척이 임무에 복귀했다. 순양함들―진주만에 있던 8척 중 2척은 손상을 입지 않

데이비드 L. 맥도널드 제독. 니미츠는 전후에 당시 해군참모총장이던 데이비드 L. 맥도널드에게 보낸 편지에 이렇게 썼다. "킴멜이 함대를 출항시켜 일본의 항공모함 기동부대를 저지하지 않았던 것은 신성한 하느님의 뜻이었다."

았고, 5척은 경미한 손상만을 입었으며, 1척만이 큰 손상을 입었다—은 모두 수리가 가능했다(전함 3척과 손상된 순양함 2척은 1942년 2월까지 임무에 복귀했다). 진주만에 있던 구축함 29척 중 2척은 파괴되었고, 2척은 손상을 입었다. 잠수함 4척은 피해가 없었다. 대부분의 정비함과 기뢰부설함, 소해함, 함대예인선을 비롯한 각종 보조함들도 피해를 입지 않았다. 사실 진주만에 있던 101척의 함정들 중 약 20퍼센트만이 손상을 입었고, 대부분의 손상은 한시적이었다.

    항공모함 중에는 공격을 받은 함정이 없었다. 왜냐하면 태평양함대의 항공모함인 렉싱턴과 사라토가, 엔터프라이즈Enterprise 가 고속 순양함과 구축함, 유조함의 호위전대를 거느리고 출항한 상태였기 때문이다. 대서양에서 이동 중인 요크타운은 곧 함대에 합류할 예정이었다. 정말 운 좋게도 엔터프라이즈와 호위함들은 공격 제1파가 도달할 바로 그 시각에 진주만에 입항하게 되어 있었지만, 기상상태가 좋지 않아 도착이 지연되어 하와이로부터 서쪽으로 200해리 떨어진 곳에 있었다. 먼저 엔터프라이즈 함재기 18대가 이륙했는데, 이는 항공모함이 접안하기 전에 갑판을 비워서 안전하게 입항하기 위한 일반적인 관행이었다. 이 비무장 함재기들은 일본군의 공격이 진행되고 있는 상황에서 하와이에 도착했다. 그 중 5대가 격추되었고—우군에게 피격당했을 가능성도 있다—, 나머지는 착륙에 성공했다.

    일본군은 중요한 통신실과 암호실이 자리 잡고 있는 태평양함대 사령부와 기계조립공장, 대부분의 수리시설, 잠수함기지, 그리고 무엇보다 중요한 450만 배럴의 연료가 저장된 석유저장시설을 폭격하지 않았다. 만약 일본군이 함정은 놔두고 석유저장시설만 파괴했더라면 태평양함대의 능력에 큰 타격을 입혀 자기들의 팽창에 맞서 효과적인 작전을 수행할 수 없게 만든다는 최우선 목표를 달성할 수 있었을 것이다. 그랬다면 아마 태평양함대는 본토의 서부 해안으로 2,500마일(약 4,000킬로미터) 후퇴할 수밖에 없었을 것이다. 다행히도 연료가 저장된 석유저장시설이 폭격을 받지 않아 함대에서 피해를 입지 않은 함정들, 특히 항공모함이 전투가 가능한 상태였다.

이것은 일본의 실수였을까? 그럴 수도 있지만, 일본 함대 사령관은 실수를 하지 않으려고 너무 신중을 기한 나머지 당시 위치가 알려지지 않은 미국 항공모함들의 반격을 걱정했다. 그는 전투함대가 대파되었다는 조종사들의 보고를 듣고 이미 주요 목표를 달성했다고 생각했다. 게다가 그의 함재기들은 재보급이 필요했는데, 이것은 추가 공습부대를 발진시킬 경우 해가 진 뒤에나 임무가 끝날 수 있다는 의미였다. 그리고 그의 조종사들은 야간착함훈련이 되어 있지 않았다. 그래서 일본 함대는 의기양양하게 고국으로 향했던 것이다.

일본의 진주만 공격은 전혀 의도하지 않은 의미심장한 두 가지 결과를 낳았다. 첫째, 일본군은 공습을 통해 전함을 파괴함으로써 그동안 소위 바다의 여왕이라 부르며 사람들이 전함에 대해 품었던 뿌리 깊은 전통적인 환상을 한순간에 깨뜨렸다. 당연히 그동안 전함이 졌던 짐은 이제까지 20세기 해군의 의붓자식 신세였던 잠수함과 항공모함에게로 넘어갔다. 태평양함대의 모든 전함들—공습 이후에 수리를 받은 것들을 포함해—은 잠깐 동안 서부 해안의 항구로 이동했다. 니미츠는 이 제1차 세계대전 시절의 전함들이 항공모함과 보조를 맞추기에는 너무 느리며 항공기나 잠수함으로부터 자신을 보호하기 위해서는 강력한 호위가 필요한데 당시로서는 호위 전력이 부족하다는 사실을 곧 깨달았다. 둘째, 진주만 공습은 미국의 여론을 그 어느 때보다도 강하게 응집시켰다. 어떤 식으로든 유럽의 난관에 개입하려는 움직임에 대한 대중적·정치적 반대의 대부분을 차지했던 유화정책과 거부감, 고립주의는 사라졌다. "진주만을 기억하라!"가 구호가 되었다. 1941년 12월 7일 일요일 불과 몇 시간 동안 일본은 패배를 위한 씨를 뿌렸다.

12월 31일, 흰색 정복 차림의 잠수함기지 참모가 선물한 새 해군 대장 견장을 착용한 56세의 체스터 니미츠는 미국 태평양함대의 지휘권을 인수했다. 그는 잠수함 그레일링 Grayling 의 갑판에 서 있었다. 그 모습을 본 사람들은 그 상징성—비천한 잠수함 승조원들이 전함의 제독보다 더 중요하다—을 놓치지 않았다. 니미츠는 짧은 연설을 했다.

"우리는 엄청난 타격을 입었습니다. …… 하지만 저는 최종 결과를 믿어 의심치 않습니다."

이어서 그는 하와이 사람들의 표현을 빌려 근시안적 전망에 대해 이렇게 충고했다.

"호오마나와누이 Hoomanawanui (인내하라)."

무슨 뜻이냐는 질문을 받고, 그는 즉흥적으로 대답했다.

"때를 기다리며 만일의 사태에 대비하라. 그리고 때가 되면 그 기회를 놓치지 마라."[14]

그의 발언은 누구보다도 언론을 인식한 것이었다. 녹스 해군장관의 신문사인 《시카고 데일리 뉴스》의 회의적인 성향이 강한 로버트 케이시 Robert Casey 기자는 니미츠가 "아무것도 밝히지 않았다는 점에서 꽤나 솔직했다"고 불평했다.[15]

그 다음 참모들과의 만남이 기다리고 있었다. 킴멜을 위해 일하고 그를 지지했던 그들에게는 그다지 달갑지 않은 순간이었다. 그들은 파이 중장 밑에서 일하다가 폭격으로 실직자 신세가 된 다른 참모들과 마찬가지로 빠른 시일 내에 자신들도 다른 곳으로 쫓겨날 것이라고 확신하고 있었다. 모두들 패배로 인해 그들의 경력에 오점이 남게 되었으니 새로 온 태평양함대 사령관이 자기가 신뢰하는 팀을 데려오는 것은 당연한 일이라고 생각했다.

그래서 그들은 니미츠가 예상대로 그들이 보여준 충성과 용맹함에 감사를 표한 다음 그들의 전문성에 찬사와 경의를 표하는 내용의 연설을 시작할 때 이미 마음의 준비를 하고 있었다. 하지만 이어지는 내용은 전혀 기대하지 못한 것이었다. 니미츠는 그들이 모두 남아서 자기와 함께 일해주기를 바란다고 말했다.

Chapter 12
첫 번째 도박

미국 해군이 마셜 제도와 길버트 제도의 일본 기지를 공격하는 데 성공하자, 니미츠는 진주만에 모인 기자들에게 이렇게 말했다.

"저는 미국 국민들이 마음속에 품고 있던 궁극적 의문이 '함대는 어디에 있는가?'였음을 잘 알고 있습니다. 우리의 함정과 항공기가 마셜 제도와 길버트 제도의 적 집결지를 공격하여 눈신 성과를 거둠으로써 어제 우리는 그 질문에 답을 했습니다."

❖ "태평양함대가 아직 건재하다는 것을 보여줘라"

루스벨트 대통령은 해군참모총장 해럴드 스타크 대장이나 미국함대 사령관 어니스트 J. 킹 Ernest J. King 대장의 동의도 구하지 않고 니미츠를 태평양함대 사령관에 임명했다.1 스타크는 니미츠의 해군사관학교 동기인 로열 잉거솔 Royal Ingersoll 을 원했고, 킹은 니미츠를 전사가 아니라 여러 차례 워싱턴에서 근무하면서 영향력을 얻은 '정치 제독'으로 생각했다. 니미츠가 직책에 합당한 인물이라는 사실을 킹이 깨달을 때까지 한동안 그들의 관계는 상당히 껄끄러웠다. 킹은 ―명석하지만 냉철하고 꼬장꼬장하다는 명성에 걸맞게― 니미츠를 태평양함대 사령관이라기보다는 심부름꾼처럼 대했다("이렇게 하고 저것은 고쳐라").2

실제로 니미츠가 태평양함대 사령관 지휘권을 인수했을 때, 먼 후방에서 킹의 지휘하에 이미 한 가지 임무가 진행되고 있었다. 대서양 근무를 마치고 막 태평양에 들어온 요크타운이 해병여단을 샌디에이고로부터 사모아(중부태평양의 유일한 미군기지)로 호송하고 이어 길버트 제도Gilbert Islands 와 마셜 제도Marshall Islands 에 있는 일본군 기지에 상징적인 공격을 감행할 예정이었다. 그와 같은 습격은 전쟁에 그다지 큰 영향을 주지는 않겠지만, 적어도 일본인에게 —그리고 더 중요하게는 미국 대중들에게— 태평양함대가 아직도 건재하다는 것을 보여줄 수는 있었다.

니미츠는 자신이 지휘할 태평양함대를 자세하게 파악하기도 전에 자신의 함대를 가지고 어떻게 하라는 지시를 받은 것이 화가 났지만, 규칙을 잘 알고 있었다. 하지만 그것이 아무리 킹의 머리에서 나왔다고 해도 작전계획에는 중대한 결점이 있었다. 일본군이 그 작전에 대해 어느 정도 알고 있으니 작전을 저지하려 할 것은 당연하고 따라서 항공모함이 위험에 처할 수도 있다는 것은 매우 합당한 추론이었다. 선박 5척이 해병과 보급물자를 샌디에이고에서 싣고 있는 상황에서 그 과정이 그곳을 어슬렁거리는 일본 측 스파이의 눈에 띄지 않을 리 없었다. 부두에 산더미처럼 쌓여 있는 선적용 상자들마다 아예 대놓고 "사모아 제도, 투투일라Tutuila 섬, 해군기지, 보급창고"라는 표시까지 되어 있었다.[3]

W. S. 파이 중장이 명령을 기다리는 동안 참모회의에 참석했다가 니미츠에게 두 번째 항공모함을 혼성부대에 추가하는 방안을 권고하자, 니미츠는 쉽게 그 제안에 동의했다. 엔터프라이즈 호가 배치되었다. 두 항공모함 전단은 함께 임무부대를 보호하다가 통합된 전력을 활용해 마셜 제도와 길버트 제도를 타격하라는 킹의 지시를 이행할 예정이었다. 해병여단은 1월 6일 요크타운의 호위를 받으며 샌디에이고를 출발했다. 빌 핼시 중장과 그의 엔터프라이즈 호는 스프루언스 소장이 지휘하는

미국함대 사령관 어니스트 J. 킹. 루스벨트 대통령은 해군참모총장 해럴드 스타크 대장이나 미국함대 사령관 어니스트 J. 킹 대장의 동의도 구하지 않고 니미츠를 태평양함대 사령관에 임명했다. 처음에 킹은 니미츠를 여러 차례 워싱턴에서 근무하면서 영향력을 얻은 '정치 제독'으로 생각했다. 니미츠가 직책에 합당한 인물이라는 사실을 킹이 깨달을 때까지 한동안 그들의 관계는 상당히 껄끄러웠다.

포격부대와 함께 사모아 근처에서 그들을 기다렸다.

바로 이 시점―태평양함대 사령관이 된 지 1주일째 킹이라는 높은 파도를 뚫고 항해하려고 노력하고 있는 시기―에 니미츠는 신문기자들의 불만을 처리해야만 했다. 해군장관 프랭크 녹스는 자신의 신문사인《시카고 데일리 뉴스》의 로버트 케이시 기자가 기사 검열에 대해 불평을 하고 있다며 약간은 무례한 전보를 니미츠에게 보내 경고했다.

"케이시 기자가 귀관을 방문할 것임. 제발 해군의 검열 문제에 대한 그의 이야기를 들어주기 바람. …… 귀관이 불평의 대상이 되고 있는 현 상태를 해결할 수 있기를 바람."4

니미츠는 케이시 기자에게 태평양함대 사령관을 독대할 수 있는 영광스런 기회를 줄 생각이 전혀 없었다. 그래서 태평양함대 사령부를 담당하는 모든 기자들을 불러서 곧바로 본론으로 들어갔다.

"여러분, 좋습니다. 어디 여러분의 불만을 들어봅시다."

그들이 말한 첫 번째 가장 큰 불만은 뉴스가 필요하다는 것이었다. 니미츠는 이제까지 유일한 뉴스는 전부 나쁜 소식들뿐이었으며 자신은 일본인들에게 그들이 얼마나 잘 싸우고 있는지를 알리고 싶지 않다고 말했다. 다음은 기사 검열에 대한 불만이었다. 검열 절차는 몹시 복잡했고―14해군구와 태평양함대 사령부의 검열관이 모든 기사를 하나하나 검토했다―일관성 없이 제멋대로인 것처럼 보였으며, 게다가 가장 열 받는 것은 심지어 기자들이 자신이 쓴 기사 중 어느 부분이 수정되었는지 보는 것조차도 허락되지 않는다는 것이었다. 니미츠는 14해군구의 기사 검열을 폐지하고 왈도 드레이크에게 각각의 기자들이 검열된 기사를 볼 수 있도록 확실하게 조치를 취하라고 지시했다.

또한 그는 케이시 기자를 비롯한 몇 명의 불평분자들이 곧 사모아로 출발할 예정인 엔터프라이즈에 탈 수 있도록 허가했다. 이제 곧 그들은 몇 가지 '뉴스'를 접하게 될 것이다.

❖ 마셜 제도와 길버트 제도를 타격하라

1942년 1월 11일, 일본은 네덜란드에 선전포고를 하고 원유와 고무, 주석이 풍부한 네덜란드령 동인도 제도를 장악하기 위한 움직임에 들어갔다. 같은 날, 사라토가가 어뢰에 피격당해 다섯 달 동안 전장에서 물러나게 되었다.

그리고 워싱턴에서 열린 회담(아르카디아 회담 Arcadia Conference)에서 미국 대통령 루스벨트와 영국 수상 윈스턴 처칠 Winston Churchill 은 '유럽 우선' 전략에 합의했다. 영국은 이미 3년 동안이나 전쟁을 치르고 있어서 함락 혹은 붕괴의 위기에 처해 있었다. 따라서 자원할당의 우선순위

아르카디아 회담

제2차 세계대전이 한창이던 1941년 12월 22일부터 이듬해 1월 14일까지 미국 워싱턴에서 미국 루스벨트 대통령과 영국 처칠 수상이 참석한 회담. 독일의 히틀러가 1941년 12월 11일 미국에 선전포고를 하자, 미국도 이에 맞서 참전을 선언했다. 미국 대통령 루스벨트와 영국 수상 윈스턴 처칠은 암호명 '아르카디아'로 명명된 이 회담에서 당분간 일본과의 태평양전쟁은 수세적 입장을 취하되, 유럽에서 독일을 물리치는 데 전쟁전략을 집중하기로 결정했다. 그리고 미국과 영국의 합동참모본부를 워싱턴에 설치해 두 나라의 전쟁계획을 조정해나가기로 합의했다.

영국은 이미 3년 동안이나 전쟁을 치르고 있어서 함락 혹은 붕괴의 위기에 처해 있었다. 영국 수상 윈스턴 처칠은 워싱턴에서 미국 대통령 루스벨트와 회담(아르카디아 회담)을 갖고 '유럽 우선' 전략에 합의했다.

는 독일을 패배시키고 유럽을 해방하는 데 두게 되었다. 단기적으로 일본을 상대하기 위한 노력은 그들의 팽창 속도를 둔화시키는 정도로만 제한하며, 자원의 증가로 여력이 생겼을 때 공세적 움직임을 취하기로 했다. 니미츠에게는 다행히도 유럽의 전쟁은 대체로 지상전 위주여서 해군은 물자수송과 대잠작전에 초점을 맞추고 있었다. 따라서 그곳에서는 항공모함과 고속전함이 그다지 소용이 없었다. 미국은 이미 항공모함 약 11척, 전함 15척, 순양함 54척, 구축함 191척, 잠수함 73척을 건조하고 있었다. 전쟁이 계속되는 동안 점점 더 많은 신형 전투함들이 취역했고, 그것들 대부분은 태평양에 배치되었다. 그때까지 니미츠는 현재 갖고 있는 전투함들로 임무를 수행할 수밖에 없었다.

1월 15일에 킹은 짜증을 내면서 마셜 제도와 길버트 제도에 대한 타격작전에 더욱 박차를 가할 것을 요구했고 렉싱턴 부대로 웨이크 섬을 공격하라며 벌써 후속작전까지 명령했다. 작전의 속도에 대해서는 니미츠도 어떻게 할 수 없었다. 다음 주나 되어야 해병들이 사모아에 도착할 수 있었기 때문이다. 그는 윌슨 브라운Wilson Brown 중장과 그의 렉싱턴 전단에 웨이크 섬 공격 임무를 부여하고 급유함 네체스Neches를 파견해 그들을 지원하게 했지만, 잠수함의 공격으로 급유함이 침몰하자 작전을 취소했다.

1월 29일 니미츠는 자신의 첫 번째 공식기자회견을 열었지만, 진행 중인 작전에 대해서는 언급하지 않고 태평양에서 육군과 해군의 지휘관계에 대해서만 설명했다. 그것은 전쟁 내내 지속적인 관심의 대상이 될 주제였다. 그는 군사작전의 조율을 위해 전반적인 지휘를 맡고 있지만 육군 내부의 행정 문제에는 아무런 관여를 하지 않는다고 말했다. 그는 달성해야 할 목표와 그에 필요한 군부대, 그리고 임무를 결정하고 그런 다음 지휘 책임은 누가 되었든 임무에 투입된 부대의 지휘관에게 이관했다.

"본토에 있는 국민들에게 희망을 줄 수 있는 말을 해달라"는 부탁을 받자, 니미츠는 "하와이 제도를 고수할 수 있다는 데 우리는 큰 기대를 걸고 있습니다"[5] 라고 말했다. 이런 말이 확신을 주기에 충분치 않았겠지만, 그가 어떤 다른 말을 할 수 있었겠는가?

2월 1일, 요크타운 전단과 엔터프라이즈 전단은 마셜 제도와 길버트 제도의 목표를 공격했다. 자신의 지휘하에 이루어진 생애 첫 전투 작전에서 니미츠는 자신의 불간섭주의 지휘 방식이 아니라 킹의 관리주의 방식을 사용하는 것처럼 보였다. 그는 핼시에게 "본질적으로 공격은 정곡을 찌르는 것임. …… 작전을 확대해 이 상황을 활용하고 사태의 전개와 군수 상황이 허락한다면 두 기동부대를 모두 활용해 그와 같은 반복적 공습과 함포사격을 실시할 것. 가능하다면 공세행동을 하루 이상 연장할 것"[6] 이라고 시시콜콜 지시를 내렸다. 핼시는 모욕을 당한 셈이었다. 그는 1935년 이래로 항공모함을 지휘해왔기 때문에 자신의 자원을 어떻게 할당하고 적용해야 하는지를 너무나 잘 알고 있었다.

하지만 핼시가 아직 배우지 못한 사항이 한 가지 있었다. 그것은 자기 조종사들의 교전보고서를 평가하는 방법이었다. 그가 니미츠에게 보낸 초기 교전보고서에는 전과가 크게 과장되어 있었다. 그 교전보고서에는 "함정 8척을 격침시키고(잠수함 2척과 경순양함 1척, 소형 항공모함 1척을 포함), 다수의 함정에 손상을 입혔으며, 많은 해안 시설물을 파괴했다"고 되어 있었다. 후속 전문에서는 전과가 다음과 같이 수정되어 있었다.

미국 해군이 마셜 제도와 길버트 제도의 일본 기지를 공격하는 데 성공하자, 니미츠는 진주만에 모인 기자들에게 이렇게 말했다. "저는 미국 국민들이 마음속에 품고 있던 궁극적 의문이 '함대는 어디에 있는가?'였음을 잘 알고 있습니다. 우리의 함정과 항공기가 마셜 제도와 길버트 제도의 적 집결지를 공격하여 눈부신 성과를 거둠으로써 어제 우리는 그 질문에 답을 했습니다."

"함정 3척 격침(수송선 1척, 소형 선박 2척), 9척 손상, 해안 여러 곳에 화재를 일으킴."

그 당시 항공기를 조종하는 해군 병사들은 함정 식별과 손상 평가에 대한 훈련이 되어 있지 않았다. 게다가 전투가 가열되고 있는 와중에 자신이 공격을 당할 수 있는데도 그들은 좀 더 면밀하게 전과를 확인하기 위해 되돌아가지 않았다. (육군 조종사의 경우 이 문제는 훨씬 더 심각했다. 그들 중 대다수는 태평양에 배치되기 전까지 어떤 종류의 선박도 본 적이 없었다.)

전과가 빈약해도 상관없었다(게다가 언론에 전부 알리지도 않았다). 미국 해군은 공세를 계속했다. 신문 기사는 환희에 넘쳤다. "미국 태평양 함대, 일본 기지를 두들기다."《뉴욕 타임스》의 말에 따르면, 이것은 "오래전부터 제기되어왔고 비평가들이 자주 반복했던 말, '우리 해군은 어디에 있는가?'에 대한 대답이다."[7] 다음날 니미츠는 진주만에 모인 기자들에게 이렇게 말했다.

"저는 미국 국민들이 마음속에 품고 있던 궁극적 의문이 '함대는 어디에 있는가?'였음을 잘 알고 있습니다. 우리의 함정과 항공기가 마셜 제도와 길버트 제도의 적 집결지를 공격하여 눈부신 성과를 거둠으로써 어제 우리는 그 질문에 답을 했습니다."[8]

2월 5일 엔터프라이즈는 성대한 환영을 받으며 진주만으로 귀환했다. '시대의 영웅' 핼시는 언론을 잘 활용했다. 곧 신문은 그에게 "황소 Bull"라는 별명을 붙여주었다. "황소"라는 별명이 어떻게 붙여지게 되었는지 정확하게 알려져 있지 않다. 아마 "빌Bill"의 오타였을 가능성도 있지만, 사실이야 어찌 되었든 그렇게 별명이 굳어졌다.[9]

이어서 킹은 니미츠에게 렉싱턴과 중순양함 1척, 구축함 2척을 비롯해 그가 모을 수 있는 모든 초계기와 육군 폭격기들을 신속하게 오스트레일리아로 파견하라고 명령했다. 그곳에서는 일본군의 전력이 급격하게 증가하고 있었다. 또 그는 니미츠에게 서부 해안에 정박해 있는 전함들을 파견해 "즉시 행동을 취해 적의 진격을 저지하라"고 지시했다.[10]

2월 8일, 니미츠가 이번에는 화를 내며 반격했다.

태평양함대는 적에 대해 어떤 식으로든 현저하게 열세임. 태평양에서는 치고 빠지는 식의 습격 외에 다른 공세행동을 취할 수 없지만, 그것만으로는 남서태평양에 대한 적의 압박을 누그러뜨릴 수 있을 것 같지 않음. 군수 문제는 평시에 예상했던 것보다 훨씬 더 심각하고 해상 공수급이 기상에 의존하기 때문에 항상 불안정한 상태임.[11]

이어서 그는 전함을 배치하는 것은 아무런 의미가 없을지 모른다고 썼다. 왜냐하면 그것들은 제1차 세계대전 때의 구식 전함들로 항공모함과 보조를 맞추기에는 너무 느리고, 항공엄호나 대잠엄호 없이 다른 용도로 사용하기에는 적에게 너무 노출되어 있으며, 그들을 엄호할 전력이 전무하기 때문이다. "즉시 행동을 취해 적의 전진을 저지하라"는 지시와 관련해, 니미츠는 "우리 함대가 강력한 추가 전력, 특히 항공기와 경순양함, 항공모함, 고속함대유조함으로 강화되지 않는 한, 공세행동의 효과는 제한적임"이라고 썼다. 하와이와 통신선을 보호하라는 킹의 이전 명령에 따라 그는 가용한 두 항공모함 전단 중 하나를 진주만에 머물게 하고 나머지를 사모아로 파견할 계획이었다.[12]

2월 9일, 킹이 응수했다.

적이 남태평양에서 광범위한 작전을 수행하는 동안 태평양함대는 하와이의 작전 반경 내에 있는 적에 대해 어떤 식으로든 현저하게 열세가 아님. 반복함. 현저하게 열세가 아님. 하지만 모든 노력을 경주해 적의 함정과 기지에 지속적으로 손실을 가하지 않으면, 적이 남태평양에서 목적을 달성했을 때 귀관의 부대는 오스트레일리아로부터 알래스카에 이르기까지 현저한 열세에 놓이게 될 것임.[13]

킹은 남서쪽을 향해 작전을 하면 "미드웨이-하와이 선을 보호"하는 동시에 무엇보다도 "남서태평양의 압박을 완화"할 수 있다고 제안했다. 그는 니미츠에게 "상황을 재검토"하고 "적극적인 작전들을 고려하라"고 지시했다.

광대한 태평양에서 작전을 할 때 발생하는 군수 관련 문제를 킹이 제대로 이해하지 못하는 데 불만을 느낀 니미츠는 비행기 편으로 파이—몇 명 되지 않는 킹의 절친한 친구 중 한 명이었다—를 워싱턴에 보내 그 문제를 킹에게 간단하게 설명하게 했다. 예를 들어, 렉싱턴 전단이 모항에서 멀리 떨어져 작전할 때 그들을 지원하기 위해서는 유조함 3척이 필요했다. 킹이 이전에 사령관으로 근무했던 대서양에서 항공모함 전단을 지원하는 데 필요한 유조함의 수보다 세 배나 더 많았다. 니미츠에게는 이미 진행 중인 작전 이외에 추가로 작전을 수행할 만한 자원이 없었다.

킹이 한 발 물러섰다. 현재로서는 그도 섬에 있는 일본군의 기지를 간헐적으로 습격하는 데 만족해야 했다.

또한 파이는 니미츠의 친서도 킹에게 전달했다. 14해군구 사령관 블록 제독의 유용한 제안들은 오히려 집중을 방해했다. 블록은 자신의 지혜를 니미츠와 공유하고 싶어서 그에게 전쟁을 수행하는 방법에 대해 조언했다. 니미츠는 킹이 블록에게 그의 조언이 높이 평가받을 수 있는 다른 보직을 찾아주기를 바랐다. 킹은 니미츠의 심정을 이해했다. 블록은 해군의 전반적인 정책을 제안하는 해군위원회 '현자들의 모임'으로 발령이 났다.

하지만 니미츠는 아무리 상징적인 것이라 하더라도 더 많은 승리를 바라는 킹의 애원을 무시할 생각은 없었다. 그는 현재 보유하고 있는 병력으로 그가 수행할 수 있는 어떠한 작전도 일본의 거대한 힘에는 거의 영향을 미치지 못할 것이라는 사실을 잘 알고 있었지만, 여러 섬―이를테면, 웨이크 섬과 마커스Marcus(미나미토리시마南鳥島) 섬―에 또 한 차례 일련의 습격을 가할 경우, 자국의 사기를 높일 수 있으며, 무엇보다도 함대가 더 많은 경험을 쌓을 수 있다는 점이 더 중요했다. 니미츠는 그 임무를 핼시에게 맡겼다.

그런데 여기에는 작은 문제가 있었다. 용감한 전사 핼시는 미신을 믿었다. 그의 전단은 13기동부대로 지정되었을 뿐만 아니라 출항예정일인 2월 13일은 금요일이었다. 태평양함대 사령부 일지에 기록된 것처럼, 손쉬운 해결책은 "미신을 믿는 사람들의 의견을 존중해주는 것"이었다. 니미츠는 기동부대의 숫자를 16으로 바꾸고 출항일자도 발렌타인데이인 2월 14일로 늦췄다.[14]

2월 15일, 싱가포르가 일본에 항복했고 8만 명의 연합국 병사들이 포로가 되었다. 2월 19일, 일본의 공격으로 오스트레일리아의 다윈Darwin

항이 완전히 파괴되었다. 미국인들의 사기는 바닥으로 곤두박질쳤다.

핼시는 2월 24일에 웨이크를, 3월 4일에는 마커스를 습격해 소형 초계정 1척을 침몰시키고 건물 몇 채에 화재를 일으켰다. 니미츠가 예상한 것처럼 이것은 일본인들에게 아무런 영향도 주지 못했다. 2월 28일, 일본은 자바Java ─영국 인구와 비슷한 수의 거주민이 살고 있었다─를 침공하기 시작하여 3월 9일에는 점령을 완료했다.

3월 10일, 미 해군은 작은 승리를 거두었다. 렉싱턴과 요크타운의 합동공격으로 일본군이 계획했던 뉴기니New Guinea 상륙을 연기시켰던 것이다. 렉싱턴에 승함한 윌슨 브라운 중장은 이후 진주만으로 복귀하면서 산호해Coral Sea 주변을 순항하도록 요크타운을 남겨놓았다. 브라운 중장이 3월 26일 입항했을 때, 그와 렉싱턴은 54일 동안 해상에 머물렀지만 뉴기니 습격이 그들의 유일한 교전이었다. 브라운은 해도가 부정확한 해역에서 요새화된 기지들을 집중적으로 공격하는 것은 항공모함이 수행하기에는 너무 위험한 일이라고 말했다. 똑같은 해역에서 작전해본 경험이 있어서─그리고 해도가 부정확한 바다에서 고생해본 적이 있어서─ 니미츠는 그의 설명을 납득했지만, 킹은 그렇지 않았다. 킹은 브라운이 공격적이지 못하기 때문에 다른 곳으로 보내야 한다고 생각했다. 니미츠는 브라운을 샌디에이고에 본부를 둔 새로운 상륙부대Amphibious Force 의 사령관에 임명했다. 그의 임무는 적이 점령하고 있는 섬들을 공격하기 위해 상륙작전을 훈련시키는 것이었다. 그것은 전혀 좌천이 아니었다. 전임 해군사관학교 교장을 역임했고 경험 많은 훈련관이자 교육자인 브라운에게 잘 어울리는 보직이었다. 이것은 가장 중요한 업무에 자질을 갖춘 최적의 인물을 배치할 줄 아는 니미츠의 능력을 완벽하게 보여주는 사례이다.

1942년 3월 11일, 루스벨트 대통령은 전군을 통틀어 가장 경험이 많은 더글러스 맥아더 Douglas MacArthur 장군에게 운이 다한 필리핀을 떠나 오스트레일리아로 가라고 명령했다. 1935년 이래로 필리핀에 살았던 전임 육군참모총장 맥아더는 어둠을 틈타 어뢰정 4척으로 감쪽같이 민다나오 Mindanao 로 탈출했다. 민다나오에서 오스트레일리아까지 나머지 여정은 비행기를 이용했다. 그는 다음과 같이 선언했다.

"미국 대통령께서 나에게 일본군의 전선을 돌파해 …… 오스트레일리아로 가라고 명령했다. 내가 알고 있기로, 그 목적은 일본에 대한 미국의 공세를 조직하기 위한 것이며 그 공세의 최우선 목표는 필리핀을 구원하는 것이다. 나는 임무를 완수하여 반드시 돌아올 것이다."15

3월 30일 합동참모본부 Joint Chiefs of Staff, JCS 는 태평양전역에 대한 지휘계통을 설정했다. 맥아더는 혼자서 공세를 조직하는 것이 아니라 니미츠와 책임을 분담해야 했다. 맥아더는 남서태평양지역 연합군 최고사령관에 임명되었으며, 그의 관할 지역은 오스트레일리아와 솔로몬 제도, 뉴기니, 비스마르크 제도 Bismarcks (뉴기니 바로 북쪽에 위치한 일군의 섬들로 라바울 Rabaul 에 핵심 기지가 있다), 필리핀이었다. 니미츠는 맥아더가 관할하지 않는 지역의 모든 부대를 지휘하는 태평양지역 사령관 Commander in Chief of the Pacific Ocean Areas, CINCPOA 이 되었다. 태평양지역은 북부·중부·남부지역으로 나뉘었다. 남태평양지역은 격전지여서 자체 하위 사령부가 설치되었다. 남태평양지역 사령관으로 니미츠는 파이 중장을, 킹은 로버트 L. 곰리 Robert L. Ghormley 중장을 후보로 생각하고 있었다. 결국 그 자리는 곰리에게 돌아갔다.

1942년 3월 11일, 루스벨트 대통령은 전군을 통틀어 가장 경험이 많은 더글러스 맥아더 장군에게 운이 다한 필리핀을 떠나 오스트레일리아로 가라고 명령했다. 그는 필리핀을 떠나면서 이렇게 말했다. "나는 반드시 돌아올 것이다." 이 사진은 1945년 8월 2일 필리핀 마닐라에서 그의 트레이드마크인 옥수수 속대로 만든 파이프를 물고 찍은 사진이다.

한편 항공모함 호넷Hornet이 대서양함대에서 태평양함대로 소속이 바뀌어 3월 20일에 샌디에이고에 도착할 예정이었다. 이로써 니미츠는 고대하던 항공모함 4척을 보유하게 되었다. 그는 호넷을 중심으로 새롭게 구성된 항공모함 전단의 전단장으로 오래전 함께 배를 탔던 존 매케인을 선택하고 3월 12일에 킹에게 매케인의 임명을 제안했다. 킹은 임명을 보류하라고 말했다. 킹은 다른 계획을 갖고 있었던 것이다. 니미츠는 증강된 항공모함 함대를 위해 제안된 일정을 기안하고 3월 14일 그것에 대해 킹과 이야기를 나눴다. 이번에도 킹은 결정을 보류하라고 한 뒤 참모장교 1명을 보내 1월부터 추진 중이던 임무를 니미츠에게 브리핑하게 했다. 그것은 호넷과 엔터프라이즈 항공모함 기동부대가 핼시의 지휘 아래 4월 중순 도쿄와 요코하마, 요코스카橫須賀, 나고야名古屋, 고베를 폭격할 수 있는 위치에 육군항공대 B-25 폭격기를 싣고 간다는 것이었다. 이것은 분명 태평양전쟁에서 가장 과감한—그리고 어쩌면 가장 멍청한— 행동이었다.

보기에는 통쾌할지 모르지만 전쟁에 어떤 주목할 만한 영향도 미치지 못할 군사작전을 위해 항공모함 2척을 위험에 빠뜨릴 수도 있는 계획을 세우다니, 킹이 미쳤다고 해도 니미츠는 용서받을 수 있었을 것이다. 하지만 태평양함대 사령부 일지에 기록된 바에 따르면, "이것은 (니미츠가) 고려해야 할 제안이 아니라 실행해야 할 계획이었다."[16]

이와 거의 동시에 니미츠는 한 소식을 접하고 충격을 받았다. 공식적으로 그에게 통보되지는 않았지만 어떻게 알게 된 것 같다. 2월에 녹스 해군장관은 현역 및 퇴역 제독 9명으로 구성된 비밀인선위원회를 열어서 —스타크와 킹의 주도하에— 해군에서 '가장 역량이 뛰어난' 제독을 선정했다. 녹스는 3월 9일에 그 결과를 대통령에게 보고했다. 선정된 제독들 중에는 헬시와 곰리, 제이콥스, 매케인…… 그리고 킹이 포함되어 있었다. 그들 중에 니미츠는 없었다.

니미츠는 자신의 감정을 부하들에게 숨기고 있었지만, 아직까지 남아 있는 아내 캐서린에게 보낸 한 편지에는 그것을 짐작할 수 있는 내용이 담겨 있다. 킹이 태평양함대를 본인이 직접 운용하려고 들었을 뿐만 아니라 1월에 전달된 "불평의 대상이 되고 있는 현 상태를 해결할 수 있기를 바람"이라고 한 전보 이후 니미츠는 녹스로부터 아무런 소식도 듣지 못한 상태였다. 3월 22일, 니미츠는 캐서린에게 이렇게 고백했다.

"내가 떠날 때와 달리 지금은 (녹스가) 나에게 별로 관심이 없는 것은 아닌지 걱정이오. 하지만 그런 것도 무리는 아니지. 처음에는 나에게 아주 열성적이었지만 상황이 빠르게 진전되지 않으니 나에게 시큰둥해질 수밖에. 내가 6개월을 더 버티면 운이 좋은 것이오. 대중은 내가 할 수 있는 것보다 더 빨리 행동하고 결과를 보여주길 원하겠지."[17]

하지만 한 가지 분명한 사실을 알았다면 니미츠도 안심할 수 있었을지 모른다. 그는 루스벨트 대통령이 선발명단을 보고 몇 주 뒤에 태평양 지역 사령관에 임명되었으니, 그것은 대통령과 그의 관계에 거의 영향을 미치지 못한 셈이었다.[18]

❖ 항공모함에서 발진한 B-25, 일본 본토를 폭격하다

1942년 4월 18일, B-25 폭격기 16대가 호넷에서 이륙했다. 이것은 커

1942년 4월 18일, 둘리틀 육군 중령이 지휘하는 B-25 폭격대가 일본 본토 폭격을 앞두고 항공모함 호넷 갑판에서 이륙 준비를 하고 있다.

다란 아이러니가 아닐 수 없었다. 공식적인 별명이 "미첼"(1920년대 해군의 명예를 훼손시켰던 "빌리" 미첼 준장의 성을 따서 지음)인 육군 폭격기들이 해군 항공모함의 갑판으로부터 비행을 시작했던 것이다. 이 폭격기들은 샌프란시스코 만에 있는 앨러미다 해군항공기지 $^{\text{Alameda Naval Air Station}}$ 에서 호넷에 탑재되었다. 일단 목표지점으로 이동하는 동안에 호넷은 엔터프라이즈와 구축함 4척의 호위를 받았으며, 이들은 모두 핼시의 지휘를 받았다. 모두 지원자로 구성된 폭격기 승무원들은 제

Chapter 12 첫 번째 도박   219

임스 E. 둘리틀James E. Doolittle 육군중령이 지휘했다.

B-25 조종사들은 만재 상태로 대략 항공모함 갑판과 비슷한 길이의 짧은 활주로에서 이륙하는 훈련을 받아왔지만, 실제 항공모함에서 연습을 해본 적은 없었다. 그들은 일본에서 약 500해리 떨어진 지점에서 항공모함을 이륙하여 일본 본토에 폭탄을 투하한 다음 중국 대륙으로 날아가 우호적인 중국 비행장에 착륙할 예정이었다. 그런데 기동부대가 일본에서 650해리 떨어진 지점에서 일본의 감시선에 포착되었다. 하지만 둘리틀 중령은 작전을 진행하는 쪽을 선택했다. 놀랍게도 사전 경보를 받았는데도 공습부대는 별다른 저항을 받지 않았다. 아마도 그 이유는 목격된 함정들의 위치가 일반적인 함재기의 항속거리보다 훨씬 멀리 있어서 일본인들이 별다른 위협이 되지 않을 것이라고 생각했을 가능성이 높다. 모든 폭격기들이 안전하게 일본을 빠져나왔지만, 폭격 임무에 150해리의 거리가 추가되는 바람에 15대는 중국 비행장에 도달하지 못하고 연료가 떨어져 비상착륙을 하거나 승무원들이 비행기를 버리고 낙하산으로 비상탈출을 해야만 했다. 나머지 1대는 블라디보스토크Vladivostok 에 착륙해 러시아인들에게 압류당했다(당시 러시아는 일본과 전쟁 중이 아니었기 때문에 중립국으로 행동했다). 임무에 참가한 81명 중 71명이 살아남았다.

이 공습은 비록 일본에 별다른 물리적 혹은 심리적 타격을 입히지 못했음에도 불구하고—대다수 일본인들은 공습이 있었다는 사실조차 몰랐다— 미국에서 대단한 격찬을 받았다. 하지만 앞서 뉴기니 침공부대가 저지당하고 여러 섬에 대한 치고 빠지기 식의 습격이 있었기 때문에 그것은 일본 정부에 경종을 울렸다. 그들은 미국 항공모함에 대해 모종의 조치를 취하지 않을 수 없었다.

❖ 산호해 해전: 최초의 항공모함 대 항공모함 해전

한편, 일본의 일상적인 작전은 조금도 수그러들지 않고 계속되었다. 감청망을 통해 수집된 무선감청 내용을 근거로 조 로슈포르와 하이포 지국은 수송선과 항공모함 3척으로 구성된 부대가 뉴기니 동쪽 끝의 산호해로 향하고 있으며 수도인 포트모르즈비Port Moresby 를 공격하려 한다는 결론을 내렸다. 맥아더와 상의한 후—그곳은 그의 영역이었지만 그에게는 부대가 없었다— 니미츠는 그가 할 수 있는 일을 했다. 불행하게도 킹 제독의 '독단' 때문에 태평양함대 사령부의 자산은 제한적이었다. 사라토가는 아직 수리 중이었고, 호넷과 엔터프라이즈는 4월 25일 전까지 둘리틀 공습작전에서 복귀할 수 있는 상황이 아니었기 때문에 그들이 준비를 갖추고 남서태평양으로 출동할 수 있을 때까지 기다리면 이미 때는 늦을 게 뻔했다. 그래서 요크타운과 렉싱턴에 그 임무가 돌아갔다.

5월 7일, 일련의 오인과 함께 교전이 시작되었다. 보고 과정에서 미국 정찰기는 순양함 2척과 구축함 2척을 항공모함 2척과 중순양함 4척을 의미하는 엉뚱한 부호로 전송했다. 일본은 유조함 1척을 항공모함으로 오인하는 치명적인 실수를 저질렀다. 오스트레일리아 순양함 2척은 항공모함으로 오인받아 일본 항공기의 공격을 받았다(하지만 피해는 없었다). 그리고 잠시 뒤, 같은 오스트레일리아 순양함들을 일본 함정으로 오인하고 오스트레일리아에서 이륙한 B-26 폭격기 편대가 그들을 공격했다(이번에도 피해는 없었다). 마치 판타지를 연상케 하는 실제 사건들 중에서 한번은 착각에 빠진 일본 항공기 조종사들이 요크타운의 착함선회대기 집단에 끼어들었다가 그들 중 1대가 격추당한 뒤에야 비로소 사태를 파악한 경우도 있었다.

하지만 렉싱턴의 비행전대가 일본의 가장 작은 항공모함을 침몰시키고 미국 조종사들이 일본 항공기 몇 대를 격추시킴으로써 미국과 일본의 전력은 서로 비슷하게 되었다. 양측 모두 중순양함 2척을 보유한 가운데 미국은 항공기 121대를, 일본은 항공기 122대를 전투에 투입할 수 있었다.

5월 8일, 비바람과 숨바꼭질을 한 끝에 양측의 정찰기는 거의 동시에 상대방을 발견했다. 양측은 서로 공습을 주고받음으로써 역사상 처음으로 서로 대적하는 항공모함들이 상대방을 보지도 못한 채 해전을 벌였다.

산호해 해전 Battle of the Coral Sea 은 서로 비겼다고 할 수 있는 전투였다. 미국은 요크타운과 렉싱턴이 모두 손상을 입었고(곧 렉싱턴의 손상은 치명적이었음이 드러났다) 유조함과 구축함 1척이 침몰했지만, 일본은 미국보다 더 많은 항공기를 잃고(더불어 경험 많은 조종사까지) 다시 한번 뉴기니 침공을 연기했다. 좀 더 중요한 피해는 일본 항공모함 중 1척이 손상을 입었고 다른 1척은 자신의 비행전단을 잃었기 때문에 두 항공모함이 다음번 대규모 교전에 참가하지 못하게 된 것이다. 이 대규모 교전은 진주만 공습을 계획했던 야마모토 이소로쿠山本伍十六 제독이 미국 항공모함들을 함정에 빠뜨리기 위해 기획한 것이었다.

산호해 해전

세계 최초로 일어난 항공모함 대 항공모함 해전으로, 일본군이 네덜란드령 동인도(현재의 인도네시아)를 점령하고 뉴기니 섬의 전략적 요충지인 포트모르즈비로 진출하려고 한 데서 비롯되었다.

1942년 5월 3일 일본 해군이 툴라기 항에 상륙하기 시작했고 프랭크 잭 플레처의 지휘 아래 미군은 함재기로 일본군 침공부대를 공격해 구축함 1척과 여러 척의 소해정을 침몰시켰다. 이에 일본군의 주력 함대가 우회전하여 산호해에서 플레처의 미국 해군과 격전을 벌였다.

5월 5일부터 5월 6일까지 양측 항공모함은 서로를 탐색했고 5월 7일 일본군 항공모함은 함재기를 띄워 미군 구축함과 유조선을 각각 1척씩 침몰시켰다. 다음에는 미군이 함재기로 반격에 나서 일본군의 경항공모함인 쇼호祥鳳를 격침시킨다.

5월 8일 일본군의 공습으로 미국의 항공모함인 렉싱턴이 침몰했고, 요크타운은 큰 손상을 입었다. 한편 미군은 함재기로 일본의 정규 항공모함 쇼가쿠翔鶴를 무력화시켰고, 즈이가쿠瑞鶴에도 약간의 손상을 입혔다.

이 해전으로 일본군은 많은 전투기를 잃고 후퇴했으며, 연합군이 전술적으로는 졌지만 전략적으로는 승리를 거두면서 전략적 요충지를 수호할 수 있었다.

1942년 5월 8일 일본군의 공습을 받고 폭발하고 있는 미국 항공모함 렉싱턴의 모습(왼쪽)과 미국 함재기의 공격을 받는 일본 항공모함 쇼가쿠의 모습(오른쪽).

Chapter 13
암호전쟁

니미츠는 일본 무선통신전문에 있는 침공예상지역에 대한 단서인 AF가 미드웨이라고 확신했다. 반대론자들은 그것이 미국 서부라고 생각했다. 니미츠의 생각이 적중했다. 미드웨이 해전 후 그는 예하 부대에 '치하' 전문을 보냈다.
"오늘 미드웨이 전투에 참가한 여러분은 우리 역사의 영광스런 한 페이지를 기록했다. 나는 여러분과 함께했다는 것이 자랑스럽다. 여러분 각자가 전력을 다하는 한, 언젠가는 적을 완전히 패배시키게 될 것이다."

❖ 암호를 해독하라

군사암호해독은 대부분 가능성 있는 단어―고위 지휘관의 이름이나 부대의 구성, 가능 목표 등―를 탐색하고 유형을 찾는 과정으로 구성되어 있다. 가장 단순한 암호체계는 한 철자를 다른 철자로 대체하는 것이다. 예를 들어, 평문이 영어로 작성되었다면, 알파벳에서 가장 많이 나오는 철자 "e"를 "z"로 대체할 수 있을 것이다. 만약 "sdzzh"라는 표현이 보인다면, 우리는 문맥을 고려해 그것을 "fleet"라고 추측할 수 있을 것이다. 만약 그것이 옳다면, 우리는 추가로 철자 3개 "s", "d", "h"가 무엇으로 대체되는지 확인할 수 있게 된다. 점점 더 많은 표적단어들이 등장함에 따라 우리는 다양한 가정들을 검증하고 재검증한다. 이는 끈질긴 노력이 요구되는 과정이다. 수작업 암호화의 반대편에는 독일의 에니그마Enigma 암호기와 같은 기계를 기반으로 한 암호체계가 존재하는데, 암호기는 평문으로

된 원문을 전송하기 전에 각 철자를 여러 차례 암호화한다. 예를 들어, e는 z가 되었다가 t로 바뀌고 다시 g로 바뀌는 식이다. 암호문은 송신자와 정확하게 똑같이 설정된 수신자의 에니그마 장치로만 해독할 수 있다. 설정은 매일 바뀔 수 있는데, 그때 필요한 '암호 키 목록'은 보통 전령을 통해 전달된다.

일본 해군 암호인 JN-25는 기계를 기반으로 한 암호체계가 아니었지만 너무 복잡해서 일본인들은 그것이 안전하다고 생각했다. 약 3만 개의 단어 목록―물론 모두 일본어 단어이다―으로 구성된 난수표에서 특정 단어를 의미하는 다섯 자리의 숫자군을 선택한다. 이어서 각 숫자군을 말 그대로 첫 번째 난수표 옆에 나란히 놓인 두 번째 난수표에서 선택한 숫자군으로 대체한다. 암호해독가들에게 더 큰 혼란을 주기 위해, 두 번째 난수표의 숫자군이 어느 부분에서부터 첫 번째 난수표의 숫자군들과 대응을 이루게 되는지를 결정할 때 고정된 방식을 사용하지는 않는다. 어느 주어진 날에 어느 지점에서든 대응이 시작될 수 있다. 송신측과 수신측은 모두 암호 키를 공유한다. 예를 들어, 그 암호 키는 "오늘의 숫자군 대체는 난수표의 400번째 숫자군에서부터 시작한다"는 식의 지시를 전달한다. 따라서 "간타이艦隊(일본어로 함대를 뜻함-옮긴이)"를 의미하는 00510이 오늘은 13012로 전송될지도 모르지만 미래에 다른 방식이 적용되면 27332로 전송될 수도 있다. 단어를 수록하고 있는 난수표와 숫자군을 대체하는 데 사용하는 난수표를 모두 확보했더라도 암호 키를 확보하지 못하면 숫자군을 배열하여 암호문을 해독할 수 없다. 우리가 난수표도 암호 키도 갖고 있지 않다면 암호해독가로서 출발선에 서 있는 셈이다. 암호해독은 피곤하고 지루하며 고도의 지능을 요구하는 작업이다.

5월 초에 하이포 지국의 암호해독가들은 다가오는 거대한 작전의 징조를 포착하기 시작했다. 몇 주에 걸쳐 상상을 초월한 노력을 기울인 끝에 암호해독팀은 일본군 부대의 구성을 구체적으로 파악할 수 있었다. 항공모함 8척과 전함 11척, 순양함 22척, 구축함 65척, 잠수함 21척, 항공기 700여 대, 그리고 병력 5,000여 명을 탑재한 수송선 등이 포함된 200척 이상의 대함대였다. 그들이 어딘가를 침공하려는 것처럼 보였지만, 장소는 ―그리고 시기는― 여전히 파악되지 않았다. 같은 문제를 다루고 있던 워싱턴의 암호통신 부서인 Op-20-G는 그 배들이 캘리포니아로 가고 있다고 믿었다. 조지프 로슈포르와 그의 하와이 팀은 캘리포니아일 가능성은 낮다고 생각했다. 실질적으로 5,000명 병력은 대규모 침공을 감행하기에 너무 부족한 전력이었고, 일본이 자신의 퇴로를 차단할 수 있는 무시무시한 미국 항공모함들을 놔둔 채 자신들의 함정들을 서부 해안의 육상기지 미 항공기들의 사정권 아래 둔다는 것도 말이 되지 않았다. 하지만 워싱턴에 있는 사람들은 목표가 샌프란시스코라고 확신한 나머지, 어느 육군항공대의 고위 장교는 그 멋진 도시를 방어하기 위해 니미츠에게 증파할 항공기의 대수를 제한했다.

일본 암호전문에 침공예상지역에 대한 단서가 있었다. 그것은 AF였다. 하지만 누구도 정확하게 AF가 무엇을 의미하는 알지 못했다. 일본의 암호체계에서 A는 보통 미국과 관련된 것을 의미했다. 암호해독가들은 이를테면, AH가 하와이를 AK가 진주만을 의미한다는 사실을 알고 있었다. 하지만 AF는 여전히 미스터리로 남아 있었다. 그러다가 일본의 한 전문에서 미국이 AF로부터 광범위한 항공탐색작전을 수행하고 있다는 언급이 나왔다. 따라서 AF는 비행장이거나 수상기 기지 혹은 둘 다일 가

미드웨이 전투가 있기 몇 달 전에 찍은 미드웨이 섬의 사진. 정면에 보이는 활주로가 있는 섬이 이스턴 섬이다. 미드웨이는 본래 무인도였으나, 섬에 활주로를 닦아 비행기지를 건설해 섬 전체가 불침 항공모함이 된 상태였다.

능성이 높았다. 하와이 서쪽 반경 수천 해리 범위 안에 전문의 언급과 일치하는 지점은 단 하나밖에 없었다. 그것은 미드웨이였다.

우연히도 니미츠와 킹은 바로 얼마 전 하와이로부터 1,300해리 서쪽에 위치한 미드웨이의 취약성에 대해 논의한 적이 있었다. 5월 초, 니미츠와 참모 몇 명이 시찰을 위해 미드웨이로 날아갔다. 그들은 포진지와 지하 지휘소를 둘러보며 배치라든가 방어태세에 대해 생각해볼 시간을 가졌다. 그 방문의 진짜 목적은 병사들—해군 조종사들과 해병 2,000명

정도―에게 그들을 절대 잊지 않았다는 사실을 보여주는 데 있었다. 니미츠는 기지사령관과 해병부대 지휘관을 각각 대령으로 진급시키고 훌륭하게 일정을 마무리했다.

시일이 흐르면서 암호해독가들이 축적한 지식이 조금씩 증가했다. 어떤 일본 함정은 하와이 서쪽 해역에 대한 일련의 해도를 요청했다. 한 전문에서는 미드웨이 북쪽에 배치된 함정에게 3일간의 항공작전에 필요한 기상보고를 요청하고 있었다. 하지만 그 일자는 아직 해독되지 않은 별도의 암호로 조합되어 있었다. 또 다른 전문에서는 AF 북서쪽 50해리 지점에서 항공기들이 이륙할 것이라는 사실을 언급하고 있었다.

니미츠는 재빨리 미드웨이에 배치된 부대에 해군 및 해병 항공기를 차출해 거의 같은 수의 급강하폭격기와 전투기, 정찰기를 총 99대 보냈다. 그리고 이와 더불어 육군 B-17 폭격기 19대와 B-26 폭격기 4대를 함께 파견했다. 그는 구축함이 호위하는 수상기모함 1척을 미드웨이와 오아후의 중간 지점인 프렌치 프리깃 여울목 French Frigate Shoals 에 배치해 미국 초계기들에게 연료를 공급하는 동시에 그 지점을 적의 수상기가 장거리 정찰작전에 활용하지 못하게 봉쇄했다. 또한 존 포드 John Ford 중령―아카데미 감독상을 받은 영화감독으로 1934년부터 해군예비대 장교였다―을 불러 "짐을 챙겨 여기를 떠나라"고 지시했다.[1] 그는 포드를 미드웨이에 보내 곧 있을 공격을 영상에 담게 했다.

하이포 지국은 일본 함정들이 적어도 침공부대와 타격부대, 그리고 알래스카의 더치 하버 Dutch Harbor 로 향하고 있는 것이 분명한 더 작은 소규모 부대, 이렇게 여러 집단으로 조직되어 있다고 판단했다. 이것은 미국의 함정을 미드웨이에서 1,600해리나 떨어진 곳으로 유인하려는 시도이거나 별도의 침공을 엄호하려는 시도인 것 같았다. 둘 중 어느 것이 맞는지는 명확하지 않았다. 니미츠는 순양함 5척과 구축함 4척을 알래스카로 파견했다.

일본이 미드웨이를 점령할 경우, 장거리 육상 항공기를 발진시켜 태평양의 광대한 영역을 통제할 수 있는 기지를 갖게 될 것이다. 하지만 미국에 알려지지 않은 실제 공격의 목적은 미국 해군을 함정으로 유인해 일본 함대와 장대한 결전을 벌임으로써 진주만에서 시작된 전쟁을 끝내는 데 있었다. 타격부대는 미끼였다. 더 거대한 주력부대는 서쪽으로 200해리 후방에 잠복하고 있을 예정이었다. 타이밍이 중요했다. 일본은 미국이 수백 척의 전투함을 건조 중이며 그들 중 다수는 곧 태평양을 향하게 될 것이라는 사실을 알고 있었다. 만약 태평양함대를 전멸시킬 수 있다면, 새로 도착하는 함정을 그때그때 하나씩 처리해가며 서태평양의 자원을 장악하려는 그들의 계획을 진행시킬 수 있게 될 것이다.

워싱턴과 하와이의 일부 장교들은 자신의 환상을 떨쳐버리지 못했다. 니미츠는 일본의 목표가 미드웨이라는 것을 왜 그렇게 확신한 걸까? 그들에게 AF는 무엇이든 될 수 있었고, 아니면 아무것도 아닐 수 있었다. 반대론자들이 말하는 목표는 그것이 아무리 비논리적이라고 해도 여전히 미국의 서부 해안이었다.

이러한 논쟁을 매듭짓는 결정타는 하이포 지국 근무자들이 일상적인 대화를 나누던 중에 나왔다. 미드웨이가 대화의 주제였는데, 암호해독가 중 한 명이 과거 미드웨이에 해수를 담수화하는 데 어려움을 겪은 적이 있다고 말했다. 그러자 다른 암호해독가가 농담으로 만약 그들이 장비에 문제가 있어서 그 사실을 무전으로 진주만에 보고하면, 장담하건대 일본

의 무선감청소가 그것을 가로채 자기 나라에 알릴 것이라고 말했다.[2]

빙고!

미드웨이와 진주만은 해저 케이블로 연결되어 있었는데, 그것은 도청이 불가능해서 안전했다. 미군은 일본인들이 이 숨겨진 통신수단을 눈치채지 못하도록 정기적으로 위험하지 않은 내용을 무선으로 교신했다. 해저 케이블을 통해 모종의 지시가 미드웨이에 전달되었다. 지시에 따라 미드웨이에서는 진주만의 14해군구 사령관에게 식수가 부족하다고 불평하는 내용의 평문을 무선으로 송신했다.

아니나 다를까 5월 22일에 멜버른에 있는 지국은 일본 해군 정보부에서 송신한 전보를 감청했다. "AF 항공부대는 다음과 같은 무선통신문을 발송했다. …… '현재 우리가 보유한 식수는 2주일분에 불과함. 즉시 식수를 공급해주기 바람.'" 그리고 일본 해군 지휘관은 침공부대에 해수 담수화 장비를 추가할 것을 명령했다.[3] 동시에 하이포 지국은 일본인들이 날짜를 표시하는 데 사용하는 암호를 해독해 공격이 6월 4일에 시작될 것으로 예측했다. 니미츠는 감정을 절제하려고 했지만, 한 참모의 말에 따르면 "흥분한 표정이 역력했다."[4]

니미츠는 확신했지만, 육군 지휘관 델로스 C. 에먼스Delos C. Emmons 중장은 그렇지 않았다. 그는 일본의 진짜 목표가 오아후라고 믿었다. 에먼스를 설득하기 위해 니미츠는 고위 장교를 임명해 하이포 지국의 모든 주장에서 허점을 찾아보려고 했으며, 가장 민감한 정보 중 일부는 그와 공유했다. 그러나 에먼스는 설득되기는커녕 오히려 니미츠가 일본의 의도에 대한 보고에 너무 의지한다고 경고했다. 그는 일본의 역량에 근거해서 계획을 세우라고 ─육군대학에서는 그렇게 가르쳤다─ 조언했

레이먼드 스프루언스는 1942년 6월 미드웨이 해전에서 16기동부대 사령관을 맡아 항모 엔터프라이즈에 승함해 일본군 항공모함들을 격퇴시켰으며 이후 태평양함대 사령관 니미츠의 참모장이 되었다. 미드웨이 해전을 앞두고 대상포진에 걸린 핼시가 자신의 후임으로 레이먼드 스프루언스를 추천하자, 니미츠는 조금도 주저하지 않고 16기동부대 사령관직을 그에게 맡겼을 정도로 그를 높이 평가했다.

다. 니미츠는 미드웨이가 목표라는 가정하에 배치된 모든 미군 부대는 적과 오아후 사이에 위치하기 때문에 하와이 제도도 방어하는 셈이라고 응수했다.

미국은 더글러스 맥아더 장군이 이끄는 눈부신 기만작전에 몰두했다. 산호해 해역에서 함정 몇 척과 해안 기지국은 시종일관 항공모함 작전 시에 발생하는 무선통신들을 주고받았다. 일본 통신분석가들은 야마모토 제독에게 요크타운은 아직 먼 산호해에서 작전 중이기 때문에 미국의 1개 항공모함 기동부대에 대해 걱정할 필요가 없다고 보고했다.

이후 전개된 것처럼 미드웨이 타격부대는 항공모함 4척, 전함 2척, 순양함 및 구축함 15대로 구성되어 있었다. 미국은 순양함 8척과 구축함 20척, 급유함 3척, 잠수함 19척, 보조함 5척, 그리고 항공모함 3척(엔터프라이즈와 호넷, 요크타운)을 집결시켰다. 요크타운은 간신히 공격 개시 전에 수리를 마칠 수 있었다. 산호해 해전에서 손상을 입은 요크타운은 5월 27일에 귀항해 즉시 건선거에 들어갔다. 당시 니미츠는 건선거에 물이 다 빠지기도 전에 장화를 신고 직접 수리 전문가들을 인솔해 피해 상황을 점검했다. 그리고 신속하게 평가를 내렸다. 여기를 때우고 저기를 강화하는 등의 조치가 필요했다. 니미츠는 72시간 그 이상은 안 되며 요크타운은 바로 출항해야만 한다고 말했다. 그리고 그것은 실현되었다. 수리 요원들을 태운 채 여전히 땜질을 계속하면서 출항했다.

최종 순간에 미국은 지휘관을 교체해야 했다. 핼시가 체력을 저하시키는 고통스런 대상포진에 걸려 병가를 냈기 때문이다. 그는 전열에서 벗어나 입원하게 되었다(9월까지 입원했다). 레이먼드 스프루언스가 핼시의 16기동부대를 맡았다. 그리고 요크타운에 승함한 프랭크 잭 플레처 Frank Jack Fletcher 소장이 미드웨이 작전의 전체 지휘를 맡았다.

일본의 무선통신감청소는 진주만 지역에서 항공기와 지상 간의 무선 교신과 긴급전문이 급증했다는 데 주목했다. 그것은 항공모함이 출항했다는 확실한 암시였다. 믿을 수 없게도 이 정보는 미드웨이 타격부대에 전달되지 않았다. 야마모토는 엄격한 무선침묵을 명령했고, 그 명령은 철저하게 지켜졌다. 일본과 미국의 부대들이 결정적 충돌을 향해 정면으로 돌진하고 있던 6월의 첫 며칠간은 오로지 한쪽―미국―만 상대방에 대해 알고 있었다.

❖ 미드웨이 해전

6월 3일 미드웨이의 초계기가 일본의 수송부대를 발견함으로써 전투의 시작을 알렸다. 육군 B-17 폭격기 6대가 수송선을 공격하기 위해 파견되었지만 아무런 전과를 거두지 못했다. 그날 저녁 해군 초계기가 적의 급유함에 어뢰공격을 가했다. 피해는 그리 크지 않았다.

6월 4일 전투 당일 새벽, 또 다른 미드웨이 정찰기가 일본 타격부대의 항공모함을 발견하고 공격자가 접근하고 있음을 보고했다. 이 보고 덕분에 미드웨이는 약 30분의 사전경보를 받을 수 있었다. 초계기는 프렌치 프리깃 여울목으로 안전하게 피신했고, 공격부대는 적의 함정을 찾아 나섰으며, 상공 방어 전투기들은 적이 도착하기 약 20분 전에 이륙했다. 전투배치가 이루어지면 기지사령관은 지하 벙커에 위치해야 하기 때문에 포드 중령에게 영화촬영 이외의 임무를 맡겼다. 섬에서 가장 높

미드웨이 전투 당시 정보장교와 군촬영기사로 미드웨이에서 복무 중이던 존 포드 감독은 부상을 입으면서도 16밀리미터 카메라로 전투현장을 계속 촬영한 공로로 명예전상장을 받았다. 이때 찍은 다큐멘터리 〈미드웨이 해전 The Battle of Midway 〉(1942)은 아카데미 다큐멘터리 부문 작품상을 수상했다.

은 위치인 발전소 꼭대기로 가서 전화로 매순간 그의 눈에 띄는 모든 것을 상세하게 보고하라고 했다. 기지사령관은 그에게 이렇게 말했다.

"우리는 곧 공격을 받게 될 걸세. 가급적 영화는 잊게. …… 나는 폭격 진행 상황에 대한 유익하고 정확한 정보를 원하네."[5]

포드는 두 가지 임무를 모두 수행하는 놀라운 능력을 발휘했다. 그는 지휘관에게 계속 상황을 알리면서 영화를 촬영했다. 그 중 최고의 장면을 촬영하는데 폭탄이 폭발하면서 거대한 콘크리트 잔해가 카메라를

Chapter 13 암호전쟁 237

향해 곧바로 날아왔다. 그 파편에 부상을 입은 포드는 명예전상장Purple Heart을 받았다. 미드웨이 공격을 촬영한 그의 다큐멘터리 영화는 그에게 또 하나의 아카데미상을 안겨주었다.

일본군은 100대가 넘는 항공기로 섬을 공격했다. 그들은 해병 방어 전투기 17대를 격추시켰지만, 대부분 대공사격을 받고 전력의 3분의 1을 잃는 바람에 결국 비행장을 폐쇄하는 데 실패했다. 그들은 자신이 사용하기 위해 세심하게 활주로만 피해서 공격한 것처럼 보였다. 미드웨이에서 발진한 해군·해병·육군항공대 항공기들이 반격에 나섰지만 일본 항공모함 부대에 경미한 피해를 입히는 데 그쳤고, 오히려 압도적으로 우세한 일본의 전투기들과 대공사격에 의해 다수의 항공기를 잃었다. 미드웨이 주둔 B-17 폭격기편대 소속 16대는 구름 위의 높은 고도에 진입해 500파운드(약 226킬로그램) 폭탄 128발을 투하했다. 그들이 명중탄을 기록했다는 증거는 어디에도 존재하지 않는다.

미드웨이 항공기들의 공격이 막 끝나고 일본의 함재기들이 모함으로 귀환할 무렵 초계기 1대가 고속으로 접근하는 미국 항공모함들을 발견했다. 그 소식을 들은 일본군은 신속하게 계획을 변경했다. 일본군은 다수의 함재기를 예비로 보유하고 있었다. 그들은 미드웨이에 대한 2차 공습에 사용하기로 되어 있었다. 이제 그들은 이미 탑재되어 있던 접촉신관 폭탄(지상공격에 사용된다)을 대함무기—어뢰와 철갑탄—로 교체해야만 했다. 그러는 동안 오전 9시 30분경 격납갑판이 탑재를 끝내고 출격대기 중인 폭격기들과 아직 탄약고에 집어넣지 못해 쌓여 있는 교체된 폭탄들로 혼잡한 상황에서, 미국 항공모함에서 발진한 뇌격기들이 첫 번째 공격을 가했다. 뇌격기들은 명중탄을 기록하지 못한 채 대부분

격추되었다. 하지만 뇌격기들이 수면 바로 위로 낮게 비행했기 때문에 일본 전투초계기들은 그들을 공격하기 위해 저고도로 내려와야만 했다. 덕분에 미국의 급강하폭격기 3개 비행중대가 도착했을 때 상공은 텅 비어 있었으며, 각각의 비행중대는 서로 다른 항공모함을 노릴 수 있었다. 불과 몇 분 사이에 그들은 표적에 치명적인 손상을 입혔다. 일본군의 네 번째 항공모함은 그날 오후에 침몰했다.

정오경 요크타운이 전투력을 상실했다. 플레처는 참모들과 함께 순양함 아스토리아Astoria 로 옮겼는데, 아스토리아는 전투 중에 지휘소 역할을 할 수 있는 시설을 갖추고 있지 않아서 이후 그는 전술지휘권을 엔터프라이즈에 승함하고 있는 스프루언스에게 넘겼다. 이후 요크타운이 안정화된 것처럼 보여서 진주만으로 예인하려고 시도했다. 그런데 일본 잠수함이 예인작전에 끼어들어 요크타운과 작전을 지원하던 구축함에 어뢰를 발사했다. 구축함은 즉시 침몰했고 그 뒤를 이어 다음날(6월 7일) 요크타운도 침몰했다.

❖ "나는 여러분과 함께했다는 것이 자랑스럽다"

기지사령관이 해저 케이블을 통해 진주만으로 전송하는 존 포드의 전화 보고를 비롯한 미드웨이에서 보내오는 전투 보고는 즉각적으로 전달되었다. 하지만 무선을 통해 태평양함대 사령부에 전달되는 보고는 단편적이었으며 대체로 자신이 봤다고 생각하는 것을 보고하는 조종사들의 흥분된 논평이 주를 이루어서 니미츠는 무엇을 믿어야 할지 알 수가 없었다. 훗날 레이턴은 니미츠가 "이제까지 본 적이 없을 정도로 너무 흥분했다"고 회고했다.6 한 잠수함이 항공모함 3척이 불에 타고 있다고 보고하자, 마침내 낙관적 전망을 가질 수 있는 여지가 생겼다. 그날 저녁, 니미츠는 예하 부대에 '치하' 전문을 보냈다.

"오늘 미드웨이 전투에 참가한 여러분은 우리 역사의 영광스런 한 페이지를 기록했다. 나는 여러분과 함께했다는 것이 자랑스럽다. 여러분 각자가 전력을 다하는 한, 언젠가는 적을 완전히 패배시키게 될 것이다."7

6월 5일에도 교전은 계속되어 적의 순양함 1척이 침몰했다. 6월 6일에는 B-17 폭격기들이 또 한 번 출격해 한 표적에 폭탄을 투하했다(그것은 미국 잠수함이었다). 잠수함은 재빨리 잠항했지만, 폭격기 승무원은 그 장면을 촬영해 순양함을 격침시켰다는 증거물로 제출했다. 사진을 면밀히 검토한 결과 진실이 드러났다. 우연의 일치였을까 그 잠수함은 바로 니미츠의 태평양함대 사령관 취임식에 사용되었던 그레일링이었다.

곧 더치 하버에 대한 일본의 행동은 알류산 열도의 최외각에 있는 두 섬, 키스카Kiska 와 애투Attu 를 점령하기 위한 양동작전이었음이 분명해졌다. 작전은 미드웨이 전투가 가열되고 있는 동안에 진행되었다. 적은 더치 하버에 몇 발의 폭탄을 투하했지만 거기에서 서쪽으로 약 1,000해리 떨어진 두 섬을 점령할 때는 거의 저항을 받지 않았다. 그 두 섬은 미국이나 일본에 별로 중요한 섬이 아니었다.

일본의 연합함대는 5월 27일—당시 야마모토 제독도 참전해 큰 부상을 입었던 쓰시마 해전 기념일이었다— 전투를 위해 출행했다. 야마모토 제독은 승리를 위한 일종의 부적으로 항공모함 1척에 도고 제독의 전투기를 게양했다. 그러나 그것도 아무 소용이 없었다.

여전히 강력한 전력을 지닌 일본 타격부대의 잔존 병력은 서쪽으로 퇴각했다. 스프루언스는 잠시 그들을 추격하다가, 추격을 중단하고 진주만으로 복귀하는 쪽을 선택했다. 연료가 다 떨어져가고 있었으며, 곧 웨이크 섬에 기지를 둔 일본군 폭격기의 사정거리 안에 들어가게 될 것이고, 야간 전투에 휘말릴까 봐 걱정이 되었던 것이다. 항공모함 탑재기 조종사들은 야간 착함 경험이 없었다. 일부에서는 스프루언스를 비판했지만, 추격 중단은

1942년, 미군이 둘리틀 공습으로 도쿄를 폭격하자, 일본은 미 해군을 일본 본토에 접근할 수 없는 지점으로 몰아낼 계획을 세우게 된다. 그 전초기지가 바로 미드웨이 섬이었다. 이 작전에서 야마모토 이소로쿠는 항공모함 4척과 순양함 1척, 항공기 322대를 비롯해 병력 3,000여 명을 잃고 패배한 뒤 귀항한다.

최선의 선택이었음이 밝혀졌다. 당시에는 아무도 몰랐지만, 만약 추격을 중단하지 않았다면 야마모토의 더욱 강력한 주력 전투부대와 정면으로 충돌했을 가능성이 높았다. 야마모토는 곧 자신의 임무가 끝났다는 사실을 깨달았다. 자신의 부대가 너무 많은 피해를 입었던 것이다. 그 순간 그는 함대의 귀환을 결정했다.

결국 일본은 항공모함 4척과 순양함 1척, 항공기 322대를 비롯해 병력 3,000여 명을 잃었다. 미국은 항공모함 1척과 구축함 1척, 항공기 147대, 병력 347명을 잃었다.

적이 후퇴했는지, 손상을 입지 않은 항공모함을 몇 척이나 예비로 보유

하고 있는지 알 수 없었던 니미츠는 미드웨이의 전력을 보강하고 초계를 확대할 수 있도록 오아후에 기지를 둔 B-17을 파견해달라고 육군에 요청했다. 육군은 그럴 경우 오아후가 적절한 항공엄호를 받지 못하게 될까 봐 우려했다. 그래서 니미츠는 타협안을 내놓았다. 항공모함 사라토가가 함재기를 탑재하고 샌디에이고를 출항해 어느 때 도착할 예정이니 만약 육군이 B-17을 파견해준다면 사라토가가 정박해 있는 동안 사라토가의 함재기에 대한 지휘권을 넘겨주겠다고 제안했다. 육군은 제안에 동의했고 곧 B-17들을 파견했다. 얼마 후, 육군 장교 중 한 명이 물었다.

"사라토가가 오늘 진주만에 도착한다고 하셨습니까?"

니미츠가 대답했다.

"그렇소. 이제 곧 입항할 것이오."

육군 장교가 다시 물었다.

"사라토가가 여기에 얼마나 머물 예정입니까?"

"급유가 끝나면 출항하게 될 거요."[8]

일본의 의도를 믿지 않았던 일에 대한 일종의 사과로 에먼스 장군이 푸른색과 금색 리본으로 장식한 대형 샴페인 병을 갖고 니미츠의 집무실을 방문했다. 니미츠가 자동차를 보내 로슈포르를 파티에 초대했지만, 그가 정복으로 갈아입느라 지체하는 바람에 태평양함대 사령부에 도착했을 때는 샴페인 병이 이미 비어 있는 상태였다. 그럼에도 불구하고 니미츠는 그 자리에 참석한 참모진을 향해 다음과 같이 말함으로써 로슈포르를 환영했다.

"이 장교가 미드웨이 전투에서 승리하는 데 큰 공헌을 했네."[9]

Chapter 14
권력다툼과 음모

"누가 명성을 얻게 될지 신경 쓰는 사람이 하나도 없을 때 우리는 무엇이든 달성할 수 있다."

❖ "니미츠에게 한계는 없다"

미드웨이 해전이 진행되는 동안, 니미츠는 언론에 짧은 성명을 발표해 현재 전투가 진행 중이며 미국이 여전히 해역을 장악하고 있다고 국민을 안심시켰다. 전투의 마지막 날인 1942년 6월 6일, 그는 좀 더 세부적인 사실을 브리핑했다. "우리 항공모함 1척이 손상을 입었다." 하지만 적의 항공모함 2척 혹은 3척을 침몰시켰으며, 또 다른 항공모함 1척 혹은 2척에 손상을 입혔다. "이제 진주만에 대한 복수를 일부 한 셈이다." 그는 이렇게 선언했다. "일본의 해군력이 무력화되기 전까지 복수는 멈추지 않을 것이다." 그리고 덧붙여 말했다. "아마 우리는 목표의 절반 정도를 달성했다고 해도 무방할 것이다."[1]

　AP통신은 이렇게 보도했다.

　"니미츠에게 한계는 없다."[2]

1월로 거슬러 올라가 당시 프랭크 녹스 해군장관에게 불만을 제기했던 《시카고 데일리 뉴스》 기자인 로버트 케이시—미드웨이 전투 당시 함정에 승함하고 있었다—가 이제는 칭찬을 쏟아냈다. 그는 이렇게 썼다.

"이번 전쟁의 가장 두드러진 반전은 우리의 해군이 과거, 12월 6일에 우리가 생각했던 것만큼 실제로 우수하다는 사실을 알게 된 것이다."

이어서 그는 설명했다.

"우리는 해군이 …… 손에 쥐고 있는 자원이 얼마가 되었든 상관하지 않고 무엇이든 할 수 있는 것부터 시작해서 서서히 추진력을 높여 모든 물자와 인원을 집결시킨 뒤 미국인 고유의 탁월함으로 …… 야마모토 제독의 의표를 찌르는 모습을 보았다."[3]

1941년 6월 26일 의회 증언에서 니미츠는 이렇게 예언한 적이 있었다. "우리는 비록 어떤 이야기가 사실이라고 해도 공익을 해칠 경우 보도하기 전에 신중하게 저울질해볼 필요가 있는 시기에 와 있습니다."[4] 결국 그 시기가 도래한 것이었다. 6월 7일 일요일, 《시카고 트리뷴 Chicago Tribune》은 미드웨이의 승전을 기념하며 "해군, 일본의 해상 공격 계획 알고 있었다"라는 제목의 워싱턴발 1면 관련 기사에서 이렇게 말했다.

미드웨이 섬 서쪽의 모처에서 미국 해군은 일본군을 상대로 이번 전쟁에서 가장 대규모일 것으로 생각되는 해전을 벌였으며, 해군 정보부의 믿을 만한 소식통이 밝힌 바에 따르면 해군 내부에서는 전투가 시작되기 며칠 전부터 일본군의 전력을 잘 알고 있었다.

다시 말하면, 이것은 미국 해군이 일본의 암호를 해독하고 있다는 뜻이었다. 아마 이것은 태평양전쟁 기간 중 주요 언론 매체가 저지른 심각한 보안 위반의 유일한 사례였을 것이다. 기사에는 전투서열이 자세히 묘사되어 있어서 일본군 부대의 편성과 주력부대의 구성이 함정 단위까지 열거되어 있었다.

《시카고 트리뷴》의 스탠리 존스턴 Stanley Johnston 기자는 이 정보를 워싱턴이 아니라 태평양에서 얻었다. 그는 산호해 해전 중 함대에 머물렀던 소수의 기자들 중 한 명이었다. 렉싱턴에 타고 있던 그는 렉싱턴이 치명적인 손상을 입자 다른 배로 옮겨 탔으며 그곳에서 렉싱턴의 부장인 모턴 셀리그먼 Morton Seligman 중령과 같은 방을 썼다. 5월 31일, 니미츠는 주요 전투부대 지휘관들에게 다가오는 미드웨이 작전에서 분명한 것으로 파악된 일본군의 전투서열을 암호 전문으로 발송했다. 복사본 1부가 셀리그먼에게 전달되었는데 그는 그 내용을 자기 룸메이트에게도 보여주었던 것이다.

어떤 사람들은 존스턴 기자와 《시카고 트리뷴》을 간첩행위로 기소해야 한다고 생각했다. 하지만 그들 모두 언론의 자유에 대한 수정헌법 제1조(기자는 스파이가 아니라 단지 해군 장교에게 기사거리를 넘겨받은 것에 불과했다)와 정치적 현실의 보호를 받았다. 즉, 《시카고 트리뷴》의 발행인인 로버트 R. 매코믹 Robert R. McCormick 이 광적인 반루스벨트 비평가였기 때문에 그들을 기소하는 것은 정치적 보복으로 간주될 가능성이 있었다.

일본 측이 그 기사를 보았는지 여부는 확인되지 않았지만, 그들은 곧 암호를 바꾸었다.[5]

❖ 미드웨이 전투 승리의 주역은 누구인가

공식 성명을 통해 니미츠는 육군과 해군, 해병대 조종사들을 똑같이 치하했다. 하지만 하와이 지역 육군항공대의 폭격기부대 지휘관인 윌리스 H. 헤일Willis H. Hale 준장은 한 기자에게 자신의 비행기들이 승리를 거두는 데 가장 큰 역할을 했다고 말했다. 6월 12일 《뉴욕 타임스》는 다음과 같이 보도했다. "미국 육군항공대 장교들 오늘 그들의 고공폭격기가 실시한 대학살 일부 공개"라는 기사는 육군항공대가 항공모함 3척, 순양함 1척, 구축함 1척, 대형 수송선 1척, 기타 "순양함 혹은 전함으로 보이는 대형 함정 1척"을 명중시켰다고 보도했다. 또한 그 기사에 따르면, "일본군 전투기들은 이들 하늘의 전함과의 교전에 휘말리는 것을 별로 원하지 않았다."6 공격부대의 지휘관인 월터 C. 스위니Walter C. Sweeney 중령은 《뉴욕 타임스》에 이렇게 말했다.

"나는 고공폭격의 효과에 확신을 갖고 있다. 만약 우리가 이번과 같은 공격에 충분한 항공기를 동원할 수만 있다면, 아무도 우리를 피할 수 없을 것이다. 왜냐하면 우리는 어떤 함정도 피할 수 없는 방법으로 폭탄을 투하할 수 있기 때문이다."7

하지만 B-17이 입힌 피해에 대한 모든 보도는 크게 과장되어 있었다. 대략적인 계산에 따르면, 그들이 수행한 모든 공격―약 55소티Sortie―에서 B-17은 314발의 폭탄을 투하했으며 그 중 고작 12발이 명중했다고 그들 스스로 보고했는데, 이는 "승리의 주역이었다"고 하기에는 충분치 않은 실적이었다. 전후 일본 측 기록과 대조해본 결과, 명중탄은 ―많아야― 3발로 줄었다. B-17 중 일부가 찍은 사진들은 전부 폭탄이 표적이 아니라 그 근처에 떨어졌음을 보여주고 있다. 아마 스위니 중령은 예전에 미국과 영국이 기동 중인 함정을 대상으로 폭격 시험을 했을 때 나왔던 결과를 모르고 있었던 것 같다. 전쟁 이전의 한 연구에서는 심지어 상대적으로 낮은 고도인 1만2,000~1만4,000피트(약 3,600~4,200미터)에서도 기동 중인 수상함 1척에 대해 7퍼센트의 명중률을 얻으려면 적어도 폭격기 18~20대가 필요한 것으로 나타났다.

태평양함대 포술보좌관 E. M. 엘러^{E. M. Eller} 소령이 미드웨이 전투 보고서를 작성하는 임무를 맡았다. 이것은 그의 업무가 아니었지만, 엘러가 얼마 전 해군협회 연례 '최우수 에세이' 콘테스트에 당선되어 신진 작가로서 명성을 얻자 이 임무를 맡게 되었다. 보고서를 취합하면서 엘러는 어떤 전투보고서 작성자도 경험하지 못한 혜택을 누렸다. 며칠 후 미국의 거의 모든 전투 참가자들이 진주만에 입항했고, 엘러는 그들 중 누구라도 직접 면담할 수 있었다.

보고서에 관심이 많았던 해군차관 제임스 포레스털은 워싱턴에서 비행기로 날아왔다. 그는 보고서에 모든 사실을 솔직하게 담아서 대중이 이 위대한 승리에 대해 알기를 원했다. 하지만 니미츠는 보고서가 정확하기는 하되 적에게 너무 많은 정보가 노출되지 않기를 바랐다. 예를 들어, 일본군은 요크타운이 침몰했다거나 미드웨이 기지의 항공기들이 상당수 파괴되었다는 사실은 모르고 있을 테니까. 니미츠가 7월 14일에 배포를 인가한 작전요약보고서에는 요크타운이 "전투력을 상실"한 것으로 기록되어 있었다.[8] 요크타운의 침몰은 9월 중순이 되어서야 비로소 대중에게 공표되었다.

❖ Op-20-G 대 하이포 지국:
암호해독의 대가 로슈포르를 제거하라

14해군구가 조지프 로슈포르를 공로훈장 Distinguished Service Medal, DSM 후보로 추천하자, 니미츠는 추천명단을 킹에게 보내면서 진심으로 그에 대한 지지 의사를 전달했다. 그러나 그것은 받아들여지지 않았다. 그 이유는 로슈포르가 "전부터 그가 사용할 수 있도록 미리 준비되어 있던 도구를 단지 효율적으로 사용한 것에 불과"하며 "미국함대 사령부 작전계획과가 적의 의도를 정확하게 파악했기 때문에 그들에게도 똑같이 공이 있다"는 것이었다. 미국함대 사령부 참모 중 어느 누구도 정확하게 파악하지 못했다는 점만 빼면 맞는 말이었다.

그것조차도 해군 통신실장 조지프 R. 레드먼 Joseph R. Redman 대령이 워싱턴에서 귀를 기울여주는 사람이면 누구에게나 미드웨이의 승리는 Op-20-G가 노력한 결과물이며 하이포 지국은 단지 지원만 제공했을 뿐이라고 떠드는 것을 막지 못했다. 그는 하이포 지국이 기회를 놓쳤지만 Op-20-G가 곤경을 면하게 해주었다9고 말했다. 여기서 우리는 Op-20-G 과장 존 레드먼 John Redman 중령이 조지프 R. 레드먼 대령의 동생이라는 사실에 주목해야 한다.

레드먼 대령은 태평양지역 암호해독조직을 재편해 모든 중요한 암호업무를 Op-20-G의 관할하에 두기를 바랐다. 하이포 지국은 통신량 분석 업무로 밀려날 형편이었다. 로슈포르는 저항했다. 레드먼 형제는 하이포 지국이 태평양함대 사령부와 공조하지 않고 곧바로 Op-20-G에 보고하기를 원했다. Op-20-G가 모든 새로운 정보를 니미츠에게 전달하

하이포 지국의 책임자였던 조지프 로슈포르는 해군사관학교 졸업생이 아니라 제1차 세계대전 당시 장교후보생학교를 거쳐 임관한 인물로, 일종의 외부인이나 다름없었다. Op-20-G는 그를 내보내고 Op-20-G의 방식을 잘 따르는 다른 사람으로 교체하고 싶어 했다. 레드먼 형제는 마키아벨리식 음모를 통해 암호해독의 대가인 그를 부선거 지휘관으로 쫓아내는 데 성공했다.

는 임무를 맡겠다는 것이었다. 로슈포르는 이런 권력다툼에 저항했다. 그는 니미츠를 위해서 일했다.

로슈포르는 일종의 외부인이었다. 그는 해군사관학교 졸업생이 아니라 제1차 세계대전 당시 장교후보생학교를 거쳐 임관했다. 그는 함께 일하기가 까다로워서 이상적인 팀 플레이어는 아니었다. 그래서 Op-20-G는 그를 내보내고 Op-20-G의 방식을 잘 따르는 다른 사람으로 교체하고 싶어 했다. 레드먼 형제는 마키아벨리식 음모를 통해 암호해독의 대가인 로슈포르를 하이포 지국에서 제거해 해군 장교의 무덤이라 할 수 있는 부선거浮船渠(부양식 독)의 지휘관으로 쫓아내는 데 성공했다.

니미츠는 반대했지만, 킹은 그 임명이 해군참모차장 Vice Chief of Naval Operations, VCNO 의 희망사항이니 바뀌지 않을 것이라고 말했다. 해군참모차장은 로슈포르를 만난 적도 없고 그의 자질에 대해 전혀 아는 바가 없었지만, 레드먼으로부터 로슈포르는 단지 일본어 학생에 불과하며 그의 자리에는 통신과 무선정보 훈련을 받은 사람이 필요하다는 말을 듣고 있었다. 사실 로슈포르는 이미 몇 년 전에 그 특기에 대한 훈련을 이수한 상

Chapter 14 권력다툼과 음모 251

태였다. 실제로 그는 자신을 깎아내리는 자들보다 그 분야의 훈련이 더 잘 되어 있었다. 레드먼 중령은 해군참모차장에게 "경험상으로 볼 때 전투지역에 있는 부대들에게는 단지 적의 전문을 읽거나 관련된 암호체계의 사소한 변화를 알아내는 데 필요한 일상적 업무를 수행하는 것만으로는 충분하지 않습니다"라고 말했다.[10] 하이포 지국이 미드웨이에서 결정적 성과를 거둔 지 불과 2주일 뒤에 이런 대화가 이루어졌다.

해군참모차장은 바쁜 사람이었다. 그는 로슈포르나 니미츠에게 의사를 물어보는 수고조차 하지 않았다. 니미츠는 로슈포르가 사전 통지나 그의 동의도 없이 교체된다는 사실에 상당히 화가 났지만, 이미 이 지경이 된 상황에서 자신이 어떤 행동을 취해도 소용이 없을 것이라고 생각했다. 에드윈 T. 레이턴이 니미츠에게 로슈포르의 공로훈장을 재상신하자고 요청했을 때, 니미츠는 이렇게 말했다.

"레이턴, 만약 자네가 킹 제독에 대해 조금이라도 안다면, 일단 그가 마음을 정하면 그것으로 끝이라는 것도 잘 알겠지. 지금 나는 이 전쟁을 수행하는 것만도 벅차다네."

이 말과 함께 그는 논쟁을 중단했다.[11] 그도 어쩔 도리가 없었겠지만, 핵심 관계자들 중 어느 누구에게도 그것을 거론할 최적기가 아니었던 것이다.

로슈포르는 자신의 명성에 대한 공격을 극복하고 전후 전략적 전쟁수행에 대한 통신정보의 영향을 평가하는 특별평가단의 수장이 되었다. 그는 1986년―그의 사후 10년 뒤―에 미드웨이 승리에 기여한 공로를 인정받아 (대통령자유훈장과 함께) 공로훈장을 받았다.

진주만에 있는 로슈포르의 책상 위에는 다음과 같은 문구가 걸려 있었다.

"누가 명성을 얻게 될지 신경 쓰는 사람이 하나도 없을 때 우리는 무엇이든 달성할 수 있다."[12]

Chapter 15
니미츠 방식

니미츠는 겸손했다. 그는 앞에 나서거나 다른 사람의 공적을 가로채려고 하지 않았다. 그리고 그는 자신과 함께 근무했던 적이 있는 사람들의 생일과 기념일을 기억했다가 축하해주었다.

❖ 니미츠의 세 가지 질문

1942년 말 니미츠는 킴멜과 파이의 참모진을 교체하기 시작했다. 그들이 너무 과중한 업무에 시달리거나 진급을 위한 자격요건을 갖추기 위해 해상근무를 해야 했기 때문이다. 그는 레이 스프루언스 소장을 참모장에 임명하고 이전까지 항공모함 함장으로 근무했던 포레스트 셔먼 Forrest Sherman 대령을 작전참모로 삼았다. 1전함분대 사령관 시절 그의 비서실장이었던 프레스턴 V. 머서를 다시 비서실장으로 임명했고, 할라마를 부관으로 삼았다. 이후 라마는 전쟁이 끝날 때까지 니미츠와 함께하게 된다.

 니미츠는 지나칠 정도로 참모진을 확대하는 데 반대했다. 그가 머서에게도 말했던 것처럼 참모장교들은 자기가 하는 일을 정당화하기 위해 문서 주고받기에 골몰하는 경우가 아주 잦았다. 하지만 진주만의 업무

량은 이미 엄청난 수준인 데다가 점점 늘어나고 있었다. 머서는 하루 약 400통의 편지를 읽은 뒤 평가하고 행동을 위해 참조했으며, 그 밖에 처리해야 할 일들도 많았다. 시간이 흐르면서 1942년 태평양함대 사령부 직할 참모진의 장교는 45명에서 245명으로 늘어났다.

또한 니미츠는 자신의 참모진에 여성 장교나 사병을 받아들이라는 압력에도 저항했다. 전쟁 기간 중 두 차례에 걸쳐 니미츠는 워싱턴을 방문했는데, 그때 매우 효율적이고 대단히 매력적인 해군과 해병대 여군들이 근무하는 사무실을 배정받았다. 여성 해군 프로그램을 관리하는 장교들은 니미츠 제독에게 자기 예하 부대에도 여군을 배치하게 해달라고 설득했다. 뼛속까지 구시대 인물이었던 니미츠는 집무실에 들어설 때 여성이 벌떡 일어나 차려를 하는 것이 익숙하지 않았다. 결국 여군비상지원대가 태평양함대 사령부 참모진으로 근무하게 되었지만, 그것은 전쟁 말기 니미츠가 자신의 집무실을 괌으로 옮긴 뒤의 일이었다.[1]

태평양함대 사령부의 하루 일과는 아무리 그날 중요한 일이 있다 하더라도 거의 규칙적이었다. 오전 8시, 나팔수가 '국기게양' 나팔을 불면 전원이 그날의 국기게양식이 거행되는 동안 기립해 차려 자세를 취했다. 이어 니미츠는 고위 장교들이 참석하는 비공개 정보 브리핑을 가졌다. 오전 9시, 참모들과 방문 중인 지휘관들이 참석하는 공개회의가 열렸다. 니미츠는 방문자에게 논평을 요청하고 그런 다음 앞으로 4~5주 사이에 어떤 일이 진행되어야 하는지―곧 개시될 작전이나 함대에 합류할 새로운 함정에 대해― 개략적으로 설명하고 다시 논평을 요구한 뒤 그것으로 회의를 끝맺었다. 그는 전체 참모회의에서 세부적인 작전 사항이나 전술에 대해서는 논의하지 않았다.

잠수함기지를 맡았던 시절부터 입항하는 모든 함정들을 직접 영접했던 그는 이 무렵 함대와의 관계가 단절되었다고 느끼고 있었다. 그는 도착하는 함장들에게 해군 규정에 명시된 것처럼 현장 선임장교—바로 니미츠를 의미한다—를 관례적으로 방문해야 한다고 알렸다. 방문 시각은 오전 11시, 방문 시간은 감당할 수 있는(하지만 신축적인) 15분으로 정해졌으며, 단독이든 여러 명이든 각 방문자는 자신을 소개한 다음 한두 마디 자신의 견해를 밝혔다. 처음으로 해상근무에 나가는 새 함정의 함장인 경우, 니미츠는 마치 자기 아들을 대하듯이 이야기를 나누며 자부심을 북돋워준 뒤 전장으로 파견했다. 전투지역에서 복귀하는 함장의 경우, 그는 개선할 점에 대한 의견이나 평가, 제안 등을 구했다.

어떤 방문은 그가 교육의 기회로 활용하기도 했다. 막 유럽전구에서 전입해온 일단의 보급장교들에게 그는 의미심장한 비교를 들려주었다. 예를 들어, 유럽에서는 전방 병력에게 물자를 보급하는 데 배 1척이 필요한데 비해 태평양에서는 4척이 필요하다는 것이었다. 그러고는 이렇게 말했다.

"내가 이런 말을 했다는 것은 비밀일세. 만약 이 세상에 텍사스 주보다 더 큰 것이 있다면 그것은 바로 태평양일세."[2]

예전 그의 해군학군단 생도였던 오니 라투가 보급장교로서 서쪽의 일선으로 가게 되자, 그는 이렇게 충고했다.

"작은 친구들에게 신경을 써주게."

작은 친구들이라는 것은 소해정이나 함대예인선의 승조원들을 의미했는데, 그들은 더 큰 배에서 누릴 수 있는 안락함 같은 것은 생각할 수조차 없었다.

"그들에게 아이스크림과 신선한 담배를 공급해주게."³

제독을 접견하기 위해 대기 중인 장교들은 기다리면서 벽에 걸린 "니미츠의 세 가지 질문"을 되새기곤 했다.

1. 계획된 작전은 성공 가능성이 있는가?
2. 실패했을 때 어떤 결과가 예상되는가?
3. 물자와 보급의 측면에서 실행 가능한가?

니미츠는 그의 책상 유리 밑에 고려해야 할 사항들에 대한 체크리스트를 비치해놓았다.

"목표, 공세, 기습, 접촉점에서 병력의 우위, 단순성, 보안, 기동, 병력의 경제적 활용, 협조."⁴

❖ "그 모든 사람들 중 가장 거대한 텍사스인"

니미츠는 침착성과 자신감, 계급에 걸맞은 지식과 교양, 경험의 수준을 근거로 신속하게 사람을 판단했다. 그는 종종 특정 인물을 염두에 두곤 했다.

"저 사람을 지켜봐야겠어. 언젠가 그가 필요하게 될지도 몰라."⁵

방문자 중 한 명이었던 잠수함 함장 유진 플러키 Eugene Fluckey 소령은 일본 상선들의 정기적인 통로가 되고 있는 특정 해역에 기뢰를 설치하자는 제안을 내놓았다. 발상은 좋았지만, 니미츠가 설명한 대로 시기가

잠수함 함장 유진 플러키 소령은 일본 상선들의 정기적인 통로가 되고 있는 특정 해역에 기뢰를 설치하자는 제안을 내놓았다. 니미츠는 생각은 좋지만 시기가 좋지 않다고 했다. 하지만 니미츠는 플러키라는 이름을 기억해두었다.

좋지 않다. 플러키는 알지 못했지만, 그 작전은 앞으로 있을 전투에 지장을 초래할 수 있었기 때문이다. 하지만 니미츠는 유진 플러키라는 이름을 기억해두었다.

만약 어떤 방문자가 자기 의견을 충분히 밝히고도 장황하게 이야기를 늘어놓으면, 니미츠는 책상에 있는 연필을 갖고 장난을 치기 시작했다. 그가 손으로 연필을 굴리기 시작하면 이야기를 마무리하고 자리를 떠나야 할 시간이었다. 만약 영향력 있는 중요 인사가 여전히 암시를 알아채지 못한다면, 니미츠는 그를 참모장의 사무실로 인도해 스프루언스와 대화를 계속하는 것이 어떻겠냐고 제안했다. 스프루언스는 서서 업무를 보았기 때문에 그의 사무실에는 의자가 없었다.

니미츠는 다른 사람의 감정에 민감했는데, 그를 방문한 사람들은 거의 모두 그 사실을 느꼈을 것이다. 한번은 엔터프라이즈 호가 재보급을 위해 도착했을 때, 그 배의 어떤 대담한 텍사스 출신 부사관이 그에게 경의를 표하기 위해 방문했다. 그 방문자는 좀 특별한 경우였다. 하지만 사령부에서 며칠 동안 힘든 시간을 보냈기 때문에 라마는 잠깐의 일탈 정도는 무방하리라고 생각했다. 그가 니미츠에게 부사관이 방문했다고 알리자, 니미츠 제독은 이렇게 말했다.

"그를 들여보내게."

젊은 친구가 마침내 감정을 주체하지 못하고 순간적인 어리석음으로 인해 동료 승조원들에게 자기는 텍사스 출신이기 때문에 진주만에 도착하면 태평양함대 사령관을 만날 수 있다고 자랑했다는 사실을 고백하기까지 몇 분이 걸리지 않았다. 승조원들은 상당한 액수의 판돈(오늘날의 가치로 따지면 수천 달러 상당)을 그가 태평양함대 사령관을 만나지 못한다는 데 걸었다. 그는 부끄러워서 어쩔 줄 모르고 있었지만, 니미츠는 그렇다면 그가 판돈을 받기 위해서는 증거가 필요할 거라고 말했다. 그러고는 사람을 보내 전속사진사를 불렀다. 신속한 촬영은 신속한 현상과 인화작업으로 이어졌고, 대담한 부사관은 그 사진을 들고 판돈을 받기 위해 엔터프라이즈 호로 돌아갔다.[6]

니미츠에게는 반짝이는 아이디어를 갖고 있는 선의의(그리고 보통 정치적으로 좋은 연줄을 가진) 방문자들이 끊임없이 이어졌으며, 그는 그들의 주장을 들어주었다. 어떤 사람은 약간 정도를 벗어나는 경우도 있었다. 예를 들어, 새로 점령한 섬에서 해군이 수산업을 일으킨 다음 현지인(평생 그곳에서 살아온 사람들)에게 농업과 어업을 가르치면 미국 정부가 그들을 먹여 살릴 필요가 없지 않겠냐고 제안했다. 그 이야기를 듣고 웃음을 터뜨릴 법도 했지만, 니미츠는 그것을 참고 방문자에게 그 제안을 참모들에게 넘겨서 검토해보겠다고 말했다.

니미츠를 방문한 어떤 제독은 겉으로 보기에는 합리적인 제안을 내놓았다. 일련의 라디오 방송을 통해 일본인들에게 그들의 명분은 아무런 희망이 없다는 사실을 설득하자는 것이었다. 그것은 도쿄 로즈 Tokyo Rose 로 유명한 여성이 수행한 일본식 선전전의 미국판에 해당했다. 하지만 일본의 평민들은 경찰에게 특별허가증을 받지 않는 한 라디오를 소유할 수 없었으며, 그 특별허가증조차도 발급받기 대단히 어려웠다.

어떤 사람은 편지를 보내 쿠로시오 해류─북태평양 서부와 일본열도 남안을 따라 흐르는 열대성 난류─의 흐름을 바꾸면 일본을 패배시키는 것이 가능하니 그 나라를 얼려서 빨리 항복을 받아내자고 제안했다. 니미츠는 편지의 발신자에게 친절한 답장을 보내면서 해류를 이동시키기 위해 그가 생각해낼 수 있는 유일한 방법은 시비 Seabees (해군건설대 Navy Construction Battalion 의 애칭-옮긴이)들에게 이 일을 맡기는 것이지만, 그들은 현재 새로운 기지를 건설하는 일에 전부 동원되었기 때문에 도저히 그럴 여유가 없다고 설명했다.

반면에 어떤 제안은 매우 가치가 있었다. 태평양함대의 잠수함부대는 급유와 수리를 위한 기지를 미드웨이에 설치하고 싶어 했다. 미드웨이는 하와이보다 적과 1,100해리 더 가까워 잠수함의 작전반경이 더 넓어질 수 있었다. 그러기 위해서는 항만을 준설해야 하는데 거기에 필요한 자원은 모두 다른 프로젝트에 묶여 있었다. 태평양잠수함대 사령관인 찰스 록우드 Charles Lockwood 중장은 몇 차례 그 문제를 설명했지만, 스프루언스에게 거절당한 뒤 마지막으로 니미츠와 직접 상의하게 해달라고 요청했다. 스프루언스는 어깨를 으쓱해 보이며 말했다.

"좋습니다. 달걀로 바위를 치고 싶다면 지금 당장 가시죠. 지금 사령관님이 한가하시니까 들어가보세요."

록우드는 약 15분에 걸쳐 자신의 제안을 설명했다. 니미츠는 이야기를 끝까지 들은 뒤 채 1초도 생각해보지 않고 그 프로젝트를 즉시 실행하도록 승인했다.7 미드웨이 잠수함기지는 단순히 유류저장소일 뿐만 아니라 교대지점 역할도 하게 되었다. 여기서는 교대조—보수정비 특기를 가진 인원으로 구성된 팀—가 2주 동안 잠수함을 맡는 동안 정규 승조원들은 하와이로 날아가 2주 동안 R&R Rest and Recuperation (휴가와 휴양)을 즐겼다. 교대조는 성능개선과 수리, 기타 작업을 처리했다. 복귀한 정규 승조원들은 다시 잠수함을 인수받고 초계임무로 돌아갔다.

판단력이 부족하고 특정 명령을 수행하지 않거나 자신의 성질을 억제하지 못하는 지휘관들의 보고를 맞닥뜨렸을 때, '샘슨-슬라이' 논쟁을 보고 해군의 내분만은 반드시 피하겠다고 다짐한 그의 맹세는 종종 시험대에 올랐지만, 결코 그것을 어긴 적은 없었다. 아들과의 사적인 대화에서 그는 자신이 정말 불만을 느끼는 어떤 사람에 대한 자신의 감정을 노출한 적이 있었다. 그는 이렇게 말했다.

"체스터, 이 친구는 정말 멍청해. 그런 사람이 선의를 갖고 있는 한 나는 멍청한 것 정도는 참아줄 수 있어. 하지만 그가 멍청하면서 완강하기까지 하다면 정말 위험하단다."

아들 체스터는 아버지가 그 범주에 포함시킨 두 사람에 대해 알고 있었다. 그는 아버지의 신조를 존중해 죽을 때까지 자신도 끝내 그들의 이름을 공개하지 않았다.[8] 이와 더불어 니미츠는 아들 체스터에게 방해가 되는 사람을 정면으로 공격하지 말라고 충고했다. 특히 '확실한 지지세력'을 구축해두었거나 개입해서 상황을 바꾸는 데 도사인 사람들을 조심해야만 한다고 조언했다. 그는 이렇게 말했다.

"그 목적이 무엇이든 너의 성취를 노골적으로 가로막으려는 사람을 다루는 올바른 방식은 계속 그를 아주 정중하게 대하면서 너의 목적을 드러내지 않고 서서히 그의 지지 기반을 제거하는 것이다."[9]

니미츠는 임무를 제대로 수행하지 않는 것을 결코 용납하지 않았다. 저녁만찬에서 늦게 돌아오던 중 그는 술에 취한 수병이 고속도로를 따라 비틀거리며 걷는 모습을 보았다. 운전병에게 차를 세우고 그를 태우라고 지시했다. 해군건설대 소속인 그 젊은이는 자신에게 도움의 손길을 내민 사람이 누구인지 전혀 눈치채지 못한 채 잠시도 쉬지 않고 온갖 불평—지휘관이 형편없다거나 식사가 끔찍하다, 막사가 지저분하다 등

등—을 쏟아냈으며 그의 부대에 도착해 차에서 내릴 때까지 술주정을 멈추지 않았다. 다음날 아침 그는 라마를 불러 이렇게 지시했다.

"11시에 시비(해군건설대)를 검열하겠네."

예고 없는 방문으로 젊은 수병이 했던 말은 대부분 사실임이 드러났다. 대대장은 보직에서 해임되었다.[10]

또한 니미츠는 결례를 참지 못했다. 한번은 군복을 입은 상태에서 전용차에 장성 깃발을 휘날리며 호놀룰루 시내를 통과하고 있었는데, 그가 지나갈 때 아무도 경례를 하지 않는 것을 보고 매우 불쾌했다. 그래서 그는 14해군구에 요청해 단속반을 내보냈다. 장교 2명을 배정해 거리를 따라 걷게 하고 해군 버스 1대와 헌병 1개 팀이 그들의 뒤를 따르게 했다. 장교에게 경례를 하지 않는 모든 사병들을 즉시 체포해 버스에 실은 다음 상륙허가를 취소하고 부대로 귀환시켰다. 재빨리 소문이 퍼져서 호놀룰루에서는 경례가 다시 일상화되었다. 그것은 단순한 문제를 해결하는 간단한 전술이었다.

하지만 엄격한 군율과 기강을 확립하기 위한 그의 방식은 가끔 기이하게 보일 때도 있었다. 1944년 초의 어느 날, 그는 오아후에 있는 모든 텍사스 출신 군인들을 위한 피크닉을 열기로 했다. 맥주가 제공된 이 행사에 4만 명에 이르는 육군과 해군, 해병대 병사들이 참석했는데, 그들 중 일부는 아마 태어나서 한 번도 텍사스에 가본 적이 없는 사람들이었을 것이다. 그들은 도시의 공원을 떠들썩한 아수라장으로 둔갑시켰고, 텍사스 피크닉은 전설적인 행사가 되었다. 어느 정도 세월이 흐른 뒤, 퇴역 육군 준장 S. L. A. 마셜 S. L. A. Marshall 은 "그 모든 사람들 중 가장 거대한 텍사스인"인 니미츠가 그 행동의 한가운데 있었다고 썼다. 그리고 그는 이렇게 덧붙였다. "니미츠 제독이 공원에 도착하자, 이 아수라장에 모여 있던 모든 병사들은 자기가 하던 일을 멈추고 그의 뒤에 정렬하여 공원 전체를 왔다 갔다 행진하며 마치 코만치 부족처럼 우우 함성을 질렀다. …… 그 엄청난 혼란의 와중에서 니미츠는 …… 한바탕 즐거운 시간을 가졌다."[11]

많은 해군 장교들이 그런 것처럼 니미츠는 평생 시간에 집착하며 살았다. 만약 함정이 오전 8시에 출항하게 되어 있다면, 정확하게 오전 8시에 계류선을 걷고 호각을 불어야 했다. 호각은 반경 수 마일 주변의 모든 함정과 사령부에 함정이 움직이기 시작한 정확한 시각을 확인시켜준다. 또한 호각은 그 함정이 출항과 관련해 수행해야 할 다음과 같은 일련의 모든 과정들을 정확하게 제시간에 완료했다는 사실을 확인시켜주기도 한다. 항만 당국에 통보하고, 최종 순간에 모든 보급물자를 적재하고, 보일러가 증기를 내뿜으며 작동하고, 승조원들이 인원 점검을 위해 집결하고, 항해당직을 배치하고, 방문자와 상인들은 모두 이함해야 했다. 어쩌면 일반인들에게는 사소한 것처럼 보일지도 모르는 이런 일들에 의해 함정의 명성이 좌우되었다. 해군에서 ―함장과 승조원들의 관리 능력과 기술의 상징으로서― 시간 엄수는 전혀 사소한 문제가 아니었다. 세월이 흐름에 따라 시간에 대한 니미츠의 집착은 점점 더 심해져서 사교 문제에도 영향을 미치게 되었다. 아무리 어려운 상황에서도 자신의 느낌이나 감정을 드러내지 않은 그였지만, 손님이 제시간에 도착하지 않거나 약속에 늦을 때는 눈에 띄게 초조해했다.

하루 중에 니미츠의 개인 시간은 매우 적었다. 평상시 그의 취침시간은 일평생 거의 그랬던 것처럼 밤 10시였고, 어린 시절 새벽에 일어나 공부하던 습관이 약간 바뀌어서 새벽 3시에 일어나 5시까지 독서를 하고 다시 1시간 동안 잠을 잤다. 하지만 하와이는 날짜변경선의 오른쪽에 있어서 워싱턴보다는 5시간 빨랐고 필리핀보다는 6시간 늦었다. 중요한 작전이 전개되고 있을 경우, 니미츠는 새벽 산책시간에 사령부로 내려와서 워싱턴에서 도착한 최초 전보들을 확인하고 침실로 돌아갔다. 그리고 저녁식사 후에 다시 한 번 전보를 확인했다. 한번은 다른 참모들이 읽어보기 전에 그가 먼저 어떤 전보를 보게 되었다. 잠수함 다터^{Darter}의 현 작전지역을 추적해야 할 적이 더 많은 다른 지역으로 바꿔주기를 바란다는 전보였다. 니미츠는 참모들이 처리할 때까지 기다리지 못하고 그 전보를 직접 처리했다.

"사랑하는 나의 다터, 물론 원래는 그러면 안 되겠지. 하지만 그대가 원하니 승인하겠소. 니미츠."¹²

언제부터인가 니미츠는 수전증이 생겼는데, 의사는 긴장 탓이라고 진단하고 권총사격을 해보라고 권했다. 집중해서 방아쇠를 당기는 것이 비록 순간적이기는 해도 긴장을 풀어주는 효과가 있었다. 그의 집무실 밖에 권총사격장을 만들어 표적을 세우고 뒤에 모래언덕을 쌓았으며 사격장이 사용 중일 때 붉은색 '베이커^{Baker}'(무선통신 시 혼동을 줄이기 위해 당시 알파벳 B를 "베이커"로 발음했다–옮긴이) 신호기—해군에서는 경고신호로 규정되어 있다—를 달 수 있는 깃대도 설치했다. 그가 선택한 무기는 45구경자동권총을 22구경 탄약을 사용하도록 개조한 것이었다. 표적의 중앙을 명중시키는 일반적인 목표와 더불어 총신 위에 50센트 동전을 올려놓고 방아쇠를 서서히 당겨서 동전을 떨어뜨리지 않는 것을 목표로 삼았다. 그는 특별히 견디기 힘들다고 느낄 때—이를 테면, 진행 중인 교전에 대한 보고를 기다리거나 막 수신된 보고 때문에 괴로울 때— 그는 사격장으로 가서 몇 차례 방아쇠를 당기곤 했다. 더욱 긴장이 될 때—이제 막 시작된 전투의 보고를 기다릴 때— 기자 1, 2명을 초대해 사격을 하거나 편자던지기—그가 즐기는 또 다른 취미—를 했다. 그가 사교적인 사람이 되려고 한 것은 아니었다. 그것은 어디까지나 사령부의 분위기를 진정시키기 위한 것이었다. 만약 사령관이 시간을 내서 사격연습을 할 수 있을 정도라면, 세상의 모든 일이 잘 돌아가고 있는 것이 틀림없을 테니까.

결국 수전증은 사라졌지만, 전쟁이 끝날 때까지 니미츠는 사격연습을 계속했다.

신체적 건강에 대한 그의 열정은 조금도 줄어들지 않았다. 가능하면 테니스를 쳤지만, 주로는 매주 해변을 따라 4마일(약 6.4킬로미터)을 걷고 돌아올 때 1마일(약 1.6킬로미터)은 수영을 하고 나머지 구간은 다시 걸었다. 그 거리가 왕복 8마일(약 12.8킬로미터)이나 되었다. 니미츠는 보통 고위 참모 몇 명과 동행했지만, 이런 야외활동이 젊은 장교들에게 좋은 기회가 될 것이라고 진심으로 믿었다. 때때로 라마는 참모진의 위관장교들을 방문해서 이렇게 묻곤 했다.

"혹시 오늘 오후에 수영을 즐기러 섬을 가로질러 가보지 않겠습니까?"**13**

이것은 농담이 아니었다. 그런 모험에 딱 한 번 동참한 참모진의 일부 위관장교들은 라마가 나타나기만 하면 벽장에 숨는 일이 실제로 벌어졌다.

이번에는 니미츠가 차라리 농담이기를 바랐을지도 모르는 일화를 하나 소개하겠다. 어느 날 니미츠는 하와이를 방문한 해군차관 포레스털과 함께 해변에서 수영을 즐기다가 해변으로 다가오는 상륙정 1척을 목격했다. 마치 선생님처럼 니미츠가 약간은 장황하게 상륙 절차를 설명했다. 히긴스 보트가 병력수송함 현측에 붙으면 해병들이 그물망을 타고 보트로 옮겨 탄다. 보트가 해변으로 향하는 동안 해병들이 몸을 낮게 웅크리고 있기 때문에 밖에서는 보트의 정장만 보인다. 보트가 해변에 닿으면 함수램프가 내려오고 1개 소대의 해병들이 몰려나와 전투에 돌입한다. 히긴스 보트가 해변에 접안하고 함수램프가 내려갈 때까지 상황은 니미츠의 설명처럼 전개되는 것처럼 보였다. 하지만 그 안에서 달려 나온 것은 수영복 차림의 간호사들이었다. 당시 포레스털의 반응이 어떠했는지에 대해서는 기록되어 있지 않다.

니미츠는 참모장과 주치의와 함께 생활했다. 각자 별도의 업무일정이 있었지만 저녁식사는 보통 함께했으며 손님을 초대하지 않는 경우는 매우 드물었다. 스프루언스가 참모장이던 때에는 그가 칵테일을 만들었다. 어색한 분위기를 누그러뜨릴 수 있도록 손님 한 사람당 두 잔까지만 허용되었다. 입수할 수 있는 주류가 제한적이었기 때문에 보통 손님은 올드 패션드 칵테일과 CINCPAC 펀치로 알려진 니미츠 혼합주─럼주와 버번, 얼음, 바닐라─ 중에서 하나를 선택했다. 스프루언스 자신은 사교를 위해 칵테일을 한두 모금 마실 뿐 술을 많이 마시지 않았다.

니미츠는 손님을 편안하게 만들려고 또 다른 두 가지 전술을 사용했다. 첫 번째, 그는 권총사격에 너무나 만족한 나머지 숙소 복도에 실내사격장을 설치하고 공기총$^{pellet\ gun}$ 친선사격경기에 손님들을 끌어들였다. 두 번째, 그는 일생 동안 온갖 농담을 수집하면서 갈고닦은 솜씨로 그것을 구사하곤 했다. 아마 그는 ─자신감이 없던 학창 시절 동기생들의 놀림

감이 된 적이 있었기 때문에— 자신감을 쌓기 위한 일종의 계책으로 농담을 하게 되었는지 모른다. 자신감은 그보다 더 수준 높은 배경을 가진 해군 동료들과 어울리는 데 도움이 되었다. 세월이 흐르고 그의 계급과 권위가 높아짐에 따라, 그는 시의적절한 농담이 분쟁 가능성이 큰 만남에서 긴장을 푸는 데 큰 효과가 있다는 사실을 깨달았다. 이것은 에이브러햄 링컨 Abraham Lincoln 대통령도 구사했던 전술이다. 나중에 기자들에게 탐색용 질문을 받게 되었을 때, 그는 분위기를 전환하는 다음과 같은 말로 상대방을 무장해제시킴으로써 민감한 사안을 피해갈 수 있었다.

"그 말을 들으니 한 가지 이야기가 떠오르는군요. 이런 이야기를 들어본 적 있습니까?"[14]

저녁식사 초대손님 명단에는 동료 참모들이나 진주만을 경유하는 지휘관들, 혹은 그곳을 방문한 정치가나 기업가, 그리고 무엇보다 '친한 친구들'이 포함되었다. 그는 항상 친절한 주인이었지만, 무례를 범하지 않으면서 파티를 잘 끝내기 위한 단순한 전술을 갖고 있었다. 식사가 거의 끝나면, 그는 사령부로 내려가 저녁에 도착한 전보를 읽어야 하기 때문에 자리를 계속 지킬 수 없다고 말했다. 실제로 그것은 그가 매일 하는 일이었지만 주인이 자리를 뜨게 되면 자연스럽게 파티가 끝나게 된다는 사실을 알고 있었던 것이다. 전보를 확인한 다음 그는 조용히 자신의 숙소로 돌아갈 수 있었다. 전쟁에서 이기는 방법에 대해 한 가지라도 더 제안하려고 안달이 난 손님이 혹시 남아 있지는 않을까 걱정할 필요가 없었다.

니미츠는 기자들과 개인적으로 친분을 유지했다. 언제든 가능하면 새로 도착한 지휘관을 만나는 것처럼 새로 파견된 특파원을 만났다. 때때로 그는 고위 기자를 저녁식사에 초대하곤 했다. 하지만 인터뷰하거나 사진을 찍는 것은 싫어했다. 첫째, 그는 겸손했다. 그는 앞에 나서거나 다른 사람의 공적을 가로채려고 하지 않았다. 둘째, 그는 사진사가 "왼쪽으로 가시죠", "손을 흔들면서 웃으세요", "이쪽을 보세요"라고 지시하듯이 다른 사람이 이러저런 것을 하라고 말하는 것을 싫어했다.

어쩌면 니미츠가 사진사에게 고마워해야 했던 순간도 있었을 것이다. 미국함대 사령관 어니스트 킹 제독이 검은색 줄이 있는 회색 군복과 검은색 턱끈이 달린 회색 모자를 소개하며 기존의 동계정복과 하계근무복을 모두 그것으로 교체하기를 바랐다. 그렇게 하면 돈을 절약하고 금색 장식술의 사용을 줄일 수 있겠지만, 그 복장은 너무나 인기가 없었다. 니미츠는 태평양함대에 회색 군복을 입히려는 킹의 의도에 반대하는 이유를 논리적으로 설명했다. 열대 작전환경과 제한적인 세탁 서비스를 고려할 때 기존의 카키색 하계근무복이 더 적합하다는 것이었다. 어느 비 오는 날, 두 사람이 샌프란시스코에서 전시 회의를 마치고 점심을 먹기 위해 호텔을 나설 때 두 사람 모두 계급장이 붙어 있지 않은 검은색 비옷을 입고 있었다. 니미츠는 모자에 금색 띠가 빛을 발하고 있어서 누가 봐도 제독처럼 보였다. 반면에 자신이 고안한 검은색 턱끈이 달린 회색 모자를 쓰고 있던 킹은 마치 해군 중사처럼 보였다. 그런 사실은 대기 중이던 사진사들 중 한 명이 이런 말을 했을 때 확실히 입증되었다.

"중사, 옆으로 비켜. 니미츠 제독의 사진을 찍어야 한단 말이야."[15]

킹 제독은 기분이 상했다.

기자들의 끊임없는 불평을 의식한 니미츠는 검열 업무를 맡은 왈도 드레이크가 종종 다른 업무로 자리를 비우자 미드웨이 전투 보고서를 작성했던 엘러에게 검열 업무를 넘겼다. 뛰어난 작가인 엘러가 기자들의 글을 검토하는 데 더 적합했다. 하지만 엘러는 대중매체의 작동 방식을 이해하지 못했다. 그는 전보기사를 몇 시간 혹은 며칠 동안 책상 위에 쌓아놓은 채 자신의 주요 업무를 먼저 처리하곤 했다. 엘러에게 검열을 맡겨서는 안 된다는 불만이 늘어갔다.

심지어 전쟁이 한창 진행 중일 때조차 니미츠는 자신과 함께 근무했던 적이 있는 사람들의 생일과 기념일을 기억했다가 축하해주었다. 전에 같은 배를 탔던 사람이 진주만을 지나가면서 그를 만나기 위해 사령부를 방문한다면, 니미츠는 이런 식으로 대화를 시작했을 것이다. "에밀리Emily 와 아이들은 좀 어떤가? 요즘 어디에 살고 있지?" 그런 다음 그날 화제가 되는 이야기로 대화를 이어가곤 했다. 군 생활을 하면서 조금이라도 알고 지냈던 사람이 부상을 당하거나 병이 나면, 아마 꽃 한 다발을 들고 병실을 찾아갈 것이다. 캘리포니아 대학 버클리 캠퍼스 해군학군단 출신 해군 군의관 트레이시 커틀이 전투 중 부상을 입고 회복 중일때, 니미츠는 차를 보내 그를 저녁식사에 초대했다. 그가 커틀의 부상을 어떻게 알았는지는 알 수 없었지만, 마치 그는 특별한 육감을 갖고 있는 것처럼 보였다. 단순히 같은 배를 탔던 사람뿐만 아니라 심지어 이전 이웃들에게도 마찬가지였다. 어렸을 때 버클리에서 니미츠의 집 길 건너에 살았던 해군 장교 에드워드 V. 브루어 주니어Edward V. Brewer Jr. 는 수술을 받고 진주만에서 회복 중이었다. 그가 자기 침대에 누워 있는데 갑자기 간호사들이 허둥대며 빈 잔을 치우고 베개를 부풀리며 의자를 가지런히 정렬했다. 곧이어 태평양함대 사령관이 샌프란시스코 신문을 한 부 들고 등장했다.

시간이 흐르면서 니미츠는 많은 편지를 받았다. 대부분은 전사한 해병과 수병들의 부모가 보낸 것이었다. 억울함이 사무친 편지에는 "당신이 내 아들을 죽였어"라고 적혀 있었다. 머서는 라마에게 이 편지들을 보내 조치를 취하게 했고, 라마는 ―논쟁의 여지가 많은 의회 편지를 작성하면서 익힌 기술을 발휘해― 모든 편지에 일일이 답장을 썼다. 하지만 처음으로 그런 편지들이 쇄도한 이후로는 니미츠에게 대부분의 편지를 보여주지 않았다.

하지만 기분 좋은 편지들도 있었다. 예를 들면, 어떤 여성은 편지로 수병들을 위해 자신이 할 수 있는 일은 없냐고 묻는 편지를 보내왔다. 니미츠는 카드나 페이퍼백 책을 보내주면 될 것 같다고 답장을 보냈다. 그녀는 그렇게 했고 그것이 단 한 번으로 그치지 않았다. 한 어머니는 흙을 채운 자루를 보내면서 해병인 아들이 미시시피 흙을 밟기만 해도 행복해할 것 같다고 했다. 니미츠는 그녀의 아들이 근무하는 곳을 확인한 뒤 그의 지휘관에게 자루를 보내면서 흙을 깃대 주위에 뿌리고 모든 미시시피 출신 병사들에게 맨발로 그 위를 걷게 하라고 지시했다. 아이오와 Iowa 주에 사는 어느 젊은 여성은 그에게 농장의 삶에 대해 이야기하는 것 외에 아무런 목적 없이 편지를 보내기 시작했고, 니미츠는 계속 편지를 주고받았다. 몇 년이 흐른 뒤 그는 그녀의 고향에서 유엔 United Nations, UN (국제연합)에 대한 연설을 하게 되었다. 약 4만 명의 아이오와 주민들 앞에서 연설을 하기 위해 차를 타고 시내로 들어갈 때 그녀와 그녀의 가족들을 초대해 동행했다.

어느 날, 그는 "친애하는 체스터"로 시작하는 편지 한 통을 받았다. "엘리너 Eleanor 가 태평양으로 가기로 결정했네. 나는 그 방문을 원하지 않네. 만약 그녀의 방문을 거절하고 싶다면 그렇게 해주기 바라네."

애너 엘리너 루스벨트 Anna Eleanor Roosevelt 는 미국 제32대 대통령인 프랭클린 D. 루스벨트의 부인이다. 적십자 대표로 여행 중에 남태평양의 모든 지역을 방문해 병들고 부상당한 병사들을 격려했다. 그녀는 미국 역사에서 가장 활동적인 영부인들 중 하나로 알려졌다.

니미츠가 대통령의 부인을 진심으로 기쁘게 해주고 싶었는지는 모르지만, 그녀를 환영한다는 의사를 분명히 밝혔다. 엘리너는 적십자 대표로 여행 중이었으며, 남태평양의 모든 지역을 방문해 병들거나 부상당한 병사들을 격려했다. 그녀는 매우 성실한 사람이었다. 환자들 한 명 한 명과 대화를 나누었을 뿐만 아니라 직접 그들의 가족에게 편지를 보내기 위해 그들의 이름과 주소를 적었다.[16]

니미츠의 딸, 케이트와 낸시 ― 아직 워싱턴의 Q 스트리트에 살고 있었다 ― 는 아버지의 날(6월 셋째 주 일요일-옮긴이)에 아버지에게 감사의 인사를 전하고 싶었다. 아버지에게 전보를 보내면 정말 멋질 것 같았다. 두 딸은 따뜻함이 느껴지는 장문의 글을 썼다. …… 단어당 가격이 30센트라는 말을 들었다. 그러나 그만한 돈이 없었다. 접수계원은 동정하는 말투로 이렇게 말했다.

"'간송전보'로 보내면 단어당 15센트밖에 안 해요. 하지만 일요일 전에는 도착하지 않을 겁니다."

좋았어! 일요일이 아버지의 날이니까. 그래서 그들은 가진 금액에 맞춰 전보를 다시 썼다.

아버지 사랑해요.
비록 단어당 15센트인
간송전보이긴 하지만요.

니미츠는 항공우편으로 답장을 보냈다.

간송전보로 받은
아버지의 날 메시지 덕분에
하늘을 나는 것 같았다.
마치 새의 날개를 단 것처럼!
무엇과도 견줄 수 없는
이렇게 멋진 딸들을 가진
축복받은 아버지가 또 있을까!

그리고 이렇게 덧붙였다.
"그럼 이만, 내가 지금 좀 바빠서."[17]

Chapter 16
공세

야마모토 요격 작전은 극비리에 수행되었으며, 세부사항은 전쟁이 끝날 때까지 공개되지 않았다. 1964년 자신의 회고록에서 맥아더는 모든 공적을 자신의 것이라고 주장했다. 그는 이렇게 썼다.

"'우리'는 전쟁에서 가장 중요한 공격 중 하나를 수행했다. '우리'의 공군이 야마모토를 격추시킨 것이다. 일본군의 암호가 해독되었고, 감청된 무선통신문은 '우리'에게 정보를 제공해주었다. 그 무선통신문이 가짜라는 회의론도 상당히 강했다. 하지만 나는 야마모토가 항상 결정적인 접적지역까지 나아가는 최전선의 전사라는 사실을 알고 있었다."

누가 혹은 어디에서 암호를 해독했는지에 대한 내용이나 공격을 구상한 니미츠, 그것을 계획한 헬시, 그것을 승인한 루스벨트 대통령에 대해서는 한마디도 언급하지 않았다.

❖ 해군과 육군의 보이지 않는 신경전

1942년 6월 30일, 미드웨이를 뒤로한 채 니미츠는 몇 명의 참모들과 함께 샌프란시스코로 날아가 미국함대 사령관 어니스트 킹 제독과 두 번째 전략계획회의를 가졌다. 여행은 시작이 좋지 못했다. 샌프란시스코 만에 착륙할 때, 기장은 15시간에 걸친 장시간 비행에 지쳤는지 착륙 전에 착륙지역에 아무런 장애물이 없는지 제대로 확인하지 않았다. 그들이 탄 수상기는 부두에서 떨어져 나와 수면 위를 오르락내리락하던 말뚝에 부딪치면서 뒤집혀버렸다. 승객과 승무원들은 화물용 해치를 통해 서둘러 밖으로 나온 뒤 날개 위에 올라가 구명보트의 구조를 기다렸다. 보트 안에는 군의관 2명과 여러 명의 위생병이 타고 있었고, 물에 젖은 채 추위에 떨고 있는 생존자를 위해 담요가 실려 있었다. 승객과 승무원 대부분이 큰 부상을 입은 상태였으며―커다란 멍이 들었고 뼈가 부러진 사람도 있었다―, 조종사 1명은 사망했다.

니미츠는 모든 사람들이 구조된 것을 확인할 때까지 구명보트 탑승을 거부했다. 그는 침몰하는 배의 상징적인 함장이었다. 하지만 그가 방해가 되자, 그의 신분을 전혀 몰랐던 수병 중 하나가 소리쳤다.

"중령님, 중령님이 후딱 비켜주시기만 하면 우리가 여기서 일을 할 수 있을 것 같은데요."

니미츠는 말귀를 알아듣고 구명보트에 탔다. 그런 다음 담요를 두른 채 선미에 서서 구조작업을 지켜보는데 또 다른 수병이 호통을 쳤다.

"당신, 자리에 앉아!"

그가 순순히 따르는 동안 담요가 옆으로 흘러내렸다. 그러자 그 수병은 그의 소매에서 자신이 이제까지 보지 못한 많은 금줄을 보았다. 호통을 친 수병이 사과를 하려고 하자, 니미츠가 말했다.

"이보게, 하던 대로 하게. 자네가 옳아."[1]

일단 회의가 시작되자, 이번 회의의 목적은 앞으로 태평양에서 실시할 작전들에 대한 계획을 짜는 것이었다. 회의석상에서 한두 명의 고위 지휘관이 지지하는 많은 방안들이 거론되었고, 계획입안자들은 최근 맥아더와 니미츠, 조지 C. 마셜 George C. Marshall 장군, 킹 제독이 나눈 장거리 대화 내용들을 검토해야만 했다. 맥아더는 집중적으로 요새화된 라바울의 일본군 기지를 점령하고 싶어 했다. 니미츠는 먼저 솔로몬 제도의 툴라기 Tulagi 를 점령해 지상기지 항공기들을 맥아더에게 지원해줄 수 있기를 바랐다. 킹은 니미츠의 제안에 동의하면서 당연히 그것은 해군의 작전이 될 것이라는 점을 언급했다. 맥아더는 반대했다. 그는 마셜 장군에게 솔로몬 제도가 자신의 남서태평양지역 내에 있으니 그의 지휘를 받아야 한다고 말했다. 킹은 대부분의 부대가 지상군인 유럽에서는 육군이 최고사령관을 맡고 있으니, 모든 부대가 해군과 해병대로 구성될 솔로몬 제도에서는 해군이 작전을 통제해야 하지 않겠냐고 제안했다. 맥아더는 해군이 "육군을 해군 혹은 해병 장교들의 지휘와 처분 아래" 두기 위해 부차적인 역할을 하게 만들려고 한다고 불평했다.[2] 이 정도만 해도 사람들의 머리가 복잡해지기에 충분했다. 마셜과 킹은 솔로몬 왕의 판결을 생각해냈다. 니미츠의 남태평양지역 South Pacific Ocean Area, SOPAC 과 맥아더의 남서태평양지역 Southwest Pacific Area, SOUTHWESTPAC 사이의 경계선을 서쪽으로 약간 변경해서 솔로몬 제도의 대략 절반 정도가 분명하게 태평양함대 사령부의 관할에 들어가도록 했다.

이에 따라 계획이 입안되었고 회의에 참석한 모든 사람이 그 계획에 동의했다. 니미츠는 툴라기와 산타크루즈 제도 Santa Cruz Islands 를 비롯해 그 지역에서 중요하다고 판단되는 모든 섬들을 8월 1일까지 점령하기로 했다. 맥아더는 북쪽으로 전진해 뉴기니 북동쪽 해안에 있는 일본군 기지를 점령하고 항공지원이 가능해졌을 때 라바울로 전진하기로 했다.[3] 그 다음 해군이 일본을 향한 전진의 다음 단계인 트루크 Truk 와 괌, 사이판 Saipan 에 대한 공격을 개시할 예정이었다.

하지만 회의가 7월 5일 끝나자마자 하와이로부터 약간의 계획 수정을 요구하는 소식이 전달되었다. 하이포 지국이 일본군의 통신문을 해독하여 일본군 병력과 건설인력이 얼마 전 툴라기에서 남쪽으로 16해리 밑에 있는 델라웨어 Delaware 크기의 과달카날 Guadalcanal 에 상륙했다는 사실을 알아냈다. 일본군이 건설하고 있는 비행장은 솔로몬 제도와 오스트레일리아 사이의 산호해를 통제할 수 있었다. 결국 산타크루즈 제도를 빼고 그 대신 과달카날을 계획에 넣었으며, 작전개시일을 8월 7일로 정했다.

초기 평가에서는 과달카날에 일본군 5,000명이 주둔하고 있는 것으로 되어 있었다. 해병대가 상륙해 해안두보를 확보하자, 그 초기 평가는 수정되었다. 그곳에는 고작 1,000명의 병력과 2,000명의 건설인부만 있었다. 희소식이 아닐 수 없었다. 하지만 일본군은 즉시 과달카날이 매우 중요하다고 결정하고 일련의 공습과 해군 함포사격, 증원부대 파견의 조치를 취하고 해상에서도 연합군을 공격하기 시작했다. 상륙 이틀 뒤인 8월 9일 야간에는 일단의 일본군 순양함들이 사보 해협 Savo Sound 에서 미국-오스트레일리아 부대를 기습해 중순양함 4척을 침몰시키고 순양함 1척과 구축함 2척에 손상을 입혔다. 그것은 미국 해군이 이제까지 해전에서 경험한 최악의 패전으로 불렸다.[4]

과달카날 섬을 점령하려는 6개월에 걸친 투쟁에서 그와 같은 충돌이

1942년 7월 일본군이 과달카날 룽가 곶 Lunga Point 에 건설 중인 비행장 모습. 이 비행장은 솔로몬 제도와 오스트레일리아 사이의 산호해를 통제할 수 있었다.

1942년 10월 26일, 산타크루즈 해전 당시 일본 급강하폭격기가 엔터프라이즈 호(사진 왼쪽에 큰 함정)와 다른 함정들에 폭격을 가하고 있다. 산타크루즈 해전에서 호넷 역시 일본 급강하폭격기의 공격을 받아 침몰했다.

앞으로 몇 차례나 더 벌어질 운명이었다. 8월 24일에는 일본 항공모함의 공격으로 엔터프라이즈가 심한 손상을 입어서 수리를 위해 진주만으로 회항해야만 했다. 8월 31일에는 사라토가가 어뢰를 맞아 전투력을 상실하고 역시 진주만으로 복귀했다. 2주 뒤, 어뢰 공격으로 와스프가 침몰했다. 10월 27일에는 호넷을 잃었다.

니미츠는 결사적으로 자신의 손실을 적에게 감추었다. 만약 적이 1개

과달카날 전투

1942년 8월 7일부터 1943년 2월 9일까지 제2차 세계대전 태평양전선에서 일어난 전역이다. 솔로몬 제도 남부의 과달카날 섬 근처에서 벌어졌으며, 일본에 대한 연합군의 첫 번째 공세였다.

1942년 8월 7일 연합군은 주로 미군으로 구성된 병력으로 과달카날과 툴라기, 플로리다에 상륙해 미국, 오스트레일리아, 뉴질랜드 사이의 보급 및 통신선을 위협하려는 일본군을 저지하려고 했다. 또한 연합군은 과달카날과 툴라기를 라바울과 뉴브리튼에 위치한 일본군 주요 기지들을 고립시키기 위한 전역을 지원하는 기지로 쓰고자 했다. 연합군 상륙부대는 일본군 방어병력을 수적으로 압도하면서 과달카날과 툴라기, 플로리다를 점령했다. 또한 일본군이 과달카날에 건설 중이던 비행장을 확보해 헨더슨 비행장Henderson Field 이라고 불렀다.

연합군의 공세에 놀란 일본군은 8월부터 11월 사이에 툴라기와 과달카날의 헨더슨 비행장을 탈환하기 위해 몇 차례 시도했다. 이 시도들은 세 번의 지상전과 다섯 번의 대규모 해전, 거의 매일 계속되는 항공전을 포함한 다수의 주요 전투를 초래했으며, 1942년 11월 초 과달카날 해전으로 그 절정에 달했다. 당시 일본군은 헨더슨 비행장을 포격하고 미군을 패배시키기에 충분한 지상군을 상륙시키려고 했다가 결국 실패했다. 1942년 12월에 일본군은 과달카날 탈환을 포기하고, 1943년 2월에 섬을 연합군의 수중에 남겨놓고 잔여 병력을 성공적으로 철수시켰다.

과달카날 전투는 태평양전역에서 일본군을 상대로 연합군이 처음으로 전략적으로 승리한 전투라는 평가를 받고 있다. 과달카날 전투는 연합군이 수세에서 전략적 공세로 전환하는 분수령이 되었다. 반면에 일본군은 이후 전략적 방어에 치중하게 되었다.

미국 해병들이 1942년 8월 7일 아침에 과달카날 해변에 상륙하고 있다.

혹은 2개 항공모함 전단이 약화된 상태라는 사실을 안다면, 거세게 덤벼들 게 틀림없기 때문이었다. 만약 그들이 태평양에서 완전히 작전 가능한 상태의 미국 항공모함이 1, 2척에 불과하다는 사실을 알았더라면, 그들은 더욱 과감해졌을 것이다. 왈도 드레이크가 이전과 달리 정말 분노하는 자신의 상관의 모습을 본 것은 루스벨트 대통령이 기자회견에서 호넷의 침몰 사실을 밝혔다는 것을 알았을 때였다.[5] 몇 달 뒤, 시카고 함이 침몰했을 때 니미츠는 드레이크에게 이렇게 말했다.

"시카고의 침몰 사실을 누설하는 놈은 누구든 내가 쏴버릴 거야."[6]

킹 제독의 공보정책도 루스벨트보다는 니미츠 쪽에 더 가까웠다. 8월 중순, 상황이 그다지 순조롭지 않던 시기에 킹의 공보장교는 기자들의 끊임없는 질문 공세에 시달리고 있었다. 불만스러운 목소리로 그는 킹에게 물었다.

"제가 그들에게 무슨 말을 해야 합니까?"

킹이 대답했다.

"아무 말도 하지 마. 전쟁이 끝나면 누가 승자인지를 알려줘."[7]

이 엄청난 피해를 입는 와중에 니미츠와 킹은 9월 6일부터 9일까지 샌프란시스코에서 한 번 더 회합을 가졌다. 그들은 과달카날 작전의 전반적 지휘를 맡고 있지만 실제로는 전혀 지휘하고 있는 것처럼 보이지 않는 로버트 곰리 중장의 능력에 대해 논의했다. 니미츠는 직접 현지를 방문해 상황을 살피겠다고 말했다. 그들은 또한 여러 제독들의 인사 문제를 논의했다. 킹은 항공국장인 타워즈를 중장으로 진급시켜 태평양함대 항공사령관으로서 태평양함대 사령부 참모진에 합류하게 했다. 킹도 항해국장 시절 니미츠가 그랬던 것처럼 타워즈에게 짜증이 난 것처럼 보였다. 니미츠는 특별한 반응을 보이지 않고 아내에게 보내는 편지에 이렇게 썼다.

"나는 새로운 항공 보좌관을 두게 되었소. 걱정하지 마시오. 우리는 잘 지내게 될 거요."⁸

❖ 터프가이 빌 헬시가 돌아왔다

헬시는 마침내 자신을 쇠약하게 만든 질병에서 회복되어 함께 회의에 참석했는데, 업무에 복귀할 수 있는 정도를 넘어서 아주 열의에 넘쳤다. 니미츠와 함께 하와이로 돌아온 그는 다시 한 번 엔터프라이즈를 기함으로 하는 기동부대의 지휘관에 취임했다. 니미츠는 엔터프라이즈 함상에서 훈장을 수여하기로 일정을 잡은 뒤, 헬시를 대동하고 나타나 승조원들을 깜짝 놀라게 만들었다.

"제군들 …… 빌 헬시가 돌아왔네."

함성이 해안가까지 울려 퍼졌다. 터프가이 헬시는 훗날 이렇게 시인했다.

"내 눈에 눈물이 고였었지."⁹

육군항공대 Army Air Forces, AAF 사령관인 H. H. "햅" 아놀드 H. H. "Hap" Arnold 는 태평양의 상황을 직접 보고 싶어 하는 고위 지휘관 방문의 일환으로 9월 20일에 태평양함대 사령부에 도착했다. 아놀드는 남서태평양을 방문하고 돌아온 에먼스 장군으로부터 곰리와 맥아더 모두 과달카날에서 패배했고 더 이상 그곳을 장악할 수 없을 것으로 확신하고 있다는 말을 들었다고 했다. 니미츠는 그렇지 않다고 주장했다. 일본군은 자신들이 대체할 수 있는 것보다 더 빠른 속도로 인력과 함정, 항공기를 잃고 있었기 때문에, 미 해병들이 증원받을 수 있을 때까지 조금만 더 버티기만 하면 되었다.

니미츠는 아놀드에게 남태평양을 방문할 예정인 그의 여행에 동행하자고 했다. 곰리의 사령부는 프랑스령 뉴칼레도니아 New Caledonia 섬의 누메아 Noumea 에 있었는데, 그곳은 과달카날에서 약 800해리나 떨어져 있었다. 중요한 물자를 싣고 온 수송선들이 적절한 하역시설이 부족해서 빽빽이 늘어선 가운데 항구는 아주 혼란스러웠다. 지쳐서 초췌해 보이는 곰리는 선령 20년의 '다목적 보조함' 아르곤 Argonne 의 무덥고 갑갑한 공간에 거주하면서 업무를 수행하고 있었다. 해안에는 더 나은 업무환경을 제공해줄 수 있는 적절한 건물들이 여러 채 있었지만, 그것을 프랑스 주인이 제공하지도, 곰리가 요청하지도 않은 것이 분명했다. 그는 일을 참모들에게 맡기지 않고 혼자서 모든 문제의 세부사항을 명확하게 처리하려다가 업무에 질식당한 것처럼 보였다.

니미츠는 몇 가지 중요한 의문을 품고 있었다. 왜 그렇게 많은 항공기들을 예비로 보유하고 있는가? 왜 일본군 함정들이 마음대로 접근해 미 해병들을 포격하고 과달카날의 일본군 전력을 증원하게 내버려두는가? 왜 대규모 미 주둔군은 아무 일도 하지 않으면서 뉴칼레도니아에서 대기하고 있는가? 질문의 수만큼 많은 답이 존재하지는 않는 것처럼 보였다.

여행은 계속되어 그들은 에스피리투산토 Espiritu Santo 를 방문하고 이어 과달카날에 도착했다. 과달카날에는 수상기가 착륙하기에 안전한 해상 착륙구역이 없었기 때문에 니미츠의 수상기는 휴식시간을 갖고, 일행은 AAF B-17 폭격기로 갈아탔다. 그런데 이때부터 일련의 항공 모험이 시작되었다. 조종사가 솔로몬 제도의 신뢰할 만한 항공지도를 갖고 있지 않아서 길을 잃었다. 라마가《내셔널 지오그래픽 National Geographic》의 남태평양 지도를 찾아내자, 비로소 니미츠의 항공장교인 랠프 A. 오프스티 Ralph A. Ofstie 중령이 조종사를 도와 과달카날을 찾을 수 있었다.

일단 과달카날에 도착하자, 니미츠는 기지를 돌면서 시설을 검열하고 병자와 부상자를 방문해 몇 명에게 훈장을 수여했다. 또한 해병대 지휘관인 알렉산더 밴더그리프트 Alexander Vandegrift 소장과 그의 참모진과 이야기를 나눈 뒤 그들이 섬을 지킬 수 있다는 확신을 갖게 되었다. 나중에 그의 참모진 가운데 23명은 장성으로 진급했고 밴더그리프트와 클리프턴 B. 케이츠 Clifton B. Cates, 랜돌프 매콜 페이트 Randolph McCall Pate 는 해병대 사령관이 되었다.

다음날 비행기 출발 시간이 되자, 니미츠는 비행장이 B-17을 이륙시킬 수 있는 상태가 아니라는 것을 알게 되었다. 활주로 건설 작업은 아직도 진행 중이었다. 활주로 전체 길이의 3분의 2만 육중한 강철 매트가 깔려 있었는데, 그것만으로도 이착륙을 하는 데는 별로 문제가 없었다. 하지만 1,000피트에 달하는 아직 완성되지 않은 연장 구간은 그냥 진흙길에 불과했다. 도착할 때는 니미츠가 탄 B-17이 강철 매트 위에 착륙했지만, 이륙할 때는 더 긴 활주로가 필요했다. 이륙 중량을 줄이기 위해 니미츠 일행은 B-17 2대에 나눠 타야 했다. 첫 번째 비행기의 조종사는 겉으로 보기에도 신뢰가 가지 않았는데, 자기소개 후 더욱 신뢰가 가지 않았다. 그는 육군 소령이라고 했지만 수염을 기르고 맨발인 데다가 지퍼가 달린 상하일체형 작업복만 입은 상태였다. 그는 자신의 계획을 개략

미 해병 1사단장 밴더크리프트 소장. 1942년 과달카날에 있는 그의 지휘용 텐트에서 찍은 사진이다. 과달카날을 방문한 니미츠는 해병대 지휘관인 밴더그리프트 소장과 그의 참모진과 이야기를 나눈 뒤 그들이 섬을 지킬 수 있다는 확신을 갖게 되었다.

적으로 설명했다. 그는 강철 매트가 깔린 곳에서 출발할 것이며 바람을 뒤에서 받는 방향으로 이륙하겠지만 스로틀을 완전히 개방하면 진흙길에 닿기 전에 비행속도에 도달할 수 있을 것이라고 했다. 그러나 실제 상황은 그렇게 전개되지 않았다. 조종사는 이륙을 중단하고 비행기가 깊은 협곡에 처박히기 전에 간신히 활주를 멈출 수 있었다. 그의 일행이 느끼는 것보다 훨씬 더 침착하게 니미츠는 말했다.

"점심이나 먹고 다시 해봅시다."[10]

이번에는 조종사가 현명하게 맞바람 방향을 선택해 활주로의 제일 끝진토 부분에서 출발해 이륙에 성공했다. 두 번째 B-17이 약 20분 뒤에 그 뒤를 따랐다. 니미츠의 비행기는 일몰 직전에 에스피리투산토에 도착했다. 다행이었다. 왜냐하면 활주로에는 조명이 없었고 섬은 등화관제 중이었기 때문이다. 하지만 어둠이 깔리면서 두 번째 비행기는 길을 잃은 것이 분명했다. 니미츠는 투묘 중인 수상기모함 커티스^{Curtiss} 에게 가장 큰 서치라이트를 수직으로 하늘을 향해 비추게 했다. 다른 사람들은 활주로 요원들을 동원해 활주로를 따라 많은 드럼통을 배열하고 그 안에 폐유를 채웠다. 항로를 잃은 B-17이 서치라이트를 포착했다. B-17이 접근하는 소리가 들리자, 드럼통에 불을 붙여 이 모험의 눈부신 엔딩을 장식했다. 누메아에서 니미츠는 곰리와 마지막 회의를 가졌다. 그는 곰리에게 말했다.

"과달카날에는 더 많은 병력이 필요하다. 다른 섬의 방어력이 약해지는 것은 걱정하지 마라. 일본군은 과달카날에서 눈을 떼지 못하고 있을 뿐만 아니라 다른 곳을 공격할 자원도 보유하고 있지 않다."

그런 다음 그는 진주만으로 향했다. 곰리는 육군 보병연대를 과달카날로 파견했고, 그들은 10월 13일에 현장에 도착했다. 그날 저녁 일본 전함 2척이 포격을 가했고, 다음날에는 폭격기의 공습과 순양함의 포격이 이어지면서 과달카날의 활주로와 섬에 있던 대부분의 미군 항공기들이 파괴되었다. 10월 15일 사면초가에 몰린 미군과 수적으로 충분히 대적할 수 있는 일본군 병력이 상륙했고, 게다가 일본군은 기운이 넘쳤고 언제든 싸울 준비가 되어 있었다. 반면에 미군은 대부분 이미 지쳐 있었다.

이 무렵 진주만에 도착한 니미츠는 중부태평양지역의 가용한 모든 항공기를 남쪽으로 파견하라는 명령을 내렸다. 오아후의 육군 사단은 경계태세에 들어갔고, 엔터프라이즈는 서둘러 일선에 복귀했다. 핼시와 그의 참모진은 누메아로 날아가 상황 브리핑을 받았다. 엔터프라이즈가 그 부근을 통과할 무렵이면 그들은 항공모함에 승함할 준비를 하고 있을 터였다.

니미츠는 곰리의 문제를 처리해야만 했다. 그는 참모회의를 소집했다. 적은 포기할 기미가 보이지 않았다. 이런 시기에 곰리가 과연 그 임무에 적임자일까? 회의에 참석한 모든 사람이 곰리를 교체할 때가 되었다는 데 동의했다. 그를 대신할 인물도 만장일치로 합의가 이루어졌다. 그가 바로 핼시였다. 10월 16일 킹 제독이 승인하자, 니미츠는 단어를 세심하게 선택해 작성한 전보를 통해 곰리에게 이 소식을 정중하게 전했다.

모든 요소를 세심하게 고려한 결과, 핼시가 가능한 한 빠른 시일 내에 남태평양지역 사령관의 임무를 인수해 자신의 능력과 이제까지의 경험을 상황에 최대한 적용해야 한다고 결정했음. …… 나는 귀관의 충성심과 가장 어려운 임무를 달성하기 위해 보여준 헌신적인 노력을 높이 평가함. 나는 귀관에게 잠시 핼시에게 보고하도록 명령할 수밖에 없음. 그에게 상황에 대한 귀관의 빈틈없는 지식과 충성스러운 도움이 필요할 것이라고 믿기 때문임.[11]

핼시의 비행기가 수면을 부드럽게 움직이다가 누메아의 항구에 멈췄을 때, 그를 기다리고 있던 곰리의 부관이 봉인된 봉투를 그에게 전달했다. 그 안에는 또 하나의 봉인된 봉투가 들어 있었고 겉에는 "2급 비밀"이라는 도장이 찍혀 있었다. 그리고 그 안에는 태평양함대 사령관이 발송한 무선전보의 사본이 들어 있었다.

"누메아에 도착하는 즉시 귀관은 로버트 L. 곰리 중장으로부터 남태평양지역 및 남태평양군 사령관의 임무를 인수하게 될 것임."

핼시는 그저 "맙소사, 이런 제길!"이라는 반응밖에 보일 수 없었다. 인수인계는 우호적이지만 다소 어색한 분위기에서 이루어졌고, 그것은 니미츠와 곰리의 다음 만남도 마찬가지였다. 곰리는 자신이 임무에 적합하지 않다는 사실을 인정했다. 그는 다음 보직이 정해질 때까지 워싱턴에서 대기했다. 신체검사에서 그가 궤양과 충치가 있음이 드러났다. 얼마 후 니미츠는 치료를 마치고 활기를 되찾은 곰리를 진주만으로 복귀시켜 14해군구 사령관에 임명했다.[12]

다시 누메아에 온 핼시는 더 적합한 육상 거처를 마련하기 위해 아르곤 함을 버리고 창고를 참모용 공간으로, 버려진 일본 영사관을 숙소로 삼았다. 그리고 핼시는 곰리가 하지 않았던 일을 수행했다. 과달카날을 방문해 병사들을 만나고 병자와 부상자들을 격려했으며 일본군과 싸울 수 있도록 병사들의 사기를 북돋았다. 그는 6,000명의 팔팔한 병력을 과달카날에 파견했다. 그러자 일본군은 그에 대응해 1만 명의 병력을 보낼 계획을 세웠다. 이것은 1942년 11월 12일부터 14일까지 결정적이지 않은 일련의 해전으로 이어졌다. 오늘날 과달카날 해전 Naval Battle of Guadalcanal 으로 알려진 이 해전에서 일본은 전함 2척, 순양함 1척, 구축함 3척, 수송선 11척을 잃은 반면, 미국은 순양함 2척과 구축함 7척을 잃었다. 이 해전은 1만 명의 일본군 병력이 결코 해안을 밟지 못했다는 점만 제외하면 "결정적이지 않았다". 그들 중 일부는 익사했고, 일부는 구조되어 되돌아갔으며, 해안에 도착한 자들은 아무런 보급품이 없었다.

11월 30일에 또 한 차례 교전이 벌어져 미국은 순양함 1척이 침몰하고 3척이 심하게 파손되는 대가를 치렀다. 일본은 구축함 1척을 잃는 데 그쳤지만, 이번에도 낙담하고 말았다. 곧 일본 정부는 과달카날을 탈환하겠다는 꿈을 포기하고 12월 말부터 병력을 은밀하게 철수시키기 시작했다. 2월 첫째 주까지 모든 적이 사라져버렸다. 그리고 핼시는 네 번째 별을 달았다.

1943년 1월 해군장관 프랭크 녹스가 태평양전구를 순회했다. 검열과 관련해 니미츠에게 무례한 편지를 보낸 이후, 녹스는 그것을 보상하려는 듯 그에게 이렇게 말한 적이 있었다.

"이곳에 있는 우리 모두는 귀하의 업무 처리 방식을 매우 자랑스러워하고 있다."[13]

녹스 해군장관은 진주만에 도착하자 몇 차례 회의를 가진 뒤 니미츠의 안내로 미드웨이와 이제는 거의 한산해진 과달카날을 포함해 남쪽의 여러 지역을 방문했다.

녹스와 니미츠, 그리고 다른 일행들은 여행 중 도착하는 곳마다 몇 차례 심한 폭격을 당했다. 일본군은 미군의 몇 가지 작전을 추적하기 위해 암호를 해독할 필요가 없었다. 태평양지역에 있는 중요 인사들의 경우는 그에 따른 교신이 발생하기 마련이었고, 순전히 교신량만 확인해도 종종 상황을 짐작하기에 충분했다. 일행이 어느 곳을 방문한 뒤 출발하려 하자, 기지 통신장교가 일상적인 '출발' 전문을 지휘계통에 타전하려고 했다. 그러자 그곳의 한 근무자가 이렇게 충고했다.

"아예 일본어로 보내시죠. 나는 고액연봉을 받는 일꾼들이 여기를 출발했다는 사실을 일본군에게 확실히 알리고 싶어요!"[14]

과달카날에서 방문자들은 밤새 야간공습의 환영을 받았다. 녹스와 다른 방문자들은 언제 붕괴될지도 모르는 건물에서 나와 강화된 엄폐물이 있는 참호로 들어갔다. 잠이 간절했던 니미츠는 침실을 떠나지 않았다. 일행 중 누구도 다친 사람은 없었다. 니미츠는 말라리아에 걸렸다.

진주만으로 돌아온 뒤로 증상이 심해져서 니미츠는 입원해야 했다. 하지만 입원으로 그가 업무를 수행할 수 없게 된다면, 지휘계통상 차상급자가 그 업무를 대신하게 되어 있었다. 이때 차상급자는 바로 핼시였다. 니미츠는 다른 사람에 대한 부정적인 말은 가급적 삼가는 편이었지만, 충동적인 핼시가 태평양함대 전체를 책임지게 되다니 마음이 편치 않았다. 그래서 그는 자신이 집무실에 없다는 사실을 숨기기 위해 무진 애를 썼다. 그의 4성기는 사령부 건물에 여전히 휘날리고 있었고— 지휘관이 그 건물에 머물고 있다는 해군의 오랜 신호—, 대부분의 참모들은 단지 그가 바쁘다는 말만 들었다.

❖ 니미츠 대 맥아더

1943년 3월 첫 주에 맥아더의 부대는 비스마르크 해전 Battle of the Bismarck Sea에서 적의 전진을 저지했다. 시도는 성공적이었지만, 맥아더가 주장하는 것만큼 눈부신 승리—당시는 물론이고 앞으로도—는 아니었다. 그는 미국과 오스트레일리아 폭격기들이 구축함과 수송선 22척을 침몰시켰고, 일본군 1만 5,000명이 죽었으며, 항공기 100대가 수장되었다고 발표했다. 이틀 뒤, 맥아더는 전과를 수정해 수송선 12척과 구축함 7척,

경순양함 3척이 침몰했다고 발표했다. AP통신은 이렇게 보도했다.

"맥아더 장군에게 (윈스턴 처칠, 프랭클린 루스벨트, 심지어 킹으로부터) 축하 전문이 밀려들고 있다."[15]

1주일 후, 《뉴욕 타임스》는 이런 사설을 실었다.

"더글러스 맥아더 장군이 지휘하는 연합군은 단호하게 전진할 것이며, 일본의 계획을 좌절시키기 위해 절대적으로 필요한 시간 이상으로 지체하는 일은 결코 없을 것이다."[16]

맥아더는 기자회견을 열어 제해권을 장악하는 데 "더 이상 해군력에 완전히 혹은 거의 의존하지 않고 지상군이 장악하고 있는 지상기지로부터 발진하는 항공력에 의존하게 될 것이다"라고 단언했다.[17]

곧 레이턴 중령이 번역한 노획문서에는 고작 구축함 6척과 수송선 6척만이 해전에 참가했다고 ―그리고 구축함 4척이 생존했다고― 되어 있었다. 니미츠는 번역문을 맥아더에게 보내 육군항공대의 주장은 신중하게 검토해야 한다고 제안했다(니미츠는 참모들에게 이렇게 말했다. "만약 내가 침몰했다고 생각한 순양함 3, 4척이 여전히 살아 있다면, 나는 내 전술을 약간 바꿔야만 할 것이다.").[18] 맥아더는 니미츠가 자신을 믿지 않는다고 비난했다. 그의 항공부대 사령관인 조지 C. 케니 George C. Kenney 중장은 이렇게 말했다.

"정확한 숫자는 중요하지 않으며 이 모든 논쟁은 어리석은 짓이다."[19]

니미츠는 현명하게도 그 문제에 대해 더 이상 언급하지 않았지만, 맥아더는 그냥 흘려보내지 않았다. 2년 반 뒤에 《뉴욕 타임스》는 맥아더와의 인터뷰 기사를 실으며 이렇게 헤드라인을 뽑았다.

"1943년 공중전의 승리, 맥아더 주장."

1943년 초 니미츠(왼쪽)와 핼시(오른쪽)가 만나 작전을 논의하고 있다.

맥아더는 이렇게 덧붙였다.

"일부 사람들(니미츠)은 그 전투의 전과에 의문을 제기했지만, 우리는 침몰된 모든 배의 이름을 알고 있다."[20]

최종적으로 기록을 위해 공인된 숫자는 ─현재─ 처음에 레이턴이 확인했던 것처럼 구축함 4척과 수송선 8척이 침몰하고 (1만5,000명이 아닌) 약 3,000명의 일본 육군과 해군이 사망했다. 항공기는 100대가 아니라 50대 혹은 60대가 격추되었다. 또 다른 구축함 4척이 손상을 입었지만, 탈출에 성공했다. 때때로 우리는 점수를 집계하기 위해 심판이 필요한 법이다.

3월 15일, 미국함대 사령관은 이전의 전투함대와 정찰함대, 아시아함대 등의 명칭을 버리고 새로운 함대식별번호체계를 도입한다고 발표했다. 대서양함대에는 짝수가, 태평양함대에는 홀수가 부여되었는데, 태평양에는 많은 함정들이 도착하고 있어서 니미츠는 번호가 부여된 3개 함대—남태평양지역의 3함대, 중부태평양지역의 5함대, 남서태평양지역의 7함대—를 편성할 수 있었다. 핼시는 3함대 사령관이 되었고 니미츠는 레이 스프루언스를 중장으로 진급시켜 중부태평양군 사령관에 임명했다.

❖ 야마모토 요격 작전:
맥아더, 모든 공적을 자신의 것이라고 주장하다

1943년 4월 14일 오전 8시가 막 지났을 때, 레이턴은 최근 감청된 일본군 전문을 해독하여 니미츠에게 제출했다. 그것은 이렇게 시작했다.

"연합함대 사령장관은……."

이것만으로도 니미츠의 관심을 끌기에는 충분했다. 이어지는 내용은 그를 의자에서 벌떡 일어서게 만들었다. 거기에는 니미츠의 숙적이자 진주만 공격을 계획했고 미드웨이 공격을 총지휘했던 야마모토 제독이 나흘 뒤 세 곳의 작은 기지들을 방문할 예정이며 오전 6시 제로 전투기 6대의 호위를 받으며 중거리폭격기 2대를 타고 라바울을 출발한다고 적혀 있었다. 방문 기간의 전체 일정이 거의 분 단위로 정확하게 나열되어 있었다. 야마모토 역시 시간엄수에 엄격한 사람으로 정평이 나 있었다. 만약 일정표에 "8:00시 도착"이라고 적혀 있으면 그는 오전 8시에 비행기의 트랩을 내려올 가능성이 컸다.

니미츠는 벽에 걸린 대형 해도 앞으로 걸어가 야마모토의 일정대로 따라가보더니 야마모토가 장거리 전투기의 전투반경 안에 들어오게 되는 지점을 발견해냈다. 그는 레이턴에게 물었다.

"그를 요격하는 게 어때?"

레이턴이 대답했다.

"일본에서 천황을 제외하고 그보다 일본인의 사기에 영향을 미치는 중요한 인물은 아마 없을 겁니다. 만약 그가 격추당한다면, 일본 해군의 사기는 저하될 것이고 국민은 망연자실하게 될 겁니다."

니미츠가 말했다.

"여기는 핼시의 관할구역이야. 만약 방법이 있다면 그가 찾아내겠지."

그리고 전체 일정을 설명하고 요격을 제안하는 전보문을 작성했다.

"만약 귀관의 휘하에 있는 부대가 야마모토와 그의 참모들을 격추시킬 수 있는 역량이 된다면, 이 전보로 귀관에게 사전계획에 착수할 수 있는 권한을 부여한다."

그리고 암호 해독 사실을 숨기기 위해, 이 정보가 라바울 주변의 오스트레일리아 소속 해안감시원들에게 나온 것으로 하라고 권고했다.

다음 단계는 작전을 승인받는 것이었다. 야마모토처럼 중요한 인사에 대한 계획적 암살은 전시이든 아니든 정치적 파급효과가 크기 때문에 니미츠는 해군장관 녹스에게 검토를 요청했고, 녹스는 이 문제를 루스벨트 대통령과 논의했다. 루스벨트 대통령은 이렇게 말했다.

"야마모토를 요격하게."

이와 동시에 핼시로부터 임무가 가능하다는 소식이 들어왔다. 그들은 작전에 요구되는 항속거리 1,000해리를 달성하기 위해 보조연료탱크를 장비한 육군의 P-38 전투기를 사용할 예정이었다. 니미츠는 '실행' 명령을 내리면서 개인적인 메모를 함께 보냈다.

"행운을 빌고 요격에 성공하길."

P-38 전투기 16대는 야마모토가 도착하기로 되어 있는 시간보다 1분 빨리 계획된 상봉점에 도착하여—놀라운 솜씨가 아닐 수 없다— 그날의 세 번째 방문지에 착륙하기 위해 막 하강을 시작한 일본 항공기들을 만났다. 짧지만 격렬한 전투가 벌어졌고, 일본군 폭격기 2대가 격추되었다! 미군은 P-38 1대를 상실하면서 일본군 호위 전투기를 1대도 격추시키지 못했지만, 그것은 별로 중요하지 않았다. 야마모토가 격추된 폭격기 2대 중 1대에 타고 있었기 때문이다.

그 다음 그저 기다려야만 했다. 공교롭게도 요격은 둘리틀 B-25 폭격대 도쿄 공습 1주년 기념일인 4월 18일에 실시되었지만, 도쿄 라디오에서 야마모토가 "올해 4월, 일선에서 전반적인 전략을 지시하던 중 적과 교전이 벌어져 전투기 안에서 장렬하게 전사했다"는 발표가 나온 것은 5월 21일이었다.[21]

물론 임무는 극비리에 수행되었으며 세부사항은 전쟁이 끝날 때까지 공개되지 않았다. 1964년 자신의 회고록에서 맥아더는 모든 공적을 자신의 것이라고 주장했다. 그는 이렇게 썼다.

"'우리'는 전쟁에서 가장 중요한 공격 중 하나를 수행했다. '우리'의 공군이 야마모토를 격추시킨 것이다. 일본군의 암호가 해독되었고, 감청된 무선통신문은 '우리'에게 정보를 제공해주었다."

이어서 그는 이렇게 썼다.

"그 무선통신문이 가짜라는 회의론도 상당히 강했다. 하지만 나는 야마모토가 항상 결정적인 접적지역까지 나아가는 최전선의 전사라는 사실을 알고 있었다."

누가 혹은 어디에서 암호를 해독했는지에 대한 내용이나 공격을 구상한 니미츠, 그것을 계획한 핼시, 그것을 승인한 루스벨트 대통령에 대해서는 한마디도 언급하지 않았다.[22]

니미츠는 미드웨이 전투 당시 일본군이 점령한 알류샨 열도의 애투 섬 탈환일을 5월 11일로 정했다. 혹독한 추위 속에서 1만5,000명의 미군 병사들은 2,900명의 일본 방어병력을 상대했다. 그들은 미군 전선이나 후방을 향해 반자이돌격萬歲突擊을 감행하며 격렬하게 싸웠다. 대부분 비전투요원인 후방의 병사들은 순식간에 백병전의 혼란에 휩쓸리면서 소스라치게 놀랐다. 이때 549명의 미군이 전사하고 일본군은 불과 29명만이 살아남았다.

두 달 뒤, 니미츠는 일본이 점령한 알류샨 열도의 또 다른 섬인 키스카를 탈환하기 위한 작전을 수행할 때는 전력을 더 투입했다. 그는 함정 100척, 3만5,000명으로 구성된 미군 및 캐나다군 침공부대를 집결시켰다. 8월 2일에서 15일까지 키스카 섬에 10여 차례 함포사격과 공습을 10여 차례 실시했다. 그 와중에 커다란 빈 맥주병들을 폭격기에서 투하하는 기발하지만 승인받지 못한 공격도 실시했는데, 그 폭격기의 승무원들은 빈 맥주병이 떨어지면서 들리는 쉬익거리는 소리가 적의 사기를 꺾는 데 효과가 있을 것으로 기대했다.

8월 15일, 상륙부대는 해안에 도착한 이후에야 비로소 적이 모든 포격과 폭격이 시작되기 전에 이미 몰래 철수한 상태라는 것을 알게 되었다.

Chapter 17
중도 침로 수정

맥아더는 협의회에서 그의 계획을 지지하기로 했다는 소식을 듣고 날아갈 것 같았다. 그는 즉시 마셜 장군에게 모든 해군 부대를 포함한 태평양의 모든 부대를 자신의 지휘 아래 둘 수 있게 해달라고 요청했다. 그러나 그의 요청은 거부되었다. 그러자 맥아더는 합동참모본부가 승인한 —니미츠와 그의 해군건설대에 의한— 마나우스의 해군기지 개발에 맞추어 남태평양지역의 경계를 다시 한 번 조정해야 한다는 니미츠의 제안에 분노에 찬 반응을 보였다. 맥아더는 마셜 장군에게 편지를 보내 이것은 그의 '개인적 명예'에 대한 모욕이자 공격이라고 했다. 마셜은 답장을 보내 맥아더에게 그의 "직업적 진실성과 개인적 명예는 결코 의심의 여지가 없다"고 하면서 "귀관이 스스로 지휘권을 이양하는 것이 적절하다고 생각하지 않는 한." 그 누구도 그의 관할지역에서 특정 부분을 빼앗으려 들지 않을 것이라고 장담했다.

❖ 타라와 전투, 피비린내 나는 지옥의 현장

1943년 11월 니미츠는 다음 단계의 주요 목표를 공격할 수 있는 태세를 갖췄다. 그것은 과달카날에서 북서쪽으로 약 1,000해리 떨어진 길버트 제도의 타라와 환초^{Tarawa Atoll} 였다. 일본군이 과달카날을 활용할 계획을 세우고 있을 당시, 그들은 이미 타라와를 비행기지로 바꾸고 있었는데, 이것은 중부태평양에 대한 미국의 노력에 심각한 영향을 미칠 수 있었다. 니미츠의 공격부대—진정한 아르마다^{armada} (무적함대)—는 전함 12척과 정규항공모함 6척, 경항공모함 5척, 호위항공모함 8척, 기타 함정 100척, 상륙부대의 병력 1만8,300명으로 구성되어 있었다. 그들은 약 2,500명의 전투병으로 구성된 타라와 주둔 일본군 부대와 비슷한 수의 건설인부를 제거해야 했다. 이것은 식은 죽 먹기나 다름없을 것이라고 생각했으나, 실제로는 피비린내 나는 지옥이 따로 없었다.

1943년 11월 미 해병들이 길버트 제도의 타라와 섬에 상륙해 일본군 요새를 향해 돌진하고 있다.

　침공 전 포격은 격렬했지만, 상륙은 실패작이었다. 유례없이 해수면이 너무 낮아 대부분의 상륙정이 암초를 넘지 못해 해안에 접근할 수 없었기 때문이다. 상륙부대 병사들은 적의 집중사격을 받는 가운데 파도를 헤치고 상륙해 결연한 일본 방어군을 상대했다. 포격은 아무런 효과가 없는 것처럼 보였다.

　결국 거의 모든 일본 방어군과 함께 1,600명의 침공군이 전사했다. 그리고 미군은 부상자도 약 2,000명에 달했다.

타라와 섬을 점령한 지 이틀 뒤, 니미츠는 무엇이 잘못되었는지 눈으로 확인하기 위해 전장을 방문했다. 작전 책임자 스프루언스는 그가 오지 못하도록 설득하려고 했다. 동굴 속에는 아직도 저항하는 일본 잔존 병력이 있었고, 대형 항공기가 사용하기에는 아직 활주로의 준비가 미흡했으며, 전사자들은 아직 매장하지 않은 상태였다. 그런데도 니미츠는 타라와로 향했다. 그의 비행기는 해군건설대가 활주로 확장을 끝낼 때까지 1시간 동안 상공을 배회해야만 했다. 그는 시체 썩는 냄새가 진동하는 가운데 착륙했다. 그는 라마에게 이렇게 말했다.

"내가 죽음의 냄새를 맡아본 것은 이번이 처음이야."[1]

니미츠는 적이 너무나 지하로 잘 파고들어서 함정과 항공기의 공격이 거의 아무런 효과가 없다는 것을 알게 되었다. 병사들은 엄청난 양의 모래와 통나무로 위를 덮어서 충격을 잘 흡수하는 견고한 콘크리트 벙커 속에서 웅크리고 있었다. 소수 일본군 생존자 가운데 한 명은 자신의 지휘관이 수백만 명의 병사도 100년 내에 타라와 섬을 점령하지 못할 거라며 호언장담했다고 증언했다.[2]

니미츠는 하와이 제도의 작은 무인도인 카호올라웨 Kahoolawe 에 타라와의 방어시설 모형을 건설하고 다양한 종류의 탄약을 터뜨려 그 효과를 시험했다. 상륙1파와 함께 상륙할 사격통제반은 표적을 포착하고 정확한 사격을 유도하기 위한 훈련을 받았다.

타라와에서 한 가지 교훈을 얻었다. 상륙부대 지휘관은 임무를 수행하기 위해서 계획 단계부터 수로를 확실하게 정찰할 필요가 있다는 것이었다. 수심은 얼마나 되며, 해면의 경사도는 어느 정도이고, 자연 혹은 인공 장애물은 어디에 있는지 ―그리고 그들을 제거하기 위해 어떤 조치를 취할 수 있는지— 알아야 했다. 이 교훈은 곧 해군 수중폭파대 Underwater Demolition Team, UDT 의 발전으로 이어졌다. 해군 수중폭파대의 창설자는 전에 니미츠가 영국 해군 예비대에서 미국 해군으로 전역을 도와주었던 폭발물처리 전문가 드레이퍼 코프먼 중령이었다. 드레이퍼 코프먼 중령은 해군 폭발물처리반을 훈련시키는 임무에서 상륙지역 장애물을 제거하는 임무로 전환되었다. 해군 수중폭파대의 임무는 보기보다 훨씬 더 위험했다. 그들은 방어자가 우연히 해상을 살피다가 이상 징후를 눈치 채는 일이 없도록 상륙준비사격이 진행되는 동안 그것도 수중에서 작업을 해야만 했기 때문이다.

니미츠는 태평양으로부터 뉴스가 좀 더 잘 전달되게 하라는 워싱턴의 압력을 받고 있었는데, 타라와는 그것에 대한 새로운 접근방식을 시험하는 첫 번째 무대였다. 전쟁 중 처음으로 주요 작전 중에 해군 무선망이 신문기사 원고 전송을 위해 개방되었다. "더 이상 침묵하지 않는 군대"라는 헤드라인으로 《타임》은 변화를 환영했다.

"거의 2년 동안 태평양함대를 담당하던 미국 기자들이 관료주의와 더딘 검열, 더딘 기사전송에 애를 태워왔다. …… 태평양함대 사령관 체스터 W. 니미츠는 지시를 내려 함대와 병사, 그리고 부대 지휘관들에게 어디에서든 특파원들에게 최대한 협력할 것을 명령했다."

타라와 전투 취재진은 기자 20명과 사진작가 5명, 화가 2명, 보도촬영기사 1명으로 구성되었다. 일부 현장 취재기자의 특전이 미국 독자들에게 전해지는 데 고작 3일밖에 걸리지 않았지만, 해군의 교전에 대한 보도는 "아직 육군의 작전만큼 신속하거나 적절하게 이루어지지 않고 있었다. …… 하지만 해군 보도는 그 어느 때보다도 신속하고 적절하게 이루어지

고 있었다."³

　1944년 1월 3일과 4일에 있었던 킹과 니미츠의 다음 전략계획을 위한 회동에서 주요 안건은 인사 문제였다. 제임스 포레스털 해군차관—제1차 세계대전 당시 해군 조종사였다—은 더 많은 조종사들이 중요 보직에 임명될 수 있는 방안을 추진하고 있었지만, 태평양에서 근무하는 조종사 중 소수만이 고위지휘관에 오를 수 있는 충분한 함대작전 경험을 갖고 있었다. 포레스털이 아무리 강한 압력을 행사해도 니미츠는 아직 준비가 되지 않은 조종사에게는 주요 지휘관 보직을 맡기려 하지 않았다. 일종의 차선책으로 킹과 니미츠는 몇 가지 합리적인 기본 원칙을 정했다. 항공병과 출신이 아닌 모든 주요 지휘관은 참모장 혹은 자신의 차상급 지휘관으로 조종사 출신을 임명해야 하며, 조종사 출신 지휘관은 차상급 지휘관으로 수상함 장교를 임명해야 한다는 것이었다.

　이와 더불어 특별히 포레스털의 뜻을 받아들여 —그리고 자신들이 방금 정한 원칙에 따라— 그들은 존 H. 타워즈를 태평양함대 부사령관으로 결정했다. 그것으로 문제는 깔끔하게 정리되었다.

❖ 지휘계통의 문제: 누가 총지휘를 맡아야 하는가

약 6개월 전부터 통합참모본부 Combined Chiefs of Staff (미국의 합동참모본부와 그에 상응하는 연합국의 기관으로 구성된 조직)는 태평양을 가로지르는 양방향 전략에 합의한 상태였다. 맥아더는 뉴기니의 북쪽 해안을 따라 단계적으로 서진하면서 일본군의 기지를 제거하다가 특정 지점에 도달하면 약 1,200해리의 대양을 건너뛰어 필리핀의 남쪽 섬인 민다나오를 점령하고 이어 필리핀 제도를 따라 북진할 예정이었다. 동시에 니미츠는 무엇보다도 길버트 제도(타라와 포함)와 마셜 제도(특히 콰절린 환초 Kwajalein Atoll)를 점령하고 일본에서 1,500해리밖에 떨어지지 않은 마리아나 제도의 남부에 있는 사이판과 티니안 Tinian , 괌을 공략할 예정이었다.

맥아더는 그 계획에서 길버트-마셜 제도 부분에 대해서는 아무런 이의가 없었지만, 처음부터 니미츠가 마리아나 제도로 전진하는 데 반대했다. 우선 그는 지상기지 항공기의 지원을 받지 못하는 상황에서 그것은 매우 위험한 작전이라고 생각했다. 또 다른 이유는 만약 그 작전이 성공할 경우 그가 필리핀으로 '돌아갈' 필요성이 사라질 수도 있다는 데 있었다. 그의 마음속에서는 그것이 태평양에서 가장 중요한 목표였다.

맥아더는 타라와 전투를 통해 통합참모본부의 계획에 오류가 있음이 증명되었다고 믿었다. 즉, 니미츠는 개구리 뛰기 전략을 포기하고 모든 병력을 남쪽으로 보내 맥아더를 지원해야 한다는 것이었다. 실제로 맥아더는 니미츠에게 그렇게 하도록 명령해줄 것을 합동참모본부에 요청했지만, 거부당했다. 1월에 맥아더는 자신의 좌절감을 육군장관 헨리 L. 스팀슨 Henry L. Stimson 에게 전했다.

> 해군은 정면공격을 함으로써 많은 미국인의 생명을 죽이는 비극을 저지르고 있습니다. …… 해군은 태평양의 전략을 이해하지 못하고 있습니다. 해군이 적에게 접근할 수 있도록 육군이 지상에 기지를 둔 보호수단을 확립하는 것이 첫 번째 단계가 되어야 한다는 사실을 깨닫

지 못하고 있는 것입니다. …… 스팀슨 육군장관이 (대통령께) 말씀드려 그를 설득해야만 합니다. 제가 태평양전쟁을 중심에서 지휘하도록 해주십시오. …… 지위에 대한 해군의 자존심 때문에 우리나라에 이런 엄청난 비극이 계속되게 내버려두어서는 안 됩니다.[4]

사실 니미츠는 타라와 전투의 결과에 맥아더만큼이나 충격을 받아서 맥아더의 관점으로 돌아서고 있었다. 1944년 1월 27일과 28일, 그는 진주만에서 (맥아더의 참모진에서 파견된 대표들도 참석한) 협의회를 개최해 이 문제를 다루었다. 마리아나 제도 공격은 여전히 실행 가능한 방안인가? 마리아나 제도가 목표 목록에 포함된 이유는 부분적으로 신형 장거리 폭격기인 B-29가 티니안이나 사이판의 기지에서 발진해 일본에 도달할 수 있기 때문이었다. 하지만 미군의 전투기 중 어떤 것도 B-29를 호위할 만한 항속거리를 갖고 있지 않아서 B-29는 일본까지 가는 동안 중간에 위치한 일본군 기지에서 출격한 전투기의 요격에 취약할 수밖에 없었다. 그 결과, 다음과 같은 합의가 이루어졌다. 마셜 제도에 대한 계획된 침공은 계속 진행하지만(협의회 다음날부터 시작될 예정이었다), 마리아나 제도는 건너뛰고 뉴기니를 통한 맥아더의 진격을 지원한다.

킹 제독은 협의회의 결과를 듣고는 분노했다. 일본이 마리아나 제도를 통제하게 내버려두면 재앙을 초래하게 될 것이 분명했기 때문이다. 그가 전문을 보내 니미츠에게 상기시킨 것처럼 마리아나 제도를 점령하려는 가장 큰 이유는 "B-29 폭격기가 일본 제국을 공습할 수 있도록 하기 위한 것"이 아니었다. 그것은 단지 부산물에 불과했다. 작전의 목적은 필리핀 제도 북부지역에 이르는 통신선을 확보하는 데 있었다. 그는 맥아더가 선호하는 전략에 대해 이렇게 썼다.

"뉴기니 해안을 따라 …… 필리핀 제도를 관통해 루손까지 …… 일본군을 밀어붙여 중부태평양에서 몰아낸다는 개념이 나에게는 더 터무니없어 보임."[5]

맥아더는 협의회에서 그의 계획을 지지하기로 했다는 소식을 듣고 (그는 킹의 반응에 대해 알지 못했다) 날아갈 것 같았다. 그는 즉시 마셜 장군에게 모든 해군 부대를 포함한 태평양의 모든 부대를 자신의 지휘 아래 둘 수 있게 해달라고 요청했다. 그러나 그의 요청은 거부되었다. 그러자 맥아더는 합동참모본부가 승인한 —니미츠와 그의 해군건설대에 의한— 마나우스 Manaus 의 해군기지 개발에 맞추어 남태평양지역의 경계를 다시 한 번 조정해야 한다는 니미츠의 제안에 분노에 찬 반응을 보였다. 맥아더는 마셜 장군에게 편지를 보내 이것은 그의 '개인적 명예'에 대한 모욕이자 공격이라고 했다. 마셜은 답장을 보내 맥아더에게 그의 "직업적 진실성과 개인적 명예는 결코 의심의 여지가 없다"고 하면서 "귀관이 스스로 지휘권을 이양하는 것이 적절하다고 생각하지 않는 한," 그 누구도 그의 관할지역에서 특정 부분을 빼앗으려 들지 않을 것이라고 장담했다.[6]

1944년 1월 31일, 예정대로 해병들은 마셜 제도의 콰절린 환초에 상륙했다. 콰절린 환초는 세계에서 가장 큰 환초로, 면적이 324제곱마일(약 840제곱킬로미터)에 달하며, 96개의 섬과 소도로 되어 있고, 그 중 3개 섬은 요새화되어 있었다. 태평양함대 사령부의 일부 참모들은 일본군이 콰절린 환초를 너무 강력하게 방어하고 있다는 점을 우려하며 외곽의 몇몇 중요하지 않은 환초를 먼저 점령하고 재빨리 비행장을 건설

제2차 세계대전 당시 미 육군참모총장이었던 조지 마셜 장군은 루스벨트 대통령의 조언자로 활약했다. 맥아더가 모든 해군 부대를 포함한 태평양의 모든 부대를 자신의 지휘 아래 둘 수 있게 해달라고 요청했으나, 마셜 장군은 그의 요청을 거절했다.

해 콰절린 공격 시 항공지원을 제공하는 편이 더 나을지도 모른다고 했다. 니미츠는 지휘관회의를 소집했다. 작전의 전체 지휘를 맡은 스프루언스와 상륙작전 지휘관인 리치먼드 켈리 터너 Richmond Kelly Turner 해군 소장, 해병대를 대표해 홀랜드 스미스 Holland Smith 해병 소장이 참석했다. 니미츠는 각자에게 차례로 어떤 섬을 추천하는지 물었다. 그들은 각각 외곽의 이런저런 섬들을 언급했다. 그러자 니미츠가 말했다.

"그럼, 이걸로 됐소. 우리는 콰절린을 공격할 거요."7

니미츠는 타라와에서 이미 많은 것을 배웠기 때문에 공격부대의 규모를 대폭 증가시켰다. 함정 374척(항공모함 12척, 전함 8척, 순양함 6척, 구축함 36척 포함)과 지상기지 항공기 475대로 보강된 함재기 700대, 5만3,000명의 상륙부대(별도로 3만1,000명의 병력이 주둔군으로 남게 되었다)가 참가했다. 지상기지 폭격기들이 몇 주 전부터 공습을 감행하고 요새화된 3개 섬에 대해 사흘에 걸쳐 해안 함포사격이 이루어졌다. 각각의 섬은 타라와에 사용된 것보다 총중량이 세 배나 더 나가는 포탄과 폭탄을 뒤집어썼다. 태평양에서 공식적인 첫 번째 UDT 부대가 해안으로 이르는 경로를 인도했다.

콰절린 환초에는 8,000명의 일본군 방어병력이 주둔하고 있었다. 전투가 끝났을 때, 그 중 불과 265명만이 살아남았다. 미군의 피해는 전사자 400명, 부상자 약 1,500명에 그쳤다.

니미츠는 섬을 확보하고 이틀 뒤에 그곳을 방문했다. 그가 해안을 걸을 때, 기자들이 물었다.

"이 섬에 대해 어떻게 생각하십니까?"

니미츠는 이렇게 대답했다.

"여러분, 이제까지 내가 본 것 중에 가장 황량한 현장이네요. 텍사스 피크닉만 빼고요."[8]

마셜 제도 점령이 너무나 순조로웠기 때문에 니미츠는 자신의 입장을 수정했다. 그것은 마리아나 제도가 훌륭한 목표일 수도 있지만, 먼저 ('태평양의 지브롤터 요새'로 불리는) 트루크에 있는 일본의 해군기지를 점령해야 한다는 것이었다. 킹은 단호하게 반대했다. 그는 마리아나 제도가 가장 중요하다며 마리아나 제도를 먼저 점령하길 바랐다. 충분히 납득은 갔지만, 니미츠는 자신의 독단권을 이용해 적어도 트루크에 있는 일본 함대를 공격하도록 5함대를 파견했다. 그들은 일본 해군 함정 18척과 수송선 20척, 유조선 5척을 격침시키고 약 200대의 항공기를 격추했다. 케이트와 낸시는 축전을 보내지 않을 수 없었다.

캐리 네이션 Carrie Nation (미국의 금주법 입법에 지대한 영향을 미친 여성-옮긴이)이 술을 진탕 마시는 것처럼,
인간이 트루크 Truk (영어 발음상 트럭 Truck 과 유사한 것을 이용한 유머-옮긴이)를 치면, 그것도 뉴스가 됩니다.[9]

스프루언스는 마리아나 제도에 대한 사진정찰을 명령했고, 그의 부대는 사진정찰 임무 수행 중에 티니안과 사이판을 방어하던 일본군 항공기 168대를 격추했다.

태평양함대 사령부 합동군 참모진 내에는 지휘계통과 관련해 많은 문제들이 있었다. 최근에 도착한 육군 최고선임장교 로버트 C. 리처드슨 Robert C. Richardson 중장은 해군이나 해병대 장교가 종종 육군 부대를 지

휘하는 것이 불만이었다. 예를 들어, 그가 병사를 훈련시키는 것은 그의 업무라고 주장하자, 니미츠는 지상군을 맡은 장교의 책임이라고 말했고, 우연히도 그 장교는 해병이었다. 리처드슨은 마셜 장군에게 직접 불만을 제기했다. 마셜은 그것이 니미츠가 결정할 문제라고 답변했다. 타라와에서 사상자 명단이 도착했을 때, 리처드슨은 해병대가 지휘를 맡았기 때문에 엄청난 사상자가 발생했다고 말했다. 그는 태평양에서 육군이 —그의 총지휘 아래— 상륙작전을 맡아야 한다는 제안을 했다. 니미츠는 그의 제안을 무시했다.

육군 최고선임장교 로버트 C. 리처드슨 중장은 해군이나 해병대 장교가 종종 육군 부대를 지휘하는 것이 불만이었다. 타라와 전투 사상자 명단이 도착하자, 해병대가 지휘를 맡아서 엄청난 사상자가 발생했다고 하면서 태평양에서 육군이 상륙작전을 지휘해야 한다고 제안했다. 그러나 니미츠는 그의 제안을 무시했다.

하지만 리처드슨은 포기하지 않았다. 그는 해병대 고위 장교들이 규율도 부족하고 훈련도 피상적인 수준에 그쳤기 때문에 대규모 병력을 지휘할 능력이 없다고 믿었다. 니미츠는 그의 말을 들으려 하지 않았다. 그래서 리처드슨은 직접 의견을 말하기 위해 워싱턴으로 향했다. 2월 18일, 니미츠는 킹에게 사전경고를 보내며 이렇게 말했다.

"저는 이 문제를 현지에서 처리하고자 하며 단지 예방책으로 제독의 주의를 환기시키려고 합니다. …… 대부분의 경우, 이런 문제들은 까다로운 사람들의 충돌로 인해 불거지기 때문에 조직의 변화로 제거할 수 있는 것이 아닙니다."[10]

그 문제는 해결되기는커녕 점점 더 가열되었다.

❖ 맥아더의 초대: 니미츠, 맥아더를 만나다

3월 첫째 주, 합동참모본부는 각자의 의견 차이를 조율하고 앞으로의 계획을 세우기 위해 니미츠와 맥아더가 워싱턴으로 와야 한다고 결정했다. 니미츠는 워싱턴으로 갔지만, 맥아더는 거부했다. 맥아더는 전쟁 중 단 한 번도 미국을 방문한 적이 없었다. 그는 자신의 참모장 리처드 서덜랜드 Richard Sutherland 장군을 보냈다.

마나우스의 해군기지에 어떤 문제가 있든지 간에 결론은 확고했다. 기지는 니미츠의 지휘 아래 니미츠의 자산으로 건설될 것이다. 하지만 남태평양지역과 남서태평양지역 사이의 경계선은 다시는 변경되지 않을 것이다.

가까운 장래의 계획으로 니미츠와 합동참모본부는 트루크를 무력화한 뒤 우회해 마리아나 제도를 6월 15일에 침공한다는 데 동의했다. 또 다른 계획으로 9월 15일부터 시작해 팔라우 제도 Palau Islands (이곳은 뉴기니에서 필리핀으로 이어지는 해상 통로를 통제한다)를 점령한 다음, 니미츠는 11월 15일부터 필리핀 제도의 남단 민다나오에 대한 맥아더의 침공을 지원할 예정이었다. 그 다음 차례인 레이테 Leyte 침공은 12월 20일로 정해졌다.

3월 11일 전략계획을 위한 회합이 끝난 뒤, 니미츠와 킹은 대통령을 방문했다. 2년 이상 대통령을 보지 못했는데, 건강이 몹시 안 좋아 보였다. 점심식사 후 일행이 떠날 무렵, 대통령은 지친 것처럼 보였고 그들의 주제와 관계가 없는 질문을 하기 시작했다. 예를 들어, 트루크에 대한 맹렬한 공습이 끝난 후 니미츠가 부대를 파견해 마리아나 제도를 공격한 이유를 궁금해했다.

니미츠는 그 질문을 받고 어떤 이야기가 떠오른다며 그 이야기를 먼저 했다. 의과대학 부속병원의 어떤 외과의가 맹장수술을 받을 예정인 환자에게 수술 중 일단의 학생들이 참관해도 괜찮은지 물었다. 환자는 괜찮다고 대답했다. 몇 시간이 흘러 그가 마취에서 깨어난 뒤, 외과의사가 그의 상태를 보기 위해 들렀다. 환자는 이렇게 말했다.

"아, 괜찮습니다. 배가 꽤 아프지만 그것은 당연하다고 생각합니다. 하지만 목이 이렇게 아픈 이유는 뭐지요?"

외과의사가 대답했다.

"그러니까, 제가 맹장수술을 끝냈는데 학생들이 엄청난 박수를 보냈지요. 그래서 앙코르 삼아 제가 당신의 편도선도 제거했습니다."

니미츠는 이렇게 말을 끝맺었다.

"대통령 각하, 잘 아시겠지만, 그게 바로 세상이 돌아가는 방식입니다. 우리는 그저 앙코르로 티니안과 사이판을 공습했던 것입니다."

루스벨트 대통령은 폭소를 터뜨렸고, 그들의 방문은 유쾌한 분위기로 막을 내렸다.[11]

3월 15일 니미츠가 진주만으로 돌아왔을 때 매우 이례적인 맥아더의 전문이 도착해 있었다.

나는 오래전부터 귀하에게 이곳 사람들이 손님에게 얼마나 친절한지를 보여주고 싶었습니다. 우리가 직접 만나서 협의한다면 각자의 예하 부대들이 더욱 긴밀하게 협조할 수 있을 것이라고 확신합니다. 그러니 가능하다면 귀하가 나의 손님으로서 브리즈번 Brisbane 을 방문해준다면 감사하겠습니다. 틀림없이 따뜻한 환영을 받게 될 것입니다.

니미츠는 '아주 고마운 친절한 초청'을 받아들이고 1주일 만에 여정에 올랐다.12 그는 맥아더 부인을 위한 선물로 오아후의 부유한 친구가 준 희귀 난초를, 맥아더의 일곱 살짜리 아들 아서 Arthur 를 위한 선물로 비단으로 만든 하와이식 놀이옷과 유명한 하와이의 진미 마카다미아 너츠를 준비했다. 니미츠가 도착했을 때 맥아더 장군이 —니미츠에 대한 특별예우로— 직접 부두까지 마중을 나왔다. 그는 니미츠를 태우고 그의 집으로 갔다. 맥아더 부인은 난초를 받고 반색하며 좋아했지만, 어린 아서는 마카다미아를 먹고 탈이 났다. 하지만 두 사람은 우호적인 분위기를 유지했다. 니미츠는 맥아더의 참모장인 서덜랜드 장군이 맥아더에게 보내는 니미츠의 전문을 걸러내고 있었다는 사실을 알게 되었다. 이로써 두 사람 사이에 그렇게 많은 오해가 발생한 이유가 부분적으로 설명이 되었다.

하지만 그 문제에 있어서는 잘못 전달된 전문 이상의 것이 존재했다. 두 사람의 만남이 아주 원만하게 진행되다가 니미츠와 맥아더에게 일본의 전력이 약화되고 있는 것처럼 보일 경우 진격 속도를 가속시킬 수 있는—즉, 필리핀을 우회하는— 대안을 준비할 것을 요구하는 합동참모본부의 지시를 니미츠가 언급하자, 분위기는 냉각되었다. 킹에게 보내는

3급비밀 각서에 니미츠는 이렇게 썼다.

그는 분노하여 필리핀 우회의 불가능성, 그곳에 대한 그의 신성한 의무—1,700만 필리핀 국민의 구원이나 그의 영혼에 흐르는 피, 미국 국민에게 버림을 받았다는 것 등—에 대해 일장연설을 한 뒤 이어서 "현장에서 멀리 떨어져 있을 뿐만 아니라 총알이 스쳐가는 소리도 들어본 적 없으면서 태평양전쟁의 전략을 결정하는 저 워싱턴의 신사들"에 대한 비판을 늘어놓았다.[13]

니미츠는 자신의 원칙에 따라 맥아더에 대한 개인적 생각을 결코 공개적으로 언급하지 않았다. 그는 다른 사람들이 일으킨 반목이 지속되기를 원치 않았다. 한 친구가 맥아더에 대해 논평해달라고 강요하자, 잠시 생각에 잠기더니 단지 "그는 기억력이 아주 좋네"라고만 말했다.[14] 하지만 미래의 역사학자를 위해 니미츠는 모종의 암시를 남긴 것인지 모른다. 한번은 태평양함대 사령부에서 레이턴이 맥아더의 사진을 액자에 끼워 책상 위에 올려놓은 이유를 물어보자, 그는 잠시 경계심을 늦추고 이렇게 대답했다.

"그것은 나에게 주피터 신처럼 벼락까지 처가며 요란하게 떠드는 멍텅구리가 되지 말라는 점을 상기시켜주거든."

니미츠는 그 논평이 밖으로 새나가지 않을 것이라고 생각했는지 모르지만, 오늘날까지도 그것은 하와이에 근무하는 해군들이 전설적인 영웅 니미츠에 대해 언급할 때마다 반복되고 있다.[15]

Chapter 18
마리아나 제도

이틀에 걸친 전략계획회의는 1944년 7월 26일에 진주만에서 열렸다. 참석자는 니미츠와 그의 참모, 맥아더와 그의 참모진, 루스벨트 대통령이었다. 니미츠는 최고의전담당관으로서 흰색 정복을 입은 진주만의 모든 수병들을 모든 함정의 현측에 배치하고 대통령을 태운 볼티모어가 통과할 때 대함경례를 명령함으로써 대통령을 예우했다. 루스벨트 대통령과 사이가 좋지도 않았고 실제로 불과 한 달 전까지만 해도 공화당의 대통령 지명을 받으려고 곁눈질을 했던 정치적 라이벌이기도 한 맥아더는 카키색 근무복과 가죽 재킷을 착용하고 필리핀 육군 원수의 모자를 쓴 채 대통령보다 늦게 나타남으로써 대통령을 무시하는 태도를 취했다.

❖ 핼시와 스프루언스: 투 플래툰 체제

1944년 5월 4일과 5일의 샌프란시스코 계획회의의 안건에는 다음 달 영국해협을 횡단해 노르망디 Normandy 를 침공하는 노르망디 상륙작전 디데이 D-Day 에 대한 간략한 브리핑과 남태평양지역에서 더 이상 제거할 적이 사라진 핼시를 그 다음 어떻게 활용할 것인가에 대한 논의가 포함되어 있었다. 이에 대한 손쉬운 해결책이 하나 있었다. 핼시의 3함대와 스프루언스의 5함대를 통합해 1개 거대 함대를 만들어 지휘관 2명이 투 플래툰 체제 Two-Platoon System 로 함대를 운영하면서 태평양전역에서 자유롭게 작전을 펼치는 것이었다. 핼시가 지휘를 맡았을 때, 이 거대함대는 3함대로 불렸다. 해상에서 일정 기간을 보내고 나면, 함대는 지휘관과 함대 명칭이 바뀌게 될 것이고, 핼시와 그의 팀이 진주만으로 돌아와 휴식을 취하며 함대를 재편성하고 다음 작전을 위한 계획을 준비

"황소" 햘시는 대중에게 인기가 있었다. 니미츠는 재간과 언론의 관심, 소속감이 요구되는 임무를 수행할 때는 햘시를 선택하곤 했다.

하는 동안 스프루언스와 그의 팀이 5함대로 명칭이 바뀐 함대의 기함에 승함하게 될 것이다. 나중에 핼시는 이렇게 설명했다.

"역마차 체계가 마부를 놔두고 말을 교체하는 반면, 우리는 말을 놔두고 마부를 교체했다. …… 이것은 (적에게) 우리의 해상 전력을 과장하기 위한 것이었다."[1]

두 사람은 지휘방식이나 개성 면에서 선명한 대조를 이루었다. 대중—실제로 수병들—에게는 "제독" 스프루언스보다는 "황소" 핼시가 더 인기가 있었다. 핼시는 대규모 참모진을 운용한 반면(만약 니미츠가 참모의 수를 장교 70명으로 제한하지 않았다면, 그보다 더 많았을지도 모른다), 스프루언스는 전쟁 기간 내내 장교 17명만으로 전투를 수행했다. 핼시는 다음날의 계획을 자정이 되어서야 급히 타전한 반면, 스프루언스는 일련의 계획을 미리 정해두었다. 한 지휘관은 훗날 이렇게 술회했다.

"스프루언스가 지휘를 할 때는 자신감이 생겼고, 핼시가 지휘를 할 때는 걱정이 되었습니다. …… 그는 한 번도 똑같은 방식으로 일을 한 적이 없었습니다."[2]

측은한 마음에 니미츠는 두 사람을 짐마차를 끄는 종마에 비유했다. 한 마리는 머리를 숙이고 눈을 끄게 뜬 채 조용히 있는 힘을 다해 짐마차를 끌고 있고, 다른 한 마리는 머리를 높이 쳐들고 갈기와 꼬리를 흔들며 역시 열심히 짐마차를 끌고 있다.[3] 나중에 니미츠의 아들 체스터 주니어가 한 말에 따르면, 니미츠는 재간과 언론의 관심, 소속감이 요구되는 임무에는 핼시를 보내곤 했다. 그리고 절대 실패해서는 안 되는 임무에는 스프루언스를 선택했다.[4]

Chapter 18 마리아나 제도

니미츠와 핼시가 몇 차례 격렬한 언쟁을 벌인 적도 있다. 문제는 공보였다! 핼시는 수차례에 걸쳐 전쟁이 끝나면 "천황의 백마를 타고 도쿄 거리를 지나갈 것이다"라고 떠벌였다. 핼시는 일본 천황이 신처럼 숭배되고 있으며 일본 국민에게 절대적 통제권을 행사할 수 있는 존재이기 때문에 전후에 그의 협력이 매우 중요하다는 사실을 모르고 있는 것처럼 보였다. 니미츠는 핼시에게 이렇게 말했다.

"다시 한 번 그런 말을 입에 올렸다가는 귀관을 보직에서 해임시켜버리겠다. 천황은 우리가 일본을 점령했을 때 우리 병사들의 희생을 줄여줄 수 있는 유일한 사람이란 말이야."[5]

니미츠는 핼시와 맥아더 사이의 논쟁에 말려들기도 했다. 핼시는 일본에 '메시지를 전달'하기 위해 천황의 여름 별궁을 폭격하고 싶어 했다. 맥아더는 이렇게 말했다.

"그곳을 폭격하지 말게. 내가 본부로 사용할 거니까."

이 두 사람보다 전후에 일어날 여러 문제들에 훨씬 더 민감했던 니미츠는 두 사람의 생각을 모두 거부했다. 라마에 따르면, 니미츠는 합동참모본부의 지지에 힘입어 간신히 논쟁에서 승리할 수 있었다.[6]

❖ 마리아나의 대규모 칠면조 사냥

타라와와 콰절린은 바다 위로 고개를 내민 작은 땅덩어리에 불과했다. 마리아나 제도의 주요 섬들—괌과 티니안, 사이판—은 길이가 10~25마일(약 16~40킬로미터)에 달할 정도로 크기가 컸다. 포격과 폭격을 가해 섬 전체를 무력화시키는 것은 불가능했기 때문에, 미군은 장기전을 준비했다. 침공부대는 타라와에 파견된 침공부대보다 그 규모가 엄청나게 증가했다. 함정 535척이 12만 7,000명의 병력을 수송하기 때문에 타라와 침공에 참가한 병력보다 여섯 배 이상이 많았다. 이들 중 3분의 2는 해병이었지만, 육군 부대도 많이 참여했고 기동 가능한 공간이 존재했기 때문에 이번에는 '그들' 방식으로 전쟁을 수행하는 것도 가능했다. 육군의 전진 방식은 한 번에 한 발자국씩 땅을 확보하는 것이었다. 그들은 포병의 일제사격이 이루어지는 동안 땅에 몸을 숙이고 있다가 흙먼지가 가라앉기를 기다린 다음 앞으로 이동하면서 적의 저항을 한 번에 하나씩 소탕했다. 이와는 대조적으로 —앞으로 육군과 어깨를 나란히 하고 싸우게 될— 해병대는 약진과 도약을 통해 재빨리 이동하고 적의 저항으로 생긴 돌출부는 우회하는 동시에 자신이 확보한 지역을 강화하는 전술을 신봉했다. 일정 시점에 그들은 순찰대를 후방으로 보내 저항 거점을 제거할 것이다. 게다가 로버트 리처드슨 육군 중장에게는 실망스럽게도 이번 작전은 해병대가 지휘를 맡게 될 예정이었다. 홀랜드 스미스 해병 중장이 총지휘를 맡고 해병대 장성 2명이 그 다음 서열이었으며, 그 밑으로 육군이나 주방위군의 지휘관들이 병력을 인솔했다.

이것은 몇 차례 격렬한 논쟁을 불러일으켰다. 니미츠는 자신의 스토리텔링 기술을 이용해 그 중 한 논쟁을 진정시켰다. 그는 이렇게 말했다.

"이 모든 일들이 노아Noah 가 수행한 최초의 상륙작전을 생각나게 하는군. 방주에서 내릴 때, 그는 한 쌍의 고양이 뒤로 새끼 6마리가 따라 내리는 것을 봤네. '이게 어떻게 된 일이지?' 그가 물었어. 암고양이가 말했지. '하하, 당신은 항상 우리가 싸우고 있다고 생각하는군요.'"**7**

필리핀해 해전은 태평양전쟁 중 마리아나 제도에서 벌어진 미국과 일본 기동함대 간의 결전이다. 일본 측은 이 전투를 마리아나 해전이라고 불렀다. 필리핀해 해전의 결과, 일본은 마리아나 제도를 미국에게 빼앗기게 되었고, 이 섬들은 일본 본토를 향해 날아오르는 B-29의 거대한 기지가 되었다.

그것이 그렇게 쉬울 수만 있다면 얼마나 좋겠는가.

사이판이 첫 번째 침공 대상이었다. 공습은 6월 11일에 시작되었고, 13일부터는 함포사격이 실시되었으며, 상륙은 15일에 시작되었다. 한편, 정보반이 일본군이 침공을 저지하기 위해 해군 부대를 집결시키는 중이라는 사실을 알아내자, 미군은 다수의 잠수함을 적의 함대가 통과할 만한 여러 길목에 파견했다. 6월 13일, 한 잠수함이 일본군 항공모함 6척과 전함 4척, 순양함 8척을 발견했다. 다른 잠수함들을 통해 그들의 경로를 확인할 수 있었다. 사전경보를 받은 스프루언스의 함대는 준비하고 있다가 6월 19일과 20일, 필리핀해 해전에서 항공모함 2척을 침몰시키고 전투용 항공기 476대(교전에 참가한 항공기의 약 91퍼센트)를 격추하면서 일본군 조종사 445명의 목숨을 앗아갔다. 미군은 항공기 130대와 조종사 76명을 잃었다. 미국과 일본의 기동함대 간 결전이면서 태평양전쟁 최대의 공중전이기도 했던 이 전투는 미국이 너무나 일방적인 승리를 거두었기 때문에 역사에 "마리아나의 대규모 칠면조 사냥"으로 남게 되었다.

❖ 육군 장교를 해임한 해병대 장교를 둘러싼 갑론을박

하지만 사이판의 상륙작전은 순조롭지 못했다. 6월 23일 홀랜드 스미스 해병 중장은 즉석에서 주방위군 27사단의 랠프 스미스^{Ralph Smith} 육군 소장을 사단장에서 해임했다. 이 육군 부대가 빨리 이동하지 못해 좌우 양익의 두 해병 사단보다 뒤처지는 바람에 자신들이 무력화시켰어야 하는 일본군에게 두 해병 사단이 공격을 받았던 것이다. 다른 육군 장성이 임시로 27사단의 지휘를 맡았다. 그는 미적거리는 일부 지휘관들을 해임했는데, 그 중에는 연대장도 포함되어 있었다. 스프루언스는 그것을 공식적으로 승인했고, 랠프 스미스는 배를 타고 진주만으로 돌아왔다. 진주만에서는 분노한 리처드슨 장군이 육군으로만 구성된 조사위원회를 구성해 도대체 어떻게 해병대 장교가 육군 장교를 해임했는지를 밝히려고 했다.

곧 스미스가 보직에서 해임당했다는 소문이 돌자, 신문기자들이 질문을 하기 시작했다. 니미츠는 어떤 답변도 거부하고 모든 발표는 육군부가 하도록 내버려두었다. 그는 랠프 스미스에게 상처가 될 일은 하지 않으려고 했던 것이다. 육군부는 침묵했다. 당연히 이 얘기는 언론을 통해 점점 더 확산되었고, 각 신문사는 기자의 편견이 반영된 기사를 내보내기 시작했다. 한편에서는 육군의 편을 들어 "울부짖는 미치광이" 스미스를 "타라와의 도살자"라고 부르며 그가 또다시 도살을 시도하고 있다고 비난했다. 다른 한편에서는 해병대 옹호자들이 주방위군은 그저 싸우기를 거부했다고 주장했다. 《샌프랜시스코 이그제미너San Francisco Examiner》는 맥아더가 "어렵고도 위험한 군사작전들을 …… 대부분 적은 인명피해를 내면서 성공적으로 수행해온 장군"이라며 그에게 총지휘권을 주라고 요구했다. 《타임》은 부하를 해임할 수 있는 야전지휘관의 권리를 ―아니, 의무를― 옹호하면서 만약 그들이 "군종 간의 논쟁이 두렵다는 이유로" 그렇게 하기를 주저한다면, 전투에서 패배하고 불필요한 인명피해를 초래하게 될 것이라고 했다.[8]

리처드슨은 사이판을 기습방문해 홀랜드 스미스와 대면했다.

"육군을 차별하면 안 돼."

그는 이렇게 말하고는 그동안 하고 싶었던 말을 하기 위해 일장연설에 들어갔다.

"해병은 육군 장성들과 달리 대규모 병력을 지휘할 수 있는 자질을 갖추지 못했어. …… 당신네 해병들은 해변에서 뜀뛰기나 하는 무리에 지나지 않는다고. …… 당신네가 지상전에 대해 뭘 알아?"

스미스는 ―사건의 전말을 들은 사람 모두가 놀랄 정도로― 화를 참아냈다.[9] 이어서 리처드슨은 상륙군 사령관 리치먼드 켈리 터너를 찾아가 고성을 지르며 서로 언쟁을 벌였다―터너는 화를 참지 않았다―. 터

홀랜드 스미스 해병 대장은 1942년 8월 이래로 상륙군단장과 기동부대 사령관으로 재임하면서 타라와 전투, 마킨 전투, 콰절린 전투, 사이판 전투, 괌 전투, 이오지마 전투에서 상륙을 지휘했다. 다혈질적인 성격 때문에 "울부짖는 미치광이"라는 별명으로 불린 그는 현대 상륙전 이론을 완성한 미 해병대 명장이다.

너는 리처드슨이 복종하지 않는다고 비난했다. 리처드슨은 자신은 마리아나의 어떤 장교에게도 복종해야 할 의무가 없다고 맞섰다. 터너는 리처드슨이 "자신의 지휘권을 부당하게 침해"했다는 보고서를 올렸다.

니미츠는 이것이 매우 어리석은 짓이라고 생각했다. 그는 리처드슨

Chapter 18 마리아나 제도 331

의 (랠프 스미스의 불명예를 벗기기 위한) 조사위원회가 내린 결론은 물론이고 터너의 보고서도 받았지만, 논쟁을 무시하고 스프루언스의 공식 보고서에서 27사단에 대한 부정적 언급을 모두 삭제했다. 또한 불만을 제기하는 다양한 문서의 사본과 함께 사전경보를 위한 비공식 문서를 킹에게 보냈다. 그는 이렇게 썼다.

"만약 제가 이것을 공식적으로 제독께 전달한다면, 제독께서는 육군부에 그 문제를 제기할 수밖에 없는 입장이 되며 그것은 우리가 전쟁에 승리하기 위해 총력을 기울여야 하는 시기에 불쾌하고 불필요한 논쟁을 초래하게 될지도 모릅니다. 저는 마셜이 제독께 이 문제를 제기할 경우에 대비해 제독께서 사태의 전모를 알고 계시기를 바랄 뿐입니다."[10]

육군참모총장인 조지 C. 마셜 장군은 역시나 조사위원회가 스미스에게 책임이 없다는 결론을 내렸다는 점을 언급하면서 이 문제를 제기했다. 킹은 리처드슨이 육군 장교만으로 조사위원회를 구성해 해병대 장교를 판단할 권리가 없다고 말했다. 마셜은 조사위원회가 단순히 리처드슨에게 조언만을 제공했을 뿐이라는 점을 들어 킹의 주장을 반박했다. 하지만 이 어리석은 논쟁은 차츰 수그러들었다. 그들 앞에는 당장 승리를 위해 싸워야 할 전쟁이 있었던 것이다.

❖ 전략계획회의: 루스벨트와 맥아더의 불편한 관계

마리아나 전역이 한창 진행되고 있을 때—실제로 불과 며칠 뒤에 괌과 티니안에 대한 침공이 시작되었다—, 루스벨트 대통령이 진주만에서 다음 단계의 주요 전략인 필리핀을 점령하는 것이 합리적인가, 아니면 그곳을 우회해 타이완을 침공해야 하는가를 논의하기 위해 니미츠와 맥아더의 회의를 주관했다. 니미츠는 비밀경호국 요원들이 비행기로 도착해 대통령이 묵을 호텔을 찾을 때야 비로소 임박한 회의에 대해 처음 알게 되었다. 니미츠는 보안상의 문제로 대통령에 대해 언급하지 말고 맥아더를 하와이로 초대하라는 지시를 받았다. 맥아더는 이렇게 응답했다.

"우리는 할 이야기가 아무것도 없음."11

그 다음 킹 제독이 표면적으로는 영국군을 대일 전력에 포함시켜야 하는지를 논의한다는 명목으로 초대장을 보냈다. 그러자 맥아더는 "너무 바쁘다"고 했다. 결국 마셜 장군이 맥아더에게 참석을 명령했다. 맥아더는 그 숨은 뜻을 알아챘다.

프랭클린 루스벨트는 민주당 전당대회에서 네 번째 임기를 위한 대통령 지명을 받은 다음날 샌프란시스코에서 순양함 볼티모어Baltimore를 탔다(미주리 주 상원의원 해리 S. 트루먼Harry S. Truman이 그의 러닝메이트가 되었다). 이틀에 걸친 전략계획회의는 1944년 7월 26일에 진주만에서 열렸다. 니미츠와 그의 참모, 맥아더와 그의 참모진, 루스벨트 대통령(리히Leahy 제독이 그를 수행했지만 합동참모본부에서는 아무도 오지 않았다)이 참석했다. 니미츠는 최고의전담당관으로서 흰색 정복을 입은 진주만의 모든 수병들을 모든 함정의 현측에 배치하고 대통령을 태운 볼티모어가 통과할 때 대함경례를 명령함으로써 대통령을 예우했다. 루스벨트 대통령과 사이가 좋지도 않았고 실제로 불과 한 달 전까지만 해도 공화당의 대통령 지명을 받으려고 곁눈질을 했던 정치적 라이벌이기도 한 맥아더는 카키색 근무복과 가죽 재킷을 착용하고 필리핀 육군 원수의 모자를 쓴 채 대통령보다 늦게 나타남으로써 대통령을 무시하는 태도를 취했다.

이어서 의례적인 절차가 이어졌다. 리처드슨 장군은 대통령이 몇몇 시설을 방문하고 부대를 검열할 수 있도록 준비를 했다. 대통령은 환호하는 군중들에게 손을 흔들 수 있는 지붕이 없는 투어링카를 선호했다. 하지만 하와이에는 그런 차가 단 2대밖에 없었다. 붉은색 소형 차는 소방서장의 것이었고, 오픈탑 리무진은 호놀룰루에서 가장 악명 높은 마담의 차였다. 동전던지기로 붉은색 소형 차가 결정되었다. 맥아더는 자신의 분노를 감출 수 없었다. 대통령이 최고사령관으로서 육군과 해군에게 태평양에서 전쟁에 승리하는 방법을 조언하고 있다는 인상을 심어주려고 계획된 선거운동 방문행사에 자신이 소도구로 이용당하는 치욕을 당했다며 분개했다.

하지만 대통령이 묵는 호텔에서 일단 회의가 시작되자, 분위기는 상당히 화기애애했다. 회의는 저녁까지 계속되었고, 다음날 아침에 또다시 이어졌다. 합동참모본부에서는 몇 가지 질문을 보내왔다. 필리핀 작전에서 얼마나 많은 사상자가 발생할 것으로 예상하는가? 필리핀이 전략적으로 중요한가, 아니면 단지 홍보용인가? 필리핀을 우회해 고립시키고 그 대신 타이완을 목표로 하는 것이 가능한가?

타이완이라고? 맥아더는 코웃음을 쳤다. 그 섬의 주민들은 이미 반세기 동안 일본의 지배하에 있었다. 따라서 다른 정부에 대해 전혀 알지 못하는 그곳 사람들이 봉기해 일본에 등을 돌릴 가능성은 거의 없을 것 같았다. 하지만 필리핀은 이야기가 달랐다. 친구에게 달려와 압제자의 굴레를 벗어던질 준비가 되어 있었다. 더 나아가 만약 미국이 필리핀을 고립시키고 보

1944년 7월 26일에 하와이 진주만에서 열린 전략계획회의에서 니미츠(맨 오른쪽)가 루스벨트 대통령(왼쪽에서 두 번째)과 맥아더 장군(왼쪽에서 첫 번째), 그리고 리히 제독(왼쪽에서 세 번째)에게 해도를 가리키면서 전략을 설명하고 있다.

급을 차단한다면, 일본군은 우리의 충성스러운 필리핀 동맹자들과 그들이 섬에 억류하고 있는 약 4,000명에 달하는 미국인 포로들에게 식량을 배급하지 않을 가능성이 높았다. 이것은 별로 기분 좋은 전망이 아니었다.

　루스벨트 대통령이 루손Luzon 섬에 대한 공격이 "우리가 감당할 수 있는 것보다 더 큰 손실"을 초래할지도 모른다고 말하자, 맥아더는 비웃듯이 말했다.

Chapter 18 마리아나 제도　**335**

"손실은 크지 않을 겁니다. 정면공격의 시대는 끝났습니다. 현대 보병 무기는 너무 치명적이어서 정면공격은 더 이상 가능하지 않습니다. 오직 평범한 지휘관만이 여전히 그런 전술을 사용합니다. 각하의 뛰어난 지휘관들은 결코 커다란 손실을 초래하지 않습니다."[12]

니미츠는 꾹 참으며 아무 말도 하지 않았다.

맥아더는 대통령에게 그 문제를 떠넘기며 이렇게 말했다.

"국가의 명예가 달려 있습니다!"

니미츠는 그 전략이 군사적으로 지원이 가능하다면 얼마든지 맥아더에게 고개를 끄덕여줄 용의가 있었다. 대통령은 맥아더가 제기한 문제를 합동참모본부에 전달하겠다고 약속했다. 정오가 되기 직전에 회의를 마치고 모두 점심을 먹으러 나갔다.

❖ 별들의 향연

바로 전날 리처드슨의 안내를 받으며 순시를 마치자, 루스벨트 대통령이 라마를 돌아보며 이렇게 말했다.

"라마, 내일은 자네와 점심을 먹을 건데, 식사 전에 아주 시원한 마티니를 한 잔 마실 수 있을까?"

라마는 가능하다고 대답했다. 그리고 휠체어를 탄 대통령이 호텔로 들어갈 때 라마와 니미츠는 놀란 표정으로 서로를 바라보았다. 라마는 이렇게 말했다.

"저는 대통령과 식사하게 되리라고는 생각조차 못했는데요."

니미츠는 이렇게 말했다.

"나도 그랬네. 덕분에 난처해졌는걸."

곧 비밀경호국 요원이 나타나 니미츠 제독의 숙소를 점검하고는 여러 가지 사항을 주문하기 시작했다.

"저 야자수를 옮겨주시죠. 잔디에 매트를 깔아서 대통령의 차가 뒤쪽으로 돌아갈 수 있게 해주십시오. 그래야 대통령께서 행인이나 이웃들의 눈에 띄지 않게 차에서 내리실 수 있을 테니까요. 그리고 휠체어가 지나갈 수 있게 뒷문과 화장실을 확장해주시기 바랍니다."

해군건설대 1개 팀이 동원되어 잔디를 옮기고 집의 일부를 개조했으며 페인트를 새로 칠한 뒤 용접기로 가열해 재빨리 말렸다. 대통령은 정확한 시각에 도착했고, 급히 초대된 별을 단 손님들의 영접을 받았다(말 그대로 별들의 향연이었다. 라마는 전부 146개의 별을 헤아릴 수 있었는데, 그 중에는 맥아더와 리히, 니미츠, 핼시, 기타 32명의 장성들이 포함되어 있었다). 놀랍게도 대통령은 "아주 시원한 마티니"를 한 잔이 아니라 세 잔이나 마셨다. 모두 기분 좋은 순간이었다.

점심식사가 끝난 뒤, 해군건설대가 돌아와 잔디를 보수하고 야자수를 다시 심었다. 니미츠는 이런 해군건설대의 열성적인 팬이었다. 그들에게는 어떠한 힘든 일도 대단치 않은 것처럼 보였다. 정글 한가운데 대규모 보급기지를 건설하는 것에 비하면 하룻밤에 야자수를 옮겨 심고 욕실을 개조하는 것쯤은 장난에 불과했다. 한번은 그가 라마에게 한탄하듯이 전쟁 전 해군의무국이 누구든 해군건설대에 입대하기 위해서는 적어도 "어금니 4개가 온전해야 한다"는 자격요건을 정했을 때 그것을 지지했던 일을 후회한다며 이렇게 말했다.

"이 세상에서 이빨이 전부 다 온전한 배관공이나 목수, 혹은 페인트공은 결코 찾기 힘들 거야."

그는 궁금해했다.

"우리가 이빨에 대해 그렇게 까다로운 바람에 얼마나 많은 소중한 인력을 육군건설대에 빼앗겼을까?"[13]

마리아나 전역은 곧 종료되었다. 티니안은 1944년 8월 1일에 확보했고, 괌은 8월 8일에 함락했다. 니미츠는 새 본부 건물이 완성되기만 하면 언제라도 자신의 직할 참모들을 괌으로 이동시키기로 결정했다. 그는 직접 위치를 선정하고 제안된 설계도면을 거부한 뒤 직접 설계도면을 작성했다. 1944년 연말에 완공된 본부 단지에는 고위 장교와 방문자를 위한 작은 집들과 위관장교 및 부사관, 사병들이 사용할 퀀셋형 막사 Quonset hut (반원형 군대 막사-옮긴이)들이 들어서 있었다.

본부 이전으로 니미츠는 일선으로부터 3,500해리나 가까워졌을 뿐만 아니라 시끄러운 진주만에서도 벗어날 수 있었다. 진주만은 방문자들이 물밀듯이 밀려드는 중심지일 뿐만 아니라 새로운 함정이 목적지에 도착하기 전에 거쳐 가는 기착지여서, 새로 부임하는 모든 지휘관들과 인사를 나누고 이야기를 나누고 싶어 하는 니미츠의 성격상 그곳에서는 자신의 업무를 처리할 시간을 내기가 힘들었다. 이에 대해 한 참모는 이렇게 말하기도 했다.

"회의를 할 때나 질문할 게 있어서 우리를 부르지 않는 한, 그분을 볼 기회가 거의 없었습니다."[14]

Chapter 19
공보전쟁

노르망디 상륙작전이 신문에 대서특필되자, 미 육군은 그 어느 때보다 큰 힘을 얻었다. 노르망디 상륙작전에 대한 기사는 홍수를 이룬 반면, 태평양전쟁에 대한 기사는 가뭄에 콩 나듯 했다. 밀러는 당시 해군장관 포레스털이 한 말을 이렇게 회상했다.

"태평양에는 문제가 있네. 우리는 전쟁의 막바지에 와 있어. 우리는 언제 우리가 이 전쟁을 끝낼 수 있을지 알고 있네. 그리고 맥아더가 전쟁에서 승리하겠지. 이 전쟁이 끝났을 때, 누구도 해군이 참전했다는 사실을 모르게 될 걸세. 이번 전쟁은 언제나 해군의 전쟁이었지. 그러나 아무도 그것을 알아주지 않을 거야. 만약 우리가 태평양에서 공보업무에 대한 어떤 조치를 취하지 않는다면, 나는 의회에 갈 수 없게 되네. 그러면 우리는 어떠한 재정 지원도, 어떠한 할당액도, 아무것도 얻지 못하게 될 거야. 따라서 우리는 이런 분위기를 완전히 바꿔야만 하네."

❖ 새로운 공보정책이 절실히 필요하다

전쟁이 끝난 뒤에 군대의 병종들을 통합해야 한다는 목소리가 커졌다. 그러면 병종 간의 경쟁의식이 사라지고, 그 대신 통제와 협조는 더욱 강화될 것이며, 이와 더불어 '효율성'이 커지기 때문에 크게 줄어든 예산으로 국방을 확실히 보장할 수 있다는 것이었다.

1943년 11월에 육군참모총장 조지 C. 마셜 장군이 처음 그런 주장을 했고, 1944년 봄에 의회청문회에서 잠시 검토했으며, 이제까지 의회와 대통령에게 영향력을 행사해왔던 해군 때문에 오랫동안 좌절해온 육군이 적극적으로 통합을 추진했다. 예를 들어, 1939년 해군은 육군의 전체 장비 예산보다 더 많은 돈을 전함 1척을 건조하는 데 사용했지만, 육군은 그래야 하는 이유를 이해할 수가 없었다. 지금은 육군이 유럽에서 전쟁의 승리를 이끌어내는 주된 역할을 하고 있는 반면, 해군은 사소한 역할밖에

1944년 6월 6일 미군과 영국군을 주축으로 한 연합군이 노르망디 상륙작전을 실시했다. 노르망디 상륙작전이 신문에 대서특필되자, 미 육군은 그 어느 때보다 큰 힘을 얻었다. 노르망디 상륙작전에 대한 기사는 홍수를 이룬 반면, 태평양전쟁에 대한 기사는 가뭄에 콩 나듯 했다.

수행하지 못하고 있었다. 그래서 육군은 자신이 전군을 주도할 수 있는 대규모 변화를 기대하고 있었다. 실제로 육군항공대는 해군항공대를 흡수 혹은 대체하기를 바랐다. 빌리 미첼이 제1차 세계대전 때의 전함 오스트프리슬란트를 침몰시켰을 때 전함은 무용지물이라는 사실이 이미 증명되지 않았던가? 대중과 의회의 지지를 위한 경쟁에서 —우스갯소리로 침묵하는 군대라고 불린— 해군은 빠르게 지지력을 잃어가고 있었다. 비스마르크해 해전이 끝나고 제해권을 장악하는 데 더 이상 해군이 필요치 않다고 맥아더가 "주피터 신처럼 요란하게 떠들었던"것처럼 육군이 헤드라인을 장식하고 육군 장군들이 영광을 차지했다.

1944년 6월 6일 노르망디 상륙작전이 신문에 대서특필되자, 육군은 그 어느 때보다 큰 힘을 얻었다. 디데이 장면은 거의 실시간으로 각종 인쇄물과 사진, 뉴스영화에 등장했다. 사전에 검열 규정을 언론에 주지시켰기 때문에 《새터데이 이브닝 포스트Saturday Evening Post》의 5,000단어 기사는 딱 한 단어만 수정되었을 정도였다.

그와 같은 시기에 니미츠는 함정 535척으로 구성된 함대를 동원해 마리아나 제도 침공을 시작해 필리핀해 해전에서 태평양전쟁 최대 항공전을 실시해 일본군을 격파했다. 이 모든 일이 미국 신문에는 거의 실리지 않았다. 노르망디 해안에서 쏟아지는 기사가 홍수를 이룬 반면, 태평양전쟁에 대한 기사는 가뭄에 콩 나듯 했다. 태평양전쟁의 경우 보안이 철저했고 쉽게 사라지지 않는 구시대의 습관과 편견, 그리고 엄격한 무선침묵과 엄청난 통신량으로 인해 니미츠가 타라와 침공 때부터 개선된 언론 지원 지침을 적용했음에도 불구하고 해군에서 나오는 대부분의 기사는 본토의 신문사에 전달되기까지 여전히 8~14일이 걸렸다.

알테미스 게이츠Artemis Gates 항공담당 해군차관보의 요청으로 《뉴욕타임스》의 에메트 크로저Emmet Crozier 기자는 현장 기자들과 태평양함대 공보실 해군 장교들을 대상으로 비공식 설문조사를 실시했다. 설문조사 결과, 그는 기사에 대한 불필요한 지연과 비합리적이고 자의적인 검열을 비롯해 공보장교인 왈도 드레이크(당시 대령)와 현장 기자들 사이의 팽팽한 긴장관계 등 여러 가지 불만 사항을 발견해냈다. 공보장교들과 기자들 사이의 불화는 특히 1942년~1943년에 절정을 이루었다. 크로저는 상황이 개선되기는 했지만, 그것만으로는 충분하지 않다고 지적했다.

더불어 그는 전반적인 해군 공보를 다루면서 다음과 같이 덧붙였다.

"전시의 이처럼 위급한 시기에 해군은 미국 국민에게 정보를 제공해야 한다는 의무나 계몽적이고 건설적인 공보정책의 이점에 대한 개념이 확실하게 정립되어 있지 않다. …… 해군은 미국 국민에게 자신들의 업적과 어려움에 대해 명확하고 종합적인 그림을 제시하지 못하고 있다. 해군은 해군에 복무하면서 싸우거나 죽어가는 사람들의 인간적 측면을 이야기하거나 말하는 것을 허용하지 않고 있다. 그들은 해군 항공력의 훌륭한 업적을 말하지 못하게 하고 있다. …… 만약 전후 해군의 항공병과가 찢겨나가는 동안 미국 국민들이 무감각하게 팔짱만 끼고 있게 된다면, 그것은 전적으로 현재 해군에 건설적인 공보정책이 없기 때문이다."[1]

1944년 4월 28일 프랭크 녹스가 사망한 뒤 해군장관에 임명된 제임스 포레스털은 전시정보국Office of War information, OWI에 태평양함대를 공식적으로 살펴보고 조언을 해달라고 요청했다. 전직 기자로서 전시정보국 국내부서의 책임자를 맡고 있던 조지 W. 힐리 주니어George W. Healey Jr.가 그 일을 맡았으며, 해군 공보실장, 아론 S. "팁" 메릴Aaron S. "Tip" Merrill 소장이 그를 지원했다.

두 사람은 니미츠와 마주 앉아 전반적 관행과 절차를 검토했다. 또한 크로저가 제공한 단서에 따라 힐리는 드레이크 대령에 초점을 맞추어 많은 특파원들에게 그들이 속에 묻어두고 있는 생각을 들었다. 그들 대다수는 드레이크가 뉴스를 전달하는 것이 아니라 지연시키려고 한다고 말했다. 물론 드레이크도 전문가이기는 했지만 그는 기자들과 함께 일하는 방식을 알지 못했고, 많은 기자들은 그런 그를 싫어했다.《타임》은 그를 "무뚝뚝하다"고 표현했다.[2]

곧 힐리도 드레이크의 방식을 경험하게 되었다. 그들은 호놀룰루의 유명한 클럽에서 점심을 먹고 있었는데, 한 사진사가 두리번거리며 안으로 들어왔다. 그는 혼자 온 것이 분명했다. 힐리는 드레이크에게 그와 합석하는 것이 어떻겠냐고 물었다. 그러자 드레이크는 이렇게 대답했다.

"저자는 빌어먹을 사진사에 불과합니다."³

그런 사정 때문에 니미츠는 드레이크를 교체해야 한다는 데 동의했다. 그는 드레이크가 1941년 12월 7일 진주만 공습을 직접 목격했기 때문에 보안에 집착할 수밖에 없었을 것이라고 생각했다. 하지만 드레이크는 훌륭한 장교였기 때문에 그가 진주만에서 가졌던 보직만큼 권위와 위엄이 있는 직책에 임명되지 않을 경우 어떤 전출에도 니미츠는 동의하지 않을 생각이었다. 전시정보국에는 고위 해군 장교가 몇 명 근무하고 있었는데, 마침 부국장 자리가 비어 있었다.

힐리는 포레스털에게 그와 같은 사실을 보고했고, 포레스털은 전시정보국장인 엘머 데이비스Elmer Davis에게 부탁해 전시정보국 부국장 후보로 공보업무 경험이 있는 해군 대령을 추천해달라는 공식문서를 해군부에 보내게 했다. 데이비스는 공문을 발송하면서 힐리에게도 메모를 보냈다.

"조지, 나는 포레스털에게 보내는 문서에 서명했네. 그러니 메릴을 통해 이미 일을 처리해놓았거나 아니면 그쪽에서 내쫓고 싶어 하는 늙은 수탉이 아니라 왈도(드레이크)가 확실하게 오는 것인지 확인해주길 바라네(실제로 그들은 왈도를 부국장에 앉혔고, 그는 전시정보국에서 근무하는 동안 공적을 인정받아 소장으로 진급했다)."⁴

니미츠와 메릴은 새로운 기본규칙을 정했다. 기자들은 상륙5파가 출발한 뒤에 병력과 함께 상륙할 수 있게 되었다. 공보참모부의 요원들이 전방에 배치되어 현장에서 검열업무를 처리하고, 승인된 기사는 전투

현장으로부터 24시간 이내에 서부 해안에 도착할 수 있도록 항공편으로 운반하게 했다. 신문기사의 전송과 현장 생중계를 위한 무선통신기 사용 시간을 더 많이 할당했다. 그러나 그들이 해결할 수 없는 한 가지 불편한 문제가 남아 있었다. 여성 기자를 허용하는 문제였다. 니미츠는 강경했다. 여성을 수용할 수 있는 시설이 없었기 때문이다.

❖ 소금과 같은 존재

드레이크에 대한 명령이 처리되고 있는 동안, 포레스털은 그를 대신할 사람으로 해럴드 B. "민" 밀러Harold B. "Min" Miller 대령을 선택했다. 1924년도 해군사관학교 졸업생인 그는 선도적인 해군 조종사였고, 이전에는 런던 주재 해군무관 보좌관으로 근무한 적이 있었다. 그는 잡지기사 몇 편을 쓰고 해군 항공에 관한 책을 한 권 이상 저술했지만 공보업무는 전혀 경험이 없었기 때문에 새로운 보직에 약간은 당황했다. 그는 제독으로 진급하기 위해 항공모함 함장을 거쳐야 했기 때문에 해상근무를 원했지만, 결국 책상업무로 밀려난 셈이었다. 그는 대담하게도 포레스털 해군장관에게 "왜?"냐고 물었다. 포레스털은 짧은 연설로 답을 했는데, 밀러는 나중에 그 중 한 토막을 이렇게 회상했다.

"태평양에는 문제가 있네. 우리는 전쟁의 막바지에 와 있어. 우리는 언제 우리가 이 전쟁을 끝낼 수 있을지 알고 있네. 그리고 맥아더가 전쟁에서 승리하겠지. 이 전쟁이 끝났을 때, 누구도 해군이 참전했다는 사실을 모르게 될 걸세. 이번 전쟁은 언제나 해군의 전쟁이었지. 그러나 아무도 그것을 알아주지 않을 거야. 만약 우리가 태평양에서 공보업무에 대한 어떤 조치를 취하지 않는다면, 나는 의회에 갈 수 없게 되네. 그러면 우리는 어떠한 재정 지원도, 어떠한 할당액도, 아무것도 얻지 못하게 될 거야. 따라서 우리는 이런 분위기를 완전히 바꿔야만 하네."

일종의 보상으로, 포레스털은 임무를 완수했을 때 항공모함 함장으로 발령을 내주겠다고 밀러에게 약속했다.[5]

매우 불쾌하게도, 밀러의 전보명령에는 그가 공보장교로서 드레이크의 후임이라는 사실이 명시되어 있지 않고 태평양함대 사령부에 신고하라고만 되어 있었다. 태평양함대 사령부 행정실의 입장에서 볼 때, 그는 단지 또 한 명의 참모에 불과했다. 그가 공보실에 부임했을 때, 드레이크는 약 4,700해리 떨어진 태평양에서 기자 6명을 안내하는 중이었다. 드레이크의 사무실 문에는 "접근금지" 표지가 붙어 있었다. 사무실 주위를 어슬렁거리는 기자들 보라고 붙여놓은 것이었다. 어떤 사람이 밀러에게 니미츠 제독은 그가 드레이크의 후임으로 왔다는 사실을 모르고 있다고 말해주었다. 그는 자신이 무엇을 해야 할지 알 수 없었다. 한동안 할 일 없이 앉아 있다가 그는 속으로 이렇게 말했다.

"차라리 무슨 일이라도 하는 게 낫겠어!"

그러더니 "접근금지" 표지를 떼어 휴지통에 던져버리고 사무실을 인수한 다음 사령부 여기저기를 돌아다니며 다른 참모들과 기자들에게 자신을 소개하기 시작했다.

아무리 봐도 이들의 역학관계는 매우 흥미로웠다. 한편에는 밀러라는 사람이 공보업무 책임을 인수하긴 했는데, 아직 권한을 갖고 있지 않았다. 다른 한편에는 황야에서 자기들을 이끌어줄 사람을 찾고 있는 기자단이 있었다. 《시카고 트리뷴》의 프랭크 켈리가 현지 기자단의 대변인 자격으로 선수를 쳤다. 그는 이렇게 말했다.

"민, 우리는 제독을 만나고 싶소."

밀러는 일상적인 모임에서 니미츠를 만나 "자네가 우리와 함께하게 돼서 기쁘네"라는 인사를 주고받은 것이 전부인 사이였지만, 그것에 동의했다. 그는 기자단 접견을 니미츠에게 요청했다. 니미츠는 이렇게 말했다.

"그러지, 그들을 들여보내게."

나중에 밀러는 이렇게 회상했다.

"그분은 정말 세상의 소금 같은 존재였습니다. 너무나 훌륭한 분이었죠. 나는 마치 유다의 염소가 다른 염소를 도살장으로 이끌 듯이 20명 정도의 기자들을 인솔했습니다. 그분이 '여러분, 자리에 앉으시지요'라고 하자, 우리는 자리에 앉았어요. 나는 기자들이 도대체 무슨 말을 하고 싶어 하는지 전혀 알지 못했습니다. 켈리가 일어서더니 이렇게 말했죠. '저, 제독님, 저는 기자들의 대변인입니다. 이 자리에서 우리가 드리고 싶은 말은 밀러가 제독님의 공보장교가 되기를 바란다는 겁니다'."

밀러는 이제 나는 죽었다고 생각하고 가능한 한 빨리 그들을 집무실 밖으로 인솔한 다음 다시 집무실 안으로 들어가 이렇게 말했다.

"제독님, 기자들이 무슨 말을 할지 저는 전혀 몰랐다는 말밖에는 드릴 말씀이 없네요. 저는 이 일에 대해서는 아무것도 몰랐습니다."

니미츠는 이렇게 대답했다.

"아, 잊어버리게. 전혀 기분 나쁘지 않았어."[6]

밀러는 포레스털이 드레이크의 후임으로 밀러를 선택했다고 니미츠에게 알린 사실을 전혀 모르고 있었다. 니미츠는 그저 밀러가 어떤 식으로 상황에 대처하는지 보고 있었던 것이다. 드레이크는 며칠 뒤 돌아왔다. 그가 낯선 사람이 자기 책상에 앉아 있는 것을 보고 놀랐다고 말했다면 아마 자기 감정을 아주 절제해서 표현한 것이었을 거다. 이틀 뒤, 그는 워싱턴으로 출발했다.

❖ 기자들을 향해 열린 문

1944년 9월 1일, 밀러가 태평양함대 사령부에 도착한 지 몇 주밖에 되지 않아 아직 큰 영향력을 발휘할 수 없었던 시점에 포레스털은 일기에 이렇게 기록했다.

"나는 킹과 니미츠, 그리고 장교들에게 해군의 주장이 힘을 잃어가고 있으며 의회나 여론조사에서 육군의 관점이 더 지지를 받고 있다고 이야기했다. 소극적인 태도를 취할 것이 아니라 …… 적극적이고 건설적인 안을 생각해내야만 한다."[7]

실제로 그랬다. 밀러는 공식적으로 공보업무를 인수하고 모든 기자들에게 이렇게 말했다.

"제가 이곳에 있는 한, 정확하게 무슨 일이 진행되고 있는지 여러분에게 말하는 것이 우리의 정책이 될 겁니다. 만약 국가의 안보가 걸려 있다면, 나는 그것 역시 여러분에게 이야기하고 그 이유를 설명해드릴 겁니다. 제 사무실에 있는 문 3개는 언제나 여러분에게 열려 있습니다."[8]

니미츠는 검열업무를 별도의 참모 기능으로 분리해 정보의 흐름상 필요할 경우 본부나 현장에 인력을 배치해야 한다는 데 동의했다. 또한 모든 주요 사령부와 주요 지휘관들은 참모진에 공보장교를 배속시키거나 파견해야 했다. 이것은 실효를 거두어 공보장교의 수가 급격하게 증가했다. 1944년 9월 1일 태평양함대 사령부 참모진에 공보장교 13명이 있었고 추가로 8명이 전방에서 임무를 수행하고 있었다. 불과 1년 뒤, 전쟁이 끝날 무렵 장교 90명과 부사관 및 수병 250명이 태평양함대 사령부의 공보과에 배치되었으며, 공보 전문 해군 장교 400명이 태평양의 어딘가에서 활동하고 있었다.

새 공보정책에 따라 그날그날의 일들이 거의 대부분 전해졌다. 미국 전역에서 선정된 신문사에 보내는 '고향' 뉴스는 그 지역 출신 해군에 초점을 맞추고 있었다(그러면서 교묘하게 니미츠 제독을 언급했다. 당연히 그가 좋아할 리 없었지만, 글의 논리는 타당했다). 보통 기사는 이런 식이었다.

"아무개 해군 일병은 이 도시의 아무개 씨와 아무개 부인의 아들로 오늘 태평양의 마지막 일본군 거점들 중 하나인 X섬 침공에 참가하는 영광을 얻었다. 미국 해군 태평양함대 사령관 체스터 W. 니미츠 제독은 이렇게 말했다. '아무개 수병과 같은 병사들의 기여가 계속해서 승리로 향하는 길을 놓고 있다.'"

이것은 아주 효과적인 대중전달 수단이었다. 작은 도시의 해군 영웅을 언급하는 것만으로 해군은 현지 주민들과 —그리고 수병들과— 함께 승자가 되었다. 전쟁이 끝날 때까지 약 200만 건의 기사가 1만 2,000개의 대중매체로 발송되었다. 기사들이 늘어나자, 이것을 관리하는 프로그램은 그레이트 레이크 해군기지 Great Lakes Naval Station 로 이전되었다. 이 프로그램은 지금도 계속되고 있다.

Chapter 20
"나는 돌아왔다"

1944년 10월 20일, 정확하게 일정에 맞춰 미 병력이 아침에 레이테 만에 상륙했고, 맥아더는 오후에 파도를 헤치며 해안을 밟았다. 맥아더 장군이 그의 일행과 함께 파도를 헤치며 걷는 사진은 훌륭한 선전거리가 될 만했다. 처음 상륙일에 파도를 헤치며 걸을 때 뉴스영화 카메라맨이 그 자리에 없었기 때문에 다음날 그는 이 장면을 한 번 더 반복해 연출해야 했다.

❖ 레이테 만 해전: 맥아더의 귀환

1944년 7월에 열렸던 진주만 회의 이래로 합동참모본부는 필리핀 문제를 두고 논쟁을 벌여왔지만, 합일점을 찾을 수 없었다. 다음 주요 목표는 필리핀 제도가 되어야 하는가, 아니면 타이완인가? 니미츠는 점잖게 합동참모본부에 알렸다. 그에게 인가된 임무들을 거의 다 수행했으니 새로운 지침이 필요하다는 것이었다. 그런데 9월 12일 레이테^{Leyte} 만 인근 해역에 불시착했다가 구조된 호넷 소속의 조종사가 현지인들로부터 그 섬에 주둔하는 일본군의 병력이 많지 않다는 사실을 알게 되었으며, 핼시는 적의 저항이 제한적이라는 부하 조종사들의 보고에 주목하여 변경된 계획을 제안했다. 니미츠는 당시 온타리오^{Ontario}에서 루스벨트와 처칠을 만나고 있는 통합참모본부에 새로운 계획을 제출했다. 9월 16일 민다나오가 목표에서 제외되고 레이테 만 침공 일자가 1944년 12월 20

일에서 10월 20일로 앞당겨졌다. 그래서 맥아더는 적절한 시기에 이루어진 재가에 따라 해군으로부터 대부분의 수송수단과 항공엄호를 제공받으며 정말로 필리핀에 돌아갈 수 있게 되었다.

9월 23일, 태평양함대는 필리핀 제도의 동부에서 약 850해리, 일본 남부에서 약 1,300해리 떨어졌으며 사람이 드문드문 거주하는 섬 울리시 환초를 점령했다. 울리시 환초는 함대의 지원기지로서 이상적인 위치에 있었다. 40여 개의 작은 섬들이 길이 20마일(약 32킬로미터), 폭 10마일(약 16킬로미터), 수심 80~100피트(약 24~30미터)에 이르는 거대한 초호礁湖—700척 이상의 함정이 투묘할 수 있을 만한 크기—를 둘러싸고 있었다. 하지만 울리시는 함정들이 다음번의 대규모 작전을 기다리는 동안 단순히 정박만 하고 있는 장소가 아니었다. 해군은 모든 장비를 갖춘 10근무지원전대 Service Squadron 10 의 해상 기지를 그곳에 옮겨놓았다. 이 해상지원기지에는 수리함과 모함을 비롯해 전함 1척을 들어 올릴 수 있을 정도로 커다란 부유건선거가 있었으며, 약 60만 명에 이르는 기능공들이 배치되어 있었다. 어떤 함정은 식수를 생산하고 파이를 구웠다. 한 바지선에서는 매일 1,900리터의 아이스크림을 만들었다. 니미츠는 소형 함정에 관심을 기울였다. 이런 함정에는 집과 같은 안락함을 제공할 수 있는 설비가 없었기 때문이다. 해군건설대는 큰 섬들 사이에 흩어져서 1,000미터 길이의 활주로와 1,200석 규모의 극장, 500석 규모의 교회를 비롯해 하루에 9,000명을 수용할 수 있는 레크리에이션 회관을 건설했다.

10근무지원전대는 니미츠의 '비밀병기'였고 이것은 너무나 민감한 사안이라 그는 '울리시'라는 이름이나 10근무지원전대의 목적이 포함

된 어떤 기사도 허용하지 않았다. 마침내 비밀이 공개되었을 때는 전쟁이 끝나고 한 달이 지난 뒤였다.[1]

10월 16일, 니미츠는 안락한 자신의 영역에서 벗어나 미국 전역에 라디오 방송 네트워크를 갖고 있는 《뉴욕 헤럴드 트리뷴New York Herald-Tribune》이 마련한 한 포럼에서 15분간 라디오 연설을 했다. 이때 그는 최근의 여러 승리를 언급하면서 연설을 시작했다. 대규모 전투에서 얻은 승리는 아니었지만, 모두가 태평양의 일상적 작전을 대표했다. 그는 이렇게 말했다.

"10월 9일 이래로 우리는 일본 함정 73척을 격침하고 일본 항공기 약 670대를 파괴했습니다."

더 많은 함정과 항공기들이 남아 있었겠지만, 함대가 상대할 목표물은 점점 줄어들고 있었다. 10월 13일에 이루어진 공습으로 "지상에서는 작전 가능한 적기가 5대만 목격되었고 하늘에서는 단 1대도 보이지 않았다." 그는 전투함의 설계와 건설, 그리고 연료와 식량, 탄약을 끊이지 않게 지원해준 보급부대와 "적이 우리를 상대하기 위해 보낼 수 있는 그 어떤 것보다도 월등히 우세한 (미국) 항공모함 탑재기"에 찬사를 보냈다. 하지만 그는 이렇게 경고했다.

"대일 전쟁이 조금이라도 일찍 끝날 것이라는 희망을 갖는다면, 치명적인 실수를 범하게 될 것입니다."[2]

도쿄 라디오는 니미츠가 말한 여러 전투의 결과를 전혀 다르게 보도했다. 일본 해군이 미국 항공모함 11척과 전함 2척, 순양함 3척을 침몰시켰다는 것이다. 이와 더불어 도쿄 라디오는 거리에서는 성대한 축하행사가 벌어졌고 아돌프 히틀러Adolf Hitler 와 베니토 무솔리니Benito

Chapter 20 "나는 돌아왔다"   355

1944년 10월 20일, 정확하게 일정에 맞춰 미 병력이 아침에 레이테 만에 상륙했고, 맥아더는 오후에 파도를 헤치며 해안을 밟았다. 맥아더 장군이 그의 일행과 함께 파도를 헤치며 걷는 사진은 훌륭한 선전거리가 될 만했다. 처음 상륙일에 파도를 헤치며 걸을 때 뉴스영화 카메라맨이 그 자리에 없었기 때문에 다음날 그는 이 장면을 한 번 더 반복해 연출해야 했다.

Mussolini가 열렬한 축하 메시지를 보내왔다고 밝혔다. 10월 19일 니미츠는 핼시 제독으로부터 "최근 도쿄 라디오가 침몰한 것으로 보도한 3함대의 모든 함정을 인양한 뒤 적을 향해 후퇴하고 있다는 보고를 받았다"는 소식을 기꺼이 전 세계에 알렸다.[3]

10월 20일, 정확하게 일정에 맞춰 미 병력이 아침에 레이테 만에 상륙했고, 맥아더는 오후에 파도를 헤치며 해안을 밟았다. 모든 상륙정들이 사용 중이었기 때문에 그는 함정의 표준장비인 단정에 올라 해변으로 향하다가 해변으로부터 상당히 먼 지점에서 모래톱에 좌초하고 말았다. 그는 부두까지 배를 타고 이동하려 했지만 함포사격을 받아 부두가 거의 다 파괴된 상태였고, 그 섬에서 파괴되지 않은 부두의 위치를 알고 있는 유일한 사람이었던 해군 해안부대 지휘관은 너무 바빴다. 어떤 사람의 진술에 따르면, 맥아더는 성을 내며 "걸어갑시다"라고 말했다.⁴ 그래서 맥아더와 그 일행은 파도를 헤치며 걸어갔다. 그런데 그것은 뜻밖의 횡재였다. 장군과 그의 일행이 파도를 헤치며 걷는 사진은 훌륭한 선전거리가 될 만했다. 그래서 그는 두 번이나 파도 속을 헤치며 걸어야 했다. 처음 상륙일 당시 물속을 걸을 때 뉴스영화 카메라맨이 그 자리에 없었기 때문에 다음날 그는 그 장면을 한 번 더 반복해 연출해야 했던 것이다.[5]

일본군이 무방비 상태로 공격을 당했지만, 그런 상황은 오래가지 않았다. 주둔군이 신속하게 보강되었고 일본 해군이 맹렬하게 달려들며 통틀어 레이테 만 해전 Battle of Leyte Gulf 으로 알려진 일련의 격렬한 충돌이 발생했다. 일본은 전함 3척과 항공모함 4척, 순양함 10척, 구축함 9척을 잃었다. 미국은 경항공모함 1척, 호위항공모함 2척, 구축함 2척, 호위구축함 1척을 잃었다. 수적으로나 화력으로나 열세인 일본 해군은 —핼시가 보고한 대로— "실컷 얻어맞고 쫓겨난 뒤 궤멸했다."[6] 그의 말대로였다.

연합군은 일본군이 보유한 항공기보다도 더 많은 함정을 갖고 있었다. 절망적이 된 일본은 '가미카제神風' 전술을 고안해냈다. 그것은 항공기 자체가 비행폭탄이 되어 자살임무를 수행하는 것이었다.[7] 임무를 수행한 뒤 생환하는 조종사의 수가 너무 적다 보니 폭탄을 장착한 항공기를 타고 지휘관을 따라 날다가 적의 함정에 급강하할 수 있을 정도의 기량만 갖춘 사람을 쓰지 않을 이유가 없었던 것이다. 첫 번째 가미카제 공

1944년 10월 25일, A6M5 제로전투기가 호위항공모함 화이트 플레인스White Plains 를 향해 자살공격을 감행하고 있다.

격은 10월 25일과 26일 사이에 벌어졌고, 필리핀전역 기간에 일본 항공기 55대가 미국 함정 47척을 향해 돌진해 호위항공모함 2척과 소형 함정 5척을 침몰시키고 나머지 함정에 심각한 피해를 입혔다.[8]

❖ "34기동부대는 어디 있는가?"

핼시 제독은 레이테 만에서 벌어진 전투에 거의 참가하지 못했다. 일본군의 미끼인 항공모함 전단—항공모함은 진짜였지만 함재기는 싣지 않은 채 미끼 역할을 했다—에 유인당하는 바람에 현장에서 벗어나 있었던 것이다. 10월 25일 핼시가 34기동부대로 명명된 일단의 함정들을 이끌고 북쪽을 향해 추적에 나서면서 적이 레이테 만의 상륙부대를 공격할 수 있는 통로가 열려버렸다. 핼시의 이동을 알지 못했던 상륙부대 지휘관은 여러 차례 지원을 요청하는 전문을 보냈다. 당황한 니미츠가 그 전문을 보고 핼시가 아직도 현장에 도착하지 않는 이유가 궁금해 참모들에게 핼시가 어디 있는지 물었다. 그 짧은 질문이 암호전문으로 핼시에게 전달되었다. 적의 암호해독가들을 혼동시키기 위해 암호문을 송신할 때는 무작위로 선택한 삽입구를 본문 앞뒤에 추가하고 이중자음을 사용해 진짜 본문 내용이 어디서부터 어디까지인지를 표시하게 되어 있었다. 또한 —일반적인 관행으로— 중요한 내용은 종종 반복해서 타전했는데, 이는 강조를 위한 것이 아니라 일부 문자가 잘못 전달될 경우를 대비한 예방책이었다. 핼시의 기함에 전달된 암호전문은 다음과 같았다.

칠면조가 물가를 향해 종종걸음 친다 GG 발신: CINCPAC 수신: COM THIRD FLEET 참조: COMINCH CTF SEVENTY-SEVEN X 34기동부대는 어디에 있는가 RPT 어디에 있는가 RR 세계가 궁금해하고 있다.(COM THIRD FLEET: 3함대 사령관, CTF SEVENTY-SEVEN: 77기동부대 사령관, X: 구분기호, RPT: 반복-

옮긴이)

핼시의 기함에서 전문을 해독한 요원은 적절하게 서두의 "칠면조가 물가를 향해 종종걸음 친다"를 삭제했지만, 이중자음 "RR" 뒤에 있는 삽입구는 그것이 본문의 일부인지 아닌지 확실하지 않아서 삭제하지 않았다. 핼시에게 전달된 전문은 비아냥거리는 모욕적인 말로 비쳐졌다.

"34기동부대는 어디에 있는가? 반복한다. 어디에 있는가? 전 세계가 궁금해하고 있다."**9**

핼시는 노하여 외설적인 욕설을 내뱉으며 모자를 갑판에 내동댕이쳤다. 참모장인 로버트 카니 Robert Carney 가 그의 팔을 잡았다.

"고정하십시오. 도대체 무슨 일입니까?"

핼시는 카니에게 내민 전문을 손으로 움켜쥐어 구기더니 그것을 바닥에 내팽개친 다음 발로 마구 짓밟으며 고함을 질렀다.

"도대체 무슨 권리로 체스터가 나한테 저런 빌어먹을 전문을 보낸 거야?"**10**

핼시는 몇 시간 뒤에야 간신히 진정했다. 몇 개월 뒤 그는 니미츠를 만날 기회가 있었다. 니미츠는 그의 이야기를 듣고 소스라치게 놀랐다. 그는 통신장교에게 진상을 확인해보라고 지시했다. 확인 결과, 어떤 소위가 너무 지나치게 창조력을 발휘해 삽입구를 선택했던 것으로 드러났다. 문제의 소위는 다른 보직으로 옮겨갔다.

❖ 니미츠, 해군 원수가 되다

12월 초, 정규항공모함 4척, 전함 2척, 순양함 5척, 구축함 15척으로 구성된 영국 함대가 태평양에 배치되기 위해 이동하기 시작했다. 이들은 오스트레일리아 시드니에 본부를 설치했다. 루스벨트와 처칠의 합의에 따라 영국 해군 대장 브루스 프레이저 Bruce Fraser 경이 군정권을 갖고 미군과 별도로 작전하게 되었다. 이는 특별히 대규모 진형으로 기동할 때 전술적 혼동을 피하기 위한 조치였다. 하지만 그들은 니미츠의 작전통제를 받게 되어 있었다.

니미츠와 프레이저는 니미츠가 오거스타의 함장이었던 시절 한 번 만난 적이 있었는데, 당시에는 두 사람 모두 대령이었다. 니미츠가 프레이저 해군 대장을 초대하자, 그는 비행기로 날아와 회담을 가졌다. 니미츠가 던진 첫 번째 질문은 영국 함대가 얼마 동안 해상 작전이 가능한가였다. 프레이저가 걱정하지 말라며 비록 해상 보급에 있어서 미군만큼 능숙하지는 않지만 유조함을 포함한 자체 군수체계를 갖고 있다고 말했다. 니미츠는 좀 더 구체적인 답변을 원했다. 프레이저는 한 달에 8일을 작전할 수 있다고 말했다. 니미츠는 1944년 12월 13일 킹에게 보낸 편지에 당시의 대화에 대해 다음과 썼다.

"프레이저 제독과 저는 장시간 대화를 나누었습니다. …… 그는 한 달에 8일을 작전할 수 있다고 했지만, 우리는 20일로 타협을 보았습니다."[11]

다음은 영국군에게 부여할 임무를 정해야 했다. 니미츠는 일본군이 점령하고 있는 수마트라 Sumatra 의 유전지대를 공습하는 임무를 제안했다. 프레이저는 자신도 그것을 생각하고 있었다고 대답했다. 참모들의 조율을 거친 뒤, 영국 해군은 1945년 4월 1일로 예정된 오키나와沖繩 침공에도 참가하게 되었다.

프레이저 제독은 작전과 관련 없는 요청을 했다. 이제까지 영국군 연락장교로서 태평양함대 사령부에 배치되었던 중령을 중장으로 교체해야 한다는 것이었다. 니미츠는 그 중령이 업무를 잘 수행하고 있다고 생각했기 때문에 그를 교체하는 이유를 물었다. 의전에 민감한 영국인이 볼 때 그의 계급이 높지 않다는 것이 그 이유였다. 니미츠는 그를 제독으로 진급시키라고 말했다. 그것은 너무 과했기 때문에 영국인들은 그를 '임시대령'으로 진급시켰고 그것은 목적에 부합하는 조치였다.

12월 중순, 니미츠를 비롯한 다른 장교 6명이 새로 승인된 원수 계급으로 진급했다. 마셜과 맥아더, 아이젠하워, 아놀드가 '육군 원수'가 되었고, 리히와 킹, 니미츠가 해군 원수가 되었다. 해군에는 원수 자리 하나가 공석이었는데, 결국 그것은 핼시의 차지가 되었다(킹은 스프루언스를 놔두고 핼시만 진급시키는 것이 불공평하다고 생각했지만, 의회가 제정한 법령에는 8명의 원수만 허용하고 있었다). 니미츠는 12월 19일에 진급선서를 했다.

❖ 맥아더, 루손을 침공하다

11월 내내, 핼시의 부대는 맥아더의 다음 목표이자 필리핀의 주요 섬인 루손을 일곱 차례 공격했다. 핼시는 일본 항공기 약 800대와 구축함 3척, 수송선 5척을 파괴하고 일본군 1만 명을 살상했다. 그의 다음 임무는

12월 15일로 예정된 맥아더의 민다나오 상륙을 지원하는 것이었다. 그것은 그다지 순조롭지 않았다. 일본군 때문이 아니라, 날씨 때문이었다.

여러 가지 경보—기압 강하, 풍속 증가, 연중 이 시기의 기상에 대한 역사적 자료들—가 있었는데도 핼시의 항공기상관측사는 애매한 일기예보를 내놓았고 그마저도 매우 부정확하여 자주 갱신되는 바람에 핼시는 함대를 이끌고 태풍의 한가운데로 들어가 버렸다. 일부 함정은 해상에서 폭풍과 싸울 수 있는 상태가 아니었고, 가장 취약한 함정과 구축함들이 마지막 순간에 악천후 때문에 재급유를 받지 못했다. 연료가 줄어들자 배의 균형을 잡기 힘들었다. 게다가 일부 함장들이 해수로 빈 연료 탱크를 채우는 기술이나 경험이 부족했기 때문에 많은 함정들은 중요한 밸러스트^{ballast} (배에 실은 화물의 양이 적어 배의 균형을 유지하기 어려울 때 안전을 위해 배의 바닥에 싣는 중량물. 보통 물이나 자갈 따위를 싣는다-옮긴이)가 부족했다.

핼시는 서너 차례 함대의 침로를 변경했지만, 그때마다 더욱 위험한 진로를 택했다. 일부 함장들은 위험을 인식하고 폭풍을 잘 넘기기 위해 진형을 이탈했다. 다른 함장들은 함대 사령관이 명령한 침로를 유지해야 한다는 의무감을 떨치지 못했다. 수백 노트의 바람과 집채만한 파도 속에서 구축함 3척이 침몰하고 기타 함정 9척이 파손되었으며, 폭풍이 부는 가운데 항공기 100대 이상이 갑판에서 파도에 휩쓸려 사라졌고, 790명이 사망했다. 이로 인해 사문회가 열렸고, 니미츠도 참석했다. 사문회는 핼시에게 책임이 있다고 결론을 내렸지만, 처벌을 권고하지는 않았다.

니미츠는 사문회의 조사 결과를 승인하면서 핼시의 실수가 "전투작전으로 인해 스트레스를 받는 상황에서 판단을 잘못해 발생했으며 군사적 요건을 충족시키려는 칭찬받을 만한 욕망에서 비롯되었음"을 언급했다. 킹도 이에 동의했지만, "칭찬받을 만한 욕망"을 "결연한 투지"로 바꾸고, "판단" 앞에 "불충분한 정보 때문에"라는 말을 추가해 어조를 완화했다.12 니미츠는 태평양함대의 모든 지휘관들에게 경고서신을 보내 전문적인 뱃사람의 기술과 판단이 가끔은 자의적이기 마련인 고위 당국의 '명령'보다 우선해야 한다는 사실을 상기시켰다. 그는 이렇게 썼다.

"이성적인 함장이라면 상관의 명령이나 계획에 맹목적으로 복종해 자신의 함정을 무익하게 잃는 것을 허락하지 않을 것이다. 왜냐하면 그의 상관이 결코 그렇게 되기를 의도했을 리 없기 때문이다. …… 함정의 안전을 위해 모든 조치를 취해야 하는 순간은 바로 그렇게 하는 것이 여전히 가능할 때이다. 그것이 불필요한 짓은 아닐까 하여 예방조치를 취하지 않는다면 그보다 더 위험한 일은 없다. 1000년 동안 해상의 안전은 그에 정반대되는 철학에 좌우되어왔다."

날씨에 관심을 기울이는 것은 해상활동이 시작된 이래 배를 지휘하는 사람의 책임이었으며, 오늘날 사용 가능한 모든 발달된 기술과 지식으로 뱃사람은 "해상에서 날씨를 더 잘 예측할 수 있어야 한다"고 현안에 대한 자신의 생각을 추가했다.13

6개월 후, 핼시는 다시 한 번 자신의 함대를 태풍 속으로 끌고 들어갔다. 이번에는 함정들이 손상을 입기는 했지만, 1척도 침몰하지 않았다. 항공기 75대가 파괴되고 70대가 큰 손상을 입었으며, 6명이 사망했다. 또 한 차례 사문회가 열렸다. 사문회는 핼시를 다른 보직으로 옮겨야 한다고 권고했다. 니미츠는 —그리고 그것을 검토한 킹도— 권고에 동의하지 않고 핼시를 유임시켰는데, 그것은 그가 거둔 분명한 성공에 대한 보상이기도 했지만 여론을 고려한 조치임이 분명했다. 전쟁의 와중에 태평양의 영웅을 처벌하는 것은 신중하지 못한 일일 수도 있었다.

1944년 12월 26일, 맥아더는 "레이테 전역은 이제 사소한 잔적 소탕을 제외하고 거의 종료된 것이나 다름없다"고 선언했다. 만약 그때부터 1945년 5월 사이에 레이테 섬에서 일본군 2만7,000명을 더 사살한 것을 '잔적 소탕'이라고 할 수 있다면 아마도 그 말이 맞을 것이다.[14] 니미츠는 1945년 1월 9일로 예정된 루손 침공 작전에 대한 지원 방안을 논의하기 위해 맥아더를 방문했다. 니미츠는 진주만의 금속세공사가 직접 제작한 새로운 원수 계급장을 달고 있었다. 아직 원수 계급장을 달지 못한 맥아더는 노골적으로 화를 냈다. 그는 한 보좌관에게 내일 아침까지 원수 계급장을 달 수 있도록 조치하라고 명령했다.

1월 9일 맥아더는 루손을 침공했다. 그곳에서는 25만 명의 일본 방어군이 침공을 기다리고 있었다. 6월 30일까지 20만 명의 일본 방어군이 전사했다. 맥아더의 피해는 전사 8,310명, 부상 2만9,560명이었다.

1월 말부터 니미츠와 태평양함대 사령부 참모진의 핵심 요원들이 괌으로 이동하기 시작했다. 괌에 파견된 사람들에게 어떤 일이 발생하더라도 업무의 연속성을 확실하게 유지할 수 있도록 이번 이동은 세심한 계획을 통해 진행되었다. 타워즈와 대부분의 참모진—군수와 통신—은 진주만에 남았다. 중요한 문서는 사본을 만들어 태평양함대 사령부 양쪽 지역의 참모들이 같은 문서를 볼 수 있게 했다. 암호화된 텔레타이프가 두 곳을 연결해주어 실시간으로 전신회의를 할 수 있었다. 회의 때마다 일회용 특수테이프가 사용되기 때문에 적의 해독은 불가능했다.

1945년 1월 27일 니미츠가 괌으로 이동해 모든 업무 준비를 마쳤다. 다음 일정은 1945년 2월 19일에 이오지마硫黃島를 침공하는 것이었다.

Chapter 21
이오지마

이오지마에는 2만 명 이상의 일본 방어군이 있었지만, 1,000명을 제외하고 모두 전사했다. 해병대는 7만 명이 상륙했지만, 그들 중 5,521명이 전사하고 약 1만 7,000명이 부상을 당했다. 《라이프》지의 기자는 이오지마를 "지옥과 같은 악몽"이라고 했다. 니미츠 제독은 해병대에게 경의를 표했다. 그는 이렇게 말했다. "이오지마에서 싸운 해병들에게 비상한 용기는 지극히 평범한 미덕이었다."

❖ 해군 역사상 가장 대담한 작전: 니미츠의 작은 일탈

일본군이 3개 활주로를 건설해둔 이오지마는 미국의 신형 B-29 폭격기들이 티니안에서 일본으로 향하는 거의 중간 지점에 위치해 있었기 때문에 B-29 폭격기들이 목표 지점을 오가는 동안 안전한 경로를 제공하기 위해서 반드시 무력화해야 했다. 그런 다음 일단 이오지마가 미군의 손에 떨어지면 그곳의 비행장을 육군항공대 호위전투기들의 기지로 사용해 폭격기를 엄호하고 폭격기들이 위급한 상황에 처했을 때 비상착륙지로 활용할 계획이었다.

　이오지마의 일본군을 약화시키기 위한 작전은 1944년 8월에 시작되어 6개월 동안 B-24 폭격기가 약 2,800소티를 출격했다. 1945년 2월 19일로 예정된 상륙전 이틀 동안 항공모함 16척과 전함 8척, 순양함 5척으로 이루어진 기동부대가 항공기 약 1,200대를 동원해 침공부대를 공격할 수 있는 일본 본토의 비행장을 공습했다. 적기 300대 이상이 격추되었고, 거의 200대가 지상에서 파괴되었다. 이것은 1942년 둘리틀-호넷 공습 이후 처음으로 이루어진 항공모함의 일본 본토 공격이었다. AP통신은 이번 공습을 "해군 역사상 가장 대담한 작전 중 하나"라고 하면서 평소 조용한 니미츠의 작은 일탈이라고 전했다. "반짝이는 눈은 ―이상도 그 이하도 아닌― 평정을 유지하고 있는 사령부에서 큰일이 벌어지고 있다는 암시이다."1

이오지마 공격에 대한 계획 단계에서 해병들은 10일간의 집중함포사격을 요청했었다. 침공부대 사령관인 리치먼드 켈리 터너 제독은 함정이 10일간 작전을 지속할 수 있을 만큼의 탄약을 보유하고 있지 않기 때문에 ―그리고 가장 가까운 재보급 지점이 900해리나 떨어져 있기 때문에― 그것은 불가능하다고 말했다. 섬의 면적이 8제곱마일(약 20제곱킬로미터)밖에 안 되고 이제까지 B-24가 집중적으로 폭격했기 때문에 그는 3일간의 함포사격만으로 충분하다고 확신했다. 그는 해병이 4일이면 이오지마를 정복할 수 있을 것으로 예상했다. 해병대 지휘관은 그와 달리 조심스럽게 10일 내에 섬을 점령하게 될 것이라고 예상했다.

일본은 이오지마의 전략적 중요성을 인식하고 거의 1년에 걸쳐 방어태세를 강화하고 있었다. 그들 중 일부는 항공정찰로 발견할 수 있었지만, 어떤 폭격에도 끄떡없을 정도로 깊은 동굴과 터널 속에 숨어 있는 병력과 탄약을 비롯한 기타 보급품은 전혀 눈에 띄지 않았다. 지휘소 자체도 지면에서 75피트(약 22미터) 아래 지하에 자리 잡고 있었다. 일본인들은 자신들이 전투에서 승리할 수 없음을 알고 있었지만, 적에게 가능한 한 많은 피해를 안겨주겠다고 다짐한 상태였다.

이오지마 섬에 상륙한 미 해병들이 이 이오지마 해안의 화산모래 위에서 적의 공격을 피해 몸을 숨기고 있다. 해안이 화산모래로 이루어져 있어 발을 디디고 설 수가 없었다.

　1945년 2월 19일 상륙1파의 상륙정들이 해안으로 향했다가 첫 번째 기습을 당했다. 좁지만 강력한 쇄파대가 있을 뿐만 아니라 해안이 화산모래로 이루어져 있어 차량의 바퀴가 빠져서 움직이지 못했고 보병도 발을 디디고 설 수가 없었다. 상륙은 혼란 그 자체였다. 파도에 떠밀리거나 파괴된 상륙정들이 서로 뒤엉켜 있었다.

　대규모 교전이 35일 동안 계속되었으며, 그 후에도 소규모 접전이 6월까지 계속되었다. 미 해병들은 화염방사기를 쏘고 수류탄, 가방폭탄 satchel charges 등을 터뜨려 터널을 봉쇄함으로써 터널을 일본 방어군의 무덤으로 만들어버렸다. 한때 니미츠는 독가스를 사용하자는 육군의 권

Chapter 21 이오지마　371

고를 고려했다가 거부했다. 일부에서 독가스가 화염방사기보다 더 인도적인 무기라고 주장하기는 했지만, 제1차 세계대전에서 참호전의 공포를 겪은 뒤 세계 대부분 국가들이 독가스를 불법으로 규정하는 데 동참하고 있었다. 그렇다 해도 미국은 물론 일본 역시 화학전을 위법으로 규정하는 조약에 서명하지 않았기 때문에 독가스를 사용하는 것이 국제법 위반은 아니었다. 하지만 루스벨트 대통령의 참모장인 리히 제독은 대통령에게 독가스를 사용하는 것은(혹은 그때 당시에 함께 고려하고 있던 생물학전도) "이제까지 제가 알고 있는 모든 기독교 윤리와 모든 전쟁 규칙을 위반하는 것입니다. 그것은 적국의 비전투 국민에 대한 공격이 될 것입니다"라고 조언했다.² 루스벨트 대통령이 그의 의견에 동의함으로써 독가스 사용 안은 백지화되었다.

기독교인이든 아니든 윤리 문제에 관한 한 미국 정부의 태도는 아무리 봐도 애매모호했다. 바로 그 순간에도 적국의 비전투 국민은 수천 명씩 불길에 휩싸이고 있었다. 3월 9일과 10일에 있었던 B-29의 단 두 차례 공습으로 25만 채의 주택이 파괴되고 8만3,793명의 주민이 사망했으며, 100만 명의 난민이 발생했다.

이오지마에는 2만 명 이상의 일본 방어군이 있었지만, 1,000명을 제외하고 모두 전사했다. 해병대는 7만 명이 상륙했지만, 그들 중 5,521명이 전사하고 약 1만7,000명이 부상을 당했다. 《라이프》지의 기자는 이오지마를 "지옥과 같은 악몽"이라고 했다.³ 니미츠 제독은 해병대에게 경의를 표했다. 그는 이렇게 말했다.

"이오지마에서 싸운 해병들에게 비상한 용기는 지극히 평범한 미덕이었다."

그는 독가스 사용에 자신이 너무 소극적이었다고 후회했을지도 모른다. 그는 사적인 자리에서 독가스를 사용하지 않았기 때문에 "훌륭한 해병을 많이 잃었어"라고 고백한 적이 있었다.[4]

이오지마는 고장이 나거나 연료가 떨어진 폭격기에게 안전한 은신처로서 큰 가치가 있음이 증명되었다. 심지어 섬을 완전히 점령하지 못해 전투가 진행되고 있는 와중에도 폭격기 36대가 착륙했다. 종전이 될 때까지 약 2,400대의 B-29가 이오지마에 착륙했는데, 그 중 20퍼센트만이 실제로 '비상' 상황에서 착륙했다. 나머지는 비상 상황이라기보다 예방적 차원에서—사소한 정비나 재급유, 혹은 악천후를 피하기 위해—착륙했다. 그러나 폭격기 호위전투기에는 문제가 많았다. 전투기는 호위임무를 위해 9시간이나 고투를 벌여야 했다. 조종석은 비좁고 추웠으며 가압도 이루어지지 않았다. 한마디로 설계 자체가 호위임무에 적합하지 않았다. 실제로 이오지마로부터 폭격기 호위임무는 단 세 차례만 이루어졌고, 이후 그런 현실에 굴복하여 폭격기는 야간임무로 전환되었다.

이오지마는 태평양함대 사령부가 언론과의 관계와 그들에 대한 지원을 개선했다는 것을 보여주는 시험무대가 되었다. 작전 현장을 촬영한 사진은 괌으로 공수되어 인화된 뒤 검열을 거쳐 첫 번째 상륙이 실시된 지 하루가 채 지나기도 전에 샌프란시스코에 도착했다. 그 중에서도 수리바치산擂鉢山에 해병들이 성조기를 게양하는 장면을 찍은 AP통신의 사진기자 조 로젠탈Joe Rosenthal 의 사진은 태평양전쟁의 상징적인 장면으로 유명하다. 로젠탈은 이 사진으로 퓰리처상Pulitzer Prize 을 받았고, 사진 속의 장면은 펠릭스 드 웰던Felix de Weldon 이 제작한 버지니아Virginia 주 알링턴Arlington 의 이오지마 기념동상으로 영원히 남게 되었다.[5]

이오지마 수리바치산에 해병들이 성조기를 게양하는 장면을 찍은 AP통신의 사진기자 조 로젠탈의 사진은 태평양전쟁의 상징적인 장면으로 유명하다. 이후 사진 속의 장면은 펠릭스 드 웰던이 제작한 버지니아 주 알링턴의 이오지마 기념동상으로 영원히 남게 되었다.

    라디오 보도와 인쇄매체의 기사는 현장에서 검열 후 승인을 받아 즉시 전송했다.《타임》은 1945년 3월 5일자 보도에서 이에 대해 이렇게 칭찬했다.

    "해군 공보 분야가 해군 전투병과에 상응하는 높은 수준으로 발전하

는 또 하나의 괄목할 만한 진전을 이뤄냈다."⁶

하지만 《샌프란시스코 이그제미너》의 발행인인 랜돌프 허스트Randolph Hearst는 개선된 보도관행은 물론 해군 자체에 별로 깊은 인상을 받지 못했다. 그는 거침없이 니미츠를 비난했다.

"맥아더 장군은 우리의 최고 전략가이다. …… 그는 자신의 모든 목표를 달성했다. …… 그는 일본인보다 한 수 앞서 허를 찔렀으며 미리 낌새를 알아채고 기선을 제압했다. 그는 부하들의 목숨을 아꼈다. …… 왜 우리는 그에게 태평양전쟁의 총지휘권을 주어 귀중한 미국인의 생명을 쓸데없이 희생시키지 않고 중요한 전투에서 승리를 거두는 그의 독보적인 군사적 재능을 최대한 활용하지 않는가?"⁷

이번에는 해군이 당하고만 있지는 않았다. 《타임》은 이렇게 보도했다.

"해군은 많은 사상자를 내고 값비싼 대가를 치르면서도 이오지마를 점령하는 것이 전쟁을 수행하는 데 얼마나 중요한지를 언론과 대중에게 설명하기 위해 노력했다."

《뉴스위크Newsweek》는 좀 더 직설적이었다.

"해군은 미국 국민의 상상력에 미치는 맥아더의 지배력을 경험을 통해 알고 있기 때문에 …… 지난주 방어하는 일본군이 없거나 방어가 미약한 해안을 대상으로 적은 희생자만을 치른 맥아더의 상륙작전을 니미츠 원수의 지휘 아래 타라와와 펠렐리우Peleliu, 이오지마처럼 강력하게 요새화된 섬을 상대로 수행한 정면공격—모두 해병대가 수행한 작전이다—과 비교하는 기사가 보도되었을 때 분개하기 시작했다."⁸

여성들에게 이오지마는 일종의 승리의 장이었다. 여성 언론인이 전투 지역에 들어갈 수 있게 허락하라는 압력에 오랫동안 저항해온 니미츠는 마침내 그것을 허락했다. 많은 간호사와 적십자 소속 여성들이 태평양에서 활동하고 있는 상황에서 더 이상 여성을 위한 적절한 시설이 부족하다는 이유를 댈 수 없게 된 것이었다. 프리랜서 기자인 디키 샤펠Dickey Chapelle 과 로이터 통신Reuters 의 바바라 핀치Barbara Finch 는 이오지마 취재를 허가받고 간호사 제1진이 탄 비행기를 타고 무사히 현지에 도착했다. 이후 샤펠은 자신의 장점을 최대한 이용해 대부분의 해병들보다 먼저 오키나와—이오지마 다음으로 대규모 공격이 실시되었다— 해안에 도착했다. '상륙5파'의 차례가 올 때까지 기다리는 것은 어리석다고 생각했던 것이다. 그녀가 탄 히긴스보트가 모래바닥에 닿자, 그녀는 현측을 넘어서 내륙으로 전진했다. 상륙부대 사령관 리치먼드 켈리 터너 중장은 태평양함대 사령부에 짧은 전문을 보냈다.

"저 여자를 여기서 쫓아버려!"9

샤펠은 오키나와에서 쫓겨나 미국으로 송환되었으며 전쟁이 끝날 때까지 태평양에서 활동이 금지되었다. 어쨌든 샤펠은 자신만의 과제가 있었고 남자가 다룰 수 있는 기사라면 여자도 할 수 있다는 것을 증명하면서 경력을 쌓아갔다. 아마도 그녀가 옳았을 것이다. 하지만 안타깝게도 그녀는 20년 후 베트남에서 지뢰 폭발로 사망했다.

❖ 오키나와 전투를 앞두고 개편된 지휘구조체계

이오지마 전투가 한창 진행 중일 때, 니미츠는 나머지 전쟁을 수행하기 위한 계획을 결정하기 위해 워싱턴으로 갔다. 합동참모본부는 얄타에서

제2차 세계대전이 막바지로 치닫고 있을 무렵 주요 추축국 중 하나인 이탈리아가 항복을 하고 나치 독일이 패전할 기미를 보이자, 1945년 2월 4일~11일 미국, 영국, 소련의 수뇌들이 모여 나치 독일을 패배시키고 그 이후의 일을 의논하기 위해 소련 흑해 연안에 있는 얄타에 모여서 회담을 했다.

열린 루스벨트와 처칠, 스탈린Stalin 의 회담에서 막 돌아온 상태였다. 유럽에서의 전쟁이 거의 끝날 조짐이 보였기 때문에 그들은 모든 관심을 태평양으로 돌릴 수 있었다. 3월 5일 월요일 아침, 니미츠는 작전참모인 포레스트 셔먼과 함께 오키나와 침공 계획의 개요를 작성했다. 해군은 상륙군을 엄호하는 동시에 오키나와와 일본 본토의 남쪽 끝에 있는 섬인 규슈九州 사이를 엄호하게 될 것이다. 영국 함대는 오키나와와 타이완 사이에서 작전을 하게 될 것이다. 육군 4개 사단과 해병대 3개 사단은 사이먼 볼리바 버크너 주니어Simon Bolivar Buckner Jr. 육군 중장의 지휘를 받게 될 것이다. 함정들이 북동쪽으로 370해리 떨어진 규슈의 55개 비행장과 남서쪽으로 365해리 떨어진 타이완의 65개 비행장에서 출격하는 적기의 공격을 받을 수 있었기 때문에 니미츠는 점령이 신속하게 이루어지기를 원했다. 적은 미국 함대를 공격하기 위해 항공기 4,000대를 동원할 수 있었다.

합동참모본부는 오키나와 작전계획을 승인하고 약간의 논의를 거친 뒤 11월 1일을 일본 본토 침공 일정도 결정했다. 회의가 끝난 뒤, 니미츠와 포레스털은 백악관에서 점심을 먹었다. 니미츠는 대통령의 모습을 보고 충격을 받았다. 루스벨트 대통령은 그날로부터 고작 5주를 더 살 수 있는 운명이었다.

이것은 전쟁 중에 있었던 니미츠의 두 번째이자 마지막 워싱턴 방문이었다. 그는 이 방문 기간 동안 딸의 결혼식에 참석할 수 있게 되었다. 케이트가 제임스 레이 중령(오거스타 함 소위들 중 한 명)과 결혼하게 된 것이다. 그들은 몇 달 전에 약혼을 한 상태였지만, 니미츠의 이번 방문에 맞춰 결혼식을 하려 했던 것은 아니었다. 하지만 우연히도 주요 참석자들이 모두 워싱턴에 모인 상태에서 못할 것은 또 뭐가 있겠는가? 행복에 겨운 부부가 화요일에 혼인신고를 하러 갔을 때, 그들은 3일간의 대기 기간을 가져야 한다는 사실을 알았다. 결혼식은 금요일로 연기해야 했고 니미츠와 캐서린은 13살이 된 딸 메리의 구축함 명명식에 참석하기 위해 일요일까지 샌프란시스코에 도착해야만 했다. 몇 차례 초조한 순간이 있었지만, 모든 일이 잘 해결되었다.

같은 시기에 메릴 제독의 건강이 악화되자, 포레스털은 니미츠에게 태평양에서 민 밀러를 불러들여 공보실장을 맡겨야겠다고 말했다. 니미츠는 그래도 상관이 없었다. 상황이 반전되어 그의 공보실은 적절한 체계를 갖추고 제 기능을 발휘하고 있었던 것이다. 그런데 정작 반대한 것은 밀러 본인이었다. 그는 워싱턴에 와서 포레스털에게 니미츠의 참모로 근무하면 항공모함을 지휘할 수 있게 해주겠다고 약속하지 않았냐고 말했다. 그러자 포레스털이 대답했다.

"아, 이런, 아무나 보내서 항공모함을 지휘하게 해도 되네. 그곳은 상황이 잘 돌아가고 있단 말이야. 나는 자네를 위해 다른 계획을 갖고 있어."

밀러는 1945년 4월 23일 공보실장으로 부임하면서 해군 소장으로 진급해 42세의 나이로 미국 해군 최연소 제독이 되었다. 현재까지도 이 기록은 깨지지 않고 있다.[10] 태평양함대 사령부에서 그의 후임은 피츠휴 리^{Fitzhugh Lee} 대령(훗날 해군 중장)이었다.

합동참모본부는 태평양의 지휘구조 개편을 발표했다. 지역 구분은 폐지되고, 니미츠와 맥아더는 함께 작전을 벌일 때 각각 해군 전체와 육군 전체의 지휘를 맡게 되었다. 이런 개편은 육군부가 추진한 것으로, 과거의 지휘체계하에서는 맥아더가 육군을 이끌고 일본에 들어갈 방법이 없었기 때문이다. 그는 남서태평양지역으로 작전이 제한되어 있었기 때문에 필리핀 제도 북쪽에서는 작전에 참가할 수 없었다. 일본은 니미츠의 구역이었던 것이다.

육군항공대는 매우 강력한 정치적 힘을 갖고 있어서 합동참모본부 일원인 햅 아놀드 장군은 B-29 부대에 대한 독자적 지휘권을 갖고 있었다. 태평양에 주둔하는 B-29 부대의 사령관인 커티스 르메이^{Curtis LeMay} 소장은 니미츠는 물론 맥아더도 거치지 않고 직접 아놀드에게 보고했다. 하지만 르메이는 니미츠의 지원 요청에 응해야 할 의무가 있었다. 그는 의무를 수행했지만 항상 내켜서 한 것은 아니었다.

　서류상으로 새로운 지휘구조는 합리적인 것처럼 보였지만, 그다지 세심한 부분까지 고려된 것이 아니었다. 거기에는 몇 가지 문제가 있었다. 예를 들어, 당시 니미츠의 지휘 아래 있던―점령된 섬에 주둔군으로 배치된― 육군 자산들을 즉시 맥아더의 휘하로 전환시켜야 할까? 그러면 군수에 있어 악몽을 초래할 가능성이 있었다. 한 달간 참모회의를 거친 뒤에도 별다른 해결책이 나오지 않자, 니미츠는 마닐라에 있는 맥아더의 사령부로 날아가 둘이서 합의했다. 이미 진행 중인 작전과 가동 중인 사령부, 전투지원관계는 계속 유지하지만 새로운 작전은 개정된 방침을 따르기로 했다. 앞으로 있을 일본 침공은 병력이 해안에 도달할 때까지는 해군이 지휘를 맡고 그 이후는 육군이 지휘하는 최근의 도서 침공 방식과 비슷하게 수행할 예정이었다.

　곧 니미츠는 자신의 해군 자산을 재편성했다. 계속해서 새로운 함정들이 태평양에 도착하고 있었기 때문에 통합 3/5함대를 개별적인 함대로 분할할 수 있게 되었다. 각각의 함대는 통합된 형태로 존재할 때보다도 훨씬 더 강력해졌다. 5함대는 규슈 상륙작전을, 3함대는 혼슈^{本州}에서 전개될 작전을 지원할 예정이었다.

　하지만 그것들보다는 오키나와가 먼저였다.

Chapter 22
오키나와

누군가가 "육군과 해군의 불화"에 대한 이야기를 기자에게 흘렸다. 워싱턴에서 활동하는 자유기고가 데이비드 로렌스는 한 술 더 떠 칼럼에 이렇게 썼다.
"이곳 워싱턴의 특정 고위 해군 장교들은 오키나와 전투를 치르면서 커다란 실수를 저질렀다고 생각한다. …… 이번 전투를 지휘하는 육군 장교들이 느린 경로를 택한 것일까? …… 왜 수륙양용작전을 많이 경험해본 해병대 장성들에게 다른 방식의 전투를 수행할 수 있는 기회를 주지 않은 것일까? 그랬더라면 …… 신속하게 전면적인 승리를 …… 거뒀을 수도 있었을 텐데 말이다."
칼럼의 말미에 그는 오키나와를 "진주만보다 더욱 심한 군사적 무능력의 사례"라고 말했다. 그로 인해 해군과 육군 사이에 일촉즉발의 긴장감이 감돌았다.

❖ 오키나와 전투와 계속되는 가미카제 공격

미국은 항공모함 40척, 전함 18척, 구축함 200척을 포함해 약 1,400척의 함정을 집결시켰다. 영국은 추가로 전투함 50척을 보탰다. 오키나와 상륙작전은 평소와 마찬가지로 해안에 함포사격을 가한 뒤 1945년 4월 1일에 예정대로 시작되었다. 지상에서는 미 병력이 그 어느 때보다도 신속하게 전진하고 있는 반면, 근해에서는 적이 미 함대에 무자비한 공습을 가하고 있었다. 3월 31일에서 6월 10일 사이에 거의 매일 가미카제 공격이 있었다. 적어도 일곱 차례는 항공기 1,500여 대가 참가한 대규모 공격이었고, 그와 더불어 450회의 개별 공격이 감행되었다.

니미츠는 르메이에게 가미카제가 출격하는 일본의 비행장을 폭격해달라고 요청했다. 르메이는 자신의 폭격기들이 도쿄에 소이탄 공격을 가하는 데 더 적합하다고 생각했지만, 니미츠의 요청을 들어줄 의무가

태평양전쟁의 막바지인 1945년 4월 1일부터 6월 23일까지 83일에 걸쳐 벌어진 오키나와 전투는 이오지마 전투에 이어 최초로 일본 영토 내에서 벌어진 미군과 일본군의 전면전으로 일본인들에게 큰 충격을 주었다. 사진은 1945년 5월 미 해병대 1연대 2대대 소속 해병 2명이 오키나와 와나 능선에서 싸우고 있는 모습을 찍은 것이다.

있었다. 비행장에 대한 폭격은 효과가 있었지만, 적이 피해를 너무 빨리 복구하는 바람에 르메이는 하던 일을 중간에 멈출 수 없어서 비행장을 계속해서 폭격해야 했다. 4월 6일과 7일에 일본군이 대규모 공습을 가해서 4월 8일에 또다시 B-29가 비행장을 공격할 수밖에 없었다. 그 후 르메이는 이제 원래 임무로 돌아가게 해달라고 요청했지만 니미츠가 계속 거부하자, 아놀드에게 니미츠를 비난하는 각서를 보내 니미츠가 자

1945년 4월 7일, 일본 전함 야마토가 오키나와 북쪽 바다에서 미 해군 함재기의 대규모 폭격과 뇌격을 받아 폭발하고 있다.

신의 전쟁 수행 임무를 방해하고 있다고 말했다. 아놀드가 킹에게 불평하자, 킹은 만약 육군항공대가 오키나와 근해에 있는 해군을 지원하지 않는다면, 해군은 철수해야 할지도 모르며 그렇게 되면 지상군은 혼자서 싸우게 될 것이라고 대꾸했다. 그것으로 논쟁은 종지부를 찍었다.[1]

함대는 곧 또 다른 유형의 자살공격에도 맞서야 했다. 그것은 세계 최대의 전함 야마토大和와 경순양함 1척, 구축함 8척으로 구성된 자살공격 함대였다. 그들은 4월 6일 편도항해만 가능한 연료를 실은 채 오키나와로 가서 수심이 얕은 해안 근처에 좌초해 해안포대로서의 역할을 수행하라는 명령을 받았다. 이 일본 함대는 미군 잠수함에 발견되어 함재기들의 공격을 받았다. 구축함 4척을 제외한 모든 함정이 침몰되었다. 미국 해군은 항공기 10대와 승무원 12명을 잃었다.

리치먼드 켈리 터너 제독은 니미츠에게 전문을 보냈다.

"본관이 미친 것일 수도 있지만, 일본놈들은 전쟁을 끝낸 것처럼 보임. 적어도 우리 구역에서는 그런 것 같음."

니미츠는 이렇게 답신했다.

"'본관이 미친 것을 수도 있지만'이라는 말 다음은 전부 삭제할 것."[2]

태평양에서는 아직도 더 많은 전쟁이 남아 있었다.

❖ 해군과 육군의 불화: 오키나와, "진주만보다 더 심한 군사적 무능력의 사례"

4월 중순이 되자, 해병대의 일부는 비교적 저항이 미약한 지역을 통과해 자신들의 목표를 거의 대부분 달성했지만, 육군과 나머지 해병들의 전진은 거의 답보상태에 빠져버렸다. 4월 23일, 이에 크게 불만을 느낀 니미츠는 비행기를 타고 현지를 살피러 갔다. 육군이 엉금엉금 기다시피 하루 300야드(약 274미터)씩 전진하는 동안 그는 가미카제의 공격으로 매일 1.5척의 함정을 잃고 있었다.

그는 육군 지휘관 사이먼 볼리바 버크너 주니어 장군에게 경고했다.

"만약 닷새 내에 이 전선이 이동하지 않을 경우, 이 멍청한 가미카제의 공격에서 벗어날 수 있도록 나는 다른 사람을 보내겠다."[3]

닷새 동안 그다지 큰 전진이 없었지만, 그에 대해 니미츠가 할 수 있는 일은 별로 없었다. 사실 적의 방어선을 분쇄하기까지 한 달이 더 걸렸고 6월 21일이 되어서야 섬을 완전히 장악할 수 있었다.

하지만 누군가가 "육군과 해군의 불화"에 대한 이야기를 기자에게 흘렸다. 워싱턴에서 활동하는 자유기고가 데이비드 로렌스 David Lawrence 는 한 술 더 떠 칼럼에 이렇게 썼다.

"이곳 워싱턴의 특정 고위 해군 장교들은 오키나와 전투를 치르면서 커다란 실수를 저질렀다고 생각한다. …… 이번 전투를 지휘하는 육군 장교들이 느린 경로를 택한 것일까? …… 왜 수륙양용작전을 많이 경험해본 해병대 장성들에게 다른 방식의 전투를 수행할 수 있는 기회를 주지 않은 것일까? 그랬더라면 …… 신속하게 전면적인 승리를 …… 거뒀을 수도 있었을 텐데 말이다."

칼럼의 말미에 그는 오키나와를 "진주만보다 더 심한 군사적 무능력의 사례"라고 말했다.[4] 그로 인해 해군과 육군 사이에 일촉즉발의 긴장감이 감돌았다. 해군이나 육군에게 가장 달갑지 않은 것은 일본 본토 침공을 준비 중인 시기에 주의가 분산되는 것이었다. 니미츠는 기자들을 모아놓고 오키나와에서 육군이 한 일을 칭찬했다.

결론적으로 문제는 육군의 지상전 방식에 있는 것이 아니었다. 그것은 일본군이 끝까지 항복을 거부하고 견고한 진지에서 치열하게 저항했기 때문에 생긴 일이었다. 적은 포격으로 해안의 방어선이 산산조각 날 것이라고 생각하고 처음부터 아예 해안방어를 포기하는 대신, 미군의 상륙을 허용하고 가미카제를 동원해 지상군을 지원하는 해군 함정들을

1945년 5월 11일 항공모함 벙커 힐Bunker Hill이 가미카제 공격을 받고 있다.

침몰시켰다. 그리고 내륙으로 파고든 미군 병력을 동굴과 터널, 은폐된 포가로 이루어진 방어체계로 저지했다.

결국 약 12만 5,000명의 일본 육군과 해군, 민병들과 더불어 14만 명의 민간인이 사망했다.[5] 미군은 1만 2,513명이 전사하고 약 4만 명이 부상을 당했다. 오키나와 전투에서 미군 사상자 중 거의 3분의 1이 가미카제 공격을 받아 발생했다. 가미카제 공격으로 미 함정 20척이 침몰했고, 200척 이상이 손상을 입었는데 그 중 20척은 수리가 불가능할 정도로 파손되었다. 니미츠는 가미카제를 비밀로 하려고 했다. 가미카제 공격이 얼마나 성공적인지를 일본인들에게 알려주고 싶지 않았던 것이다.

필리핀에서 처음으로 가미카제 공격을 받았을 당시에는 그 손실을 숨길 수 있었으나, 오키나와에서는 피해 규모가 너무 커서 손실을 숨길 방법이 없었다. 2주 뒤, 언론은 가미카제 공격을 보도할 수 있게 되었다.

❖ 원자폭탄 투하: 전쟁의 끝

그것보다 훨씬 더 큰 비밀은 잘 유지되고 있었다. 그것은 바로 원자폭탄이었다. 2월에 니미츠는 원자폭탄에 대해 알게 되었다. 2월 어느 날 땀을 뻘뻘 흘리며 옷차림이 단정치 못한 젊은 중령(프레더릭 L. 애시워스Frederick L. Ashworth)이 찾아와서 급하게 그를 만나려고 했다. 라마는 ─대부분의 방문자들은 깨끗한 제복을 입고 찾아왔기 때문에─ 이상하게 생각하고 만나는 것을 반대했으나, 니미츠는 그를 만나겠다고 했다. 라마가 방을 나서자 중령은 셔츠의 단추를 풀어 헤치더니 땀에 흠뻑 젖은 전대에서 봉투를 꺼내 어색한 미소를 짓고 있는 니미츠에게 건넸다. 봉투 속에는 "일급비밀" 도장이 찍힌 또 하나의 봉투가 있었고, 그 안에는 킹 제독이 보낸 문서가 들어 있었다.

순간 웃음기 어린 니미츠의 얼굴은 공포에 질린 얼굴로 바뀌었다. 킹은 TNT 2만 톤의 폭발력을 가진 어떤 무기의 개발이 진행 중이며 8월 1일경에 사용할 수 있게 될 것이라고 알렸다. 니미츠는 기술적인 세부사항에 대해 궁금한 것을 애시워스 중령에게 질문할 수 있었고, 단 한 명의 참모에게만 그 사실을 알려줄 수 있었다. 니미츠는 즉시 참모장인 체스터 H. "속" 맥모리스Chester H. "Soc" McMorris 소장을 불러 문서를 보여주었다.

애시워스는 폭탄에 대해 설명해주고 싶었지만, 니미츠는 세부사항에 대해서는 별로 관심이 없는 것 같았다. 그는 이렇게 말했다.

"이보게, 대단히 흥미로운 일이긴 하지만 8월이 되려면 아직도 멀었고 그동안 나는 치러야 할 전쟁이 있네."

그러고는 이렇게 덧붙였다.

"킹 제독께는 내가 지원할 일이 생길 경우를 대비해 단 한 명의 참모에게만 이야기해도 된다는 그의 요구조건은 지킬 수 없다고 말씀드리게. 분명히 내 지원이 필요하게 될 거야."

훗날 애시워스는 니미츠가 의자를 돌려 한동안 창밖을 응시하다가 자리에서 일어나 이렇게 말했다고 회고했다.

"고맙네. 그거 아나? 내가 몇 년을 너무 빨리 태어난 것 같군."[6]

포레스털 해군장관은 좀 더 다양하고 발전된 공보 활동을 지속적으로 요구했다. 만약 니미츠가 사령부를 괌으로 옮겨 잡일에서 해방될 수 있을 것이라고 생각했다면, 그것은 오산이었다. 포레스털은 끊임없이 방문객을 보내왔다. 그들 대부분은 민간인으로, 그 중에는 국회의원, 노조간부, 기업가, 유명작가, 그리고 잡지 및 신문 발행인들이 포함되어 있었다. 1월에 킹 제독은 니미츠에게 이런 편지를 보냈다.

"해군장관께서는 태평양전쟁과 관련된 엄청난 문제들을 잡지 및 신문 발행인들이 직접 눈으로 확인할 수 있는 기회를 주는 것이 우리에게 유익하다고 생각하시네. 태평양전쟁에 대한 논설이나 기사를 처리하는 정책을 결정하는 것은 특파원이 아니라 바로 그들이니까."[7]

하지만 민주당원인 프랭클린 루스벨트는 그 계획을 승인하지 않았는데, 짐작컨대 그 이유는 잡지 및 신문 발행인 대부분이 공화당원이어서

해리 트루먼은 1945년 루스벨트 대통령 갑작스런 죽음으로 부통령이 된 지 불과 82일 만에 대통령직을 승계했다. 제2차 세계대전에서 독일의 항복을 받았고, 태평양전쟁에서 일본 쇼와 천황으로부터 항복을 받았다. 세계 최초이자 유일한 원자폭탄 투하 명령을 내린 대통령이다.

그의 전쟁 수행 방식을 비난할 수 있는 기회를 그들에게 제공하고 싶지 않았기 때문이었을 것이다.

1945년 4월 12일 루스벨트 서거 이후, 포레스털은 해리 트루먼 Harry Truman 대통령에게 그와 같은 방문의 장점을 강조했다. 하지만 트루먼은 공화당원과 같은 수의 열성 민주당원이 포함될 수 있도록 방문객의 명단을 조정해야 한다는 입장을 고수했다. 그들은 괌에서 니미츠의 영빈관에 머물며 저녁만찬을 즐기고 몇 가지 일선 활동을 둘러보았으며 고위 장교의 브리핑을 들었다. 이미 눈치챘을지도 모르지만, 그들 중 일부 장교들은 자신의 임무에 너무 냉담해서 곧 불평이 포레스털의 귀에 들어갔고, 그는 그 사실을 킹에게 전달했으며 킹은 니미츠에게 경고를 보냈다.

"귀관의 지역을 방문하는 저명인사의 수는 앞으로 계속 늘어날 것이다. 따라서 그들을 정중하게 대하는 것이 매우 중요하다."

무례하게 군 장교는 근무자편성표에서 제외되었다.[8]

1945년 5월이 시작되면서 일본이 항복하려고 할지도 모른다는 소문이 돌기 시작했다. 7월 초, 소문이 널리 퍼지면서 미국의 신문들은 회의적인 시각으로 그 내용을 보도했다. 하지만 소문은 진짜였다. 7월, 미국의 전략정보국 Office of Strategic Services, OSS 지부장인 앨런 덜레스 Allen Dulles 는 스위스에서 일본 외교관을 만났는데, 그는 미국이 천황을 제거하지 않는다면 일본이 항복을 고려할 수도 있다는 의사를 내비쳤다. 트루먼과 이오시프 스탈린 Iosif Stalin 은 7월 16일 포츠담 회담 Potsdam Conference 에서 일본의 항복에 대해 논의했고, 7월 18일자 일기에서 트루먼은 "평화를 요구하는 일본 천황의 전문"을 언급했다. 연합국이 그 움

해군 병기전문가인 윌리엄 파슨스 대령은 원자폭탄을 조립하는 책임자였다. 그는 에놀라 게이에 탑승해 히로시마로 가는 동안 폭탄을 조립했다.

직임에 관심을 보였는지 여부에 대해서는 문서에 명확하게 기록되어 있지 않다. 어쨌든 그 일과 무관하게 7월 26일에 미국과 영국, 중국 정부가 포츠담 선언을 발표해 일본에 정전을 위한 조건을 제시했다. 포츠담 선언은 모든 일본군의 무조건적 항복과 본토를 제외한 모든 점령지의 반환, 자유선거를 통해 용인 가능한 민주주의 정부가 수립될 때까지 연합군의 보장점령을 골자로 했다. 일본이 무조건 항복하지 않는다면 "즉각적이고 완전한 파멸"뿐이었다.⁹ 이틀 뒤, 일본 수상이 포츠담 선언에 대해 애매모호한 성명을 발표하자, 연합군은 그것을 조건에 대한 거부로 받아들였다.

해군 병기전문가인 윌리엄 파슨스 William Parsons 대령이 최초의 원자폭탄이 폭발하는 장면을 담은 동영상을 갖고 괌의 태평양함대 사령부에 도착했다. 니미츠와 스프루언스, 르메이를 비롯해 그것을 본 사람들은 경악했다. 파슨스는 이어 티니안으로 날아갔는데, 원자폭탄을 투하할 B-29의 기지가 있는 그곳에는 폭탄을 조립할 몇 가지 부품을 실은 순양함 인디애나폴리스 Indianapolis 도 막 도착해 있었다. 원자폭탄을 조립하는 책임자는 바로 파슨스였다.¹⁰ 8월 2일, 원자폭탄을 조립하는 데 필요한 모든 부품들이 이미 티니안에 도착한 상태에서 "대략 8월 3일 이후 육안 폭격이 가능할 정도로 날씨가 좋은 날을 택해 가급적 빨리 첫 번째 원자폭탄을 투하하라"는 명령이 떨어졌다.¹¹

1945년 8월 6일 새벽 2시 45분에 "에놀라 게이 Enola Gay (조종사 폴 티베츠 Paul Tibbets 의 어머니 이름을 땄다)"라는 별명을 가진 B-29가 관찰자 2명을 태운 다른 B-29를 대동하고 티니안을 이륙했다. 파슨스 대령은 에놀라 게이에 탑승해 목표지역인 히로시마 廣島로 가는 동안 폭탄

1945년 8월 6일 미국은 일본 히로시마에 첫 원자폭탄을 투하했으며(왼쪽 사진), 8월 9일 나가사키에 두 번째 폭탄을 투하했다(오른쪽 사진).

을 조립했다. 오전 9시 15분에 폭탄이 투하되었으며, 두 폭격기는 오후 4시에 티니안으로 귀환했다. 원자폭탄 투하로 약 6만 6,000명이 사망했다고 하는데, 정확한 집계는 아니다.

8월 8일 소련은 일본군이 점령하고 있는 만주를 침공하면서 아직 그들에게 기회가 있을 때 서둘러 일본에 대한 전쟁을 선포했다. 8월 9일 또 다른 B-29가 나가사키長崎에 원자폭탄을 투하해 추가로 3만 9,000여 명을 살상했다. 8월 11일, 킹은 '정전 경보' 전문을 니미츠에게 보냈다. 천황이 계속 군주로 남을 수 있다면 일본은 포츠담 선언의 조건을 받아들이려고 한다는 내용이었다. 미국은 기꺼이 동의할 의사가 있었지만, 트루먼은 일본이 혹시 생각을 바꿀 경우에 대비해 영국과 소련, 중국의 동의를 얻기 전까지 정전명령을 내리지 않았다. 8월 13일 헬시가 공습에 나섰다. 8월 15일 그가 다시 공습을 시작하려고 할 때, 니미츠는 "공습을 중단하라"는 명령을 내렸다.

이로써 전쟁은 끝이 났다.

Chapter 23
일본의 항복

히로시마와 나가사키에 원자폭탄을 투하함으로써 전쟁은 그것으로 끝이 났다. 어떤 사람들에게 그것은 크게 기뻐하며 환호할 일이었다. 그 소식을 들었을 때, 니미츠는 그저 의자에 앉아 미소만 지었다. 이어 그는 함대에 다음과 같은 지시를 내렸다.
"작전은 중지하되, 경계는 늦추지 말라. 앞으로 일본인과 접촉하게 될 경우 모든 장병은 신사답게 행동해야 한다."

❖ 인간의 존엄성을 중시한 인도주의적인 제독

어떤 사람들에게 그것은 크게 기뻐하며 환호할 일이었다. 그 소식을 들었을 때, 니미츠는 그저 의자에 앉아 미소만 지었다. 이어 그는 함대에 다음과 같은 지시를 내렸다.

"작전은 중지하되, 경계는 늦추지 말라. 앞으로 일본인과 접촉하게 될 경우 모든 장병은 신사답게 행동해야 한다."

핼시는 지시를 자기 방식대로 해석하고 자신의 부대에 가미카제 공격에 대비해 경계를 강화하도록 전문을 보냈다.

"주변을 기웃거리는 모든 것들은 일단 식별 후 사격하라. 보복적인 방식이 아니라 우호적인 방식으로."

전반적으로 본부와 통신이 가능한 일본군 부대는 천황의 명령에 복종했다. 일본인들이 합의 내용을 충실히 이행하려는 것처럼 보였기 때문

에 니미츠는 안심할 수 있었다.[1]

그러던 중 그에게 충격적인 일이 발생했다. 트루먼 대통령이 맥아더 장군을 연합군 최고사령관에 임명하고 공식 항복문서 조인식을 준비하게 했다.

"이런, 결국 이렇게 되는군!"

니미츠는 몹시 짜증스러운 목소리로 투덜거렸다. 태평양에서 해군과 해병이 가장 힘든 전투를 수행하며 승리를 거두었음에도 불구하고, 비록 간접적인 방식이기는 하지만 결국 그 공적이 육군에 넘어가고 있었다. 맥아더는 원하기만 하면 언제나 스포트라이트를 받는 것 같았다.[2]

니미츠가 미국함대 사령관 킹 제독과 포레스털 해군장관에게 자신의 실망감을 표현하자, 포레스털 해군장관은 대통령에게 만약 맥아더가 연합군 최고사령관이 되어 모든 전투부대를 대표하게 된다면, 니미츠가 미국을 대표해야 하고 항복문서 조인식은 해군 전투함 함상에서 치러야 한다고 제안했다. 이에 따라 핼시가 최근 기함으로 사용하고 있는 전함 미주리Missouri에서 행사를 치르기로 했다. 일부 사람들은 전투의 상흔을 좀 더 많이 경험한 함정이 그 영광을 누려야 한다고 생각했다. 미주리 호는 전투지역에서 고작 8개월간 싸운 신참 함정에 불과했다. 하지만 포레스털 해군장관은 트루먼 대통령이 상원의원이었을 때 딸 마거릿Margaret이 그들의 출신 주 이름을 따서 명명한 함정에 명예를 부여하는 일을 거부하지 못할 것이라는 사실을 잘 알고 있었기 때문에 미주리 호와 경쟁할 만한 다른 함정을 찾기 어려웠다.[3]

그것은 묘수妙手였다. 만약 항복문서 조인식이 전적으로 맥아더의 지휘 아래 도쿄의 어느 호텔에서 열렸다면, 무심한 미국 역사는 영원히 육군을 태평양의 승자로 기록했을지 모른다. 그때까지 건조된 전투함 중 가장 크고 강력한 전함이었던 미주리 호는 전후에도 계속해서 눈부신 활약을 하다가 퇴역해 지금은 하와이 진주만에 계류된 채 하와이에서 가장 유명한 관광명소 중 하나가 되었다. 그리고 애리조나 호 기념관과 미주리 호 기념관이 앞뒤로 길게 늘어서서 태평양전쟁의 초점을 해군에 집중시키는 역할을 하고 있다.

스튜어트 S. 머리 대령(1920년으로 거슬러 올라가 자신의 잠수함을 계류하는 데 어려움을 겪었던 바로 그 함장이다)은 미주리 호의 함장이 된 지 3개월밖에 안 되었지만, 태평양전쟁의 마지막 행사의 주인이 되는 영예를 안게 되었다. 항복문서 조인식의 날짜가 1945년 9월 2일로 결정되었기 때문에 머리는 준비할 시간이 2주도 되지 않았다. 그는 승조원들을 동원해 상부 구조물을 손보게 했다. 승조원들은 전시에 티크 목재 갑판에 칠한 페인트를 벗겨낸 뒤 티크 목재 갑판을 윤이 나게 문질러서 전쟁 이전 시대의 고전적인 함정의 모습으로 만들었다.

8월 28일 점령군 1파가 항공기 편으로 도쿄 지역에 도착했다. 많은 우려가 있었지만, 저항은 없었다. 29일 아침에는 태평양함대의 미주리 호를 비롯해 여러 함정들이 도쿄 만, 요코스카 진수부橫須賀鎭守府 앞바다에 닻을 내렸다. 바다에서도 아무런 문제가 발생하지 않았지만, 미국인들은 만약을 대비해 보트와 UDT 잠수부를 동원해 순찰을 실시했다. 그날 오후 니미츠는 수상기로 도착해 전함 사우스 다코타^{South Dakota}에서 업무를 시작했다. 곧 핼시가 찾아와 도쿄 인근에 일본군의 포로수용소가 있는데 그 환경이 매우 개탄스럽지만, 맥아더는 육군이 개입할 준비가 될 때까지 포로를 석방하지 말라는 지시를 내린 것 같다고 말했다. 그는 환자를 돌볼 수 있는 병원선을 1척 가지고 있는데 어떻게 하면 좋겠냐고 니미츠에게 물었다. 니미츠는 이렇게 대답했다.

"어서 가게. 맥아더 장군도 이해할 거야."**4**

자정까지 거의 800명의 포로가 이송되었다. 다음날 맥아더가 비행기로 도착했다. 그가 이 일에 대해 어떤 말을 했는지 모르지만, 그것은 기록으로 남아 있지 않다.

1945년 9월 1일, 니미츠는 집으로 편지를 보냈는데, 그 중에는 딸 케이트에게 쓴 다음과 같은 내용이 포함되어 있었다.

요코하마는 거의 인적이 끊겨 마치 죽음의 도시 같단다. 일본 헌병과 경찰들이 근무 중이었는데 …… 마치 우리가 보이지 않는 것처럼 행동하더구나. 그들은 침울해하거나 놀라지 않더구나. 혹자는 그러기를 기대했는지 모르지만. 그들은 우리를 쳐다보지도 않았어.

니미츠는 예정대로 다음날 아침 9시에 항복문서 조인식이 거행되는 동안 만약의 사태에 대비해 언제든 함재기를 발진시킬 태세를 갖춘 채 함대가 대기하고 있을 거라고 썼다. 그리고 영국 해군 브루스 프레이저 제독을 만나기 위해 근처에 정박해 있는 듀크 오브 요크 Duke of York 를 방문할 것이라고 썼다.

"그를 방문하는 것은 공식적인 업무 때문이기도 하지만 내가 프레이저를 좋아하기 때문이란다. 그리고 무엇보다도 가장 큰 이유는 저녁식사 전에 스카치 앤 소다 칵테일을 한 잔 마시기 위해서지."**5**

항복문서 조인식에 영국도 기여하고 항복문서 집행을 위한 상징적인 작업대를 제공한다는 의미에서 프레이저 제독은 윤이 나는 고상한 마호가니 테이블을 보냈다. 그것은 유틀란트 해전을 겪은 유서 깊은 물건이었다. 테이블은 미주리 함상에 설치되어 있었다.

　매슈 캘브레이스 페리Matthew Calbraith Perry 준장이 1854년에 당시 쇄국정책을 고수하던 일본을 상대로 수호통상조약을 맺기 위해 협상을 벌이면서 닻을 내렸던 바로 그 지점에 미주리 호가 위치하는 것이 좋겠다는 제안이 나왔다. 그 위치는 그가 탔던 기함의 일지를 통해 쉽게 찾아낼 수 있었다. 해군사관학교 박물관이 그 당시 페리가 게양했던 깃발을 빌려주자, 행사가 거행될 미주리 호 갑판의 격벽에 그것을 달았다. 미국 지리학협회National Geographic Society는 역사적 기록을 위해 일본이 항복문서에 서명하는 순간 미주리 호의 정확한 위치를 확인하도록 1개 팀을 파견할 수 있게 승인해달라고 니미츠에게 요청했다. 니미츠는 미주리 호의 항해사가 그런 일상적 업무를 처리할 수 있을 만큼 능력이 있다고 생각했기 때문에 그들의 요청을 거부했다. 하지만 닻을 내린 함정은 조류와 해류로 인해 어떤 방향으로든 100~200야드(약 91~183미터) 정도 움직일 수 있기 때문에 서명이 이루어지는 순간의 위치를 정확하게 측정해야만 했다. 항해사는 방위각을 측정할 여러 물표를 선정해놓은 뒤 미주리 호의 모든 자이로컴퍼스 종동기의 전원을 모두 끊음으로써 방문자나 열의에 넘친 아마추어가 독자적으로 측정을 시도하지 못하게 했다(비전문가가 부정확하게 측정하게 되면 논란을 일으킬 것이 틀림없었기 때문이다). 맥아더는 모든 행사가 정확하게 진행되어야 한다고 고집했다. 항복문서 조인식은 오전 9시에 시작될 예정이었다. 하지만 일본 외무대신 시게미쓰 마모루重光葵는 한쪽 다리가 의족이었기 때문에 미주리 호에 승함한 뒤

사다리를 올라가 식장에 도착하기까지 많은 시간이 소요될 것으로 예상되었다. 머리 대령은 수병 한 명에게 대걸레 자루를 한쪽 발에 묶은 채 이동경로를 따라 걷게 하는 '시게미쓰 승함 절차 실험'을 실시해 소요 시간을 측정했다. 그 결과, 나무 의족은 전혀 문제가 되지 않았다.

니미츠는 괌의 해군건설대에게 상륙정 1척을 말끔하게 단장한 뒤 육군 색깔로 도장하라고 지시했다. 그런 다음 그것을 도쿄 만으로 운반해 항복문서 조인식 날 해변에서 함상으로 이동할 때 사용하도록 맥아더에게 제공했다. 그것은 니미츠의 계산착오였다. 니미츠는 맥아더가 인근의 요코스카 진수부의 부두가 아니라 요코하마에 있는 자신의 본부에서 올 것이라는 사실을 알지 못했다. 맥아더는 상륙정을 한 번 보더니 합리적인 근거를 제시하며 이렇게 말했다.

"나는 저걸 타고 20마일을 달리고 싶지 않네."

그는 구축함을 타기를 원했다.[6]

이와 더불어 맥아더는 자신의 육군 원수 깃발이 미주리 호에 게양되는 특별 예우를 원한다는 의사를 분명하게 알렸다. 그것은 골치 아픈 문제였다. 해군의 의전과 관행은 승함하고 있는 해군 선임장교의 개인기를 게양하게 되어 있으며, 같은 순간, 같은 배를 타고 있는 같은 계급의 장교 2명의 깃발을 동시에 게양하는 일은 결코 없다. 맥아더가 하루 차이로 더 빨리 원수로 진급했다는 사실에 예민해진 라마는 니미츠에게 물었다.

"이제 저희는 어떻게 해야 합니까?"

니미츠는 이렇게 대답했다.

"자네가 함대 부관이니 그것은 자네의 문제일세."

니미츠 방식으로 훈련받은 라마는 문제의 해결을 함정의 동료들에게 넘겼고, 그들은 한 쌍의 게양줄을 설치해 니미츠의 개인기를 우현 쪽에, 맥아더의 개인기를 좌현 쪽에 정확하게 똑같은 높이로 깃발 2개를 게양했다.[7]

❖ 이 세상에 평화가 다시 회복되고 그 평화를 신께서 항상 지켜주시길

1945년 9월 2일, 미주리 함상의 일과는 ─해군의 모든 일과가 그렇듯이─ '국기게양식'으로 시작되었다. 예비로 보관하던 깨끗한 깃발을 꺼내 함미에는 국기를, 함수에는 군함기를 게양했다.[8] 8시가 조금 지나서 니미츠가 미주리 호에 도착했다. 맥아더를 태운 구축함이 좌현에 계류했고, 8시 40분경에 맥아더가 미주리 호에 승함하여 핼시의 함대사령관실에 들어가 자신의 중요한 순간이 오기를 기다렸다. 맥아더와 함께 워싱턴에서 항복문서 2부(1부는 연합국이, 1부는 일본이 보관하게 된다)를 소지하고 비행기로 도착한 육군 대령이 도착했다. 항복문서는 먼저 일본 측이 서명하고 이어서 연합국 대표들이 서명하게 되어 있었다. 문서의 크기는 가로 40인치(약 100센티미터), 세로 20인치(약 50센티미터) 정도로 상당히 커서 탁자 위에 나란히 놓기에는 프레이저 제독의 아름다운 골동품 마호가니 테이블이 너무 작았다.

일단의 수병들이 적합한 탁자를 찾기 위해 이리저리 뛰어다니기 시작했다. 그들은 가장 가까운 사관식당으로 갔다. 하지만 탁자는 갑판에 볼

트로 고정되어 있었다. 수병식당으로 뛰어간 그들은 큰 접이식 탁자를 찾아냈지만, 이번에는 테이블보가 없었다. 테이블보는 수병식당의 규정된 보급물자가 아니었다. 그들은 다시 사관실로 뛰어가 약간 얼룩이 묻은 녹색 베이즈 테이블보를 쥐고 갑판으로 뛰어가 식이 시작되기 몇 분 전에 간신히 탁자를 설치했다.

225명이나 되는 특파원과 75명의 사진사, 8개 국가를 대표하는 75명의 고위 장교들로 행사장은 만원을 이루었다. 모두가 항복문서 조인식 장면을 가장 잘 볼 수 있는 자리를 원했다. 인접 구역은 대기석으로 지정되어 있었고, 각각의 자리는 특정한 방문자에게 할당되어 있었다. 상부 구조물의 나머지 구역은 당직근무자나 대공포대 배치 요원을 제외한 승조원들의 차지였다. 군인 참관자들은 계급과 의전에 따라 자리가 배정되었고, 기자와 사진사는 제비뽑기를 해 자리를 정했다. 각각의 방문자에게는 안내병이 지정되어 그가 승함하는 순간 지정된 자리로 안내했다. 기자와 사진사들을 담당하는 안내병 중 일부는 계속 손님 곁에 머물면서 부주의하게 함정을 기웃거리지 못하게 막았다. 특히 말을 잘 듣지 않기로 유명한 사진사들의 경우는 반드시 예방조치가 필요했다. 조인식 현장 바로 옆으로 접근하려던 한 사진사는 붙잡혀 끌려나왔다.

행사는 예정대로 진행되었지만, 일본인들은 긴장해서인지 행동이 느렸다. 외무대신 시게미쓰 마모루의 나무 의족 때문은 아니었다. 맥아더가 모두 자기 자리에 정렬한 줄 알고 갑판으로 나왔다가 아직 장내가 정돈되지 않은 것을 보고는 다시 안으로 들어갔다. 몇 분 뒤, 모든 준비가 끝나자 맥아더와 니미츠, 핼시가 정식으로 입장했다.

행사는 짧게 진행되었다. 군목이 기도를 올리고 밴드가 미국 국가를

1945년 9월 2일 미주리 함상에서 거행된 항복문서 조인식에서 일본 육군참모총장 우메즈 요시지로 장군이 테이블 앞에 허리를 숙이고 항복문서에 서명을 하고 있다.

연주했다. 이어 맥아더는 짧은 연설을 통해 이번 행사가 세계의 지속적인 "자유와 관용, 정의"로 이어지게 될 것이라는 "모든 인류의 희망"을 전했다.⁹ 연설을 마치고 그는 대일본제국 정부와 대본영의 대표에게 앞으로 나와 서명하라고 지시했다. 시게미쓰는 잠시 방향감각을 잃은 것 같았다. 이런 상황에서 이것은 놀랄 만한 일이 아니었다. 그는 절룩거리며 앞으로 나와 의자에 앉은 다음 모자와 장갑을 벗다가 지팡이를 떨어뜨려 그것을 다시 집어든 다음 펜을 꺼내기 위해 호주머니를 뒤적거렸다. 그의 보좌관 중 한 명이 앞으로 나와 그에게 펜을 건넸다. 시게미쓰는 당황하며 자신이 서명할 곳을 찾지 못했다. 맥아더는 자신의 참모장에

맥아더는 연합군 최고사령관으로서 상징적 의미로 일본군의 포로로 잡혀 있었던 미국 육군 중장 조너선 웨인라이트와 영국 육군 중장 아서 퍼시벌 경을 뒤에 세운 채 문서에 서명했다.

게 말했다.

"서덜랜드, 서명할 자리를 알려주게."

서덜랜드 장군은 맥아더의 지시에 따랐다. 일본 육군참모총장 우메즈 요시지로梅津美治郎 장군은 테이블 앞에 허리를 숙이고 서명을 한 뒤 몸을 일으켜세웠다.

맥아더는 상징적 의미로 미국 육군 중장 조너선 웨인라이트Jonathan Wainwright와 영국 육군 중장 아서 퍼시벌Arthur Percival 경을 뒤에 세우고 문서에 서명했다. 두 사람은 1942년부터 일본군의 포로로 잡혀 있었다. 웨인라이트는 바탄Bataan 반도 함락 때, 퍼시벌은 싱가포르 함락 때 포

408 니미츠

로가 되었다. 그 다음으로 니미츠가 미국을 대표해 서명하고 영국과 중국, 소련, 오스트레일리아, 캐나다, 프랑스, 네덜란드, 뉴질랜드 대표가 그 뒤를 이었다.

맥아더는 마지막으로 이렇게 말했다.

"이제 이 세상에 평화가 다시 회복되고 그 평화를 신께서 항상 지켜주시기를 기도합시다."

전쟁은 거의 4년간 지속되었지만, 항복문서 조인식은 겨우 23분 만에 끝났다. 신호와 함께 해군 및 육군 항공기 약 450대가 상공을 비행했다. 그 중 일부는 기회주의자들의 준동에 대비해 오래전부터 상공을 경계하고 있었다. 하지만 마지막 순간에 작은 문제가 발생했다. 혼란에 빠졌던 것은 일본 대표단뿐만이 아니었다. 캐나다 대표가 일본 측이 보관할 항복문서에 자기가 서명할 칸을 건너뛰고 그 아래 칸에 서명하는 바람에 다른 대표들의 서명이 한 칸씩 밀리면서 마지막의 뉴질랜드 대표는 칸이 없는 여백에 서명했던 것이다. 일본 대표단이 미주리 호를 떠나려고 하자, 그 중 한 명이 소동을 피우기 시작했다. 레이턴이 그의 말을 통역했다.

"이 문서는 무효다!"

맥아더가 "수정하라"고 명령했다. 서덜랜드는 캐나다 대표가 원래 서명하게 되어 있는 칸은 공백으로 남겨두고 그 밑의 국가명에 전부 두 줄을 긋고 각국 대표의 서명과 일치하도록 일일이 국가명을 손으로 기입한 뒤 뉴질랜드 대표의 서명 밑에 "뉴질랜드 자치령 대표 Dominion of New Zealand Representative"라고 기입했다.[10] 일본인들은 수정된 문서를 받아들였고(그들에게 선택의 여지가 있었는지 여부는 분명하지 않다), 이것으로 전쟁은 공식적으로 종결되었다.

니미츠는 사우스 다코타 호로 돌아와 미주리 호의 승조원들에게 그만의 방식으로 축하 메시지를 보냈다. 그가 축하 메시지를 보내는 신호기를 게양했기 때문에, 항구의 모든 함정들이 모두 그의 찬사를 볼 수 있었다. 그런 다음 점심을 먹고 도시에서 몇 킬로미터 떨어진 가마쿠라鎌倉 대불大佛을 보기 위해 육상에 상륙했다. 그는 통역자 겸 문화해설자 겸 경호원으로 레이턴을 대동했다(이런 경우를 대비해 니미츠는 레이턴의 소병기 사격술을 확인했다). 그들이 앞뒤로 해병 호위대 지프를 대동하고 시골을 지나가면서 도로를 비우기 위해 경적을 울리자, 일본 농부들이 도로 가장자리에서 무릎을 꿇었다. 니미츠는 궁금하지 않을 수 없었다. 레이턴은 일본에서 전기 경적을 사용하는 사람은 천황밖에 없기 때문에 경적 소리가 울리면 천황이 지나가니 무릎을 꿇고 눈을 가리라는 신호로 받아들인다고 설명했다.

도중에 니미츠는 군병원을 방문했다. 그는 좋은 의도로 일본군 부상병을 방문했는데, 그들은 무서워 죽을 정도로 동요했다. 그들은 미국 '추장'이 오고 있다는 말을 듣고는 그가 자신들의 머리를 베러 온 것이 틀림없다고 믿었던 것이다.

또한 니미츠는 쓰시마 해전 당시 도고 제독의 기함이었던 미카사三笠를 방문했는데, 국립박물관이 된 그 배는 아주 초라한 몰골로 놓여 있었다. 전리품을 챙기려는 미국 장병들이 이미 그 배를 훑고 지나갔던 것이다. 그 중에는 핼시 제독도 포함되어 있었는데, 깃발을 집어든 그는 러시아인에게 그것을 전리품으로 선물하도록 킹 제독에게 보냈다. 니미츠는 미카사에 해병경비대를 배치하라고 명령했다.

한편 미주리 호에서는 손님들이 모두 떠나고 승조원들도 자기 자리로 돌아갔을 때 누군가가 이렇게 물었다.

"탁자는 어디 갔지?"

무엇보다도 그것은 오랜 세월 보존해야 할 진짜 역사적 유물이었다. 그것은 수병식당으로 되돌아갔고, 테이블보는 구겨진 채 선체 옆에 내동댕이쳐져 있었다. 결국 탁자와 테이블보 모두 회수되었다. 탁자의 경우 정말 아슬아슬하게도 수병식당의 모든 탁자 위에 수병들의 점심이 차려져 어떤 것이 어떤 것인지 구분할 수 없는 상태가 되기 일보직전에 회수되었다. 회수된 탁자와 테이블보는 해군사관학교 박물관으로 보내졌다.

머리 대령은 그들이 역사적 순간에 함께했다는 사실을 증명할 수 있도록 항복문서 조인식 당시 승함하고 있던 모든 장병들에게 줄 기념카드를 사전에 적절한 수량을 제작해두었다. 맥아더와 니미츠, 핼시의 복사 서명(그들의 승인을 받아서)과 머리의 자필 서명으로 진품임을 표시했다. 이 카드는 조인식에 참석한 관계자와 승조원, 손님들에게 제공되었다. 이후 몇 장의 카드를 추가로 요구하는 사람들도 있었는데, 그들 중에는 니미츠도 포함되어 있었다. 그는 해군장관과 몇몇 다른 장교들에게 그것을 보내고 싶어 했다. 머리는 이렇게 말했다.

"안 됩니다. 카드에는 '참석했음을 증명한다'라고 되어 있습니다."

니미츠는 즉시 그의 말에 동의하고 그에게 이렇게 말했다.

"만약 누군가가 자네에게 압력을 행사하려고 한다면, 내가 자네를 지원해주겠네."

남은 카드는 모두 소각하고, 인쇄판은 바다에 던져버렸다.[11]

Chapter 24
귀환

미 해군 최고의 전쟁영웅 니미츠는 결코 유명해지려고 한 적이 없었다. 자신이 영웅적인 정복자나 미래의 희망인 양하는 것은 그의 방식이 아니었지만, 자신의 지휘 아래 복무하고 경의를 받을 만한 자격이 있는 모든 사람들을 대표해 연단에 섰다.

❖ 통합군을 둘러싼 해군과 육군의 전투

미 병력들은 다음 대규모 전투를 위해 대열을 정비했다. 그것은 국방체계를 둘러싼 육군과 해군의 전투였다. 처음 니미츠는 '통합'을 괜찮은 아이디어로 생각했다. 그는 그것이 태평양에서 그가 보여준 효과적인 부대통합관리 사례의 후속 조치라고 보았다. 심지어 그는 1944년 12월에 합동참모본부가 고위 장교들을 대상으로 여론조사를 실시했을 때 긍정적인 답변을 하기도 했었다.

초기 계획은 단순해 보였지만, 세부사항을 들여다보면 문제점이 많았다. 그것은 점점 더 발전하더니 경악할 수준이 되었다. 제안된 통합군은 육군이 지휘하게 되어 있었다. 해병대는 곧 사라질 운명이었다. 공군은 별개의 군종으로 독립하게 되어 있었다. 그렇게 되면 공군의 장거리 폭격기는 더 이상 해군의 항공모함을 필요로 하지 않게 될 것이다. 실제로 일부 통합군 옹호론자들은 원자폭탄의 등장으로 대부분의 해군은 쓸모없는 존재가 되었다고 주장했다. 그나마 쓸모가 있다면 그것은 수송수단을 제공하는 정도일 것이다.

그와 같은 움직임은 유럽 전선에서 싸운 조종사들을 포함한 육군의 고위 장교들에게 지지를 받았다. 유럽에서는 대규모 지상군이 손쉽게 항공지원을 받으며 전투를 벌였고, 중거리 폭격기들이 독일의 산업기지를 공격하는 방식으로 전쟁이 수행되었다. 그들은 끊임없는 기술의 발전으로 미래의 전쟁은 하늘에서 승리를 거두게 될 것이라고 믿었다.

반대편에는 해군의 고위 장교들이 있었다. 그들 대부분이 싸웠던 장소는 태평양으로, 이곳에서는 대부분의 목표가 오로지 바다를 통해서만 접근할 수 있는 섬들이었고, 그 섬들은 너무나 멀리 떨어져 있어서 보통 항공모함의 함재기가 아니면 항공지원이 불가능했다. 더욱 중요한 것은 그들 해군 장교들의 뇌리에 깊이 박혀 있는 제해권의 개념이었다. 동맹국을 위해 해상 통로를 개방하고 —상업적 운송을 위해서든 군사력의 이동을 위해서든— 적이 그것을 사용하지 못하게 봉쇄하기 위해 반드시 해군이 있어야 했다.

육군 전사들의 처음 행동은 아주 교묘했다. 육군항공대의 한 내부 문건에는 이런 내용이 담겨 있었다.

"과거부터 지금까지 육군항공대는 미국 대중의 우상이었다. 우리는 대중의 인정과 지지를 세심하게 이끌어내야 하고 그것을 소중히 지켜야 한다."[1]

육군항공대 사령관 헨리 H. "햅" 아놀드는 "전국을 샅샅이 뒤져서 육군항공대의 업적을 말로 표현하는 데 가장 뛰어난 인재들을 데려오겠다"고 맹세했다.² 일단 전쟁이 끝나자 그 "가장 뛰어난 인재들"—광고와 홍보 전문가들—은 육군항공대 고위 장교들에게 지침과 지원을 제공하면서 활동했다. 간단한 사례를 살펴보면, 이들은 전문공학학회나 경영자문위원회—이들 대부분은 육군항공대의 항공기 개발과 생산, 훈련, 지원에 관련된 군수계약에 큰 이해관계를 갖고 있었다—모임에서 항공력을 지지하는 선전을 슬쩍 내보내곤 했다.

❖ 모든 해군을 대표해 연단에 서다

전장에서 귀환하는 지휘관들은 장엄한 환영행사로 영접을 받았는데, 이 시점에서 그들은 전부 육군 소속이었다. 승리자 드와이트 아이젠하워 Dwight Eisenhower 와 영웅적인 웨인라이트는 뉴욕과 워싱턴에서 100만의 인파에게 경례를 받았다. 맥아더도 곧 전승행진에 합류할 예정이었다. 해군장관 제임스 포레스털은 니미츠가 이런 대중의 관심을 적극 활용해 연단에 서서 해군의 이야기를 해주기를 바랐다.

처음에 니미츠는 소극적이었다. 영웅적인 정복자나 미래의 희망 역할을 하는 것은 그의 방식이 아니었지만, 자신의 지휘 아래 복무하고 경의를 받을 만한 자격이 있는 모든 사람들을 대표해 연단에 서기로 했다.

이와 관련하여 《타임》은 다음과 같은 짧은 기사를 실었다.

일반적으로 미국인들은 백발이 성성하고 핑크빛 뺨을 가진 체스터 W. 니미츠 해군 원수를 생각할 때 약간은 막연한 느낌을 갖게 된다.

그는 자기 책상에서 태평양전쟁을 지휘했다. 그는 결코 유명해지려고 한 적이 없다. 그는 별명 대신 태평양함대 사령관이나 태평양지역 사령관과 같은 엄격한 직책명만을 고수했다. 그리고 전쟁 중 대부분의 시간을 진주만과 괌에서 보냈다. 대중은 육군의 영웅들을 연도에 늘어서 환영해주느라 어느 정도 목이 쉰 상태이다. 그럼에도 불구하고 해군은 자군의 최고 전쟁영웅이 그에 걸맞은 대접을 받게 될지를 두고 보기로 했다.³

10월 첫 주에 니미츠는 작전참모 포리스트 셔먼과 부관인 할 라마를 대동하고 샌프란시스코와 워싱턴 D. C., 뉴욕에서 열린 행사에 참석했다. 샌프란시스코 시청에서 그는 앞으로 계속 반복하게 될 주제인 일본을 패배시키는 데 해군이 핵심적인 역할을 했다는 것과 반드시 강한 해군을 유지해야 하는 이유를 이야기했다. 또한 그는 첨단무기 연구를 계속해야 하는 이유에 대해서도 이야기했다.

"원자폭탄과 같은 새로운 무기들이 전쟁의 성격을 변화시킬지는 모르지만, 우리가 바다를 통제해야 한다는 사실에는 변화가 없을 것입니다. 우리는 지금 제해권을 갖고 있습니다. 우리는 지금 능력과 자원을 갖고 있습니다. 우리는 앞으로도 제해권을 지켜야 합니다."

니미츠는 샌프란시스코 시의 열쇠를 받으며 궁금해했다.

"이것만 있었으면 야마모토도 더 이상 바랄 게 없지 않았을까요?"⁴

미 해군 최고의 전쟁영웅 니미츠는 결코 유명해지려고 한 적이 없었다. 자신이 영웅적인 정복자나 미래의 희망인 양하는 것은 그의 방식이 아니었지만, 자신의 지휘 아래 복무하고 경의를 받을 만한 자격이 있는 모든 사람들을 대표해 연단에 섰다.

❖ 1945년 10월 5일, '니미츠의 날'로 지정되다

워싱턴에서 1945년 10월 5일은 '니미츠의 날Nimitz Day'로 지정되었다. 그날은 정말 대단한 하루였다. 니미츠는 6개 밴드가 연주하는 가운데 5,000명의 수병, 해병, 여군비상지원대와 해안경비대 소속 경비견 100마리의 호위, 그리고 100만 군중의 환호를 받으며 자동차 퍼레이드를 했다. 그 뒤로 해병대의 대포와 노획한 일본 항공기가 견인되었다. 해군 항공기 1,000대가 상공을 비행했고, 그 중 일부는 알파벳으로 "NIMITZ" 철자를 한 블록만한 크기로 구성하는 대형을 이루었다. 《뉴욕 타임스》는 그것을 가리켜 "전쟁 이래 워싱턴에서 가장 공들인" 시가행진이라고 표현했다.[5]

니미츠는 다음 전투의 개시를 알리는 해군의 일제사격이라고 할 만한 상하원합동회의 연설에 해상력에 대해 짧지만 강렬한 메시지를 전달했다. 그는 이렇게 말했다.

"저는 여러분에게 우리가 이제 막 끝낸 임무에 대해 잠시 보고드리고 싶습니다. …… 5주 전 오늘, 저는 기아와 패배와 환멸의 땅, 일본에 있었습니다."

기아와 패배와 환멸의 땅, 맞다. 하지만 니미츠가 그 자리에 모인 의원들에게 말한 것처럼 일본은 진주만 공격 때보다도 더 많은 500여 만 명이나 되는 대규모 육군을 보유하고 있었고 12월 7일 당시보다 두 배나 더 많은 6,000대의 전투기가 전투태세를 갖추고 있었다. 그는 이렇게 질문했다. 그렇다면 왜 "일본은 원자폭탄이 알려지기도 전에, 러시아가 전쟁에 참여하기도 전에 (7월에) 화평을 청했을까요? …… 왜냐하면 해양

국가인 일본은 식량과 물자를 해외에 의존할 수밖에 없는데 자신의 해양력이 제거되었기 때문입니다."

한때 강력했던 일본 해군에 무엇이 남아 있었을까?

"5주 전 오늘, 전함 1척 파손, 항공모함 4척 모두 파손, 중순양함 2척 파손, 경순양함 2척 중 1척 파손. …… 이들 중 어느 함정에도 승조원이 배치되지 않았습니다."

일본의 산업은 고사하고 있었고, 국민은 기아에 허덕이고 있었으며, 일본에는 함정을 움직일 중유와 항공기를 날릴 가솔린이 부족했다. 니미츠는 이렇게 말했다.

"우리는 일본을 항복 아니면 느리지만 확실한 죽음을 선택할 수밖에 없는 상황으로 몰아넣었습니다."

다음에 니미츠는 워싱턴 기념탑Washington Monument에서 대규모 군중에게 연설을 하며 그의 또 다른 주제를 전달했다. 그는 이렇게 말했다.

"아마 역사가 지금 이 순간을 거대한 분쟁의 종말이 아니라 새로운 원자력 시대의 시작으로 부르게 될 것이라고 말해도 그리 지나친 예측은 아닐 것입니다."

그는 미래의 어느 시점에 원자력을 "산업과 인도주의적 용도"에 사용할 수 있도록 "잘 다스려 활용"하기를 바랐다. 그리고 그는 의회에서 선보였던 홍보활동을 다시 반복했다.

"원자력의 출현은 해상력에 새로운 중요성을 부여하고 있습니다. …… 더 이상 우리의 해안선이 우리의 방어선이 아닙니다. …… 이제는 세계 전체가 우리의 전선입니다."[6]

의회는 물론 일반 대중들도 그의 연설에 큰 관심을 보이지 않았다. 승리의 뜨거운 열기가 마치 안개가 주변을 감싸듯이 이성적 사고를 덮어 버렸다. 하지만 육군항공대 선전팀은 분명 그의 메시지를 듣고 있었다. '니미츠의 날' 이후에 있었던 두 차례 연설에서 칼 A. "투이" 스파츠Carl A. "Tooey" Spaatz 장군은 모든 사람들에게 우리가 '항공의 시대'에 살고 있으며, 항공의 시대의 주력은 항공력임을 강력하게 주장했다.

"19세기에 해양력이 국가의 운명을 좌우하는 지배적인 요소였던 것처럼 오늘날에는 항공력이 국가의 운명을 좌우한다."

과거에 해군이 적의 침공으로부터 미국의 해안을 보호했다면, "항공의 시대에는 오로지 항공력만이 적의 공군이 초래할 파멸로부터 미국을 방어할 수 있다"고 그는 확신에 찬 어조로 말했다.[7]

워싱턴 기념비 앞에서 연설을 마친 니미츠는 백악관으로 향했다. 그곳에서 대통령은 세 번째 해군수훈훈장을 의미하는 금성기장을 그에게 수여했다. 니미츠는 그의 지휘 아래 태평양에서 복무하면서 "승리를 가능하게 했던" 200만이 넘는 장병들을 대표해 그것을 받았다. 니미츠 가족 대부분—캐서린과 3명의 딸—이 이 자리에 참석했다. 포커를 잘 치기로 유명한 트루먼 대통령은 '트리플three of a kind'(포커 게임에서 동등한 가치의 게임용 카드 3장을 말한다-옮긴이)이라는 표현으로 니미츠의 세 딸을 칭찬했다. 나중에 케이트는 대통령이 '전직이 남성복 판매상'이 아니었을까 하는 생각이 들 정도로 아주 말쑥했다고 말했다.[8]

니미츠 가족은 축하만찬으로 그날을 마무리했다.

❖ 나는 해군부와 육군부를 하나로 통합하는 데 반대한다

다음날 아침, 니미츠는 해군장관 포레스털을 방문했다. 그는 해군의 최고 자리에서 기억에 남을 만한 경력으로 마무리하기 위해 해군참모총장이 되기를 바랐다. 하지만 그는 먼저 자신에게 그 직책을 권하지도 않았고 종종 의견충돌이 있었던 포레스털에게 부탁해야 하는 어색한 처지에 놓여 있었다. 전과가 있는 포레스털의 친구를 니미츠가 장교로 임관시켜주지 않은 일로 인해 두 사람은 관계가 좋지 못했다. 설상가상으로 두 사람의 관계는 포레스털의 성화에도 불구하고 니미츠가 조종사들—그들 대부분은 비행을 제외하고는 해군 작전 경험이 거의 없었다—을 중요한 지휘관 보직에 임명하지 않았기 때문에 더욱 악화되었다.

더욱 심란하게도 니미츠는 포레스털이 한때 킹 제독—포레스털은 그와 잘 지낸 적이 거의 없었다—을 니미츠 대신 태평양함대 사령관에 임명해 킹을 워싱턴에서 쫓아내고 니미츠에게는 엿을 먹일 일석이조의 효과를 노린 적이 있다는 소문까지 듣게 되었다.

전쟁이 끝난 지금, 킹은 의무퇴역연령인 64세가 넘은 상태였기 때문에 이제는 변화를 시도해야 할 시기였다. 의회가 원수는 평생 현역에 남을 수 있다고 법령으로 정했지만, 그것은 군 내부의 일상적인 논쟁과 결정에 개입하지 않는 의전적 지위에 불과했다. 니미츠는 변죽만 울리지 않기로 결심했다. 그는 포레스털에게 단도직입적으로 킹의 자리를 계승하고 싶다고 말했다.

포레스털도 그만큼 솔직하게 반대의사를 밝혔다. 그는 킹과 너무 오랫동안 잦은 충돌을 빚어왔기 때문에 또다시 고집스런 해군 장교를 상대하고 싶지 않았다. 그 밖에도 그는 니미츠에게 이미 달성한 영예를 누려야 하지 않겠냐고 제안했다. 그는 계속 태평양함대 사령관으로 남거나 해군위원회의 회장직을 맡아야 했다. 해군위원회는 해군에 조언은 해줄 수 있지만, 지휘권은 없는 현자들의 모임이었다. 이 무렵 해군위원회는 이미 그 영향력이 너무 미미해진 상태였고 1951년에는 미 해군 역사에서 완전히 사라질 운명이었다.

포레스털의 설득에 동요되지 않고 니미츠는 자신을 해군참모총장으로 고려해달라는 요청을 반복했다. 그는 즉답을 요구하지 않은 채 또 한 번의 대규모 시가행진을 위해 뉴욕으로 향했다. 이번 시가행진은 400만 인파가 길게 늘어선 가운데 274톤의 색종이 테이프와 종이조각으로 뒤덮인 길을 따라 진행되었다. 시가행진은 시청광장에서 끝이 났다. 활력이 넘치는 피오렐로 라구아디아 시장이 하늘을 가리키며 "태양이여, 나와라"라고 외치기 전까지 광장의 하늘은 두꺼운 구름에 덮여 있었다. 시장이 그 말을 하기 무섭게 진짜 태양이 구름 밖으로 나오자, 35만 뉴욕 시민들이 환성을 질렀다. 니미츠는 명예시민으로 임명되었다. 지역 정서를 잘 알고 있던 니미츠는 이렇게 말했다.

"우리의 최고 수병 중 일부는 스태튼 섬 Staten Island 페리를 타본 것 말고는 해군이 되기 전까지 전혀 바다를 경험해본 적이 없었습니다."[9]

잠시 뒤에 열린 기자회견에서 니미츠는 통합에 대한 논쟁을 언급했다. "저는 (태평양과 같은)전구 수준에서는 사령부의 통합을 강하게 지지하지만, 해군부와 육군부를 하나로 통합하는 데는 찬성하지 않습니다."[10]

그날의 일정은 월도프-아스토리아 Waldorf-Astoria 호텔에서 열린 연회로 마무리되었다. 그 자리에 참석하는 특전을 누리기 위해 1인당 15달러(오늘날의 화폐 가치로는 약 176달러)를 지불한 2,000명의 손님들은 그와 함께했다. 주빈 소개는 라구아디아 시장과 넬슨 록펠러Nelson Rockefeller가 맡았다. 니미츠는 손님들이 돈을 지불한 값어치를 하기 위해 특별히 "니미츠와 핼시―그리고 나"라는 제목의 약간은 우스꽝스러운 시로 연설을 시작했다. 그 시의 일부분은 다음과 같다.

나와 핼시, 그리고 니미츠는
확실하게 쪽발이들을 쫓아버렸다.
우리가 쫓아가자 그들은 미친 듯이 도주했다.
고색창연한 나가사키에서
우리는 빌어먹을 욱일승천기를 떨어뜨렸다.

시의 전문을 게재한 《뉴욕 타임스》는 그 시의 작가를 "태평양의 이름 없는 해군 장교"라고 소개했다.[11] 사실 그 시는 배를 타고 도쿄 만에 진입한 첫 번째 해군 장교들 중 한 명이었던 윌리엄 G. 비처 주니어William G. Beecher, Jr. 대령의 허락을 받아 게재한 것이었다.[12]

시로 청중의 주의를 환기시킨 다음, 니미츠는 평화유지를 위한 단일 최대 군대가 바로 미국 해군이라며 자신의 핵심적인 주장을 펼치기 시작했다.

"적은 자국 함대가 파괴되고 해상 통로가 끊기면서 …… 핵심적인 보급원이 막히는 과정들을 목격했습니다. 이 모든 것이 바로 우리 해군이 바다를 ―해상에서, 해저에서, 그리고 상공에서― 장악했기 때문에 일어난 일입니다. …… 일본은 우리의 봉쇄로 본토에서 굶어 죽는 당연한

1945년 10월 5일, 니미츠가 뜨거운 박수를 받으며 연단에 올라서고 있다. 연설장에서 니미츠는 언제나 니미츠다웠다. 그는 농담을 구사해 청중이 긴장을 풀고 현실을 받아들일 마음의 준비를 하도록 만든 다음 자신이 전달하려는 메시지를 확실하게 전달했다.

궁극적인 결말을 맞게 되었습니다."[13]

 뉴욕시는 전쟁영웅을 찬양할 때 편파적인 모습을 보이지 않으려고 세심한 주의를 기울였다. 6월 19일, 아이젠하워 장군은 니미츠와 똑같은 환영을 받았다. 하지만 연회장에서 아이젠하워가 한 연설은 그다지 즐겁지 않았다. 그의 연설은 아주 사무적이고 두서가 없었다. 그는 "전장에서 고향으로 돌아온" 군인이었지만, "우리가 아직도 전쟁 중"이라는 사실을 인식하고 있었다. 그는 연회장의 손님들에게 미군위문협회United Service Organizations, USO 와 적십자를 지원해줄 것을 촉구하면서 "문명 전체가 또 다른 참사에 직면해 흔들리다가 어쩌면 쇠퇴해 파괴될 수도 있습니다"라고 경고했다. 마지막에는 "유대교와 가톨릭, 신교도를 비롯한 다양한 종교와 인종이 섞여 있는 영광스런 미국이 패배하는 일은 없을 것이라고 나에게 말할 수 있는 사람은 아무도 없을 것입니다."[14]

니미츠는 어디서나 니미츠다웠다. 언제나 그랬던 것처럼 그는 청중이 몇 명의 참모가 되었든, 약간 취기가 오른 2,000명의 저녁식사 손님이 되었든, 농담을 구사해 청중이 긴장을 풀고 현실을 받아들일 마음의 준비를 하도록 만든 다음 자신이 전달하려는 메시지를 확실하게 전달했다.

❖ 위대한 텍사스 해군 제독의 귀환

다음날 니미츠는 워싱턴으로 돌아가 포레스털을 다시 만났다. 그는 니미츠의 요청을 다시 생각해본 것 같았다. 칼 빈슨 하원의원도 니미츠를 권유했고, 어니스트 킹 제독도 각서를 보내 설득한 모양이었다. 킹의 각서에는 니미츠가 차기 해군참모총장으로 "확실한 적임자"라고 씌어 있었다.[15] 포레스털은 니미츠에게 그를 적극 추천하되 단 임기는 4년이 아닌 2년이라고 조건을 달았다. 니미츠도 그 조건에 아무런 불만이 없었다. 그는 진주만으로 돌아가는 길에 텍사스를 방문했다. 환영 인파가 얼마나 되는지는 중요하지 않았다. 그는 텍사스 출신이기 때문이었다.

니미츠는 금요일을 댈러스^{Dallas} 와 오스틴^{Austin} (텍사스의 주도이다-옮긴이)에서 보내며 군중으로부터 열렬한 환호를 받았다. 다음날 그의 자동차 행렬이 커빌에 도착할 무렵, 그는 이제까지 임대해 타고 왔던 장의사 리무진에서 내려 말이 끄는 4륜 마차에 옮겨 탄 뒤 마을로 들어갔다. 마을은 소몰이꾼과 목장주인들로 구성된 기마호위대나 사촌들, 예전 학교 선생님들과의 뜨거운 포옹, 거대한 "축 체스터 귀환" 현수막들을 제외하고는 달라진 게 거의 없는 것 같았다. 그가 아나폴리스 해군사관학교 시험에 합격할 수 있도록 지도해준 사람들 가운데 한 명이었던 고등학교 교장선생님(방문 당시 80세)은 니미츠가 받을 수 없었던 고등학교 졸업장을 그에게 전달했다. 그 다음 프레더릭스버그를 방문했다. 그곳에서 그는 자신의 출생지에 경의를 표하는 행사를 치르고 코크 스티븐슨Coke Stevenson 주지사에 의해 "텍사스 해군 제독"으로 임명되었으며, 항복 협상에서 텍사스가 수행한 역할을 주민들에게 알렸다. 그는 "제가 가장 걱정한 것들 중 하나는 텍사스인들을 설득해 싸움을 멈추게 하지 못하면 어쩌나 하는 것이었습니다. 하지만 도쿄와 오스틴은 만족스러운 합의에 도달했습니다"[16] 라고 말했다.

Chapter 25
해군참모총장으로 향하는 가시밭길

니미츠는 해군참모총장으로서 첫 번째 기자회견을 열고 새로운 참모차장을 소개한 뒤 "원자력을 비롯한 기타 신무기의 시대에 발맞추는 해군"이 되면서 "세계의 해군들 중에서 최고의 해군"을 유지하기 위한 계획의 개요를 설명했다. 일부 참석자들은 그의 솔직함에 놀란 것 같았다. 그는 이제 전쟁이 끝났기 때문에 '대중의 관심사'를 논의하는 데 더욱 개방적인 자세를 취할 수 있다는 점을 언급했다. 《뉴욕 타임스》는 그의 시도에 갈채를 보냈다.
"최근 수년에 걸쳐 해군의 계획에 대해 말하기 위해 그렇게 많은 '고위장교들'이 한 방에 모인 적도 없으며 육군부가 준비한 어떤 회의도 해군의 논의에는 비할 바가 못 된다."

❖ 떠오르는 항공의 시대, 도전받는 해군의 위상

1945년 10월 27일은 뉴욕 시가 정한 해군의 날로, 니미츠는 이날 있을 성대한 환영행사를 위해 미주리 호를 타고 항구에 입항할 계획이었다. 그런데 무슨 이유에서인지 해군의 날 행사 주빈으로 참석 예정이었던 트루먼 대통령이 니미츠가 행사에 참여하는 것을 원치 않았기 때문에, 니미츠는 하와이로 돌아가 자신의 새로운 보직에 대한 명령을 기다렸다. 트루먼 대통령은 뉴욕에서 즐거운 시간을 가졌다. 그는 센트럴 파크에서 연설을 하고, 해군조선소에서 항공모함 프랭클린 D. 루스벨트의 취역식을 주관했으며, 미주리 함상에 점심을 먹고, 구축함 갑판 위에서 함대를 사열했다.

하와이에 돌아왔을 때, 니미츠는 해군장관 포레스털이 해군참모총장 인선과 관련해 마음을 바꾸었을지도 모른다는 소식을 들었다. 동시에

11월 2일자《뉴욕 타임스》는 다음과 같이 보도했다.

> 육해군 소식지는 니미츠 제독이 킹 제독에 이어 해군참모장이 될 것으로 예견했다.《육해군 저널 The Army and Navy Journal》은 의회에서 니미츠 제독을 해군참모총장으로 임명하려는 움직임이 진행되고 있다고 했다. 이에 덧붙여 해군장관 포레스털은 참모차장 R. S. 에드워즈 R. S. Edwards 를 천거한 반면, 킹 제독은 5함대 사령관 스프루언스 제독을 지지하고 있다고 밝혔다.[1]

이상하기는 했지만 마지막 문장은 확실히 겉치레에 불과했다. 에드워즈는 잠수함 장교인데 포레스털은 조종사를 선호했고, 킹은 이미 니미츠를 천거한 상태였다. 하지만 무엇인가가 잘못된 것이 분명했다. 새로운 보직에 대한 명령이 벌써 여러 날 전에 도착했어야만 했는데 아직 도착하지 않은 상태였다. 어쩌면 ―임명결정권을 쥐고 있는― 트루먼 대통령이 영향력을 행사하고 있는 것인지도 몰랐다. 그는 이런 말을 한 적이 있었다.

"루스벨트가 여기 있을 때, (백악관은) 마치 배의 사관실 같았다. 내가 여기에 있는 한 제독들이 다시는 들어오지 못할 것이다."[2]

아주 우연한 기회에 최근 진급한 왈도 드레이크 소장이 자신의 새로운 상관이자 석유기업가이며 민주당 실세인 에드 폴리 Ed Pauley 와 함께 일본으로 가는 도중 하와이를 거치게 되었다. 과거에 니미츠가 태평양함대 사령부 공보참모인 드레이크를 교체하라는 포레스털의 강압을 받아들이기는 했지만, 드레이크가 불이익을 당하지 않고 비슷한 수준의 유망한 보직에 임명되어야 한다는 니미츠의 요청에 따라 인사이동이 이루어졌다. 사람은 베푼 대로 거두는 법이다.

니미츠는 자신이 해군참모총장이 되고 싶은데 포레스털로부터 아무런 대답이 없다며 자신의 문제를 드레이크에게 털어놓았다. 드레이크는 대통령과 친밀한 관계인 폴리가 어느 정도 영향력을 행사해줄 수 있을지 모른다며 그와의 만남을 주선해주었다. 니미츠를 만난 폴리는 몇 시간 동안 대화를 나눈 뒤, 트루먼 대통령에게 전화를 걸어 니미츠를 추천했다. 트루먼은 이렇게 말했다.

"글쎄, 에드 나도 그를 돕고 싶기는 하지만 포레스털이 그가 고집 센 독일인이고 그 직책에 맞지 않는 데다가 그를 원하지 않는다며 저렇게 막무가내네."

에드가 말했다.

"저는 그를 잘 압니다. 그와 오랫동안 이야기도 나누어봤습니다. 저는 그가 적임자라고 생각합니다."[3]

그것으로 문제가 완전히 해결된 것은 아니었지만 해가 되지 않은 것만큼은 분명했다.

한편, 의회에서는 군대의 통합에 대한 또 한 차례 청문회가 예정되어 있었다. 포레스털이 해군과 해병대의 명예훈장 수훈자들을 불러들여 청문회장에는 별들이 찬란하게 빛났다. 하지만 상황은 추잡하게 흐르기 시작했다. 제임스 둘리틀 중장은 니미츠가 이전에 했던 "궁극적으로 일본이 평화회담을 요청하게 만든 것은 바로 우리의 해양력이다"라는 발언에 이의를 제기했다. 둘리틀은 이렇게 반문했다. B-29 폭격기들이 일본에 투하한 수천 톤의 폭탄과 "영웅적인 B-29 승무원들의 희생"은 도

1942년 일본 본토 공습을 지휘한 제임스 둘리틀은 니미츠가 이전에 했던 "궁극적으로 일본이 평화회담을 요청하게 만든 것은 바로 우리의 해양력이다"라는 발언에 이의를 제기하며 "항공모함은 이미 명을 다했기 때문에 앞으로는 무용지물이 될 것"이라고 했다.

대체 뭐라는 말인가?[24]

11월 9일 청문회에서 둘리틀은 해군을 경멸하는 발언을 했다.

"일본이 평화회담을 요구하게 만든 것은 해양력이 아니었습니다. 그리고 …… 공중전에서 승리한 것은 항공모함이 우세해서가 아니었습니다. …… 우리 B-29 승무원들은 무덤에서도 편히 쉬지 못할 것입니다."

그리고 그는 이렇게 덧붙였다.

"항공모함은 이미 명을 다했기 때문에 앞으로는 무용지물이 될 것입니다."

그의 말에 따르면, 항공모함은 두 가지 속성을 갖고 있다. 하나는 이동이 가능하다는 것이고, 다른 하나는 침몰할 수 있다는 것이다.[5] 그는 이렇게 주장했다.

"우리가 충분한 항속거리를 가진 항공기를 갖게 된다면, 항공모함은 필요 없게 될 것입니다."[6]

그의 주장을 증명하기 위해, 육군항공대는 괌에서 워싱턴 D. C.까지 8,198마일(약 1만3,000킬로미터)을 논스톱으로 날아왔다. 물론 승무원 정원을 다 태우고 폭탄을 적재할 경우 B-29의 항속거리는 그 절반에도 미치지 못했지만, 굳이 사실을 있는 그대로 밝혀서 훌륭한 묘기에 찬물을 끼얹을 이유가 어디 있겠는가?

포레스털은 명예훈장 수훈자들을 정치적 진흙탕 속에 끌어들일 생각이 아니었기 때문에 그의 계획을 바꾸었다. 그는 11월 17일 상원 군사위원회 소집 이전에 니미츠를 워싱턴으로 소환했다. 니미츠에게 이것은 매우 난처한 상황이 아닐 수 없었다. 상원 군사위원회는 불과 1년 전 합동참모본부가 고위 장교들을 대상으로 비공식 설문조사를 실시했을 때, 니미츠가 통합을 긍정적으로 생각했었다는 점을 즉시 상기시켰다. 니미츠는 전혀 동요하지 않았다.

"당시에는 그랬습니다."

그는 이어서 이렇게 말했다.

"하지만 지금은 그와 같은 통합의 이론적 장점들은 달성하기 불가능한 반면, 단점은 너무 심각해 도저히 수용할 수 없을 정도라고 생각합니다. 비록 제가 입장을 바꾸기는 했지만 그 점에 대해 사과할 생각은 없습니다. 왜냐하면 그것은 그 이후에 겪은 일들과 이번 제안에 대한 심층적 연구, 그리고 현재 그것이 지닌 의미에 근거한 저의 확신을 표현한 것이기 때문입니다."[7]

그는 청문회장을 나선 뒤 백악관으로 향했다. 기자들이 백악관 방문 이유를 묻자, 트루먼 대통령을 개인적으로 만나기 위한 '사적인 방문'이라고 답했다.[8] 두 사람의 만남이나 그 이유에 대한 기록이 남아 있지는 않지만, 지금까지 드러난 몇 가지 이유들 중 가장 의미심장한 이유를 킹의 회고록에서 찾아볼 수 있다.

포레스털이 니미츠의 해군참모총장 임명에 동의하지 않았기 때문에, 킹은 그의 임명을 요청하는 편지를 해군장관을 거쳐 대통령에게 보냈다.[9] 포레스털이 그 편지에 대한 지지를 거부한 채 그대로 대통령에게 전달하자, 킹은 개인적으로 대통령을 방문했다. 그의 자서전에 따르면, 그 자리에서 그는 니미츠를 해군참모총장에 임명하지 않을 경우 그렇게 하지 않은 이유를 국민들에게 해명해야 할 것이라고 대통령에게 말했다.

❖ 니미츠, 해군참모총장이 되다

11월 20일에 백악관은 일련의 인사이동을 발표했다. 드와이트 아이젠하워 장군이 조지 마셜 장군의 뒤를 이어 육군참모총장이 되었고, 체스터 니미츠 제독이 어니스트 킹 제독의 뒤를 이어 해군참모총장이 되었으며, 레이먼드 스프루언스 제독이 태평양함대 사령관이 되었다.

나흘 뒤 니미츠는 태평양함대 사령관 직책을 스프루언스에게 인계했다. 상징적인 의미로, 그는 1941년 태평양함대 사령관에 취임할 때와 마찬가지로 잠수함 갑판에서 교대식을 가졌다. 스프루언스는 고작 두 달 동안 태평양함대 사령관으로 복무했다. 그가 자신의 마지막 보직으로 해군대학 학장을 원한다는 사실은 이미 오래 전부터 널리 알려져 있었다. 예상치 않게 해군대학 학장 자리가 공석이 되자, 의무 퇴역연령정년이 2년밖에 남지 않은 스프루언스는 그 기회를 놓치지 않고 해군대학 학장으로 부임했다. 포레스털은 오래전부터 태평양함대 사령관으로 조종사 출신을 원했기 때문에, 스프루언스의 후임은 존 타워즈가 되었다.

니미츠는 해군참모총장으로 부임하기 위해 워싱턴으로 향하면서 몇 년 만에 처음으로 할 라마와 동행하지 않았다. 라마는 새로운 경험을 위해 중국 근무를 요청했다. 니미츠와 캐서린은 매사추세츠 애비뉴 Massachusetts Avenue 에 있는 해군천문대 부지에 있는 해군참모총장 관사로 이사했다. 집무실까지 거리가 3.25마일(약 5.2킬로미터)이어서 빠른 걸음으로 출퇴근하기에 적합했다(그는 본관 건물에서 근무한 마지막 해군참모총장이었다. 그의 후임자 루이스 E. 덴펠드 Louis E. Denfeld 는 펜타곤에서 업무를 수행한 최초의 해군참모총장이 되었다). 니미츠는 인수인계 일정이 약간 빠듯한 것 같다고 생각했다. 킹은 자신의 회고록에서 그 이유를 설명했다.

"포레스털은 이 모든 일에 아주 화가 난 상태였기 때문에, 12월 15일까지 인수인계를 끝내라고 명령했다."[10]

한편 포레스털은 소집한 명예훈장 수훈자들을 해산했다. 그들 중에는 이전에 기뢰부설 작전을 제안해 니미츠에게 깊은 인상을 남겼던 잠수함 함장 유진 플러키도 포함되어 있었다. 플러키는 처음 소환되었을 당시

한 달 일정으로 해군을 홍보하고 대중연설을 하기로 되어 있었다. 니미츠는 그를 만나고 싶었다. 니미츠가 자신의 '두뇌 서류철'에서 그의 이름을 끄집어냈던 것이다.

니미츠는 플러키에게 자신의 개인 보좌관이 되어달라고 요청했다. 플러키는 주저하면서 그런 일에는 '문외한'이지만 업무를 곧 배울 수 있을 것으로 확신한다고 말했다. 그러고는 물었다.

"실수를 피하기 위해 제가 알아야 할 사항이 있습니까?"

니미츠가 대답했다.

"그럼 한 가지 명령을 내리겠네. 그리고 이것은 자네에게 내릴 마지막 명령이 될 걸세. 절대 다른 사람을 불쾌하게 만들지 말게."[11]

플러키에 따르면, 킹은 해군참모총장으로서 임기의 마지막 몇 주를 "마치 도자기 찬장 위의 황소처럼 집무실 주변을 요란하게 돌아다니며 사람들에게 겁을 주어 거의 죽을 지경이 되게 만들었다." 니미츠와 킹은 친밀한 관계였다고 할 수는 없었지만, 적절한 관계를 유지했다. 두 사람은 서로를 잘 이해하기는 했지만, 상대의 의견에 항상 동의한 것은 아니어서 심지어 교대식조차도 의견이 엇갈렸다. 킹은 기자들 없이 비공개 행사를 원했지만, 니미츠는 그 반대였다. 결국 니미츠가 이겼다. 웬만해서는 동요하지 않는 킹도 어쩌면 언론을 배제하고 싶었던 이유가 있었는지 모른다. 1945년 12월 16일자 《뉴욕 타임스》는 킹이 준비한 연설문을 읽다가 '순간의 감정'을 억제하지 못하고 두 문장을 건너뛰었으며 니미츠와 악수하기 위해 돌아서다가 원고뭉치를 떨어뜨렸다고 보도했다.[12]

3주 후, 니미츠는 해군참모총장으로서 첫 번째 기자회견을 열고 새로운 참모차장을 소개한 뒤 "원자력을 비롯한 기타 신무기의 시대에 발맞추는 해군"이 되면서 "세계의 해군들 중에서 최고의 해군"을 유지하기 위한 계획의 개요를 설명했다. 일부 참석자들은 그의 솔직함에 놀란 것 같았다. 그는 이제 전쟁이 끝났기 때문에 '대중의 관심사'를 논의하는 데 더욱 개방적인 자세를 취할 수 있다는 점을 언급했다.《뉴욕 타임스》는 그의 시도에 갈채를 보냈다.

"최근 수년에 걸쳐 해군의 계획에 대해 말하기 위해 그렇게 많은 '고위 장교들'이 한 방에 모인 적도 없으며 육군부가 준비한 어떤 회의도 해군의 논의에는 비할 바가 못 된다."[13]

미국 군대의 통합 문제에 사람들의 관심이 집중되고 있었지만, 해군이 당면하고 있는 문제는 그것이 전부가 아니었다. 대중들은 병사들을 고국으로 보내라고 외치고 있었다. 약 1,200만 명의 군인들이 세계 전역에 흩어져 있었기 때문에 그것은 엄청난 과업이었다. '집'은 보스턴에 있지만 샌디에이고에서 근무하는 수병도 오키나와에 있는 병사만큼이나 집에 가고 싶어 했다. 대부분의 병사들이 가능한 한 빨리 전역하고 싶어 했기 때문에 무엇보다 ―다른 군에 비해 기술적 범위가 광범위한― 해군에서 특수직별의 숙련된 인력이 심각하게 부족했다. 샌디에이고의 어떤 구축함 전대는 운이 좋을 때나 간신히 인원을 긁어모아 1주일에 한 번 구축함 1척을 바다에 띄울 수 있었다. 전함 뉴저지 New Jersey 에는 전시완전편제 인원의 4분의 1에도 못 미치는 400명의 승조원만 배치되었다. 당시 뉴저지의 부장으로 근무하던 "빌" 레버턴에 따르면, 그것은 "1주일에 두 번만 갑판을 청소할 수 있는 인원"이었다.[14]

전시에 거의 7,000척에 달했던 보유 함정들은 임무 수행에 크게 지장을 주지 않는 선에서 그 수를 최대한 감축해야만 했다. 매각하거나, 다른 나라 해군으로 전역시키거나, 예비로 돌리거나, 고철로 폐기해야 하는 함정이 수천 척이나 되었지만, 이와 동시에 해군은 전시에 개발된 최신 기술을 평가한 뒤 새로운 군함 건조에 그것을 적용했다. 이들 업무의 대부분은 해군참모총장의 소관이 아니었지만, 해군참모총장은 대중 앞에 서는 해군의 얼굴이었기 때문에 업무량이 엄청났다. 여러 회의에 참석하고 다양한 제안들을 검토하며 정치가들을 접대하고 매일 300~400건의 전화와 50~60통의 편지에 답을 해야 했다. 아침 7시 30분부터 저녁 7시까지 1주일에 7일을 근무했다. 공무원 신분인 비서실 여직원들에게 초과근무수당을 지급할 예산이 없었지만, 근면한 이 여직원들은 늦게까지 남아 업무를 수행하곤 했다. 다른 공무원들이 오후 4시 30분에 퇴근하다가 비서실에 들러 "파업 불참자!"라고 소리치며 비서실 여직원들을 울렸다. 니미츠는 한 가지 해결책을 내놓았다. 그는 ─필요하다면 언제든 근무하는─ 여군비상지원대를 투입해 공무원들을 대체했다. 그는 이미 군복을 입은 여성들에 대한 생각을 바꾼 상태였다.

어느 날 저녁, 유진 플러키와 그의 아내 마저리^{Margery}를 집으로 초대해 저녁을 먹는 동안, 니미츠는 상대에게 예의를 갖춘답시고 다음과 같은 질문을 했다.

"그런데 마저리, 육상근무 생활은 할 만한가요?"

그녀는 주저하다가 전시에 남편을 더 자주 봤다고 대답했다. 그 말뜻을 알아들은 니미츠는 일과를 약간 바꿔 일요일은 근무하지 않았고 그 얼마 뒤부터는 토요일에도 오후 4시에 퇴근했다.[15]

❖ 트루먼 대통령과의 관계: 애매한 관계에서 친밀한 관계로

니미츠는 사람에 대한 판단이 빨랐다. 새로운 해병대 운전사가 필요하게 되자, 공식적인 인선절차에 들어가기도 전에 재임자가 이 일에 관심을 보인 자신의 친구 레오 코자드$^{Leo\ Cozard}$를 데려왔다. 니미츠는 그와 몇 분 동안 이야기를 나눈 뒤, 24살 해병 코자드에게 운전사가 되기를 원하는지 물었고, 코자드는 그렇다고 대답했다. 그러자 니미츠가 말했다.

"그럼 말이지, 여기서 기다렸다가 나를 집까지 태워다주게."

몇 시간 뒤 코자드가 니미츠를 관사까지 태워다주자, 그는 이렇게 말했다.

"내일 아침에 나를 태우러 오게."

그리고 그게 다였다. 코자드는 니미츠가 해군참모총장으로 재임하는 동안 운전사로 근무했고, 이후 1949년부터 1961년 본인이 해병대에서 퇴역할 때까지 다시 그 일을 계속했다.[16]

니미츠는 가능한 한 많은 초대에 응해서 ―워싱턴은 물론 다른 곳에서도― 하루 세 차례나 연설한 적도 있었다. 강연료를 줄 경우, 그는 주최자에게 수표를 기부해달라고 말했다. 플러키는 전속 연설문 작성자 역할을 수행하며 니미츠가 주장하려는 내용과 의례적인 인사말을 체계적으로 정리했다. 인사말에는 주최자에 대한 감사의 말과 청중 가운데 있는 고위 관리의 공로에 대한 상찬이 포함되어 있었다. 플러키는 연설문을 니미츠의 호주머니에 들어가는 3×5인치 규격 카드 몇 장에 작성했다.

그것은 니미츠가 활용하려고만 한다면 아주 효율적이었다. 한번은 대규모 병역지원단체에서 연설을 하게 되었다. 플러키가 니미츠에게 카드를 건네며 단체와 그들의 철학, 현재 추진 중인 프로젝트에 대해 짧게 브리핑을 하려고 하자, 니미츠는 그를 제지하며 이렇게 말했다.

"유진, 이 단체에 대해 나에게 말할 필요 없네. 내가 항해국장이던 시절부터 이 단체를 완전히 꿰고 있거든."

연설이 시작되고 약 2분 정도 흐른 뒤 플러키는 니미츠가 이 단체를 미군위문협회―공교롭게도 미군위문협회는 그를 초대한 단체의 라이벌이었다―로 착각하고 있다는 사실을 알았다. 니미츠는 연설이 끝나고 주관 단체의 회장에게 인사를 하는 동안, 다음 연사가 하는 몇 마디 이야기를 듣고는 자신이 끔찍한 실수를 저질렀음을 깨달았다. 그는 사과하려고 했다.

"저는 여러분의 단체를 잘 압니다. 아주 훌륭한 단체이지요."

단체의 회장은 아주 자애로운 숙녀여서 그의 뺨에 키스를 한 다음 이렇게 말했다.

"제독님, 우리는 당신을 이곳에 모실 수 있는 것만으로도 매우 기쁩니다. 우리는 제독님의 진심을 잘 알고 있습니다."

니미츠와 플러키는 자동차를 탔다. 두 사람 사이에 몇 분간 침묵이 흐른 뒤, 니미츠는 플러키의 넓적다리를 철썩 치며 이렇게 말했다.

"유진, 다음에 내가 어떤 단체에 대해 확실하게 꿰고 있다는 식으로 말하거든 자네는 이렇게 하게. '입 닥치고 이 카드를 받으세요. 그리고 내 말 잘 들으세요.'"[17]

니미츠는 너무나 유명해서 사람들이 쉽게 알아봤을 뿐만 아니라 거의 영화계 스타와 같은 대접을 받았다. 한번은 그를 존경하는 여성들이 남자 화장실까지 우르르 쫓아오기도 했다. 그는 칸막이 안으로 들어가 문을 잠그고 변기 위에 올라간 뒤 갑작스런 상황에 당황해하며 터지는 웃음을 참지 못하는 침입자들에게 말했다.

"우리 여기 말고 다른 곳으로 함께 가실까요?"

어떤 대회나 만찬에 참석하기 위해 출장을 갈 때면 현지의 주최 측은 보통 니미츠에게 호텔 스위트룸을 제공했는데, 그 방에서 그들은 밤에 니미츠와 사교모임을 갖곤 했다. 플러키에게는 숙박명부에 등록되지 않은 방을 주었다. 잠을 자야 할 시간이 되어서 마지막 손님을 떠밀다시피 문 밖으로 내보낸 뒤, 니미츠와 플러키는 아직 집으로 돌아가지 않은 주정꾼이 다시 찾아와서 니미츠의 잠을 깨는 일이 없도록 서로의 방을 바꾸었다.[18]

그들은 몇 가지 생존전략을 개발했다. 그의 행운을 빌어주기 위해 몰려드는 선의의 군중들 속을 빠르게 헤치고 나가기 위해, 플러키는 니미츠가 "행운을 빌며, 미국 해군 원수 체스터 W. 니미츠"라고 서명한 카드를 소지하고 다니다가 사람들에게 나눠주었다. 만약 니미츠가 집을 나와 극장에 가기를 원할 경우, 그는 정원사 차림을 하고 낡은 모자로 빛나는 백발을 가린 다음 거리에서 보이지 않게 뒷문으로 나갔다. 만약 별로 가고 싶지 않은 저녁식사 자리에 초대를 받았을 경우라도 그가 거짓말로 변명을 삼은 적은 없었다. 대신 플러키에게 이렇게 요청하곤 했다.

"유진, 우리 자네 이웃 몇 사람과 함께 각자 음식을 조금씩 가져와서 식사를 하고 포커나 칠까?"

이웃들은 언제나 크게 반겼으며, 자기들이 정말로 니미츠 제독과 포커를 치고 있다는 것이 믿기지 않는 듯했다.[19]

해군참모총장으로 임명되기 전까지 트루먼 대통령과 니미츠의 관계

1945년 10월 5일, 트루먼 대통령과 니미츠 제독이 백악관 로즈 가든을 걸으며 다른 사람들과 악수를 나누고 있다. 니미츠가 해군참모총장에 임명된 뒤 두 사람은 급속도로 친밀해졌다.

는 '애매'했다. 그러나 해군참모총장으로 임명된 이후 두 사람은 급속도로 친밀해졌다. 둘은 나이도 비슷했고 평범한 집안 출신(트루먼은 농부의 아들이었다)인 데다가 관심사도 일치했다. 트루먼 역시 음악과 편자던지기를 좋아했다(트루먼은 편자던지기에 열광했지만 실력은 그다지 뛰어나지 않았다). 하루는 자신이 편자던지기 세계챔피언이라고 주장하는 한 남자가 해군참모총장 집무실에 나타나 제독의 친필서명이 있는 사진을 받을 수 있는지 물었다. 니미츠는 그 남자의 주장이 사실이고 그가 붙임성 있는 성격이라는 것을 알고는 백악관과 연결된 직통전화기를 들었다. 곧 트루먼이 전화를 받았다. 니미츠는 그에게 이렇게 말했다.

"이봐요, 해리, 제 사무실에 편자던지기 세계챔피언이 있습니다. 백악관으로 데려가서 그가 어떻게 편자를 던지는지 직접 보여드리죠."

15분 뒤, 그들은 백악관의 정원에서 몇 가지 기술을 전수받았다.[20]

니미츠는 트루먼 대통령이 해군에 대해 별로 아는 것이 없고 육군에 애착을 갖고 있음을 알고는 함께 몇 차례 항공모함도 방문하고 잠수함도 태우는 등 약간 노골적인 선전수단을 이용해 해군을 알리려고 애썼다. 1946년 11월 그는 대통령의 주치의가 따뜻한 곳에서 휴가를 보내도록 지시했다는 사실을 알고 키 웨스트 해군기지 Key West Naval Station 의 기지사령관이 사용하던 관사를 제공했다. 그곳에서 편안하고 안전하게 휴가를 보낸 트루먼은 임기 동안 겨울 백악관으로 불린 그곳에서 약 175일을 머물렀다. 그 일로 트루먼과 니미츠의 관계가 좋아졌는지는 모르지만, 그것이 해군에 대한 트루먼의 생각에 좋은 영향을 미쳤는지에 대해서는 알려진 바가 없다.

Chapter 25 해군참모총장으로 향하는 가시밭길

Chapter 26
전초전

1946년 당시 육군참모총장이었던 아이젠하워는 해병대가 연대 이상의 부대를 갖지 못하게 하려고 했다. 그렇게 해서 해병대 장교가 전투에서 육군 부대를 지휘할 수 있는 위치에 다시는 오르지 못하게 하려고 했다. 니미츠는 육군이 해병대를 해군경찰부대 지위로 격하시킴으로써 효과적인 전투부대인 해병대를 없애려고 한다고 강하게 비난했다.

❖ 해병대를 없애려는 시도를 좌절시키다

니미츠의 연설은 주목을 받았다. 청중들은 귀를 기울였고 현지 신문들은 그의 해상력 메시지를 충실하게 보도했다. 하지만 육군항공대 선전은 훨씬 더 광범위하게 이루어졌다. 한 예로, 1946년 3월 출판된 『제독들의 주장에 대한 반론: 우리가 통합된 지휘부를 가져야만 하는 이유The Case Against the Admirals: Why We Must Have a Unified Command』의 저자인 윌리엄 브래드퍼드 휴이William Bradford Huie 는 이 책 첫 장에서 자신이 이 책을 쓴 목적이 "우리 육군을 강화하는 데 걸림돌이 되고 있는 제독들의 도당을 공격하는 것"이라고 밝혔다.[1] 《타임》은 그것을 "항공력 광신도의 공격"이라고 했다.[2] 해군은 이 책의 교정본을 미리 입수했고, 니미츠는 육군참모총장인 드와이트 아이젠하워 장군에게 편지를 보냈다. 그는 이렇게 썼다.

"이 책이 출판되면 결국 해군과 육군 모두에게 해가 될 것입니다. 특히 해군과 육군 간의 분열이 발생하고 있다는 추가적인 증거가 국익에 불리하게 작용할 수 있는 이런 시기에 그것이 출판된다면 불행을 자초하게 될 것입니다."[3]

아이젠하워는 육군항공대 장교들이 막후에서 선전전을 수행하고 있는지도 모르고 1946년 3월 9일에 자신의 고위 참모들에게 각서를 보냈다.

"육군부는 타군을 비방하려는 의도를 가진 어떠한 수단도 승인하지 않는다. 우리는 객관적이어야 하고 합리적이어야 하며 공익을 우선해야 한다. 정치적 공모를 일삼는 것이 장교의 책무는 아니다."[4]

이와 동시에 합동참모본부의 일부 요인들은 비밀리에 해병대를 앙상하게 뼈대만 남겨 지상전을 수행할 수 있는 그들의 능력을 재외 미국 국민을 보호하고 해군 함정과 육상 시설을 경비하는 기본적인 임무에만 국한시키려 하고 있었다. 아이젠하워는 해병대가 연대 이상의 부대를 갖지 못하게 하려고 했다. 그렇게 해서 해병대 장교가 전투에서 육군부대를 지휘할 수 있는 위치에 다시는 오르지 못하게 하려고 했다.[5] 니미츠는 육군이 해병대를 해군경찰부대 지위로 격하시킴으로써 효과적인 전투부대인 해병대를 없애려고 한다고 비난했다.

6월 15일, 트루먼 대통령은 육군장관과 해군장관에게 다음과 같은 훈령을 보내 이 문제에 대해 자신이 누구의 편인지를 모두에게 알렸다.

"해상 정찰과 대잠전, 상선 보호를 위해 육상기지 항공기에 공군 요원을 배치할 수 있으며 그렇게 해야 한다."[6]

칼 T. 스파츠 장군은 의회가 해군에 육상기지 항공기 구매에 쓸 예산을 배정하지 않기를 바랐다. 그는 해군이 폭격 임무에 참여하게 되지 않

1946년 당시 육군참모총장이었던 아이젠하워는 해병대가 연대 이상의 부대를 갖지 못하게 하려고 했다. 그렇게 해서 해병대 장교가 전투에서 육군 부대를 지휘할 수 있는 위치에 다시는 오르지 못하게 하려고 했다. 니미츠는 육군이 해병대를 해군경찰부대 지위로 격하시킴으로써 효과적인 전투부대인 해병대를 없애려고 한다고 비난했다.

을까 우려했다. 그는 해군 초계기가 "전략공군의 근간인 장거리 폭격기와 성격상 매우 유사하다."7 고 말했다.

그해 연말 또 한 명의 선수가 난투극에 끼어들었다. 육군항공대 프랭크 A. 암스트롱Frank A. Armstrong 준장은 버지니아 주 노퍽의 해군 요새에 있는 공군참모대학의 선임 항공보좌관이었다. 그는 어떤 기업가 모임에서 터무니없는 식후 논평으로 길이 기록에 남게 되었다.

육군항공대가 부차적인 존재에 머무는 데 이제 신물이 났다는 사실을 여러분이 이해해주셨으면 좋겠습니다. 우리는 전쟁 기간 동안 지배적인 역할을 했으며, 평시에도 그럴 겁니다. …… 여러분이 그 사실을 좋아하든 말든 우리는 상관하지 않습니다. 육군항공대가 주역이 될 테니까요. 해군은 한두 척의 항공모함 외에는 아무것도 갖지 못하게 될 것이고 그것마저도 효과적이지 못해서 아마 첫 번째 전투에서 모두 침몰하게 될 겁니다. 이제 해병대에 관해 말씀드리면, 여러분은 해병이 어떠한지 잘 알고 있습니다. 혼란에 빠져 해군 용어를 쓰는 소규모 육군이죠. 우리는 저들 해병을 정규 육군에 집어넣어서 효율적인 병사로 만들 것입니다.8

❖ 두 차례 원자폭탄 실험: 에이블과 베이커

싸움이 진행 중인 가운데 해군은 미래의 해군력에 대한 원자폭탄의 영향을 평가하고 있었다. 니미츠가 해군참모총장으로 선서하기 넉 달 전

니미츠가 해군참모총장으로 선서하기 넉 달 전 병기국장에 임명된 루이스 스트로스 대령은 해군장관 포레스털에게 비밀 메모를 보내 해군 전투함을 대상으로 원자폭탄의 효과를 실험해보자고 제안했다. 스트로스는 핵 문제에 대해 큰 관심을 갖고 있었기 때문에 이후에 결국 미국 원자력위원회의 위원장이 된다.

병기국장에 임명된 루이스 스트로스 Lewis Strauss 대령은 해군장관 포레스털에게 비밀 메모를 보내 해군 전투함을 대상으로 원자폭탄의 효과를 실험해보자고 제안했다. 그는 이렇게 썼다.

"만약 그와 같은 실험이 이루어지지 않는다면, 새로운 무기가 등장했을 때 해군은 쓸모없는 존재가 될 것이라는 근거 없는 말이 떠돌게 될 것입니다."

그렇게 되면 함대가 전투력을 유지하는 데 필요한 예산을 받지 못하게 될 가능성이 있었다.9 스트로스는 핵 문제에 대해 큰 관심을 갖고 있었기 때문에 이후에 결국 미국 원자력위원회 Atomic Energy Commission 의 위원장이 된다.

1주일 후 —스트로스의 메모에 대해서 전혀 모르고 있던— 코네티컷 Connecticut 상원의원이자 새롭게 구성된 원자력특별위원회 위원장인 브라이언 맥마흔 Brien McMahon 이 해군의 취약성을 증명하기 위해 그와 같은 실험을 요구했다. 그는 이렇게 주장했다.

"이 폭발 실험을 통해 우리는 거대한 해군 함정을 목표로 했을 때 원

Chapter 26 전초전 453

자폭탄이 얼마나 효과적인지를 증명할 수 있을 것이다."**10**

10월 말, 해군은 실험 계획을 발표하고 실험에 참가하도록 육군을 초대했다. 하지만 어리석게도 그들은 실험 결과를 평가할 평가단을 전부 해군으로 구성했다. 맥마흔 상원의원은 트루먼 대통령에게 "해군이 자신의 존재 여부를 결정하게 될지도 모르는 작전을 혼자서 수행하게 해서는 안 된다"고 불평했다.**11**

2월에는 트루먼 대통령이 해군참모총장 니미츠, 해군장관 포레스털, 육군장관 로버트 P. 패터슨 Robert P. Patterson, 육군참모총장 아이젠하워 장군, 트루먼의 참모장 리히 제독, 국무장관 제임스 F. 번스 James F. Byrnes 를 소집했다. 대통령은 이들에게 자신은 실험이 객관적으로 수행될 것이라고 믿지만, 그것만으로는 충분하지 않다고 말했다. 실험이 객관적이었다는 사실을 대중이 믿어야 한다는 것이었다. 그는 또 다른 빌리 미첼이 등장해 실험 과정이 엉망이 되는 것을 바라지 않았다. 여기에는 아주 직접적인 해결책이 있었다. 해군이 이미 선정한 참관단에 상원의원 및 하원의원 몇 명을 추가해 그들이 모두 대통령에게 직접 보고하는 특별위원회를 구성하는 것이었다. 기자회견에서 니미츠는 실험을 주관할 해군참모총장 직속 특별무기국의 국장인 W. H. P. 브랜디 W. H. P. Blandy 중장을 소개했다. 브랜디는 기자들에게 이 실험이 철저하게 해군과 육군의 공동 노력으로 실시될 것이며, 결코 경쟁의 장이 되지 않을 것임을 보장했다.**12**

실험은 마셜 제도의 비키니 환초에서 실시되었다. 비키니 환초는 수심이 깊은 초호 礁湖가 있는 인적이 드문(인구가 167명) 작은 섬이었다. 암호명이 크로스로즈 작전 Operation Crossroads 인 이 실험에는 150척 이상의 현역 함정(표적이 아님)과 해군 및 육군 장병, 참관단으로 이루어진 4만2,000명의 인원이 참가했다. 섬 주민 167명은 다른 곳으로 이주했다.

구식 주력 함정과 사용하지 않는 구축함, 순양함, 보조함, 노획한 독일·일본 전함 3척 등 총 90척의 함정이 표적으로 사용되었다. 함정들은 합리적인 지휘관이라면 누구도 허용하지 않을 정도로 간격이 촘촘하게 투묘를 한 상태였지만, 실험의 목적은 실제 항해 대형에 미치는 핵폭발의 위력을 평가하는 것이 아니라 그라운드 제로$^{ground\ zero}$ (핵폭발 지점-옮긴이)로부터 손상을 측정하는 것이었다. 일부 비평가들은 실험이 사람이 아닌 장비를 대상으로 이루어지기 때문에 무효라고 경고했다. 따라서 생명체에 미치는 영향을 평가하기 위해 돼지 200마리와 기니피그 60마리, 염소 204마리, 쥐 5,000마리, 생쥐 200마리, 곤충을 담은 곡물통을 추가했다. 그 때문에 일부 동물보호운동가들이 비난을 하기도 했지만, 아무 소용없었다. 작전은 예정대로 진행되었다.

실험은 두 차례 실시되었다. 1946년 7월 1일에 실시된 공중폭발 실험인 에이블^{Able} 은 B-29 폭격기가 투하한 원자폭탄이 표적 지역으로부터 520피트(약 160미터) 상공에서 폭발했다. 하지만 조준이 부정확해서 폭탄은 목표인 전함 네바다^{Nevada} 의 상공에서 0.5마일(약 800미터)이나 벗어난 곳에서 폭발했다(그래서 별다른 피해를 입지 않았다). 물론 함정 5척—수송선 2척과 구축함 2척, 일본군 순양함 1척—이 침몰하기는 했지만, 실험의 규모로 봤을 때 그것들은 별로 중요하지 않았다. 잔류방사선도 무시할 수 있는 수준이었다. 하지만 어떻게 경험이 풍부한 B-29 승무원들이 그처럼 중요한 임무를 장엄하게 망칠 수 있단 말인가? 그에 따른 조사가 이어졌고 B-29의 안전장치 결함이 원인인 것으로 드러났다.

1946년 7월 25일에 실시된 베이커 수중폭발 실험으로 버섯 모양의 거대한 핵구름이 피어오르고 있다.

    1946년 7월 25일에 실시된 수중폭발 실험인 베이커Baker는 원자폭탄을 한 표적 함정 아래 90피트(약 27미터) 지점에 매달았다. 함정 8척이 침몰했고, 반경 수 마일 이내의 모든 것들이 방사능 물보라를 뒤집어썼다. 환초 자체는 육지와 특히 식량공급원이 모두 방사능에 오염되어 인간이 살 수 없게 되었다.

    침몰하지 않은 표적 함정들 중 일부는 구조가 불가능할 정도로 방사능 노출이 너무 심해 결국 자침시켰다. 하지만 철저한 제독작업을 거친—일부는 고압 물줄기 분사만으로 가능했다— 생존 함정들 다수는 승조원들의 손으로 직접 항해해 미국으로 귀환했다. 그 함정들 대부분은 이미 폐기될 예정이었기 때문에 재래식 무기의 실험용 표적으로 사용되었다. 소수 함정은 현역으로 복귀하기도 했다. 비키니 환초 실험을 계기로 모든 해군 함정에 제독용 세척 시스템이 설치되었다.

❖ 육군, 해군, 공군, 동등한 3개 병종으로 분리되다

1946년 말이 되자, 해군 지도부는 공군의 분리를 계속 저지하는 것은 아무 소용이 없다는 결론을 내렸다. 해군장관 포레스털은 일부 육군항공대 지지자들로부터 해군항공의 역할과 임무를 침해하지 않겠다는 약속을 받았다. 1947년 1월 중순, 해군장관 포레스털과 육군장관 패터슨은 대통령에게 연명서한을 보냈다. 그들은 합의점에 도달했다. 무엇보다 해군항공정찰과 대잠전, 선박 보호 임무는 계속 해군이 수행하게 되었다. 또 다른 협력의 징조도 있었다. 해군사관학교는 공식적으로 공군사관학교가 설립될 때까지 공군 생도들을 훈련시키기로 했다. 하지만 여러 문제, 특히 해병대의 지위는 아직 미해결 상태였다. 해병대는 직접 그 문제에 뛰어들어서 몇몇 영향력 있는 하원의원들에게 지지를 호소해 미결 법안에 해병대를 보호하는 몇 가지 조항을 끼워넣게 했다.

1947년 7월 26일 제정된 국가안보법 National Security Act 으로 국가군사기구 National Military Establishment, NME (불행하게도 이것의 약자인 NME 는 발음이 '적 enemy'으로 들린다. 이 문제점은 1949년 NME가 국방부 Department of Defense 로 개칭되어 DOD를 약자로 삼으면서 해소되었다) 가 창설되었다. 해군은 원하던 바를 대부분 성취했으며, 해병대의 임무는 특별히 "해군 전역을 추진하는 데 필수적일 수도 있는 지상 작전의 수행"을 위해 법으로 보장했다.[13] 아이젠하워는 자신의 일기에 해병대가 "국가에 대한 자신의 가치에 너무나 확신이 없어서 미래 작전과 임무에 대한 규정과 자세한 내용을 모두 법률로 정해야 한다고 계속 주장한다. 그처럼 세부조항을 법률로 정하는 것은 …… 우스운 짓일 뿐만 아니라 심지어 해롭기까지 하다." 해병대가 "확신이 없었던" 이유는 아이젠하워를 포함한 모든 사람들이 해병대의 "작전과 임무"의 대부분을 제거하려고 했기 때문이다.14 이제 군대는 3개의 동등한 병종—육군, 해군, 공군—으로 나뉘었으며, 각 병종은 군인인 참모총장(해군은 해군참모총장)과 민간인 장관의 지휘를 받았다. 전반적인 지시는 합동참모본부의 도움을 받아 민간인 국방장관이 내렸다. 제임스 포레스털이 초대 국방장관이 되었으며, 해군차관보 존 L. 설리번 John L. Sullivan 이 그의 뒤를 이어 해군장관이 되었다. 여기에는 몇 가지 지휘계통상의 문제가 있었지만, 1949년 국가안보법이 개정될 때까지 각 군의 장관은 전과 마찬가지로 아무런 제약 없이 자유롭게 의회뿐만 아니라 대통령과 접촉할 수 있었다.

❖ 세계 최초의 원자력잠수함 노틸러스 개발에 기여하다

해군참모총장은 부수적인 임무로서 미국 해군협회의 회장직을 겸임했다. 니미츠는 그 일을 일상적 업무의 압박에서 벗어날 수 있는 반가운 휴식으로 생각하고 즐겼으며, 검토해야 하는 책과 기사에 대해 논평하고 잘못된 부분을 수정하는 데 결코 주저하지 않았다. 그는 자발적으로 대여섯 가지 뉴스와 비즈니스, 군사 잡지에 기사를 쓰기도 했다. 대부분 그의 기본적인 전달사항—해군은 평화를 위한 든든한 보험이다—에 초점을 맞추었지만, 1946년 6월 《내셔널 지오그래픽》 기사에서 그는 현재에서 벗어나 미래로 나아갔다.

내일의 주력 함정은 …… 잠수함이 될 가능성이 높다. 그것은 지금 우리가 알고 있는 잠수함—물속에서 접근하고 퇴각할 수 있는 수상함—이 아니라 수면 위로 부상하지 않은 채 지구를 일주할 수 있는 진정한 수중 전투함으로서의 잠수함을 말한다. 이 괴물은 …… 수중에서 적의 해안으로 접근해 100패덤 아래 수중에 머물다가 자체 유도 핵미사일로 해안을 공격하게 것이다.[15]

의도적이든 아니든, 그 기사를 준비하는 동안 해군연구소 소속 물리학자인 필립 H. 에이벌슨Philip H. Abelson이 공기를 흡입해야 하는 디젤엔진-전기모터 복합추진체의 제약에서 벗어나 장기간 심해에서 잠항할 수 있는 고속 원자력잠수함 개발을 제안했다. 당시 미국 함대의 잠수함은 수중 최대 9노트의 속력을 낼 수 있었고, 2노트의 속력에서 최대 48시간 동안 잠항할 수 있었다.[16]

잠수함도 장기간의 잠항 능력과 빠른 수중 속력을 낼 수 있다는 사실은 이미 독일인들의 실험을 통해 증명되었지만, 그들은 다른 종류의 에너지원을 사용했다. 독일 물리학자 헬무트 발터Helmut Walter는 고농도 (95퍼센트) 과산화수소(H_2O_2)를 통제된 환경에서 분해하면 터빈을 구동시킬 수 있을 만큼 커다란 에너지와 더불어 산소를 방출하며, 이 산소는 일반적인 연소와 승조원의 호흡에 사용할 수 있다는 사실을 증명해 냈다. 수중 속력 28노트까지 낼 수 있는 정교한 형태의 선체를 가진 시제 잠수함 8척이 제작되었지만, 실제 양산 단계에는 이르지는 못했다.

에이벌슨은 발터가 구상한 선체에 핵연료를 결합하는 방식을 제안했다. 이것은 급진적인가, 아니면 미래지향적인가? 우선 해군은 하이먼 G.

리코버Hyman G. Rickover 대령을 단장으로 하는 기관장교 1개 팀을 테네시Tennessee 주 오크 리지Oak Ridge 에 있는 맨해튼 프로젝트 연구소Manhattan Project Laboratory (원자폭탄의 탄생지)로 파견해 전문가들과 그 가능성을 연구하게 했다. 그것은 입증되지 않은 개념에 귀중한 자원을 낭비하는 결과를 낳을 수도 있었기 때문에 해군참모총장실 내에서 논란거리가 되었다. 니미츠는 그 개념에 장점이 있다고 생각해서 그와 같은 연구를 요청했다.

평가보고서는 심각한 내용을 담고 있었다. 날로 정교해지는 대잠수함 기술로 인해 잠수함은 더 깊은 잠수심도와 더 긴 잠항시간을 가져야만 했다. 평가 결과에 따르면, 과산화수소와 핵연료 엔진에 대해 좀 더 조사할 필요가 있었다. 니미츠는 보고서를 승인했고, 리코버는 조사단을 구성해 추가 조사를 실시했다. 조사단은 핵에너지는 실현 가능하며, 핵에너지만이 요구되는 수중 속도와 지속성을 제공할 수 있다는 결론을 내렸다.《내셔널 지오그래픽》에 기사가 실리고 18개월 후에 니미츠에게 보낸 메모에서 리코버는 충분히 노력한다면 1950년대 중반까지 핵탄두 미사일을 발사할 수 있는 원자력잠수함을 실전에 배치할 수 있을 것으로 예측했다. 니미츠는 해군참모총장으로서 그의 마지막 공식 활동 중 하나로 그 권고안을 승인한 뒤 그것을 해군장관 설리번에게 전달했고, 설리번 역시 그것을 승인해 국방장관 포레스털에게 전달했다. 세계 최초의 원자력잠수함 노틸러스Nautilus (SSN-571)는 1955년 1월에 출항했다. 노틸러스는 첫 번째 장거리 항해에서 잠항 상태로 1,000해리를 이동했다.

얼마 뒤, 니미츠는 리코버를 '원자력 해군의 아버지'로 부르는 표현에 대해 어떻게 생각하냐는 질문을 받았다. 그는 잠시 생각에 잠겼다가 이

니미츠의 지지와 하이먼 G. 리코버 대령의 노력으로 1955년 1월에 출항하게 된 세계 최초의 원자력잠수함 노틸러스는 첫 번째 장거리 항해에서 잠항 상태로 1,000해리를 이동했다.

렇게 말했다.

"'아버지'라는 말에는 어떤 아이디어를 처음 구상한 사람이나 프로그램을 승인한 사람(그 중에 니미츠도 포함된다), 예산을 편성한 국회의원들, 그것이 발전하는 데 도움을 준 많은 분들이 포함된다고 생각합니다. 그분들에게 그에 합당한 평가를 해줍시다."

이것으로 문제를 깔끔하게 정리했다.[17]

임기 말 니미츠의 또 다른 주요 업적 중 하나는 해군참모총장 자격으로 제안된 슈퍼 항공모함 유나이티드 스테이츠 United States —1945년 말에 취역한 가장 최근의 항공모함 미드웨이에 비해 배수량이 거의 두 배에 달했다―의 건조를 적극 권고한 것이다. 유나이티드 스테이츠는 원자폭탄 5톤을 장착할 수 있을 정도로 육중한 항공기를 탑재할 예정이었다. 물론 공군이 그것에 대해 배타적인 권리를 주장했지만, 니미츠는 해군장관 설리번에게 이렇게 말했다. 공군의 선전에도 불구하고 그들이 꿈꾸고 있는 신형 B-36 폭격기―곧 전력화될 예정이었다―는 소련의 모든 가능 표적에 도달할 수 있을 정도로 작전반경이 넓지는 않기 때문에 반드시 해외 기지를 확보해야 하는데, 그것이 쉽지 않다. 해군은 슈퍼 항공모함을 통해 폭격기가 미치지 않는 영역을 담당할 수 있다. 이에 대해 의회는 찬성했지만, 공군은 반대했다. 포레스털은 합동참모회의를 열었다. 합동참모본부는 비록 마지못한 것이기는 하지만, 해군이 주어진 모든 임무를 달성하기 위해 어떤 무기를 사용해 어떤 표적을 공격하든 그것을 허용한다는 데 동의했다. 이에 따라 해군은 더욱 큰 항공모함들을 건조할 수 있었다.

1948년 7월, 대통령은 유나이티드 스테이츠와 더불어 추가로 슈퍼 항공모함 4척의 건조를 승인했다.

Chapter 27
마지막 전투

니미츠는 고별사 초안을 적절한 채널을 통해 보안검토를 거친 뒤 해군참모총장 교대식이 있고 3주 후에 "미래의 해군력 활용"이라는 제목으로 발표했다. 이 문서는 큰 논란을 불러일으켰다. 니미츠가 포레스트 셔먼 중장에게 편지를 썼을 때처럼 이 문서 때문에 그는 "워싱턴 당국으로부터 질책을 받았다." 하지만 그는 셔먼에게 "처벌을 받더라도 소신껏 말함으로써 나는 공익을 위해 최선을 다했다고 생각한다"고 단언했다. 《뉴욕 타임스》는 사설을 통해 "미래의 해군력 활용은 미국이 강력한 해군 편제를 계속 유지해야만 하는 이유를 객관적이고 설득력 있게 설명해주고 있다"고 말했다.

❖ 처벌을 받더라도 소신껏 말하다

비록 미국의 국방체계가 정착된 것처럼 보이기는 했지만, 새로 창설된 공군은 해군항공대를 흡수 혹은 대체하겠다는 과거의 꿈을 포기하지 않았으며 막후에서 육군은 여전히 해병대를 지지하지 않았다. 1947년 7월 26일 국가안보법이 국회를 통과한 지 한 달 정도 지난 시점에 육군부는 「최종 보고서: 육군부 정책과 프로그램 검토 위원회Final Report: The War Department Policies and Program Review Board」를 배포했다. 이 보고서의 목적은 새로운 국가군사기구 체제 속에서 해군과 협상하고 협조하는 데 필요한 내부 지침을 제공하기 위한 것이었다. 하지만 육군부는 해군의 역할과 임무에 대해 몇 가지 이상한 생각을 갖고 있었다. 보고서는 해상 통제(특히 대잠전을 통한)와 상륙이동, 상륙부대와 호송선단에 대한 지원과 보호, 격오지 기지의 유지, 병력 동원, 이 다섯 가지 항목으로 구성되어 있었다. 공세작전이나 해군의 상륙함정들이 이송하게 될 상륙돌격부대는 어떤 부대가 맡게 될지에 대해서는 아무런 언급이 없었다. 실제로 보고서는 이렇게 주장했다.

> 예측 가능한 장래에 세계의 어느 지역에서든 잠수함을 제외하고 미국에 해상 위협을 가하는 일은 없을 것이다. …… 해군과 지상기지 항공전력의 상대적 비율을 결정하는 문제에 있어서는 각자의 역할과 임무를 매우 신중하게 고려하고 특성과 역량을 엄격하게 평가해야 한다.[1]

니미츠는 1947년 12월 15일 해군참모총장 임기를 마치는 자리에서 고별사를 통해 이에 대해 반박했다. 원래 고별사는 합동참모본부의 보안검토를 거치게 되어 있었지만, 일단 원고를 완성하자 니미츠는 마음을 바꾸었다. 그것이 합동참모본부에 전달되면, 그들은 그 내용을 대충 훑어본 뒤 파일로 철한 다음 다시는 보지 않을 게 분명했다. 그는 고별사 내용이 좀 더 널리 알려지기를 바랐다. 그에 따라 고별사 초안은 적절한 채널을 통해 보안검토를 거친 뒤 해군참모총장 교대식이 있고 약 3주 후에 "미래의 해군력 활용 The Future Employment of Naval Forces"이라는 제목으로 발표되었다.

물론 이것은 해군 항공의 존재 이유와 정당성에만 국한된 것이 아니었다. 그는 해군기동부대가 수개월 동안 해상에 머물 수 있기 때문에, "적의 목표물을 타격할 수 있는 효과적 범위 내에 항공력을 집중할 수 있는 기술이 고도의 수준으로 발전했다. 따라서 점령된 해외의 육상 기지에서 공군이 작전을 시작할 수 있을 때까지 해군 항공이 미군의 선봉

이 될 것"이라고 썼다.

최종 결론은 해군력이 외교 채널에 의지하지 않고도 세계의 어떤 해안에든 숙소를 비롯한 병사들을 위한 모든 수용시설, 정비창과 무기고, 연료탱크, 보급창을 완벽하게 갖춘 비행장을 건설할 수 있다는 것이다.

그와 같은 기동부대는 실제로 이제까지 건설된 모든 비행장들만큼 완벽하다. 그들은 공격이나 점령 없이도 적의 영토 근처에서 사용이 가능한 유일한 비행장이 된다. 더 나아가 그들은 은밀성과 기습이라는 독특한 특성을 가진 공세용 이동 기지로 활용될 수 있다. 그들은 은밀성과 기습이란 특성으로 자체 방어는 물론 공격에도 뛰어난 능력을 발휘한다.

새로운 '초음속 무기들'이 항공모함의 존재를 위협한다는 주장에 반박하기 위해, 니미츠는 해군이 그에 대한 대항책으로 '추진체와 무장, 그리고 새로운 항공무장'을 개발해 배치하는 데 상당한 성과를 이루고 있다고 주장했다. 그는 미래의 해군이 수상함과 잠수함에서 미사일을 발사할 수 있는 능력을 갖게 될 것이며, 항공모함 탑재 함재기에서 원자폭탄을 투하할 수 있게 될 것이라고 예언했다. 이어서 그는 자신의 핵심 주장을 밝혔다.

(공군) 폭격기 함대가 심지어 극지의 최단 경로를 택하더라도 무거운 폭탄을 적재한 채 대륙간 왕복비행을 할 수 있는 날이 수년 내에 올 가

능성은 별로 없다.

만약 이 시기에 전쟁이 벌어진다면, 적의 영토에 교두보를 확보하기 전에 대양을 건너서 적의 핵심 지역에 무력을 투사할 수 있는 것은 해공air-sea 전력, 즉 항공모함에서 이륙한 함재기와 유도미사일과 로켓을 발사하는 대형 수상함 및 잠수함밖에 없다는 것은 누가 봐도 분명하다.[2]

그가 쓴 '해공'이라는 표현은 공군과 해군의 협조를 의미하는 것으로, 이와 같은 팀워크의 장점은 최근에 입증되었다. 하지만 미래에 해군은 적이 우리에게 다가오기를 기다리지 않고 최전선으로 나가 전쟁을 수행할 것이라고 강조했다.

이 문서는 큰 논란을 불러일으켰다. 니미츠가 포레스트 셔먼 중장에게 편지를 썼을 때처럼 이 문서 때문에 그는 "워싱턴 당국으로부터 질책을 받았다." 하지만 그는 셔먼에게 "처벌을 받더라도 소신껏 말함으로써 나는 공익을 위해 최선을 다했다고 생각한다"고 단언했다.[3]

《뉴욕 타임스》는 사설을 통해 "미래의 해군력 활용은 미국이 강력한 해군 편제를 계속 유지해야만 하는 이유를 객관적이고 설득력 있게 설명해주고 있다"고 말했다. 하지만 《뉴욕 타임스》는 그것이 공군력을 희생시켜가며 대규모 해군과 강력한 해군편제를 추구해야 한다고 주장하는 자들을 지지하는 것은 아니라고 경고했다. 또한 《뉴욕 타임스》는 해군이 필요 이상으로 많은 함정을 보유하고 건조하고 있는 것은 아닌지 모른다고 지적하면서 "조선업계가 전함이나 항공모함만큼 이 나라를 방어하는 데 필수적인 현대 고속 병력수송선과 물자수송선을 건조하는 쪽

으로 방향을 바꾸는 것이 더 나을 수도 있다"고 제안했다.⁴

《뉴욕 타임스》의 사설이 게재된 날, 공군에서는 스파츠 장군이 공군장관 W. 스튜어트 사이밍턴W. Stuart Symington에게 다음과 같은 편지를 보냈다.

> 우리가 독립적인 공군부를 갖게 되었는데도 아직 일부 인사들, 특히 해군은 앞으로 하나의 공군만이 존재하게 될 것이라는 사실을 제대로 인식하지 못하고 있습니다. …… 만약 해군이 수십만 톤의 항공모함을 건조해 폭격기 36대를 적의 해안 근처로 이동시켜 파멸적인 공격을 수행하는 데 수십억 달러를 투입하려고 한다면, 그것은 전략공군이 도대체 무엇이고 항공력이란 무엇인지에 대해 전혀 모르고 있다는 것을 증명하는 것입니다.⁵

1948년 1월 첫째 주에 트루먼 대통령의 항공정책위원회 보고서인 「항공시대의 생존Survival in the Air Age」이 발표되면서 논쟁은 더욱 확대되었다. 토머스 K. 핀레터Thomas K. Finletter를 위원장으로 하여 그 전해 7월에 창설된 항공정책위원회는 미국의 항공정책과 문제점에 대한 '객관적 조사'를 과제로 삼았다. 이 보고서는 "군사편제가 항공병과를 중심으로 편성되어야만 한다"며 전통적인 육군 및 해군 전력을 감축할 것을 요구했다. 그리고 그 대신 약 2만 대의 새로운 항공기로 대규모 전력을 구축할 것을 주장했다. 해군 항공도 어느 정도까지는 그 안에 포함되어 있었지만, 공군의 공보 활동이 너무나 효과적이었기 때문에 의회와 대중에게 '항공병과'와 '항공력'은 '공군'을 의미했다. 핀레터는 이후 제2대 공군장관이 되었다.

한편, 사이밍턴은 의회에 공군 예산의 대폭적 증액을 요구하기 시작했다. 공군은 의회에 많은 지지자를 갖고 있었다. 한때 공보참모는 "통합을 위한 우리의 선전은 의결권이 없는 1억4,000만 시민들을 향해 엽총을 난사하기보다는 실제로 통합에 찬성표를 던져줄 531명의 상원 및 하원의원들을 소총으로 조준 사격해야 한다"고 제안했다.⁶

이것은 과연 성공했을까? 해군은 의원들이 1948년 1월부터 3월까지 추가한 내용에 초점을 맞춰 의회 기록에 대한 참모분석을 실시했다. 그 결과, 해군에 유리한 내용이 11개, 불리한 내용이 11개인 것으로 나타났다. 하지만 공군에 유리한 내용은 28개인 데 비해, 불리한 내용은 단 1건도 없었다.⁷

신문의 헤드라인을 차지하기 위한 경쟁도 계속되었다. 의회가 공군 예산을 심의하고 있던 4월 12일에 B-29 30대가 캔자스에서 독일까지 논스톱으로 비행했다. 9월 18일—공군 창설을 기념하는 첫 번째 공군의 날—에 B-29 폭격기 50대가 유럽과 하와이, 일본에서 논스톱 비행으로 날아와 각각 2대씩 25개 미국 도시에 대한 가상폭격을 수행했다. 대부분의 가상폭격은 많은 군중이 참석한 에어쇼와 동시에 이뤄지도록 시간을 맞춰 실시했다. 정말 기발했다.

❖ **해군참모총장 임기를 마치고:**
  생애 처음으로 책임감에서 벗어나다

이 무렵, 니미츠는 이미 오래전에 현장을 떠난 상태였다. 1947년 12월 15일, 그는 해군 본관 건물 계단에서 군악대가 연주하고 의장대가 도열한 가운데 멋진 배웅을 받으며 거의 10년이 된 가족 소유의 크라이슬러 자동차를 타고 새 보금자리인 캘리포니아 주 버클리로 향했다.

원수 계급을 단 장교는 결코 '퇴역'시키지 않는다고 의회가 법률로 정했기 때문에, 그들은 언제나 연봉 1만5,000달러를 받는 현역으로 간주되었다. 하지만 이 이상한 법률 때문에 연봉은 고정된 채 생활비에 맞춰 조정되지 않았다. 니미츠는 편지에 답하고 가끔 행사에 참석하는 것 외에는 다른 임무가 없었다. 니미츠는 필요하다면 군복을 갖춰 입었지만, 칼을 차면 앉거나 서기 상당히 불편했기 때문에 그것만은 싫어했다. 어느 날, 그는 칼을 침대 밑에 넣어놓고 마치 그것이 없어진 척했다. 그러고는 해병대 운전사인 조지 코자드에게 이렇게 말했다.

"만약 내가 칼을 찾을 수 없다면 그것을 차지 않아도 되겠지."[8]

모든 원수들에게는 집무실(니미츠의 집무실은 샌프란시스코 연방정부 청사에 있었다)과 참모 8명까지 허용되었다. 다른 동료들과 달리, 니미츠는 참모를 단 3명만 선택했다. 비서와 부관, 그리고 운전병이 전부였다. 얼마 후, 그는 비서와 부관을 더 이상 고용하지 않고 코자드에게 모든 업무를 맡겼다. 니미츠는 집무실에 자주 나가지 않고 그 대신 코자드가 답장을 보내야 할 편지와 서명해야 할 문서를 집으로 가지고 왔다.

니미츠는 즐거우면서도 한편으로는 불만족스러운 삶에 익숙해졌다.

그 속에서 그는 생애 처음으로 책임감에서 해방되었고, 대부분의 시간을 정원을 가꾸며 보냈다.

니미츠는 차기 해군참모총장으로 윌리엄 블랜디 제독을 추천했지만, 결국은 리히 제독이 좋아하는 루이스 덴필드Louis Denfield 제독이 그의 후임에 임명되었다. 니미츠는 자신이 해군참모총장으로 있는 동안 해군이 보여준 노력에 만족했다. 전력 감축은 예측 가능한 속도로 원만하게 진행되었지만, 함대는 여전히 부끄럽지 않은 규모를 유지하고 있었다. 군대의 통합은 선의를 가진 사람들이 각자의 차이를 극복할 수 있다는 증거라고 그는 믿었다. 심지어 1년 후, 그는 어떤 친구에게 자신이 "1947년 국가안보법의 커다란 후원자였다"고 말하기도 했다.[9]

하지만 국가군사기구 내에서 상황은 그다지 낙관적이지 않았다. 니미츠가 통합을 극찬하고 있던 그 순간에 한 기자는 그의 편집자에게 이렇게 말했다.

"포레스털의 참모진은 통합이 제대로 이뤄지지 않고 있다고 솔직하게 밝히면서 그건 공군이 너무 큰 야심을 갖고 있기 때문이라고 했다. 각 군의 장관은 누구도 포레스털을 거치지 않고는 백악관이나 의회와 접촉할 수 없기 때문에 행정 기구는 전혀 작동되지 않았다."[10]

정확한 병명을 알 수 없는 정신병의 징후를 보이며 포레스털이 무너지기 시작한 것도 바로 이 무렵 1948년 12월이었다. 대략 한 달 뒤, 트루먼 대통령은 포레스털에게 5월 1일부로 루이스 존슨Louis Johnson 이 그의 뒤를 잇게 될 것이라고 말했다. 포레스털은 갑자기 대상부전(심장의 대사기능이 상실되는 질환-옮긴이)을 일으켜 거의 업무가 불가능해졌다. 트루먼 대통령은 교체 시기를 앞당겨 3월 1일 포레스털에게 사임을 강요했다. 1949년 3월 28일 존슨이 국방장관에 임명되었다. 포레스털은 캐묻기를 좋아하는 언론인들로부터 보호받을 수 있도록 베데스다 해군병원Bethesda Naval Hospital 에 입원했다. 5월 22일, 그는 실족인지 투신한 것인지 명확하지 않지만 병원 16층에서 떨어져 죽었다.

❖ 존슨 국방장관 임명과 함께 해군 최악의 악몽이 현실로 바뀌다

국방장관에 취임한 지 얼마 되지 않아, 존슨 국방장관은 이렇게 선언했다.
"해군과 해병대를 보유해야 할 이유가 없다. 브래들리Bradley 장군은 나에게 상륙작전은 이제 과거의 일이라고 말했다. 우리는 더 이상 상륙작전을 벌이지 않을 것이다. 그러므로 해병대를 폐지한다. 그리고 현재 공군은 해군이 할 수 있는 모든 것을 할 수 있기 때문에 해군도 폐지한다."[11]

존슨은 1948년 대통령선거에서 트루먼의 선거자금 담당자였으며 원래 직업은 변호사인데 제1차 세계대전 당시 육군 장교로 복무했고 1937년부터 1940년까지는 육군차관보를 역임했다. 해군 최악의 악몽이 현실로 바뀌고 있었다. 광적인 육군지상주의자가 통합된 군대의 수장으로서 전군을 휘두르게 된 것이다. 국방장관이 된 지 한 달도 채 안 되어서 그는 슈퍼 항공모함 유나이티드 스테이츠의 건조를 취소했다. 그는 국방 예산을 감축하고 비용을 절감해야 하는 압박을 받았을 뿐만 아니라 핵폭탄 장착 B-36 폭격기가 적을 저지하기 위해 국가가 필요한 전부라고 확신했다. 설리번 해군장관은 그에 항의하는 뜻으로 사임했다. 그는

광적인 육군지상주의자였던 루이스 존슨 국방장관은 취임한 지 얼마 되지 않아, 해군과 해병대를 보유해야 할 이유가 없다며 해병대와 해군을 없애야 한다고 선언했다.

존슨의 꼭두각시이자 해군에 대해 아무것도 모르는 프랜시스 P. 매슈스 Francis P. Matthews 로 교체되었다.

6월에 몇몇 해군 고위 장교들이 '제독들의 반란 Revolt of the Admirals '으로 알려진 일련의 활동을 통해 B-36 폭격기에 대한 조직적인 공격을 시작했다. B-36은 전쟁 전에 설계된 것이었다. 그런데도 시제기 X-36은 심지어 1946년 여름까지 ― 이때 이미 육군항공대는 실물조차 보지도 않은 채 100대를 주문한 상태였다 ― 첫 비행조차 하지 못했다. 첫 비행 결과, 새로 창설된 전략공군사령부의 사령관은 계약의 중단을 권고했다. 왜냐하면 B-36 폭격기가 더 크기는 하지만 항공기 개발이 계속 진척되어 공군의 최신 폭격기인 B-50보다도 기술적으로 떨어졌기 때문이다.

이해 당사자들이 격렬하게 저항했다. 그 속에는 군납계약자와 자신의 선거구가 B-36 폭격기 프로그램의 혜택을 받는 의회 의원들, 그것을 추진하고 있는 장교들의 명성, 심지어 B-36을 생산하는 회사의 이사였던 존슨 국방장관까지 ― 비록 그는 이것을 분쟁으로 생각하지는 않았지만 ― 포함되어 있었다.

제독들의 반란

1949년 미 국방장관 루이스 존슨이 "B-26 폭격기가 있으면 항공모함은 필요 없다"고 말하자, 알레이 버크^Arleigh Burke 소장을 비롯한 해군 제독들이 들고 일어났다. 존슨은 발언을 거둬들였다. 또 이들은 미 하원 군비축소위원회에 출석해 "미 공군이 B-36 폭격기를 구매하는 데는 문제가 있다. 통합군 창설로 국방 예산을 축소하겠다는 트루먼 행정부의 논리에도 모순이 있다"는 의견을 내놓았다. 정부 정책에 반대 의견을 표한 것이다. '제독들의 반란'이라고 알려진 이 사건으로 알레이 버크는 이후 무려 7년간 소장 계급을 달고 한직을 전전했다. 미 해군은 항공모함을 지켜낸 알레이 버크를 기려 1989년 이지스 구축함 1번함에 그의 이름을 붙였다.

알레이 버크는 다른 해군 제독들과 '제독들의 반란'을 일으켜 한직을 전전하다가 역경을 뚫고 92명의 선임 제독들이 있었음에도 해군참모총장으로 발탁되어 현대 미국 해군 건설의 주역이 되었다.

1949년 8월 내분이 계속되어 청문회가 열리는 가운데 소련이 자국의 첫 번째 원자폭탄을 실험했다. 이것은 미국의 국방계획 입안자들에게 커다란 충격이었다. 공군은 재빨리 B-36이 유일한 희망이며 그것은 원자폭탄을 적재하고 소련 본토의 핵심 표적들을 타격한 다음 귀환할 수 있는 항속거리와 역량을 갖고 있다고 주장했다. 그럴 수도 있고 아닐 수도 있었다. 항속거리와 적재중량에 대한 몇몇 평가에서는 정확하게 그렇다고 나왔지만, 증명된 것은 아니었다. 공군은 B-36 폭격기가 대단히 높은 고도―4만 피트(약 1만2,000미터)―로 비행하기 때문에 공격에 노출되지 않을 것이라고 믿었다. 당시 미 공군이 보유한 어떤 전투기의 공격에도 노출되지 않을지는 몰라도 해군의 몇몇 전투기는 B-36 폭격기를 요격하는 데 충분한 시간 여유를 가질 만큼 신속하게 그들의 비행고도에 도달할 수 있었다. 존슨 국방장관은 '국가안보'라는 명목으로 그런 주장에 대한 검증을 거부했다.[12]

논란이 커지자, 10월 말에는 도저히 감당할 수 없는 상황에서 어찌할 바를 모르게 된 매슈스 해군장관은 니미츠에게 외부에서 은밀히 만나자고 요청했다. 그는 약간의 조언이 필요했던 것이다. 그는 해군참모총장 덴필드와 문제가 있다고 말하면서 실제로 니미츠에게 이렇게 물었다.

"내가 어떻게 하면 덴필드를 제거할 수 있을까요?"[13]

니미츠는 아무런 영향력도 없는 상태에서 전적으로 중개인의 입장이 되어 매슈스에게 정말로 덴필드와 함께 일할 수 없다고 생각한다면 트루먼 대통령에게 그를 다른 보직으로 보내달라고 요청하는 편지를 보내보라고 말했다.

매슈스는 그의 말대로 따랐고, 그 이후 곧 트루먼 대통령은 니미츠를 불렀다. 니미츠가 그날의 대화를 기록한 메모에 따르면, 트루먼은 니미츠를 해군참모총장으로 복귀시켜야 한다는 "압박을 받고 있다"고 말하며 그의 의중을 물었다. 니미츠는 정년을 넘긴 장교가 그 보직으로 복귀하는 것은 옳지 않으며, 특히 지금과 같은 평화 시에 선택 가능한 젊고 유능한 장교들이 많은 상황에서는 더더욱 그렇다고 투르먼에게 말했다. 그리고 이에 덧붙여 대통령이 해군참모총장으로 복귀하라고 명령하는 경우에만 그 일을 맡을 것이라고 말했다. 트루먼은 니미츠가 사전에 동의하지 않는 한 절대 그런 명령을 내리지는 않을 것이라고 하면서 니미츠는 누구를 천거하는지를 물었다. 니미츠는 오랫동안 자기 밑에서 일했던 포레스트 셔먼 제독을 추천했다. 나중에 밝혀진 것처럼 그는 이미 고려 대상에 포함되어 있었기 때문에 신속하게 임명이 이루어졌다.[14]

한편 존슨 국방장관은 다음 표적을 겨냥하고 앞으로 돌진했다. 그는 해병대를 격하시키기 시작했다. 우선 사소하지만 상징적인 방법을 사용했다. 그는 해병대 사령관에게 배당된 관용차와 운전사를 폐지했다. 심지어 합동참모회의에서 해병대 문제를 논의할 때조차 해병대 사령관을 참석시키지 않았다. 이어서 예산을 삭감하고 상륙함들을 관리 대기로 전환시켰으며, 상륙정들을 폐선하거나 매각했다.

또 한 차례의 전쟁—존슨이 국방장관이 된 지 14개월 후, 덴필드가 해임된 지 약 7개월 후인 1950년 6월 25일에 발발한 한국전쟁—이 발발하고 나서야 비로소 국방부 전체 예산이라는 달걀을 공군의 원자폭탄이라는 하나의 바구니에 담는 것이 실책이었음이 증명되었다. 이미 '과거의 일'이라고 선언되었던 해군 항공모함의 항공지원과 해병대의 상륙작전이 한국에서 위기를 면하게 해주었고, 새로운 소련 전투기들의 능력이 입증되면서 B-36 프로그램은 종지부를 찍었다. 1950년 9월 19일, 존슨은 국방장관에서 물러나고 좀 더 이성적인 조지 C. 마셜이 그 자리에 앉았다. 곧 해군 예산에 모든 면에서 유나이티드 스테이츠에 필적하는 새로운 급의 슈퍼 항공모함 건조 예산이 포함되었다. 그 1번함은 포레스털로 명명되었고, 1952년에 건조에 들어갔다.

Chapter 28
황혼

그는 특히 그의 명성을 이용해 기부자나 투자가를 끌어 모으려는 곳들로부터 보수가 두둑한 많은 일자리를 제안받았지만, 전혀 관심을 보이지 않았다. 그는 그런 직업들이 전쟁 기간 동안 신성한 군복무를 한 자신의 품위를 떨어뜨리며 자신의 지휘 아래 복무하다가 전사한 친구나 친척을 둔 많은 국민들에게 그가 마치 기차표를 끊듯이 위대한 경력을 쌓아두었다가 뒤에 가서 그것을 돈으로 바꾸고 있다는 인상을 줄 수도 있다고 생각했다. 많은 전우들이 그런 직업을 수락했다. 하지만 그는 그러지 않았다.

한번은 어린 소녀가 그에게 태평양함대 사령관이 되었다는 사실을 알았을 때 기분이 어땠냐고 물었다. 그는 이렇게 대답했다.

"외로웠단다."

❖ 자신의 군 경력을 돈벌이 수단으로 이용하지 않은 참군인

니미츠가 사람들의 시야를 벗어나 버클리에 있다 해서 워싱턴 정계 사람들의 머릿속에서도 사라진 것은 아니었다. 1949년 3월, 루이스 존슨이 국방장관에 취임하는 것과 거의 비슷한 시기에 니미츠는 카슈미르 Kashmir (히말라야 산맥 안에 있는 고지로서, 현재 동부의 태반은 인도령이고 서쪽 일부는 파키스탄령으로 되어 있는 지역-옮긴이) 분쟁지역에 대한 유엔 선거관리인단 임명을 수락했다. 그의 임무는 연봉 2만6,000달러를 받으며(해군 연봉과는 별도로) 인도와 파키스탄 사이의 피비린내 나는 교착상태를 해결하기 위해 국민투표를 준비하고 감시하는 것이었다. 그에게는 다국적 인사로 이루어진 직원과 레이크 석세스 Lake Success 유엔 본부 사무실, 포트 워싱턴의 주택이 주어졌는데, 모두 뉴욕시 롱아일랜드 Long Island 에 위치했다. 수영을 즐길 기회는 많았지만, 할 일은 별로 없었다. 서류상으로 그 일은 대단해 보였다. 하지만 현실에서 인도는 자국 군대를 계속 남겨둔 채 파키스탄 군대가 철수할 경우에만 투표를 인정하려고 했다. 당연히 파키스탄은 그와 같은 방식을 수용하려 하지 않았다. 1년 뒤, 선거관리인단은 해산하고 니미츠는 2년을 더 유엔에 머물며 순회대사로서 연설을 했다.

2년의 기간이 끝나자, 니미츠와 캐서린은 버클리의 집으로 돌아갈 준비를 했다. 두 사람이 없는 동안 그 집은 가족과 친구들이 잘 관리하고 있었다. 일단 집으로 돌아오자, 니미츠는 곧 가사 말고도 다른 여러 가지 일들을 하기 시작했다. 그는 캘리포니아 대학의 평의원이 되었는데, 덕분에 대학은 많은 현명한 조언을, 니미츠는 커다란 만족을 얻었다. 그는 특히 그의 명성을 이용해 기부자(UCLA 학장)나 투자가(아메리칸 프레지던트 라인 American President Line 의 이사)를 끌어 모으려는 곳들로부터 보수가 두둑한 많은 일자리를 제안받았지만, 전혀 관심을 보이지 않았다. 그는 그런 직업들이 전쟁 기간 동안 신성한 군복무를 한 자신의 품위를 떨어뜨리며 자신의 지휘 아래 복무하다가 전사한 친구나 친척을 둔 많은 국민들에게 그가 마치 기차표를 끊듯이 위대한 경력을 쌓아두었다가 뒤에 가서 그것을 돈으로 바꾸고 있다는 인상을 줄 수도 있다고 생각했다. 많은 전우들이 그런 직업을 수락했다. 하지만 그는 그러지 않았다.

또한 그 전우들 중 다수가 자신의 시각에서 본 전쟁을 책으로 남기기 위해 몰려들었다. 그들 중에는 브래들리와 아이젠하워, 헬시, 킴멜, 킹, 르메이, 맥아더, 마셜, J. O. 리처드슨, 홀랜드 스미스, 스프루언스가 포함되어 있었다. 몇몇 인사의 일기가 출판되자, 더 많은 사람들이 전기작가의 협조를 얻었다. 하지만 니미츠는 그러지 않았다. 그는 어떤 방식으로든 전쟁으로 돈을 벌고 싶지 않았으며, '샘슨-슬라이 논쟁'을 결코 잊지 않았다.

고향인 텍사스 주 프레더릭스버그에서는 그를 기리기 위해 니미츠 호텔—그 전까지만 해도 최근 소유자가 그것을 현대적으로 개조한 상태였다—을 1890년대의 모습으로 복원해 '어드미럴 니미츠 센터 Admiral Nimitz Center'로 만들었다. 하지만 니미츠는 이것조차도 자신만이 아니라 일본을 패배시키기 위해 태평양에서 싸운 모든 사람들을 기리는 것이어야 한다고 생각했다. 이에 따라 '국립태평양전쟁박물관 National Museum of the Pacific War'이 설립되었고, 지금은 호텔보다 규모가 더 커져서 5만 제곱피트(약 4,645제곱미터)가 넘는 실내 전시공간과 실내 전시가 불가능한 대형 설비를 위한 야외 공원까지 갖추게 되었다.[1]

❖ 겸손한 신사

캐서린이 샌프란시스코 심포니 오케스트라의 평의원이 되어서, 니미츠 부부는 매주 열리는 콘서트의 정기적인 후원자가 되었다. 그들은 유럽으로 여행을 갔다. 1913년 근무와 관련된 신혼여행 이래로 첫 번째 유럽 여행이었다. 니미츠는 해군사관학교 교수인 E. B. 포터 E. B. Potter와 함께 포괄적인 해군사 교재인 『해양력: 해군의 역사 Sea Power: A Naval History』의 공동편집자가 되어달라는 요청을 기꺼이 수락했다. 그 대가로 받은 돈을 그는 해군사관학교 건물 신축 기금으로 기부했다. 1905년 동기생들의 졸업 50주년 기념행사에 참석했을 때는 언제나 그랬듯이 신사의 도리를 지켜 계급이 높은 자신을 위주로 행사가 진행되는 것을 원하지 않았다. 그는 해군사관학교 교장에게 생도여단이 사열대 앞을 행진할 때 1905년 졸업생 회장인 A. B. 커트^A. B. Court 가 열병을 받도록 해달라고 요청했다. 더 나아가 자신의 존재가 방해가 되지 않도록 니미츠는 열병행사가 끝날 때까지 연단에서 멀리 떨어져 있었다.

니미츠는 도고 제독의 기함인 미카사가 더욱 처참한 지경에 빠져 있다는 소식을 들었다. 미카사는 심지어 지붕을 덮고 내부를 개조해 오래 전부터 무도장으로 사용되고 있었다. 그는 자발적으로 일본 대중잡지에 도고 제독에 대한 자신의 존경심을 표현하는 기사를 투고하여 ―군국주의의 상징으로서가 아니라 일본 역사의 전환점이 된 순간의 기념물로서― 미카사의 복원을 촉구했다. 그는 원고료를 자신에게 보내지 말고 미카사 보존기금으로 써달라고 요청했다. 당시에는 그런 기금이 존재하지도 않았지만 그의 기부금이 종잣돈이 되어 곧 보존기금이 설립되었다. 복원을 완료한 미카사가 대중에게 공개된 것은 1961년 5월 27일이었다. 이날은 쓰시마 해전 기념일이었다.

약간 범위를 벗어나 니미츠는 1959년 영화 〈존 폴 존스^John Paul Jones〉의 기술자문을 맡은 적이 있었다. 그는 영화제작의 마케팅 측면보다는 실질적 고증을 최우선으로 생각했다. 그는 주연배우로 큰 키의 검은 머리카락을 가진 미남 배우 로버트 스택^Robert Stack 이 아니라 존 폴 존스처럼 키가 작고 붉은 머리카락을 가진 배우이어야 한다고 제안했다. 그러나 그의 제안은 무시되었다.

그리고 그는 종종 스카우트나 학생들을 만나 해군에 대해 이런저런 이야기를 들려주곤 했다. 그는 카드 묘기를 보여주어 그들의 관심을 끈 다음, 재미있는 이야기로 계속해서 아이들의 관심을 사로잡았다. 한번은 어린 소녀가 그에게 태평양함대 사령관이 된다는 사실을 알았을 때 기분이 어땠냐고 물었다. 그는 이렇게 대답했다.

"외로웠단다."[2]

❖ 자신의 장례식까지도 미리 준비한 철두철미한 계획자

그의 자식들은 그의 곁을 떠났지만 늘 그와 함께했다. 체스터 주니어는 1957년 소장으로 예편하여 기업에 발을 들여놓았다. 그는 과학장비 제작사인 퍼킨스-엘머 Perkins-Elmer 의 이사회 회장 겸 사장이 되었다. 그는 아내 조앤 Joan 과의 사이에 3명의 자식을 두었는데 모두 딸이었다. 케이트는 워싱턴 D. C. 도서관을 그만두고 전업주부가 되었으며, 그녀와 주니어 레이는 세 아들을 두었다. 하버드 대학 출신 러시아학 전문가였던 낸시는 랜드 연구소 Rand Corporation 에서 러시아 농업전문가로 자신의 경력을 쌓아갔다. 메리는 거의 종교와는 무관했던 부모에게 놀라움을 안겨주며—하지만 그들의 지지를 받아— 가톨릭 수녀가 되었다. 그녀는 스탠퍼드 대학 Stanford University 에서 박사학위를 받고 교단에 섰으며 1970년 산라파엘 San Rafael 의 도미니칸 대학 Dominican College 에서 생물학부 학장이 되었다.

그는 친구들과 관계를 유지했지만, 동시에 친구관계가 그를 유지시켜 주기도 했다. 스프루언스 제독과 록우드 제독, 터너 제독도 샌프란시스코 만 지역에 사는 그의 이웃이었다. 그의 집을 방문하는 손님 중에는 과거 상관으로 모셨던 로빈슨 제독과 유엔에서 함께 일한 적이 있는 1950년 노벨평화상 수상자인 랠프 번치 Ralph Bunche 박사도 포함되어 있었다. 그의 75세 생일파티는 매우 성대하게 열렸다. 세계 전역에서 비행기로 날아온 제독들이 25명이나 되었다. 프랜시스 스펠만 Francis Spellman 추기경은 깜짝 손님으로 그의 생일파티에 나타나 모두를 놀라게 했다. 뉴욕 대주교인 그는 제2차 세계대전 당시 가톨릭 군목으로 복무하면서 니미츠와 만난 적이 있었다.

한 살 한 살 나이가 늘어갔지만, 자존심만은 변함이 없었다. 시간엄수에 대한 집착은 강박관념으로 변했다. 그는 캐서린과 함께 콘서트에 가기 전에 레스토랑에 저녁식사를 예약해놓고 정확하게 예약한 시간에 도착하기 위해 코자드에게 레스토랑 주변을 한 바퀴 돌게 하기도 했다. 어떤 때는 시간이 많이 남아 한 바퀴 이상을 돌기도 했다. 그는 늦어서 사람들을 기다리게 하거나 일찍 도착해서 당황하게 만드는 것을 원치 않았다. 단 1분의 차이도 허용하지 않았다.

저녁식탁에서 그의 재담은 예전처럼 빛을 발했다. 어느 날 그의 손녀 중 하나가 화장실에서 그의 작은 노트를 발견했는데, 거기에는 니미츠가 구사하는 재미있는 농담들이 거의 다 기록되어 있었다. 니미츠는 화장실에서 손을 씻으며 그 노트를 보고 사람들에게 웃음을 선사할 농담을 준비하려고 그것을 화장실에 놔두었던 것이다.

그는 조금씩 걸음이 느려지자, 가끔 중간에 걸음을 멈추고 바위를 관찰하거나 경치를 감상했다. 그는 결코 자신이 잠시 쉬는 중이라고 인정한 적이 없었다. 한번은 편자던지기를 하다가 한 친구가 몸을 숙여 편자 2개를 모두 주우려 하자, 니미츠는 그를 말리며 이렇게 말했다.

"그러지 말게. 그것도 운동의 일부야. 내 편자는 내가 주울게."³

하지만 그의 건강은 서서히 악화되고 있었다. 캐서린의 건강도 급격하게 악화되고 있었다. 그녀는 관절염을 앓고 있어서 걸음을 옮길 때마다 지팡이 2개에 의지해야 했고, 계단을 오르는 것조차 힘겨웠다. 1963년 트레저 아일랜드 해군기지의 관사가 비게 되었다. 해군은 엘리베이터와 근무병이 딸린 그 관사를 니미츠와 캐서린에게 제공했다. 이후 2년 동안 니미츠는 몇 차례 수술을 받고 폐렴과 일련의 사소한 뇌졸중 증상으로 고생했으며 1965년 말에는 거의 침대에 누워서 지내야 했다.

니미츠는 철두철미한 계획자로서의 면모를 유감없이 발휘하여 그의 인생의 마지막을 위해 미리 준비해두었다. 1949년, 그는 샌프란시스코 남쪽 산브루노 San Bruno 에 있는 골든 게이트 국립묘지 Golden Gate National Cemetery 에 묏자리를 미리 봐두었다. 니미츠와 캐서린은 서로 의논하여 그의 오랜 동료인 스프루언스와 터너, 록우드, 그리고 그들의 아내들과 함께 나란히 묻히게 되었다. 트레저 아일랜드 해군기지의 ―여군비상지원대 소속 ‒ 행정장교가 '니미츠 장례 장교'로 지정되었다. 니미츠가 모든 세부사항까지 구술한 장례 매뉴얼은 두께만 0.5인치(약 1.3센티미터)에 이르렀다. 부고장 시안이나 장례식과 매장 시기, 부고를 보내야 할 사람들의 명단 등 모든 것을 사전에 정해놓았다. 그 명단에 포함된 친구들이 먼저 사망하는 경우 그때마다 꼼꼼하게 사망한 친구들의 이름을 명단에서 삭제하도록 지시했다.

해군 원수 체스터 W. 니미츠는 1966년 2월 20일 자신의 숙소에서 임종을 맞이했다. 장례식은 해군기지 교회에서 열렸다. 묘지로 가는 장례식 행렬에는 자동차 100대가 참가했고, 해군 항공기 70대가 공중분열을

캘리포니아 주 산브루노 골든 게이트 국립묘지에 있는 니미츠 제독의 묘비. 해군 원수 체스터 W. 니미츠는 1966년 2월 20일 자신의 숙소에서 임종을 맞이했다.

실시했으며, 예포 19발이 발사되었다. 해군 군종감 제임스 W. 켈리^{James W. Kelly} 소장이 하관예배를 집전했다. 기도는 스펠만 추기경이 맡았다. 해군장관 폴 니츠^{Paul Nitze}가 미국 국기와 제독의 개인기를 캐서린에게 전달했다.

그날은 2월 24일이었다. 만약 니미츠가 살아 있었다면, 그의 81번째 생일이 되었을 것이다.

태평양전쟁의 영웅 체스터 W. 니미츠 제독은 전쟁뿐만 아니라 자신의 인생에서도 진정한 승자였다. 그 누구보다도 자기 자신에게 엄격했고, 겸손했으며, 청렴했기에 모두로부터 존경을 받았다. 노년에 그는 자신의 친구가 보내온 '절제의 기도'라는 기도문을 그의 좌우명으로 삼았다고 한다.

❖ 절제의 기도 ❖

주여, 당신은 제가 나이를 먹고 있으며 언젠가는 늙게 된다는 사실을 저보다 더 잘 알고 계십니다.
제가 수다스러운 사람이 되지 않게 해주시고, 아무 때나 어떤 일에든 반드시 말을 해야 한다고 생각하는 잘못된 습관을 갖지 않게 해주소서.
모든 사람의 잘못을 고쳐주고 싶은 갈망에서 벗어나게 해주소서.
사려 깊지만 침울하지 않게 하시고, 도움을 주지만 거만해지지 않도록 해주소서.
많은 지혜를 갖고 있으면서 그것을 전부 사용할 수 없음은 애석한 일입니다만,
당신은 아십니다. 결국에는 제가 몇 사람의 친구를 원하게 될 것임을.
제가 끊임없는 지엽적인 문제들에 연연해하지 않고 바로 핵심으로 날아갈 수 있도록 날개를 주소서.
제가 느끼는 많은 아픔과 고통을 입 밖에 내지 않도록 해주소서.
세월이 흐를수록 고통은 커져만 가고 그것을 드러내고 싶은 마음도 점점 더 간절해집니다.
다른 사람의 고통에도 귀를 기울일 수 있는 자비를 주소서. 그들의 고통을 참고 들어줄 수 있도록 힘을 주소서.
남이 저에게 실수를 저지를 수 있는 것처럼 저 또한 남에게 실수를 저지를 수도 있다는 명쾌한 교훈을 가르쳐주소서.
언제나 제가 따뜻한 마음을 잃지 않게 하소서. 저는 결코 성자가 되고 싶지는 않습니다. …… 어떤 성자들은 주위 사람들의 삶을 힘들게 합니다.
삶이 줄 수 있는 모든 기쁨을 누릴 수 있도록 도움을 주소서.
우리 주변에는 즐거운 일들이 많으며 저는 그 어느 것 하나 놓치고 싶지 않습니다.

에필로그

1901년 16살의 체스터 W. 니미츠가 아나폴리스 해군사관학교에 들어갔을 때, 당시의 해군은 1966년에 그가 남긴 해군보다는 페니키아의 해군과 공통점이 더 많았다. 물론 대부분의 성장과 변화는 기술의 발전에 따른 결과였지만, 니미츠는 작전과 교육 분야의 혁신에 관여하여 전투 효율을 크게 향상시켰다. 잠수함의 디젤엔진 도입이나 해상유류공수급, 해군학군단, 원형진, 항공모함의 함대 편입, 실용적인 상륙정의 채택, 혁신적인 장교 훈련 프로그램, 원자력 추진 전투함, 그리고 무엇보다 그의 알려지지 않은 위대한 유산인 '자체 유도 핵미사일'을 적재하고 심해에 숨어 있는 '괴물 원자력잠수함' 등이 바로 그것이다.

오늘날, 그 탄도미사일 잠수함들 중 하나가 뉴욕 항구에 계류 중일 수도 있고, 아니면 쉬지 않고 몇 개월째 대서양의 모처에 은신해 있을 수도 있다(이쪽이 더 가능성이 높다). 신호가 수신되면, 잠수함은 다탄두 핵미사일로 평양과 테헤란Tehran을 동시에 타격할 수 있다. 1940년대 전략 폭격이라는 비전을 두고 공군은 니미츠의 해군을 상대로 격렬한 논쟁을 벌였지만, 그들의 비전은 이미 오래전에 폐기되었다. 그리고 육군 조종사들의 끔찍한 경고에도 불구하고 항공모함은 국방부 무기고에서 최고의 가치를 갖는 자산으로 여전히 남아 있다. 1972년 니미츠의 딸 캐서린 (케이트) 레이는 세계 역사상 두 번째 원자력항공모함이자 새로운 급의 1번 함에 이름을 부여하는 영예를 얻었다. 그것이 바로 USS 니미츠이다.

위대한 영웅 체스터 W. 니미츠 제독에게 보내는 경의의 표현으로서 이보다 더 적합한 것은 없었다.

고인의 명복을 빈다.

니미츠급 항공모함(Nimitz Class Aircraft Carrier)

니미츠급 항공모함은 미국 해군의 원자력항공모함으로서 현재 10척이 운용되고 있으며, 대략 70여 대의 함재기를 탑재하고, 승무원은 4,000여 명이다. 1970년대부터 건조 및 취역이 이루어졌으며, 마지막 니미츠급 항공모함은 조지 W. 부시 함이다. 제2차 세계대전 당시 태평양전쟁을 승리로 이끈 체스터 W. 니미츠 제독을 기리기 위해 그의 이름을 붙였다. 니미츠급 항공모함의 이름은 대통령이나 유명 정치인의 이름을 따서 지은 것이 대부분이었으나, 유일하게 해군 제독의 이름을 붙이고 1번 함으로 정한 것은 이례적이다.

〈니미츠급 항공모함의 목록〉

USS 니미츠(CVN-68): 취역 1975년 5월 3일, 퇴역 예정 2025년

USS 드와이트 D. 아이젠하워(CVN-69): 취역 1977년 10월 18일, 퇴역 예정 2027년

USS 칼 빈슨(CVN-70): 취역 1982년 3월 13일, 퇴역 예정 2032년

USS 시어도어 루스벨트(CVN-71): 취역 1986년 10월 25일, 퇴역 예정 2036년
USS 에이브러햄 링컨(CVN-72): 취역 1989년 11월 11일, 퇴역 예정 2039년
USS 조지 워싱턴(CVN-73): 취역 1992년 7월 4일, 퇴역 예정 2042년
USS 존 C. 스테니스(CVN-74): 취역 1995년 12월 9일, 퇴역 예정 2045년
USS 해리 S. 트루먼(CVN-75): 취역 1998년 7월 25일, 퇴역 예정 2048년
USS 로널드 레이건(CVN-76): 취역 2003년 7월 12일, 퇴역 예정 2052년
USS 조지 H. W. 부시(CVN-77): 취역 2009년 1월 10일, 퇴역 예정 2059년

USS 니미츠(CVN-68). 미 해군의 상징 니미츠급 항공모함은 세계 최초의 원자력항공모함인 엔터프라이즈에 이어 두 번째 원자력항공모함으로 세계 최대·최강 항공모함으로 평가받고 있다. 네임쉽(1번 함) USS 니미츠는 태평양전쟁을 승리로 이끈 니미츠 제독을 기리기 위해 그의 이름을 따서 지은 것이다.

Chapter 01 텍사스

1. 체스터보다 12살 어린 오토는 이복형을 따라 해군에 입대했지만, 건강이 악화되어 대령으로 예편했다.
2. Dora Nimitz Reagan, interviewed by E. B. Potter, U.S. Naval Institute, DVD, March 12, 1970, p. 12.
3. Gunther Henke, interviewed by E. B. Potter, U.S. Naval Institute, DVD, March 14, 1970, p. 14.
4. Dora Nimitz Reagan, interview by E. B. Potter, p. 17.
5. Ibid., p. 18.
6. Chester Nimitz, "My Way of Life," *Boys' Life*, Jan. 1966, 56:1. 이 기사는 1966년 니미츠가 사망하기 전달에 잡지에 실렸다.
7. Ibid.
8. 약 10여 년이 흐른 뒤 또 다른 텍사스 출신 드와이트 아이젠하워는 해군사관학교에 가기를 원했지만, 연령 제한으로 웨스트포인트에 입학하게 된다.

Chapter 02 해군사관학교

1. Nathan Miller, *Theodore Roosevelt, A Life* (New York: Quill/William Morrow, 1994), p. 337.
2. Chester Nimitz, "My Way of Life," *Boys' Life*, Jan. 1966, 56:1.
3. John Davis Long, *The New American Navy*, vol. 2(New York: Outlook Company, 1903), p. 210. 슬라이는 자신의 다음 자서전이 얻은 인기를 통해 약간이나마 구원을 얻게 된다. Forty-Five Years under the Flag (New York, 1904).
4. E. B. Potter, *Nimitz* (Annapolis, MD: Naval Institute Press, 1976), p. 344.
5. Potter, *Nimitz*, p. 55.

Chapter 03 모험적인 필리핀 근무

1. 근대화 과정은 1852년~1854년의 매튜 C. 페리 해군 준장의 방문과 함께 시작되었다. 그는 일본의 문호를 외부 세계에 개방하는 몇 가지 무역협정을 체결했다.
2. E. B. Potter, *Nimitz* (Annapolis, MD: Naval Institute Press, 1976), p. 56.
3. Masuii Miyakawa, *Powers of the American People, Congress, President, and Courts: According to the Evolution of Constitutional Construction* (Baker & Taylor, 1908).
4. Annual Address of the President of the United States, Dec. 3, 1906.
5. 스페인이 듀이 제독에게 항복했을 때, 그들이 양도한 것은 마닐라가 전부였다. 따라서 대부분의 필리핀인들은 그것이 자유를 의미한다고 생각했다. 미국은 한창 팽창을 향한 꿈을 실현해가는 중이었기 때문에 전부 합쳐 7,000개 섬으로 구성된 필리핀 전체를 원했다. 약간의 논쟁 끝에 미국은 스페인에 2,000만 달러를 지불하고 완벽한 소유권을 확보했다(그리고 거래의 일부로서 태평양 섬인 괌도 차지했다). 대부분의 필리핀 국민들은 자기 섬이 매각되었다는 사실에 아무런 관심도 보이지 않은 채 필리핀 공화국을 건국하고 미국에 전쟁을 선언했다. 공식적으로 그 전쟁은 1904년 7월에 끝났지만, 일부 개별적인 게릴라 활동은 1913년까지 계속되었다.
6. Dede W. Casad, and Frank A. Driscoll, *Chester W. Nimitz: Admiral of the Hills* (Austin, TX: Eakin Press, 1983), p. 74.
7. Potter, *Nimitz*, p. 58.
8. 1907 State of the Union message, Dec. 3, 1907, reprinted in George Percival Scriven,

The Service of Information, United States Army (Washington, DC: Government Printing Office, 1915), p. 66.
9. "The Fleet Will Go, Says Roosevelt," *New York Times*, Sept. 27, 1907.
10. Potter, *Nimitz*, p. 59.
11. Ibid., pp. 60-61.
12. Ibid., p. 61.
13. Ibid.

Chapter 04 변침

1. Jan S. Breemer, "Chasing U-Boats and Hunting Insurgents: Lessons from an Underhand Way of War," *Joint Forces Quarterly*, no.40 (1st Quarter 2006), 60.
2. Nova, PBS, retrieved May 1, 2011, http://www.pbs.org/wgbh/nova/lostsub/hist1900.html.
3. 1776년 데이비드 부시넬 David Bushnell 의 터틀 Turtle 이 뉴욕 항구에서 영국 전투함에 대한 최초의 수중 공격을 감행했다(하지만 실패했다). 1800년에는 미국 발명가 로버트 풀턴 Robert Fulton 이 프랑스 해군을 위해 노틸러스 Nautilus 를 제작했지만, 프랑스 해군은 그것을 진지하게 원하지 않았다. 남북전쟁 발발 직전, 발명가인 로드너 D. 필립스는 미국 해군에 입증된 설계를 제출했다. 그는 "우리 해군 배는 바다 밑이 아니라 위로 다닌다"는 말을 들었다. 남부연합군의 잠수정 헌리 Hunley 는 비록 수상에서 작전하기는 했지만, 실제로 전투함을 침몰시킨 최초의 잠수함이 되었다. 19세기의 나머지 기간 동안 세계 전역에서 잠수함은 인상적인 발전을 이루었다. See the author's website, www.submarine-history.com.
4. Chester Nimitz, "My Way of Life," *Boys' Life*, Jan. 1966, 56:1.
5. 초기에 미국 해군은 잠수함의 함명도 다른 전투함과 같은 방식으로 정했지만, 1911년 잠수함에 부여되는 기호는 대략 항구의 예인선과 같은 등급으로 격하되었다. 함명은 사라지고 잠수함은 등급과 건함 순서로 식별되었다. 따라서 플런저는 A-1으로 스내퍼는 C-5, 나월은 D-1, 스킵잭은 E-1이라는 식별 기호로 바뀌었다. 1924년이 되자 함명이 부활되었으며 해군의 방식에 따라 초창기에 사용되었던 함명들은 대부분 이후 건조된 잠수함에 재활용되었다.
6. Chester W. Nimitz, U.S. Naval Institute *Proceedings*, July 1912.

Chapter 05 제1차 세계대전

1. E. B. Potter, *Nimitz* (Annapolis, MD: Naval Institute Press, 1976), pp. 125-126.
2. Admiral Sir Percy Scott, "Letter to the Editor," *Times of London*, June 15, 1914.
3. "Text of Germany's Note to the United States," *New York Times*, Feb. 1, 1917.
4. 미국의 남북전쟁에서 남부연합이 비슷한 이유로 패배했다는 주장도 가능하다. 그리고 실제로 그런 주장이 제기되어왔다. 남부연합은 식량이 풍부했지만, 그 외에는 거의 가진 것이 없었다. 남부는 농경지역으로 최소한의 제조업 역량만을 갖추고 있어서 일단 전쟁이 시작되자 탄약을 비롯해 엄청난 물자를 해외에 의존해야 했다. 북부연방 해군의 동서 양쪽 해안과 하천에 대한 3,500마일 봉쇄는 남부연합 육군을 질식시켰지만, 신문의 헤드라인을 장식하지도 못했고 역사책에서 큰 비중을 차지하지도 못했다.
5. Stuart S. Murray, Admiral, USN (Ret.), eight interviews, 1970-1971, by Etta-Belle Kitchen, U.S. Naval Institute, DVD, compiled in 2001, p. 48.
6. '코모도어'는 18세기와 19세기의 미국 해군 계급이지만, 20세기 대부분의 기간을 거쳐 현재까지도 전대장이나 분대 사령관, 전단장을 예우하는 호칭으로 사용되고 있으며, 그가 소해정들을 감독하는 소위이든 몇 척의 구축함을 책임진 대위이든 계급하고는 상관없이 사용된다.
7. Murray, interviews 1970-1971, p. 47.

Chapter 06 변화와 도전

1. *The Independent*, March 12, 1921, vol. 105, p. 259.
2. 미첼이 일으킨 소동으로 인해 1925년에는 '질서와 군대 기강에 유해한 행위'에 대한 군법회의가 열렸다. 그는 유죄를 선고받았다. 논란을 종식시키려는 노력의 일환으로 캘빈 쿨리지 Calvin Coolidge 대통령은 항공정책에 대해 조언해줄 특별위원회를 구성해 변호사인 드와이트 D. 마로우 Dwight W. Morrow 를 위원장으로 임명했다. 마로우 위원회는 별도의 공군을 창설하는 데 반대하여 육군 조종사들의 단기적 희망을 무너뜨리고, 육군의 항공부대는 (육군 통신병과나 육군 보급병과처럼) 육군의 한 병과로 조직되어야 하며 해군 조종사들은 잠수함 장교들처럼 해군의 정규 계통으로 통합되어야 한다고 조언했다.
3. E. B. Potter, *Nimitz* (Annapolis, MD: Naval Institute Press, 1976), p. 136.

4. Ibid.
5. Albert A. Nofi, *To Train the Fleet for War: The U. S. Navy Fleet Problems, 1923-1940* (Washington, DC: Government Printing Office, 2010), p. 68.
6. "Defense of Hawaii Inadequate to Meet the Strain of War," *New York Times*, May 7, 1925.
7. *Washington Post*, Nov. 30, 1924.
8. "Tokio Papers Call War Game a Menace," *New York Times*, May 3, 1925.
9. "Japanese Press Expresses Much Alarm Over Plans to Extend Defenses of Hawaii," *New York Times*, May 16, 1925.

Chapter 07 교수생활

1. E. B. Potter, *Nimitz* (Annapolis, MD: Naval Institute Press, 1976), p. 144.
2. Potter, *Nimitz*, p. 144.
3. J. Joseph Chase, interviewed by Etta-Belle Kitchen, U.S. Naval Institute, DVD, Oct. 19, 1969, p. 3.
4. C. W. Nimitz, "The Naval Reserve Officers Training Corps." U.S. Naval Institute Proceedings, June 1928, vol. 54, no. 304.
5. Catherine Nimitz Lay, interviewed by John T. Mason, U.S. Naval Institute, DVD, Feb. 16, 1970, p. 37.
6. Potter, *Nimitz*, p. 153.
7. Ibid.

Chapter 08 오거스타

1. Lloyd M. Mustin, Vice Admiral, USN, interviewed by John T. Mason, U.S. Naval Institute, DVD, March 10, 1970, pp. 65-68.
2. (별 2개가 그려진 개인기로 식별되는) 해군 소장 이상의 모든 제독은 '임시' 계급으로, 그것은 해군 중장이나 해군 대장의 계급이 요구되는 보직에 근무할 때만 적용된다. 더 지위가 낮은 현역 보직으로 자리를 옮길 때 중장이나 대장이 자신의 '정식' 계급으로 강등되는 것은 흔한 일이었다. 대신 어느 순간이 되면 그는 자신의 최고 계급을 유지한

채 만족스럽게 퇴역하게 될 것이다.

3. Sam P. Moncure, Captain, USN(Ret.) interviewed by John T. Mason, U.S. Naval Institute, DVD, July 30, 1969, pp. 10-11.
4. J. Wilson Leverton, Jr., Rear Admiral, USN(Ret.), interviewed by John T. Mason, U.S. Naval Institute, DVD, August 22, 1969, p. 7.
5. Odale D. Waters, Rear Admiral, USN(Ret.), interviewed by John T. Mason, U.S. Naval Institute, DVD, July 14, 1969, p. 136.
6. James T. Lay, Captain, USN, interviewed by John T. Mason, U.S. Naval Institute, DVD, Feb. 16, 1970, p. 4.
7. Odale D. Waters, interview by John T. Mason, p. 10.
8. E. B. Potter, *Nimitz* (Annapolis, MD: Naval Institute Press, 1976), p. 160.

Chapter 09 훈련

1. 항해국의 명칭은 1942년 5월에 인사국 Bureau of Personnel, BUPERS 으로 바뀌었다.
2. 실제로 프랭클린 D. 루스벨트의 선거운동본부에서 후버가 해병대를 폐지할 계획이라는 소문을 퍼뜨리면서 해군은 선거운동의 쟁점이 되었다.
3. William M. McBride, *Technological Change and the United States Navy, 1865-1945* (Baltimore: Johns Hopkins University Press, 2000), p. 167.
4. Preston V. Mercer, Rear Admiral, USN (Ret.), interviewed by John T. Mason, U.S. Naval Institute, DVD, Oct. 18, 1969, p. 9.
5. 우리는 타워즈가 두 번이나 소장 진급에서 누락되었다는 사실을 밝혀도 상관없을 것이다. 그는 전투병과장교 선발위원회가 원하는 해상지휘관의 기준에 적합하지 않았다. 결국 그는 1939년에 제독이 되었다. 당시 프랭클린 D. 루스벨트가 그를 진급시켰다는 소문이 있었다.

Chapter 10 전쟁 준비

1. 형제들의 입대를 장려하기 위해, 니미츠는 가능한 경우 함께 입대한 형제를 같은 배에 배치하겠다고 발표했다. 당시의 포스터에 등장한 가족은 패튼 Patten 형제로 여섯 형제가 진주만에 기지를 둔 네바다 함에 근무했다. 일곱 번째 역시 해군에 입대해 훈련을

받고 있었지만, 이미 같은 배로 발령이 난 상태였다. 그 정책은 커다란 실책이었다. 패튼 형제들—모두 1941년 12월 7일에 진주만에서 있었지만—은 모두 생존했지만, 또 다른 형제들—설리번 Sullivan 형제 5명—은 1942년 11월에 그들이 탄 배가 침몰했을 때 모두 사망했다. 이후 그 정책은 바뀌었다.

2. J. Wilson Leverton, Jr., Rear Admiral, USN (Ret.), interviewed by John T. Mason, U.S. Naval Institute, DVD, Aug. 22, 1969, p. 25.
3. Ibid.
4. Nathan Miller, *War at Sea: A Naval History of World War II* (New York: Oxford University Press, US, 1997), p. 197.
5. "264 New Ensigns Get Commissions," *New York Times*, Nov. 15, 1940.
6. "NAVY: Broad Stripe for Mustangs," *Time*, Mar. 31, 1941. V-7 프로그램에 이어 V-5와 V-12 프로그램도 출범했다. 비록 당시에는 웃었을지 모르지만, 만약 그들이 충분히 오래 살았다면 1945년의 의원들은 하나의 엄청난 사례에 경악했을지도 모른다. V-12 졸업생 새뮤얼 그레이블리 Samuel Gravely 는 1944년 12월에 임관해 최초로 해군 장교가 된 흑인 중 한 명이었으며, 흑인 중에서 처음으로 제독이 되었다. 그는 1980년에 해군 중장으로 퇴역했다. 지금은 해군 제독 중 절반만이 해군사관학교 졸업생이다. 나머지 제독 중 대부분은 해군학군단에서 배출된다. 오니 라투는 캘리포니아 대학 1930년도 졸업생으로 1955년에 최초로 제독이 된 3명의 해군학군단 출신 중 한 명이다. 홀리 크로스 대학 College of the Holy Cross 에 있는 해군학군단 부대는 자랑스럽게도 1945년도 졸업생부터 현재까지 16명의 제독과 1명의 해군장관—J. 윌리엄 미든도프 2세 J. William Middendorf II 로 1974년부터 1977년까지 재임했다—을 배출했다.
7. Ibid.
8. E. B. Potter, *Nimitz* (Annapolis, MD: Naval Institute Press, 1976), pp. 170, 171.
9. H. Arthur Lamar, Captain USNR(ret), interviewed by John T. Mason, U.S. Naval Institute, DVD, May 3, 1970, pp. 26-29.
10. Draper Kauffman, Jr. email to Dr. Eric Berryman, copy in author's possession.
11. Preston V. Mercer, Rear Admiral, USN (Ret.), interviewed by John T. Mason, U.S. Naval Institute, DVD, Oct. 18, 1969, p. 6.
12. "Asks Congress Act to Hold Navy Men," *New York Times*, June 27, 1941.

Chapter 11 개전

1. 1941년 12월 8일 미국 대통령의 일본과 독일, 이탈리아를 상대로 한 선전포고 연설, Senate Document No. 148(77th Congress, 1st Session), p. 7.
2. E. B. Potter, *Nimitz* (Annapolis, MD: Naval Institute Press, 1976), p. 6.
3. 1941년 해군대학 연례 모의전쟁 결과, 전쟁이 발발했을 때 극동의 모든 수역을 전쟁 구역으로 선포하여 그 안에서 활동하는 모든 상선들은 위험에 대비하도록 해야 한다는 권고안이 나왔다. 해군참모본부는 '전쟁 구역'이 국제법에서 인정되지 않는다고 말했다. 그러자 말을 돌려서 발견된 위치에 상관없이 모든 일본 선박을 군사 목적에 사용되는 것으로 정의했다. 이로써 권고안은 적법해졌다. '무제한' 잠수함전이 전쟁 계획에 포함될 수 있었다.

   5년 뒤, '무제한'이라는 수식어는 뉘른베르크 Nürnberg 전범재판에서 잠수함의 개척자이자 독일 해군 총사령관인 칼 되니츠 Karl Dönitz 제독 재판의 핵심 요소가 되었다. 그는 '무제한 잠수함전'를 승인하여 법과 관습을 어겼다는 혐의를 받았다. 변호인 측 증인인 체스터 니미츠 제독은 녹취록을 통해 미국도 그와 똑같이 했다고 증언했다. 되니츠는 유죄를 선고받았지만, '무제한 잠수함전'을 명령했다는 혐의에 대한 판결은 아니었다. 전쟁 말기, 되니츠가 독일 정부의 수장이 되면서 뉘른베르크 전범재판소는 히틀러가 자살해서 처벌할 수 없게 되자 나치의 비윤리적 행위와 관계가 없는 그를 대신 처벌하여 10년형을 선고했다.
4. 전쟁 첫날, 28척의 미국 잠수함들—태평양에 있는 전체 미국 잠수함의 절반이 넘으며 한 번의 전투를 위해 이제까지 한 장소에 동시에 모였던 것보다도 더 많았다—이 필리핀 주변에 배치되어 있었다. 이 잠수함들은 차라리 샌디에이고에 있는 편이 더 나았을지도 모른다. 12월 21일, 그 중 7척이 76척의 일본군 병력수송선과 보급선 선단을 상대해 2척을 침몰시켰다. 보고서에 따르면, 함장이 너무 소심했고 어뢰에도 결함이 있었다. 상황은 더욱 나빠질 운명이었다. 3주간의 전역이 끝날 때까지 추가로 침몰시킨 일본 선박은 고작 1척이었다. 1942년 말까지 미국 잠수함 함장들 중 거의 3분의 2가 무능력을 이유로 교체되었다. 어뢰 문제가 해결될 때까지는 더 오랜 시간이 걸렸다.
5. Potter, *Nimitz*, p. 9.
6. Ibid.
7. H. Arthur Lamar, Captain USNR(ret), interviewed by John T. Mason, U.S. Naval Institute, DVD, May 3, 1970, p. 2.
8. Potter, *Nimitz*, p. 9.
9. Catherine Nimitz Lay, interviewed by John T. Mason, U.S. Naval Institute, DVD,

Feb. 16, 1970, p. 47.
10. "President Confers with Top Officers," *New York Times*, Dec. 19, 1941.
11. "The U. S. At War, Shake-Up," *Time*, Dec. 29, 1941.
12. H. Arthur Lamar, interview by John T. Mason, p. 21.
13. Paul Stillwell, *Air Raid, Pearl Harbor: Recollections of a Day of Infamy* (Annapolis, MD: Naval Institute Press, 1981), p. 261.
14. "World: Hoomanawanui," *Time*, Jan. 12, 1942; Potter, Nimitz, p. 19.
15. Potter, *Nimitz*, p.19.

Chapter 12 첫 번째 도박

1. 미국함대 사령관 킹은 해군 최고 자리에 있었으며 심지어 해군참모총장보다도 서열이 높았다. 곧 킹과 참모총장 해럴드 스타크 사이의 갈등으로 루스벨트는 킹에게 해군참모총장 직책을 추가하고 스타크 제독은 유럽 주둔 미국 해군 사령관이 되어 그의 밑으로 들어가게 했다. 진주만의 대패를 고려하여 킹은 현명하게도 "우리를 침몰시켜라(sink us)"로 발음되는 약어 'CINCUS'를 거의 발음하기도 불가능한 'COMINCH'로 대체했다.
2. 자신의 일기에서 드와이트 D. 아이젠하워 장군은 '괴팍하고 무뚝뚝한' 킹 제독에 실망감을 표현했다. 그가 보기에 킹의 정책은 전쟁 수행 노력을 위태롭게 만드는 것처럼 보였다. 그는 일기에 이렇게 썼다. "이 전쟁에서 승리하는 데 도움이 될 수 있는 것이 한 가지 있다면, 그것은 누군가를 시켜 킹을 쏴버리는 것이다. 그는 협력을 거부하고 의도적으로 무례하게 구는 …… 정신적 깡패다." Gerard H. Clarfield, *Security with Solvency: Dwight D. Eisenhower and the Shaping of the American Military Establishment* (Westport, CT: Praeger, 1999), p. 5.
3. John B. Lundstrom, *Black Shoe Carrier Admiral* (Annapolis, MD: Naval Institute Press, 2006), p. 55.
4. E. B. Potter, *Nimitz* (Annapolis, MD: Naval Institute Press, 1976), p. 36.
5. "Girding of Pacific Speeded by Nimitz," *New York Times*, Jan. 31, 1942.
6. Potter, *Nimitz*, p. 37.
7. *New York Times*, Feb. 2, 1942.
8. "Answer to 'Where's the Fleet,'" *New York Times*, Feb. 3, 1942.
9. 남북전쟁 당시, 전투를 알리는 짧은 전신 뉴스속보, "전투 개시—조 후커(Fighting—

Joe Hooker)"가 식자공이 대시를 빼먹으면서 조 후커 장군의 별명은 '싸우는 조(Fighting Joe)'가 되었다. 후커는 그 별명을 싫어했다. 그는 별명 때문에 자기가 충동적인 사람인 것처럼 보인다고 생각했다. 실제로도 그는 아마 충동적이었을 것이다.

10. Potter, *Nimitz*, p. 41.
11. Ibid.
12. Ibid.
13. Ibid.
14. Lundstrom, *Black Shoe*, p.76.
15. Douglas MacArthur, *Reminiscences* (New York: McGraw-Hill, 1964), p. 145.
16. Lundstrom, *Black Shoe*, p. 102.
17. Ibid., p. 103.
18. Ibid.

Chapter 13 암호전쟁

1. John Ford, Commander USNR, interview in box 10 of World War II Interviews, Operational Archives Branch, Naval Historical Center. Highlights at http://www.history.navy.mil/faqs/faq81-8b.htm, accessed Jan. 10, 2011.
2. W. J. Holmes, *Double-Edged Secrets: U. S. Naval Intelligence Operations in the Pacific during World War II* (Annapolis, MD: Naval Institute Press, 1979), p. 90.
3. Robert J. Cressman, *A Glorious Page in Our History: The Battle of Midway, 4-6 June, 1942* (Missoula, MT: Pictorial Histories Publishing, 1990), p. 34.
4. E. M. Eller, Rear Admiral, USN(Ret.), interviewed by John T. Mason, U.S. Naval Institute, DVD, Dec. 19, 1974, p. 535.
5. John Ford, Commander USNR, interview in box 10 of World War II Interviews, Operational Archives Branch, Naval Historical Center.
6. E. B. Potter, *Nimitz* (Annapolis, MD: Naval Institute Press, 1976), p. 95.
7. Potter, *Nimitz*, p. 99.
8. Joseph J. Rochefort, Captain, USN(Ret.), interviewed by Etta-Belle Kitchen, U.S. Naval Institute, DVD, Aug. 14, 1969; declassified version issued August 1983, p. 227.
9. Edwin T. Layton, Rear Admiral, USN(Ret.), interviewed by E. B. Potter, U.S. Naval Institute, DVD, March 19, 1970, p. 448.

Chapter 14 권력다툼과 음모

1. "'Midway' Spurs Pun by Admiral Nimitz," *New York Times*, June 7, 1942.
2. "'No Limits to Nimitz' Is Slogan in China," *New York Times*, June 8, 1942.
3. Robert J. Casey, *Torpedo Junction* (Garden City, NY: Halcyon House, 1943), pp. 14, 15.
4. "Asks Congress Act to Hold Navy Men," *New York Times*, June 27, 1941.
5. 셀리그먼 중령의 경력은 종말을 맞았다. 그리고 그 사건은 많은 해군 장교들에게 언론에 대한 불신을 심어주었다. 미국 정부의 전시 언론 관행에 대한 규정에 다음과 같은 내용이 추가되었다. "미국이 적의 부호화 혹은 암호화된 통신을 해독하여 미국이 거둔 모든 성과에 관련된 정보를 적에게 제공하지 않기 위해, 우리가 알고 있는 혹은 입수한 적의 부호나 암호 또는 적의 무선통신문을 감청하고 조사해 얻은 정보에 대해 어떤 언급도 해서는 안 된다." 어떤 유명한 업계 회보는 그 변화를 환영하며 다음과 같이 언급했다. "언론인은 어떤 것도 숨겨서는 안 된다는 직업적 윤리의식과 우리 병사들을 뒤에서 쏘지 말아야 한다는 애국적 의무감 사이에서 선택해야 할 때 우리는 전혀 주저하지 않는다. 언론의 자유는 우리의 은밀한 강점과 약점을 적에게 폭로해도 된다는 포괄적 허가서를 의미하지 않는다. *Whaley-Eaton American Letter*, Dec. 26, 1942.
6. "Big Bombers Won," *New York Times*, June 12, 1942.
7. Ibid.
8. "Yorktown Was Hit in Midway Melee," *New York Times*, July 15, 1942.
9. Edwin T. Layton, Rear Admiral, with Captain Roger Pineau USNR(ret) and John Costello, *And I Was There: Pearl Harbor and Midway - Breaking the Secrets* (New York: William Morrow and Co., Inc., 1985), p. 450.
10. Stephen Budiansky, *Battle of Wits: The Complete Story of Codebreaking in World War II* (New York: Free Press, 2002), p. 23.
11. Layton, And I Was There, p. 469. 로슈포르와 Op-20-G 사이의 투쟁과 관련된 매력적인 이야기는 다음 문헌 참조. Frederick D. Parker, "How Op-20-G Got Rid of Joe Rochefort," Cryptologia, July 1, 2000.
12. Budiansky, *Battle of Wits*, p. 3.

Chapter 15 니미츠 방식

1. 전쟁이 끝날 무렵, 해군에 8만2,000명, 해안경비대에 1만1,000명, 해병대에 2만 명의 여성이 복무했으며, 해병대 본부에 배치된 사병 중 85퍼센트가 여성이었다.
2. George W. Healy Jr., *A Lifetime on Deadline* (Gretna, LA: Pelican Publishing, 1976), p. 144.
3. Onnie P. Lattu, Rear Admiral, USN(Ret.), interviewed by John T. Mason, U.S. Naval Institute, DVD, July 17, 1969, p. 17.
4. E. B. Potter, Nimitz (Annapolis, MD: Naval Institute Press, 1976), p. 222.
5. H. Arthur Lamar, Captain USNR (ret), interviewed by John T. Mason, U.S. Naval Institute, DVD, May 3, 1970, p. 96.
6. Ibid., p. 42.
7. Stuart S. Murray, Admiral, USN (Ret.), eight interviews, 1970-1971, by Etta-Belle Kitchen, U.S. Naval Institute, DVD, compiled in 2001, p. 449.
8. Chester Nimitz Jr., Rear Admiral, USN (Ret.), interviewed by John T. Mason, U.S. Naval Institute, DVD, April 14, 1969, p. 41.
9. Ibid., p. 13.
10. H. Arthur Lamar, interview by John T. Mason, p. 84.
11. Brigadier General S.L.A. Marshall, U.S. Naval Institute *Proceedings*, July 1966.
12. Stuart S. Murray, interviews by Etta-Belle Kitchen, p. 214.
13. Mel A. Peterson, Rear Admiral, USN(Ret.), interviewed by Etta-Belle Kitchen, U.S. Naval Institute, DVD, May 24, 1969, p. 12.
14. Eugene B. Fluckey, Rear Admiral, USN(Ret.), interviewed by John T. Mason, U.S. Naval Institute, DVD, Oct. 20, 1971, p. 16. 니미츠의 전형적인 농담: 첫 번째 낙하산 점프를 앞두고 한 젊은 해병이 잔뜩 긴장하고 있었다. "걱정하지 말라고." 그의 분대장은 이렇게 말했다. "열까지 센 다음 끌끈을 당겨. 만약 그게 효과가 없으면 보조낙하산의 끈을 당기면 된다고." 젊은 해병은 알았다고 고개를 끄덕인 다음 질문했다. "부대는 어떻게 복귀합니까?" 그의 분대장은 강하 지점에 스테이션왜건이 대기하고 있을 것이라고 말했다. 젊은 해병이 점프했다. 그는 끌끈을 당겼다. 아무 일도 일어나지 않았다. 그는 보조낙하산 줄을 당겼다. 아무 일도 일어나지 않았다. 지면을 내려다보며 그는 말했다. "빌어먹을! 장담컨대 스테이션왜건도 없을 거야."
15. H. Arthur Lamar, interview by John T. Mason, p. 3.
16. Ibid., p. 4.

17. 캐서린 니미츠 레이 Catherine Nimitz Lay 와 저자의 대화.

Chapter 16 공세

1. E. B. Potter, *Nimitz* (Annapolis, MD: Naval Institute Press, 1976), p. 111.
2. Ibid., p. 112.
3. Ibid., p. 113-114.
4. Ibid., p. 181.
5. William Waldo Drake, Rear Admiral USNR(Ret.) interviewed by Etta-Belle Kitchen, U.S. Naval Institute, DVD, June 15, 1969, p. 53.
6. Ibid., p. 52.
7. Samuel B. Griffith, *The Battle for Guadalcanal* (University of Illinois Press, 2000), p. 72.
8. Potter, *Nimitz*, p. 189.
9. Ibid., p. 188.
10. Ibid., p. 194.
11. Ibid., p. 197.
12. H. Arthur Lamar, Captain USNR(Ret.), interviewed by John T. Mason, U.S. Naval Institute, DVD, May 3, 1970, p. 88.
13. Potter, *Nimitz*, p 199
14. H. Arthur Lamar, interview by John T. Mason, p. 61.
15. "An Enemy Disaster," *New York Times*, March 7, 1943.
16. "Test of Air Power Looms in the Pacific," *New York Times*, March 14, 1943.
17. William Manchester, *American Caesar: Douglas MacArthur, 1880-1964* (Boston: Little, Brown, 1978), p. 329.
18. Allen G. Quynn, Rear Admiral, USN (Ret.), interviewed by John T. Mason, U.S. Naval Institute, DVD, Dec. 17, 1969, p. 30.
19. Manchester, *American Caesar*, p. 329.
20. *New York Times*, Sept. 4, 1945.
21. The Layton-Nimitz dialogue on Yamamoto is described in E. B. Potter, *Nimitz*, p. 233.
22. Douglas MacArthur, *Reminiscences* (New York: McGraw-Hill, 1964), p. 175.

Chapter 17 중간 침로 수정

1. H. Arthur Lamar, Captain USNR(Ret.), interviewed by John T. Mason, U.S. Naval Institute, DVD, May 3, 1970, p. 39.
2. E. B. Potter, *Nimitz* (Annapolis, MD: Naval Institute Press, 1976), p. 261.
3. *Time*, Dec. 6, 1943.
4. Potter, *Nimitz*, p. 280.
5. Ibid., p. 283.
6. Ibid., p 287.
7. William Waldo Drake, Rear Admiral USNR (Ret.) interviewed by Etta-Belle Kitchen, U.S. Naval Institute, DVD, June 15, 1969, p. 36.
8. Potter, *Nimitz*, p. 275.
9. Ibid., p. 278; Carrie Nation was a leader of the temperance movement.
10. Ibid., p. 285.
11. Ibid., p. 289.
12. Ibid.
13. Potter, *Nimitz*, p. 291.
14. Robert R. Gros, interviewed by Etta-Belle Kitchen, U.S. Naval Institute, DVD, July 18, 1970, pp. 24-25.
15. Edwin T. Layton, Rear Admiral, USN (Ret.), interviewed by E. B. Potter, U.S. Naval Institute, DVD, March 19, 1970. 1976년 니미츠의 지인인 E. B. 포터[E. B. Potter]가 니미츠 전기를 쓸 때 그는 "멍텅구리(horse's ass)" 부분을 삭제했다.

Chapter 18 마리아나 제도

1. E. B. Potter, *Nimitz* (Annapolis, MD: Naval Institute Press, 1976), p. 294; E. B. Potter, Bull Halsey (Annapolis, MD: Naval Institute Press, 2003), p. 197.
2. Potter, *Nimitz*, p. 352.
3. William Waldo Drake, Rear Admiral USNR(Ret.) interviewed by Etta-Belle Kitchen, U.S. Naval Institute, DVD, June 15, 1969, p. 22.
4. Chester W. Nimitz, Jr., Rear Admiral, USN(Ret.), interviewed by John T. Mason, U.S.

Naval Institute, DVD, April 14, 1969, p. 11.
5. H. Arthur Lamar, Captain USNR(Ret.), interviewed by John T. Mason, U.S. Naval Institute, DVD, May 3, 1970, p. 35.
6. Ibid.
7. Potter, *Nimitz*, p. 295.
8. Ibid., p. 307; *Time*, Sept. 18, 1944.
9. Potter, *Nimitz*, p. 308.
10. Ibid., p. 309.
11. Preston V. Mercer, Rear Admiral, USN(Ret.), interviewed by John T. Mason, U.S. Naval Institute, DVD, Oct.18, 1969, p. 24.
12. Potter, *Nimitz*, p. 318.
13. 루스벨트 대통령이 니미츠의 숙소를 방문했던 일화는 다음 문헌에 언급되어 있다. H. Arthur Lamar, interview by John T. Mason, p. 5, 해군건설대에 관한 이야기, p. 86.
14. E. M. Eller, Rear Admiral, USN(Ret.), interviewed by John T. Mason, U.S. Naval Institute, DVD, Dec. 19, 1974, p. 713.

Chapter 19 공보전쟁

1. Edmund Castillo, "U.S. Navy Public Affairs: The First Hundred Years," unpublished ms. prepared for the U.S. Navy Public Affairs Alumni Association, 2005, p. 46, copy in author's personal files.
2. *Time*, Dec. 6, 1943.
3. George W. Healy, Jr., *A Lifetime on Deadline* (Gretna, LA: Pelican Publishing, 1976), p. 147.
4. Ibid.
5. Castillo, Public Affairs, p. 31.
6. Ibid., p. 32.
7. Gerard H. Clarfield, *Security with Solvency: Dwight D. Eisenhower and the Shaping of the American Military Establishment* (Westport, CT: Praeger, 1999), p. 15.
8. Miller obituary, *New York Times*, May 18, 1992.

Chapter 20 "나는 돌아왔다"

1. "ServRon 10: Floating Arsenal," *Popular Mechanics: 59*, November 1945.
2. 1944년 10월 16일, 라디오 링크를 통한《뉴욕 헤럴드 트리뷴》포럼 연설은 블루 네트 워크 Blue Network 를 통해 방송되었다. 니미츠 가문이 소장한 파일의 방송원고 참조.
3. E. B. Potter, *Nimitz* (Annapolis, MD: Naval Institute Press, 1976), p. 328.
4. William Manchester, *American Caesar: Douglas MacArthur, 1880-1964* (Boston: Little, Brown, 1978), p. 386.
5. 체스터 니미츠 사후, 가족들은 그의 개인 서재에서 크리스토퍼 콜럼버스 Christopher Columbus 의 전기를 발견했다. 그 책의 전면 삽화 중 하나는 "파도를 헤치고 걸어서 신대 륙에 상륙하는 콜럼버스"라는 캡션이 달려 있었다. 그 여백에 니미츠의 필체로 짧은 메 모가 적혀 있었다. "맥아더의 조상?"
6. Potter, *Nimitz*, p. 343.
7. 일본어로 "신풍神風"을 의미한다. 이것은 1274년 적의 함대를 침몰시켜 침략으로부터 일본을 구원한 태풍의 이름이기도 하다. 일본은 신풍의 상징적 재현을 바랐다.
8. 이전까지 자살공격은 그다지 큰 문제가 되지 않았다. 모든 공격자를 전투초계기와 대 공포로 처리할 수 있었기 때문이다. 하지만 전쟁 말기, 한 차례의 가미카제 출격에 수 백 대의 항공기가 동원되었다. 그들은 방어체계를 압도했을 뿐만 아니라 사격을 받는 가운데도 결코 물러서지 않았다. 하지만 그런 작전 개념에도 결점은 있었다. 쉽게 흥분 하는 젊은 일본 조종사들은 눈에 띄는 첫 번째 함정으로 급강하하기 마련이었다. 그리 고 그것은 보통 전초임무를 띤 구축함 혹은 소형 함정이었기 때문에 주력 전투함은 큰 피해를 보지 않았다.
9. Evan Thomas, *Sea of Thunder: Four Commanders and the Last Great Naval Campaign, 1941-1945* (New York: Simon & Schuster, 2006), p. 301.
10. Ibid.
11. Potter, *Nimitz*, p. 348.
12. Ibid., p. 350.
13. Pacific Fleet Confidential Letter 14CL-45, 비밀해제된 뒤 출간. U.S. Naval Institute *Proceedings*, Jan. 1956.
14. D. Clayton James, *The Years of MacArthur, 1941-1945*, vol. 2 (Boston: Houghton Mifflin, 1975), pp. 602-603.

Chapter 21 이오지마

1. "Twinkle in Nimitz's Eyes Mark of Fleet's Success," *New York Times*, Feb. 18, 1945, "Toward Tokyo; and a New Blow," Feb. 18, 1945.
2. Barton J. Bernstein. "Why We Didn't Use Poison Gas in World War II," *American Heritage Magazine*, Aug.-Sept. 1985, 36:5.
3. Richard F. Newcomb, *Iwo Jima* (New York: Henry Holt, 1965), p. 136.
4. E. B. Potter, *Nimitz* (Annapolis, MD: Naval Institute Press, 1976), p. 363.
5. 공식적 기록을 위해 덧붙이자면, 이것은 수리바치산에 게양된 두 번째 깃발을 찍은 사진이다. 로젠탈이 첫 번째 깃발을 촬영하지 않았지만, 해군장관 포레스털이 최초 상륙 나흘 뒤에 참관인 자격으로 해안에 상륙할 때 그것을 보았다. 그는 자신을 수행한 홀랜드 스미스를 돌아보며 이렇게 말했다. "수리바치산에 저 깃발이 휘날린다는 것은 앞으로 해병대가 500년 동안 그럴 거라는 의미일세." 그의 말이 옳은지는 시간이 증명해줄 것이다.
6. "The Press: A Tight Lip Loosens," *Time*, March 5, 1945.
7. Newcomb, *Iwo Jima*, p. 240.
8. *Newsweek*, March 5, 1945.
9. Edmund Castillo, "U.S. Navy Public Affairs: The First Hundred Years," unpublished ms. prepared for the U.S. Navy Public Affairs Alumni Association, 2005, p. 40, copy in author's personal files.
10. Castillo, U.S. Navy *Public Affairs*, p. 41.

Chapter 22 오키나와

1. E. B. Potter, *Nimitz* (Annapolis, MD: Naval Institute Press, 1976), p. 372.
2. Ibid.
3. Potter, *Nimitz*, p. 375.
4. Ibid., p. 376.
5. 이것은 나중에 히로시마와 나가사키 원자폭탄 폭발로 사망한 일본인의 수를 합친 것보다 더 많다.
6. Potter, *Nimitz*, pp. 381-382. 애시워스는 지중해의 6함대 사령관을 끝으로 해군 중장

으로 퇴역했다.
7. Edmund Castillo, "U.S. Navy Public Affairs: The First Hundred Years"(unpublished, prepared for the U.S. Navy Public Affairs Alumni Association, 2005; copy in author's personal files), p. 44.
8. Castillo, "Public Affairs," p. 45.
9. Potsdam Declaration, http://www.army.mil/postwarjapan/downloads/Potsdam%20 Declaration.pdf, retrieved May 1, 2011.
10. 티니안을 출항한 뒤, 인디애나폴리스는 일본 잠수함의 어뢰를 맞아 12분 만에 침몰했다. 잠수함이 공격할 때 조준이 어렵도록 인디애나폴리스를 지그재그로 조함하라는 명령을 내리지 않았다는 이유로, 함장인 찰스 B. 맥베이 3세 Charles B. McVay III 대령은 부주의하게 자신의 함정을 위험에 빠뜨렸다는 혐의로 기소되었다. 전쟁에서 많은 함정이 침몰했지만, 그에 따른 책임을 져야 했던 함장은 그가 유일했다. 일본 잠수함 함장이 변호인 측 증인으로 나와 자신이 6발의 어뢰를 부채꼴로 발사했기 때문에 인디애나폴리스가 지그재그 항해를 했는지의 여부에 상관없이 어뢰는 명중했을 것이라고 증언했다. 그럼에도 맥베이는 유죄판결을 받았지만, 실질적인 처벌은 구형되지 않았다. 판결이 이루어진 그날, 어떤 기자가 니미츠에게 이제까지 군법회의에 회부되고도 제독이 된 장교가 있는지 물었다. 니미츠는 자신을 가리킨 뒤 디케이터 함장이었을 때 쑥스러운 상황을 떠올리며 이렇게 말했다. "바로 여기 한 사람이 있습니다." 맥베이는 1949년 해군 소장으로 퇴역했지만, 그것은 1920년부터 무공훈장을 받은 장교를 한 계급 진급시켜 퇴역시키는 관행에 따른 것이었다. '묘비용 진급'이라는 별명으로 알려진 유명한 이 관행은 1959년부터 중단되었다.
11. Potter, *Nimitz*, p. 389.

Chapter 23 일본의 항복

1. Stuart S. Murray, Admiral, USN(Ret.), eight interviews, 1970-1971, by Etta-Belle Kitchen, U.S. Naval Institute, DVD, compiled in 2001, p. 309.
2. E. B. Potter, *Nimitz*(Annapolis, MD: Naval Institute Press, 1976), p. 390.
3. 트루먼은 미주리 함장에게 자기 혼자서 미주리를 선택했다고 말했다. 어쩌면 맞을지도 모르지만 다른 증언들도 많다.
4. Potter, *Nimitz*, p 391.
5. Catherine Nimitz Lay, interviewed by John T. Mason, U.S. Naval Institute, DVD,

Feb. 16, 1970, p. 73.
6. Stuart S. Murray, interviews by Etta-Belle Kitchen, p. 228; H. Arthur Lamar, Captain USNR (Ret.), interviewed by John T. Mason, U.S. Naval Institute, DVD, May 3, 1970, p. 64.
7. H. Arthur Lamar, interview by John T. Mason, p. 64.
8. 주목: 미주리 함이 보유하고 있는 여분의 세트에서 깨끗한 깃발을 꺼내 사용했지만, 그럼에도 불구하고 모든 출판물들은 그와 반대로 설명하고 있다. 그 깃발은 12월 7일 미국 국회의사당에 게양된 적도 없고, 1943년 카사블랑카 회담 Casablanca Conference 에 게양된 적도 없으며, 맥아더가 도쿄의 자기 본부에 게양하기 위해 가져왔던 것도 아니다.
9. Potter, *Nimitz*, p.395.
10. H. Arthur Lamar, interview by John T. Mason, p. 64.
11. Stuart S. Murray, interviews by Etta-Belle Kitchen, p. 282.

Chapter 24 귀환

1. Jeffrey G. Barlow, *Revolt of the Admirals* (Washington, DC: Brassey's, 1998), note 94, p. 45.
2. Barlow, *Revolt of the Admirals*, note 96, p. 46.
3. "HEROES: Back to Texas," *Time*, Oct. 22, 1945.
4. E. B. Potter, *Nimitz* (Annapolis, MD: Naval Institute Press, 1976), p.400.
5. Dede W. Casad and Frank A. Driscoll, *Chester W. Nimitz: Admiral of the Hills* (Austin, TX: Eakin Press, 1983), pp. 238-239; "Nimitz Receives All-out Welcome from Washington," *New York Times*. Oct. 6, 1945.
6. "Nimitz Addresses in Congress and at Monument," *New York Times*, Oct. 6, 1945.
7. Barlow, *Revolt of the Admirals*, note 100, p. 46.
8. Catherine Nimitz Lay, conversation with the author.
9. "City Millions Roar Welcome to Nimitz in Triumphant Trip," *New York Times*, Oct. 10, 1945; "HEROES: Back to Texas," *Time*, Oct. 22, 1945.
10. "Army-Navy Union Opposed by Nimitz," *New York Times*, Oct 10, 1945.
11. "Admiral Twangs His Lyre to Hearer's Glee, For Epic Tale of 'Nimitz, Halsey and Me'," *New York Times*, Oct. 10, 1945.
12. 1946년 6월 비처는 해군장관 포레스털의 공보담당 특별보좌관으로 임명되었다. 해

군의 공보실장으로 임기를 마친 뒤 그는 1955년에 해군 중장으로 퇴역했다. 이 일을 통해 그는 니미츠의 이전 태평양함대 참모였던 H. B. "민" 밀러 소장과 E. M. 엘러 준장의 뒤를 이었다. 해군공보 분야는 좁은 세계였다.
13. "Nimitz Urges US to Remain Strong," *New York Times*, Oct. 10, 1945.
14. "Text of Speeches by Gen. Eisenhower, Mayor La Guardia, and Judge Lehman," *New York Times*, June 20, 1945.
15. Potter, *Nimitz*, p. 403.
16. "HEROES: Back to Texas," *Time*, Oct. 22, 1945.

Chapter 25 해군참모총장으로 향하는 가시밭길

1. "Says Nimitz Will Succeed King," *New York Times*, Nov. 2, 1945.
2. Robert Debs Heinl, *Soldiers of the Sea: The United States Marine Corps 1775-1962* (Annapolis, MD: Naval Institute Press, 1962), p. 25.
3. E. B. Potter, *Nimitz* (Annapolis, MD: Naval Institute Press, 1976), p. 407.
4. Eugene B. Fluckey, Rear Admiral, USN(Ret.), interviewed by John T. Mason, U.S. Naval Institute, DVD, Oct. 20, 1971, p. 7.
5. 공개적으로 말하지만, 전쟁 이전에 설계된 (모든 종류의 항공모함을 전부 합쳐 총 140척 중에서) 함대 항공모함 5척과 장갑판을 갖추지 않고 방어력도 취약한 호위항공모함 6척이 제2차 세계대전 중에 침몰한 항공모함의 전부였다. 그리고 1945년 2월 21일 이후에는 말 그대로 "단 1척도" 침몰되지 않았다.
6. Potter, *Nimitz*, p. 408.
7. Ibid.
8. Potter, *Nimitz*, p. 409.
9. Ernest J. King and Walter Muir Whitehill, *Fleet Admiral King: A Naval Record* (New York: W. W. Norton, 1952), p. 636.
10. Ibid.
11. Eugene B. Fluckey, interview by John T. Mason, p. 7.
12. "Nimitz Succeeds to Navy Command," *New York Times*, Dec. 16, 1945.
13. "Navy Tells Plans for the Atom Age," *New York Times*, Jan. 14, 1946.
14. J. Wilson Leverton, Rear Admiral, USN(Ret.), interviewed by John T. Mason, U.S. Naval Institute, DVD, Aug. 22, 1969, p. 42.

15. Eugene B. Fluckey, interview by John T. Mason, p. 8.
16. George E. Cozard, Master Sergeant USMC(Ret.), interviewed by Etta-Belle Kitchen, U.S. Naval Institute, DVD, Jan. 24, 1970, p. 2.
17. Eugene B. Fluckey, interview by John T. Mason, pp. 13-14.
18. Ibid., p. 23.
19. Ibid., p. 11.
20. Ibid., p. 26.

Chapter 26 전초전

1. Jeffrey G. Barlow, *Revolt of the Admirals* (Washington, D.C.: Brassey's, 1998), p. 49, n.120. 휴이는 제2차 세계대전 당시 해군 공보장교였지만 해군에 대해 그다지 관심이 없는 것처럼 보였다. 아마 그는 소설(그리고 영화) 『에밀리를 미국 사람으로 만들기The Americanization of Emily』로 가장 잘 알려져 있을 것이다. 그 작품에서 잠시 정신이 나간 어떤 제독이 커다란 뉴스거리를 만들기 위해 오마하 해안Omaha Beach 에서 가장 먼저 죽는 사람은 해군이어야 한다고 명령했다.
2. "The Press: In Dubious Battle," *Time*, Nov. 27, 1950.
3. Barlow, *Revolt of the Admirals*, p. 49, n.121.
4. Ibid., p. 49, n.122.
5. 그것은 수용되지 않았다. 최근의 사례는 다음과 같다. 2011년 4월, 육군의 데이비드 페트레이어스David Petraeus 장군 후임으로 해병대 존 앨런 John Allen 장군이 아프가니스탄 주둔 미군 사령관에 임명되었다.
6. 그 명령은 결국 수행되지 않았다. Barlow, *Revolt of the Admirals*, p. 37, n.57.
7. Barlow, *Revolt of the Admirals*, p. 39.
8. Robert S. Burrell, *Ghosts of Iwo Jima* (College Station, TX: Texas A&M University Press, 2006), pp. 167-168. 암스트롱 장군은 단지 자신의 상위 지휘관들이 했던 말을 반영하고 있을 뿐이다. 예를 들면, 트루먼 대통령은 이렇게 썼다. "해군은 해군의 언어로 이야기하는 '작은 육군'을 갖고 있으며 그것은 해병대라는 이름으로 알려져 있다." [Harry S. Truman, *Memoirs: Years of Trial and Hope*, vol. II(Garden City, NY: Doubleday, 1956), p. 47.]
9. Lewis Strauss, *Men and Decisions* (Garden City, NY: Doubleday, 1962), pp. 208-209.
10. William A. Shurcliff, *Bombs at Bikini: The Official Report of Operation*

Crossroads (New York: William H. Wise, 1947), p. 10.
11. Jonathan Weisgall, *Operation Crossroads: The Atomic Tests at Bikini Atoll* (Annapolis, MD: Naval Institute Press, 1994), p. 67.
12. "Navy Tells Plans for the Atom Age," *New York Times*, Jan. 14, 1946.
13. Gordon W. Keiser, *The U.S. Marine Corps and Defense Unification 1944-1947* (Washington, DC: National Defense University Press, 1982), p. 113.
14. Robert H. Ferrel, *The Eisenhower Diaries* (New York: W. W. Norton, 1976), p. 142.
15. Chester W. Nimitz, "Your Navy as Peace Insurance," *National Geographic*, June 1946, p. 685.
16. 핵추진 전투함정의 개념은 1939년 해군연구소의 로스 건^{Ross Gunn} 박사가 처음으로 제안했다. 《새터데이 이브닝 포스트》의 한 과학기사 담당자는 우라늄의 방사성동위원소 U-235 1파운드(0.45킬로그램)가 석탄 500만 파운드(226만 킬로그램)에 해당한다고 추정했다.
17. Admiral James Fife, Jr., interviewed by John T. Mason, U.S. Naval Institute, DVD, May 31, 1969, p. 34.

Chapter 27 마지막 전투

1. Jeffrey G. Barlow, *Revolt of the Admirals* (Washington, D.C.: Brassey's, 1998), p. 53, n.140.
2. Barlow, *Revolt of the Admirals*, p. 54, n.144.; Armed Forces Staff College Newsletter, March 1948; "U.S Navy Now Rules the Seas, Says Nimitz; Cites Attack Role," New York Times, Jan. 7, 1948.
3. Barlow, *Revolt of the Admirals*, p. 55, n.147.
4. "The Nimitz Report," *New York Times*, Jan. 8, 1948.
5. Barlow, *Revolt of the Admirals*, p. 56, n.150.
6. Ibid., p 50, n.124.
7. Paolo Enrico Coletta, *The United States Navy and Defense Unification, 1947-1953* (Wilmington: University of Delaware Press, 1981), p. 44.
8. George E. Cozard, Master Sergeant USMC(Ret.), interviewed by Etta-Belle Kitchen, U.S. Naval Institute, DVD, Jan. 24, 1970, p. 43.
9. Barlow, *Revolt of the Admirals*, p. 52, n.136.

10. Ibid., p. 53, n.137. 그와 같은 '특권'은 1949년 8월, 국가군사기구가 국방부로 바뀌면서 사라졌다. 이때 모든 권한이 단 한 사람, 국방장관에게 집중되었다.
11. Victor H. Krulak, *First to Fight : An Inside View of the U.S. Marine Corps* (Annapolis, MD: Naval Institute Press, 1999), p. 120.
12. Barlow, *Revolt of the Admirals*, pp. 209-212.
13. E. B. Potter, *Nimitz* (Annapolis, MD: Naval Institute Press, 1976), p. 447.
14. Ibid.

Chapter 28 황혼

1. 1976년 니미츠가 도고 제독에게 끊임없는 존경심을 보이고 전후에 미카사 복구에 도움을 준 것에 대한 감사의 표시로 일본의 자위대 지휘부는 도고의 개인 정원과 서재를 정확하게 복제해 박물관에 기증했다.
2. Catherine Nimitz Lay, interviewed by John T. Mason, U.S. Naval Institute, DVD, Feb. 16, 1970, p. 93.
3. John A. Sutro, interviewed by Etta-Belle Kitchen, U.S. Naval Institute, DVD, July 12, 1970, p. 17.

참고문헌

Barlow, Jeffrey G., *Revolt of the Admirals*, Washington, DC: Brassey's, 1998.
Bernstein, Barton J., "Why We Didn't Use Poison Gas in World War II", *American Heritage Magazine*, August/September 1985 Vol.36, Issue 5.
Blair, Clay, Jr., *Silent Victory: The U.S. Submarine War against Japan*, Philadelphia and New York: J. B. Lippincott Company, 1975.
Brinkley, David, *Washington Goes to War*, New York:Alfred A. Knopf, 1988.
Budiansky, Stephen, *Battle of Wits: The Complete Story of Codebreaking in World War II*, New York: Free Press, 2002.
_____, *The Men, Machines, and Ideas That Revolutionized War, from Kitty Hawk to Iraq*, New York: Penguin, 2005.
Buell, Thomas B., *Master of Sea Power: A Biography of Fleet Admiral Ernest J. King*, Annapolis, MD: Naval Institute Press, 1995.
Casad, Dede W., and Frank A. Driscoll, *Chester W. Nimitz: Admiral of the Hills*, Austin, TX: Eakin Press, 1983.
Casey, Robert J., *Torpedo Junction*, Garden City, NY: Halcyon House, 1933.
Castillo, Edmund, *U.S. Navy Public Affairs: The First Hundred Years*, Unpublished manuscript; copy in author's personal files.

Clarfield, General H., *Security with Solvency: Dwight D. Eisenhower and the Shaping of the American Military Establishment*, Westport, CT: Praeger, 1999.

Coletta, Paolo Enrico, *The United States Navy and Defense Unification, 1947-1953*, Wilmington: University of Delaware Press, 1981.

Craven, Wesley Frank, and James Lea Cate, *Plans and Early Operations, January 1939 to August 1942*, Vol. 1 of *The Army Air Forces in World War II*, Chicago: University of Chicago Press, 1948.

Cressman Robert J., *A Glorious Page in Our History: The Battle of Midway, 4-6 June, 1942*, Missoula, MT: Pictorial Histories Publishing Company, 1990.

Ferrel, Robert H., *The Eisenhower Diaries*, New York: W. W. Norton, 1976.

Forrestel, E. P., Vice Admiral, *Admiral Raymond A. Spruance, USN: A Study in Command*, Washington, DC: Government Printing Office, 1966.

Frank, L. J., The United States Navy v. the Chicago Tribune, *Historian* 42, Issue 2(February 1980).

Friedman, Norman, *U.S. Submarines through 1945*, Annapolis, MD: Naval Institute Press, 1995.

Fuchida, Matsuo, and Okumiya Masatake, *Midway: The Battle That Doomed Japan*, Annapolis, MD: U.S. Naval Institute, 1955.

Furer, Julius Augustus, Rear Admiral USN (Ret.), *Administration of the Navy Department in WWII*, Washington, DC: Government Printing Officer, 1959.

Gilbert, Alton Keith, *A Leader Born: The Life of Admiral John Sidney McCain, Pacific Carrier Commander*, Havertown, PA: Casemate Publishers, 2006.

Gonzalez, Therese, *Great Lakes Naval Training Station*, Mount Pleasant, SC: Arcadia Publishing, 2008.

Griffith, Samuel B., *The Battle for Guadalcanal*, Champaign, IL: University of Illinois Press, 2000.

Healy, George W., Jr., *A Lifetime on Deadline*, Gretna, LA: Pelican Publishing Company, 1976.

Heffernan, John B. ed., *United States Naval Chronology World War II*, Washington, DC: Government Printing Office, 1955.

Heinl, Robert Debs, *Soldiers of The Sea: The United States Marines Corps 1775-1962*, Annapolis, MD: Naval Institute Press, 1962.

Herge, Henry C., *Navy V-12*, Nashville, TN: Turner Publishing Company, 1996.

Holmes, W. J., *Double-Edged Secrets: U.S. Naval Intelligence Operations in the Pacific during World War II*, Annapolis, MD: Naval Institute Press, 1979.

Hoyt, Edwin P., *How They Won the War in the Pacific: Nimitz and His Admirals*, New York: Weybright and Talley, 1970.

James, D. Clayton, *The Years of MacArthur: 1941-1945*, Boston: Houghton Mifflin, 1975.

Johnson, William Bruce, *The Pacific Campaign in World War II: From Pearl Harbor to Guadalcanal*, New York: Taylor & Francis, 2006.

Keiser, Gordon W., *The U.S. Marine Corps and Defense Unification 1944-1947*, Washington, DC: National Defense University Press, 1982.

King, Ernest, Fleet Admiral, and Walter Muir Whitehill, *Fleet Admiral King: A Naval Record*, New York: W. W. Norton, 1952.

Krulak, Charles C., Lieutenant General, "Expeditionary Opertions", *Marine Corps Doctrinal Publication 3*(April 16, 1998), Headquarter Marine Corps.

Krulak, Victor H., Lieutenant General, *First to Fight: An Inside View of the U.S. Marine Corps*, Annapolis, MD: Naval Institute Press, 1999.

Layton, Edwin T., Rear admiral, with Captain Roger Pineau USNR (ret) and John Costello, *And I Was There: Pearl Harbor and Midway—Breaking the Secrets*, New York: William Morrow and Co., Inc., 1985.

Lingeman, Richard R., *Don't You Know There's a War On? The American Home Front 1941-1945*, New York: G. P. Putnam's Sons, 1970.

Lundstrom, John B., *Black Shoe Carrier Admiral*, Annapolis, MD: Naval Institute Press, 2006.

_____, *The First South Pacific Campaign: Pacific Fleet Strategy December 1941-June 1942*, Annapolis, MD: Naval Institute Press, 1976.

MacArthur, Douglas, General, *Reminiscences*, New York: MacGrow-Hill, 1964.

Manchester, William, *American Caesar: Douglas MacArthur, 1880-1964*, Boston: Little Brown and Company, 1978.

Marutollo, Frank, "A Good Bowl of Chowder Saved the Marine Corps", *Marine Corps Gazette 62*(December 1978).

McBride, William M., *Technological Change and the United States Navy, 1865-1945*, Baltimore, MD: JHU Press, 2000.

Miller, Nathan, *War at Sea: A Naval History of World War II*, New York: Oxford University Press, US, 1997.

Millis, Walter, ed., *The Forrestal Diaries*, New York: The Viking Press, 1951.

Miyakawa, Masuii, *Powers of the American People, Congress, President, and Courts: According to the Evolution of Constitutional Construction*, The Baker & Taylor Co., 1908.

Newcomb, Richard F., *Iwo Jima*, New York: Holt, Reinhart and Winston, 1965.

Nimitz, Chester, Fleet Admiral, "Your Navy as Peace Insurance", *National Geographic*, June 1946.

Parker, Frederick D., "How OP-20-G got rid of Joe Rochefort", *Cryptologia*, July 1, 2000.

Parker, Frederick D. A., *Priceless Advantage: U.S. Navy Communications Intelligence and the Battle of Coral Sea, Midway, and the Aleutians*, United States Cryptologic History Series IV, World War II, Volume 5, Center for Cryptologic History, National Security Agency, 1993.

Perez, Louis G., *The History of Japan*, Westport, CT: Greenwood Publishing Group, 1998.

Potter, E. B., *Bull Halsey*, Annapolis, MD: Naval Institute Press, 2003.

_____, *Nimitz*, Annapolis, MD: Naval Institute Press, 1976.

Potter, E. B. and Chester W. Nimitz, Fleet Admiral, eds., *Sea Power: A Naval History*, Englewood Cliffs, NJ: Prentice Hall, 1960.

Shurcliff, William A., *Bombs at Bikini: The Official Report of Operation Crossroads*, New York: William H. Wise and Co., 1947.

Spector, Ronald H., *Eagle against the Sun: The American War with Japan*, New York: Macmillan, 1985.

Stillwell, Paul, *Air Raid, Pearl Harbor: Recollections of a Day of Infamy*, Annapolis, MD: Naval Institute Press, 1981.

Strauss, Lewis, *Men and Decision*, Garden City, NY: Doubleday, 1962.

Thomas, Evan, *Sea of Thunder: Four Commanders and the Last Great Naval Campaign, 1941-1945*, New York: Simon and Schuster, 2006.

Weisgall, Jonathan, *Opertion Crossroads: The Atomic Tests at Bikini Atoll*, Annapolis, MD: Naval Institute Press, 1994.

Wright, Derrick, *Iwo Jima 1945: The Marines Raise the Flag on Mount Suribachi*, Oxford: Osprey, 2001.

Wukovotus, John, *Admiral "Bull" Halsey*, New York: Palgrave Macmillan, 2010.

U.S. NAVAL INSITUTE ORAL HISTORIES

Anderson, Thomas C., Admiral, MC, USN (Ret.), interviewed by Etta-Belle Kitchen U.S. Naval Institute, DVD, July 5, 1969.

Archer, James W., interviewed by Etta-Belle Kitchen, U.S. Naval Institute, DVD, August 2, 1969.

Bassett, James, Jr., Captain, USNR, interviewed by Etta-Belle Kitchen, U.S. Naval Institute, DVD, May 28, 1969.

Bauernschmidt, George W., Rear Admiral, USN (Ret.), interviewed by John T. Mason, U.S. Naval Insitute, DVD, August 6, 1969.

Brewer, Edward V., interviewed by Etta-Belle Kitchen, U.S. Naval Institute, DVD, January 24, 1970.

Bruton, Chester, Rear Admiral, USN (Ret.), interviewed by John T. Mason, U.S. Naval Institute, DVD, June 30, 1969.

Caldwell, J. Emott, interviewed by Etta-Belle Kitchen, U.S. Naval Institute, DVD, January 25, 1970.

Callaghan, William, Vice Admiral, USN (Ret.), interviewed by John T. Mason, U.S. Naval Institute, DVD, June 30, 1969.

Chase, Joseph, interviewed by Etta-Belle Kitchen, U.S. Naval Institute, DVD, October 19, 1969.

Court, Alvah B., Captain USN (Ret.), interviewed by John T. Mason, U.S. Naval Institute, DVD, May 14, 1969.

Cozard, George E., Master Sergeant USMC (Ret.), interviewed by Etta-Belle Kitchen, U.S. Naval Institute, DVD, January 24, 1970.

Curts, M. E., Admiral, USN (Ret.), interviewed by Paul L. Hopper, U.S. Naval Institute, DVD, August 28, 1969.

Cuttle, Tracy D., Captain MC, USN, interviewed by John T. Mason, U.S. Naval Institute, DVD, June 19, 1969.

Drake, William Waldo, Rear Admiral USNR (Ret.), interviewed by Etta-Belle Kitchen, U.S. Naval Institute, DVD, June 15, 1969.

Durst, Mrs. Milton, interviewed by E. B. Potter, U.S. Naval Institute, DVD, March 14, 1970.

Eller, E. M. Rear Admiral, USN (Ret.), interviewed by John T. Mason, U.S. Naval

Institute, DVD, December 19, 1974.

Fife, James, Jr., Admiral interviewed by E. B. Potter, U.S. Naval Institute, DVD, May 31, 1969.

Fluckey, Eugene B., Rear Admiral, USN (Ret.), interviewed by John T. Mason, U.S. Naval Institute, DVD, October 20, 1971.

Fox, Charles M., Jr., interviewed by E. B. Potter, U.S. Naval Institute, DVD, March 14, 1970.

Gros, Robert R., interviewed by Etta-Belle Kitchen, U.S. Naval Institute, DVD, July 18 1970.

Henke, Guenther, interviewed by E. B. Potter, U.S. Naval Institute, DVD, March 14, 1970.

Kiehne, Mrs. charles, interviewed by E. B. Potter, U.S. Naval Institute, DVD, March 13, 1970.

Lamar, H. Arthur, Captain USNR (Ret.), interviewed by John T. Mason, U.S. Naval Institute, DVD, May 3, 1970.

Lattu, Onnie P., Rear Admiral, USN (Ret.), interviewed by John T. Mason, U.S. Naval Institute, DVD, July 17, 1969.

Lay, Catherine Nimitz, interviewed by John T. Mason, U.S. Naval Institute, DVD, February 16, 1970.

Lay, James T., Captain, USN, interviewed by John T. Mason, U.S. Naval Institute, DVD, February 16, 1970.

Layton, Edwin T., Rear Admiral, USN (Ret.), interviewed bu E. B. Potter, U.S. Naval Institute, DVD, March 19, 1970.

Leavell, John, interviewed by E. B. Potter, U.S. Naval Institute, DVD, March 12, 1970.

Leverton, J. Wilson, Jr., Rear Admiral, USN (Ret.), interviewed by John T. Mason, U.S. Naval Institute, DVD, August 22, 1969.

Mercer, Preston V., Rear Admiral, USN (Ret.), interviewed by John T. Mason, U.S. Naval Institute, DVD, October 18, 1969.

Moncure, Sam P., Captain, USN (Ret.), interviewed by John T. Mason, U.S. Naval Institute, DVD, July 30, 1969.

Murray, Stuart S., Admiral, USN (Ret.), eight interviews, 1970-1971, by Etta-Belle Kitchen, U.S. Naval Institute, DVD, complied in 2001.

Mustin, Lloyd M., Vice Admiral, USN, interviewed by John T. Mason, U.S. Naval

Institute, DVD, March 10, 1970.

Nimitz, Chester W., Jr., Rear Admiral, USN (Ret.), interviewed by John T. Mason, U.S. Naval Institute, DVD, April 14, 1969.

Nimitz, Sister M. Aquinas, O. P., interviewed by John T. Mason, U.S. Naval Institute, DVD, June 4, 1969.

Peterson, Mell A., Rear Admiral, USN (Ret.), interviewed by Etta-Belle Kitchen, U.S. Naval Institute, DVD, May 24, 1969.

Plank, David W., Commander, CHC, USN, interviewed by John T. Mason, U.S. Naval Institute, DVD, January 14, 1970.

Quynn, Allen G., Rear Admiral, USN (Ret.), interviewed by John T. Mason, U.S. Naval Institute, DVD, December 17, 1969.

Reagan, Dora Nimitz, interviewed by E. B. Potter, U.S. Naval Institute, DVD, March 12, 1970.

Redman, John R., Vice Admiral, USN (Ret.), interviewed by John T. Mason, U.S. Naval Institute, DVD, June 5, 1969.

Reinbach, Max O., interviewed by E. B. Potter, U.S. Naval Institute, DVD, March 12, 1970.

Rochefort, Joseph J., Captain, USN (Ret.), interviewed by Etta-Belle Kitchen, U.S. Naval Institute, DVD, August 14, 1969; de-classified version issued August, 1983.

Schreiner, Louis, interviewed by E. B. Potter, U.S. Naval Institute, DVD, March 12, 1970.

Sutro, John A., interviewed by Etta-Belle Kitchen, U.S. Naval Institute, DVD, July 12, 1970.

Toepperwein, Herman, interviewed by E. B. Potter, U.S. Naval Institute, DVD, March 11, 1970.

Waters, Odale D., Rear Admiral, USN (Ret.), interviewed by John T. Mason, U.S. Naval Institute, DVD, July 14, 1969.

Wheeler, Joseph, interviewed by John T. Mason, U.S. Naval Institute, DVD, August 4, 1969.

Whiting, F. E. M., Vice Admiral, USN (Ret.), interviewed by John T. Mason, U.S. Naval Institute, DVD, Sept 19, 1969.

옮긴이 후기

삼면이 바다로 둘러싸인 우리나라는 오래전부터 바다를 활동무대로 삼아 오면서 이순신 장군이라는 불세출의 영웅을 탄생시키기도 했다. 이제는 인류가 우주에서 미래를 꿈꾸고 있기는 하지만, 바다의 중요성이 줄어들기는커녕 주변 국가들 사이에서 더 많은 해양 영토를 차지하기 위한 신경전이 더욱 가열되고 있다. 이런 현실 속에서 우리에게는 그 어떤 나라보다도 해양력이 중요하다. 바로 이런 시기에 나는 이 책을 번역하면서 미 해군의 전설적인 영웅이자 태평양전쟁의 진정한 승자인 '니미츠' 제독을 만날 수 있는 기회를 갖게 되었다.

'소리 없는 영웅 unsung hero', 그를 한마디로 표현한다면, 이렇게 표현하고 싶다. 그는 천상천하 유아독존 맥아더와 불같은 '황소' 핼시, 깐깐하고 도도한 킹, '울부짖는 미치광이' 스미스처럼 육군과 해군의 개성 강한 인물들을 조율하며 조용하지만 결단력 있는 리더십을 발휘해 태평양전쟁을 승리로 이끈 인물이다.

또한 진주만 공습 이후 일본 해군에 비해 현저하게 열세에 놓였던 함대를 적절하게 운용해 결국 전세의 역전을 이끌어내야 했으니 니미츠가 맡았던 태평양함대 사령관의 자리는 독이 든 성배일 수도 있었다. 하지만 그는 전력의 열세에 따른 어려움을 극복하고 태평양전쟁의 승리를 이끌어냄으로써 자신이 뛰어난 전략가이자 최고의 리더임을 입증했다.

그는 군림하지 않았다. 이 책에 나오는 일화에 따르면, 비슷한 시기에 니미츠와 맥아더는 원수로 진급했다(맥아더가 조금 더 먼저 원수로 진급했다). 권위주의적인 맥아더가 원수 계급장이 도착하기를 기다리며 대장 계급장을 달고 있을 때, 니미츠는 장병들이 손수 제작해 선물한 원수 계급장을 달고 맥아더를 만났다. 요란하게 자신을 드러내지 않아도 부하들의 사랑을 받는 지휘관은 이런 식으로 존재감을 발휘했던 것이다.

태평양함대 사령관 겸 태평양지역 사령관으로서 그가 보여준 리더십은 오늘날에도 큰 울림으로 전해온다. 불간섭주의 지휘관으로 유명했던 그는 부하들을 믿고 임무와 책임을 맡긴 뒤 뒤로 물러나 있으면서도 늘 그들을 지켜보았고, 부하들이 실수를 하면 관대하게 봐주고 그 실수를 만회할 수 있는 기회를 주었으며, 자기 편이 아닌 사람도 끌어안는 포용력을 보여주었다. 또한 그는 어떠한 외압에도 흔들리지 않는 원칙주의자였다. 당시 해군차관 포레스털이 전과가 있는 그의 친구를 해군 소령으로 임관시켜달라고 했을 때, 그는 일언지하에 거절했다. 잠수함 분야의 독보적인 권위자이기도 했던 그는 훗날 원자력잠수함을 개발하는 데 크게 일조하기도 했다.

어렵게 해군참모총장이 되고 나서 루이스 존슨 국방장관을 비롯한 육군 지상주의자들의 공격으로 해군과 해병대가 존폐 위기에 처하자, 미래의 해군력 활용에 대한 자신의 생각을 소신껏 말함으로써 국민적 공감대를 불러일으켜 해군과 해병대를 지켜내기도 했다.

그는 전쟁이 끝난 후 연봉 1만5,000달러라는 빠듯한 수입에 맞춰 검소하게 생활하면서 여기저기에서 보수가 두둑한 일자리를 제의받았지만, 자신의 화려한 군 경력을 돈벌이 수단으로 이용하려 하지 않은 참군인이었다. 제2차 세계대전을 통해 유명해진 다른 지휘관들과 달리, 그는 결코 자신을 드러내려 하지 않았다.

그는 태평양전쟁의 진정한 승자였을 뿐만 아니라, 자신의 인생에서도 승자였다. 그 누구보다 자기 자신에게 엄격했던 사람, 함께 근무했던 사람들의 생일이나 기념일을 잊지 않고 있다가 축하해주는 따뜻한 인간미가 넘치는 사람, 언제 어디서나 대화를 나누는 사람들을 즐겁게 만드는 유머감각까지 두루 갖춘 사람이었기에 모두로부터 존경을 한 몸에 받았다.

이런 니미츠라는 인물에 빠져 번역하는 동안 나는 문득 제주 강정마을 해군기지가 떠올랐다. 니미츠가 해군참모총장이었던 시기에 육군지상주의자들의 공격으로 해군이 위기에 처했던 일과 이번 일이 오버랩되었다. 근본적으로 해군의 역할에 대한 이해가 부족해서 발생한 일이라는 생각이 들었다. 영해를 방위하기 위한 제일선은 몇 시간 동안 하늘에 머물 수 있는 항공기가 아니라 수십 일 동안 해상에 머물 수 있는 전투함이 담당한다. 동북아시아 주변 국가들 사이에 해양 영토를 둘러싼 각축이 날이 갈수록 치열해지는 상황에서 일본과 중국 어느 쪽의 상황이든 신속하게 대응할 수 있는 위치에 반드시 해군기지가 필요하다.

제주 강정마을 해군기지 건설이 군비경쟁을 가속화시켜 평화에 위협이 될 것이라는 주장은 우리 주변 국가들 사이에서 해군력을 대상으로 이미 군비경쟁이 시작된 현실에서 너무나 안이한 발상이다. 하지만 주민들의 격렬한 반대를 무릅쓰고 기지 건설을 강행한다고 해서 어떤 정치 지망생은 해군을 해적이라고 불렀다. 해군 출신으로서 이는 참으로 씁쓸한 사건이 아닐 수 없다. 미국의 경우, 한국전쟁과 인천상륙작전을 통해 해군이 본래의 위상을 되찾았다. 우리는 그런 큰일을 치르지 않고도 제주 강정마을 해군기지 문제가 잘 해결될 수 있기를 바란다.

예비역 해군 장교의 자부심으로 한마디 덧붙인다면, 해군을 해적이라고 불렀던 사람도 대한민국 국민인 한 제주 강정마을 해군기지에서 출동한 대한민국 해군의 보호를 받게 될 것이다. 대한민국 해군은 국민의 군대로서 언제나 묵묵히 자신의 사명을 수행할 것이다. 진실로 조국을 위하는 사람은 바로 그런 사람이다.

2012년
김홍래

한국국방안보포럼(KODEF)은 21세기 국방정론을 발전시키고 국가안보에 대한 미래 전략적 대안을 제시하기 위해 뜻있는 군·정치·언론·법조·경제·문화 마니아 집단이 만든 사단법인입니다. 온·오프라인을 통해 국방정책을 논의하고, 국방정책에 관한 조사·연구·자문·지원 활동을 하고 있으며, 국방 관련 단체 및 기관과 공조하여 국방 교육 자료를 개발하고 안보의식을 고양하는 사업을 하고 있습니다. http://www.kodef.net

KODEF 안보총서 54

니미츠

초판 1쇄 발행 | 2012년 6월 12일
초판 3쇄 발행 | 2022년 8월 18일

지은이 | 브레이턴 해리스
옮긴이 | 김홍래
펴낸이 | 김세영

펴낸곳 | 도서출판 플래닛미디어
주소 | 04029 서울시 마포구 잔다리로71 아내뜨빌딩 502호
전화 | 02-3143-3366
팩스 | 02-3143-3360
블로그 | http://blog.naver.com/planetmedia7
이메일 | webmaster@planetmedia.co.kr
출판등록 | 2005년 9월 12일 제313-2005-00197호

ISBN 978-89-97094-14-1 03990